Le Ro[...]

Barcelone

Directeur de collection et auteur
Philippe GLOAGUEN

Cofondateurs
**Philippe GLOAGUEN
et Michel DUVAL**

Rédacteurs en chef adjoints
**Amanda KERAVEL
et Benoît LUCCHINI**

Directrice de la coordination
Florence CHARMETANT

Directrice administrative
Bénédicte GLOAGUEN

Directeur du développement
Gavin's CLEMENTE-RUIZ

Direction éditoriale
Catherine JULHE

Rédaction
**Isabelle AL SUBAIHI
Mathilde de BOISGROLLIER
Thierry BROUARD
Marie BURIN des ROZIERS
Véronique de CHARDON
Fiona DEBRABANDER
Anne-Caroline DUMAS
Géraldine LEMAUF-BEAUVOIS
Olivier PAGE
Alain PALLIER
Anne POINSOT
André PONCELET**

Conseiller à la rédaction
Pierre JOSSE

Administration
**Carole BORDES
Éléonore FRIESS**

2016

hachette

Remarque importante aux hôteliers et restaurateurs

Les enquêteurs du *Routard* travaillent dans le plus strict anonymat. Aucune réduction, aucun avantage quelconque, aucune rétribution n'est jamais demandé en contrepartie. Face aux aigrefins, la loi autorise les hôteliers et restaurateurs à porter plainte.

Avis aux lecteurs

Le *Routard*, ce n'est pas comme le bon vin, il vieillit mal. On ne veut pas pousser à la consommation, mais évitez de partir avec une édition ancienne. Les modifications sont souvent importantes.

Les réductions accordées à nos lecteurs ne sont jamais demandées par nos rédacteurs afin de préserver leur indépendance. Les hôteliers et restaurateurs sont sollicités par une société de mailing, totalement indépendante de la rédaction, qui reste donc libre de ses choix. De même pour les autocollants et plaques émaillées.

Avec routard.com, choisissez, organisez, réservez et partagez vos voyages !

✓ Rejoignez la plus grande communauté francophone de voyageurs : plus de **2 millions** de visiteurs !

✓ Échangez avec les routarnautes : forums, photos, avis d'hôtels.

✓ Retrouvez aussi toutes les informations actualisées pour choisir et préparer vos voyages : plus de 200 fiches pays, une centaine de dossiers pratiques et un magazine en ligne pour découvrir tous les secrets de votre destination.

✓ Enfin, comparez les offres pour organiser et réserver votre voyage au meilleur prix.

Pour que votre pub voyage autant que nos lecteurs,
contactez nos régies publicitaires :
- *fbrunel@hachette-livre.fr*
- *veronique@routard.com*

Pictogrammes du *Routard*

Établissements
- Hôtel, auberge, chambres d'hôtes
- Camping
- Restaurant
- Boulangerie, sandwicherie
- Glacier
- Café, salon de thé
- Café, bar
- Bar musical
- Club, boîte de nuit
- Salle de spectacle
- Office de tourisme
- Poste
- Boutique, magasin, marché
- Accès Internet
- Hôpital, urgences

Sites
- Plage
- Site de plongée
- Piste cyclable, parcours à vélo

Transports
- Aéroport
- Gare ferroviaire
- Gare routière, arrêt de bus
- Station de métro
- Station de tramway
- Parking
- Taxi
- Taxi collectif
- Bateau
- Bateau fluvial

Attraits et équipements
- Présente un intérêt touristique
- Recommandé pour les enfants
- Adapté aux personnes handicapées
- Ordinateur à disposition
- Connexion wifi
- Inscrit au Patrimoine mondial de l'Unesco

Le *Routard* est imprimé sur un papier issu de forêts gérées.

 Tout au long de ce guide, découvrez toutes les photos de la destination sur • *routard.com* • Attention au coût de connexion à l'étranger, assurez-vous d'être en wifi !

Tous droits de traduction, de reproduction et d'adaptation réservés pour tous pays.
© **Cartographie** Hachette Tourisme.
I.S.B.N. 978-2-01-912430-4

TABLE DES MATIÈRES

> L'abréviation « c/ », que vous trouverez tout au long de ce guide, signifie tout simplement « calle » ou « carrer » (sa version catalane), c'est-à-dire « rue ».

LES QUESTIONS QU'ON SE POSE LE PLUS SOUVENT 8

LES COUPS DE CŒUR DU ROUTARD 9

ITINÉRAIRES CONSEILLÉS 11

COMMENT Y ALLER ?

- **EN AVION** 13
- **LES ORGANISMES DE VOYAGES** 14
- **EN TRAIN** 20
- **EN VOITURE** 22
- **EN BUS** 22

BARCELONE UTILE

- **ABC DE BARCELONE** 23
- **AVANT LE DÉPART** 23
- **ARGENT, BANQUES, CHANGE** 26
- **ACHATS** 27
- **BARCELONE GRATUIT** 28
- **BUDGET** 28
- **CLIMAT** 30
- **DANGERS ET ENQUIQUINEMENTS** 30
- **ENFANTS** 32
- **FÊTES ET JOURS FÉRIÉS** 33
- **GÉOGRAPHIE URBAINE** 35
- **HÉBERGEMENT** 35
- **HORAIRES** 38
- **LANGUE** 38
- **LIVRES DE ROUTE** 43
- **MUSÉES ET SITES** 44
- **POSTE** 46
- **SANTÉ** 46
- **SITES INTERNET** 47
- **TABAC** 48
- **TÉLÉCOMMUNICATIONS, TÉLÉPHONE** 48
- **TRANSPORTS** 50
- **URGENCES** 55

HOMMES, CULTURE, ENVIRONNEMENT

- **ARCHITECTURE ET DESIGN** 56
- **BOISSONS** 58
- **CASTELLERS** 59
- **CUISINE** 60
- **ÉCONOMIE** 65
- **ENVIRONNEMENT** 67
- **HISTOIRE** 68
- **MATCH BARCELONE-MADRID** 76
- **MÉDIAS** 76
  • Votre TV en français : TV5MONDE, la première chaîne culturelle francophone mondiale • Presse

TABLE DES MATIÈRES

- Télévision • Radio
- **PERSONNAGES** 78
- **POPULATION** 81
- **RELIGIONS ET CROYANCES** 82
- **SARDANE** 83
- **SAVOIR-VIVRE ET COUTUMES** 84
- **SITES INSCRITS AU PATRIMOINE MONDIAL DE L'UNESCO** 85
- **SPORTS ET LOISIRS** 85

BARCELONE

ADRESSES ET INFOS UTILES

- **ARRIVÉE À L'AÉROPORT DE BARCELONE** 87
- **ARRIVÉE À L'AÉROPORT DE GÉRONE** 90
- **INFOS TOURISTIQUES** 90
- **AGENDAS CULTURELS** 92
- **SERVICES** 93
- **WIFI ET INTERNET** 93
- **REPRÉSENTATIONS DIPLOMATIQUES** 93
- **URGENCES** 94
- **LOISIRS** 94
- **TRANSPORT FERROVIAIRE** 95
- **AUTRES MOYENS DE TRANSPORT** 95
- **LOCATION DE VÉLOS, DE SCOOTERS ET DE VOITURES** 96

OÙ DORMIR ?

- **AUBERGES DE JEUNESSE** 97
- **LOCATIONS D'APPARTEMENTS** 101
- **HÔTELS ET PENSIONS** 102
  - Dans le Barri Gòtic et alentour • Dans la Ribera et El Born • Dans la Barceloneta • Dans El Raval • Dans Poble Sec, côté mer • Dans l'Eixample • Du côté de Gràcia • Du côté de Sants
- **OÙ CAMPER DANS LES ENVIRONS ?** 112
  - Au nord de Barcelone • Au sud de Barcelone

OÙ MANGER ?

- **BARS À TAPAS** 113
  - Dans le Barri Gòtic et alentour • Dans la Ribera et El Born • Dans la Barceloneta • Dans El Raval • Dans Poble Sec • Dans l'Eixample, du côté de Sant Antoni • Dans l'Eixample • Dans le quartier de Gràcia • Du côté de Sants
- **RESTOS** 120
  - Dans le Barri Gòtic et alentour • Dans la Ribera et El Born • Sur le port • Dans la Barceloneta • Dans El Raval • Dans Poble Sec • Dans l'Eixample, du côté de Sant Antoni • Dans l'Eixample • Dans le quartier de Gràcia • Dans le Poblenou • Sur la colline du Tibidabo
- **OÙ PRENDRE LE PETIT DÉJEUNER ? OÙ MANGER UNE PÂTISSERIE ? OÙ DÉGUSTER UNE GLACE ? OÙ BOIRE UNE *ORXATA* ?** 134
  - Dans le Barri Gòtic • Dans la Ribera et El Born • Dans la Barceloneta • Dans El Raval • Dans Poble Sec et Sant Antoni • Dans l'Eixample • Dans le quartier de Gràcia • Dans le Poblenou

OÙ SORTIR ?

- **OÙ BOIRE UN VERRE ?** 137
  - Dans le Barri Gòtic et alentour • Dans la Ribera et El Born • Dans la Barceloneta • Dans El Raval • Dans l'Eixample, du côté de Sant Antoni • Dans l'Eixample • Dans le quartier de Gràcia • Dans le Poblenou
- **OÙ ÉCOUTER DE LA MUSIQUE LIVE ?** 147

Réservé
Secret
Fontaine

TABLE DES MATIÈRES | 5

- **LA TOURNÉE DES BOÎTES**......... 147
  - Dans le Barri Gòtic • Dans l'Eixample et autour de Diagonal • À Montjuïc, dans le Poble Espanyol • Sur le Port olympique
  - Dans le quartier du Tibidabo
- **OÙ VOIR UN SPECTACLE (OPÉRAS, CONCERTS CLASSIQUES...) ?** 151

ACHATS

- **ALIMENTATION**............................. 152
- **ANTIQUITÉS, BROCANTE** 154
- **DÉCO, DESIGN ET VAISSELLE** .. 154
- **MODE** 154
- **MUSIQUE** 155
- **DIVERS** 155

À VOIR

- **LE BARRI GÒTIC (BARRIO GÓTICO)** 156
  - Catedral • Itinéraire gothique (ou presque !) • La plaça del Rei et ses musées : plaça del Rei, museu d'Història de la Ciutat (MUHBA) et museu Frédéric-Marès • Autour de la cathédrale : museu Diocesà – Gaudí Exhibition Center ; Salvador Dalí Escultor ; carrer Banys Nous et carrer de la Boquería • plaça del Pi et Mare de Déu ; carrer de Petritxol ; palau de la Generalitat ; les colonnes romaines au 10, carrer del Paradis et plaça Sant Jaume ; Ajuntament ; església de Sants Just i Pastor ; museu d'Idees i Invents de Barcelona (MIBA) • Le Call Mayor : MUHBA El Call et synagoga
- **LE QUARTIER DE LA RIBERA** 165
  - Palau de la Música catalana • Mercat de Santa Caterina • Museu europeu d'Art modern (MEAM) • Museu de Cultures del Món • Museu Picasso • Carrer de Montcada, carrer de l'Arc dels Tamborets, carrer des Ases et passeig del Born • El Born Centre Cultural • Basílica Santa María del Mar • Museu de la Xocolata
- **LE PARC DE LA CIUTADELLA** 170
  - Le zoo
- **SUR LE PORT** 171
  - Las Golondrinas • Museu d'Història de Catalunya • Aquàrium
- **LA BARCELONETA** 172
  - Moll dels Pescadors, la plage de la Barceloneta et transbordador aeri
- **LE QUARTIER DE LA RAMBLA ET EL RAVAL** 173
  - La Rambla • Mirador de Colom • La Boquería (mercado San Josep) • Palau de la Virreina – Centre de la Imatge • Museu de l'Eròtica • Museu d'Art contemporani de Barcelona (MACBA) • Centre de Cultura contemporània de Barcelona (CCCB) • La vieille ville • Plaça Reial • Setba-Zona d'Art • El Raval : carrer de l'Hospital, rambla del Raval et le Chat de Botero • Església Sant Pau del Camp • Palau Güell • Ancien hospital de la Santa Creu • La Capella • Antiga Casa Figueras • Barri Sant Antoni • Museu marítim (MMB) • La goélette Santa Eulàlia • La Paral-lel
- **MONTJUÏC** 180
  - Fundació Miró et le jardin de sculptures • Museu nacional d'Art de Catalunya (MNAC) • Castell de Montjuïc • Pavelló Mies Van Der Rohe • Caixa Forum • Poble Espanyol • Les arènes
- **ITINÉRAIRE MODERNISTE**......... 186
- **L'EIXAMPLE (L'ENSANCHE)** 189
  - Casa Batlló • Casa Amatller • Casa Lleó i Morera • Casa Milà – La Pedrera • Fundació Antoni Tàpies • Museu del Modernisme Català • Fundación MAPFRE – Casa Garrig i Nogués
- **LE NORD ET L'EST DE L'EIXAMPLE** 194
  - Basílica de la Sagrada Família • Hospital de Sant Pau • Casa Vicens • Park Güell et casa-museu Gaudí • Gaudí Experiència
- **LE QUARTIER DE GRÀCIA** 199
  - Carrer Gran de Gràcia
- **LE POBLENOU**............................. 200
  - Torre Agbar, parc central del Poblenou, rambla del Poblenou,

TABLE DES MATIÈRES

carrer de Maria Aguiló, plaça de Prim et le cimetière du Poblenou
- Museu del Disseny (DHUB)
- **LE MONASTÈRE DE PEDRALBES**.................. 202
  - Finca Güell (pabellones Güell)
  - Reial Monestir de Pedralbes
- **LE TIBIDABO**............................... 203
  - Cosmo Caixa
- **LE CAMP NOU** 204
  - Museu FC Barcelona
- **LES PLAGES** 204
  - Castelldefels et Badalona

LES ENVIRONS DE BARCELONE

- **COLÒNIA GÜELL**..................... 205
- **MONTSERRAT** 207
  - La basilique • Le musée de Montserrat • Montserrat Portes Endins • Balades dans les environs : le funiculaire de Sant Joan, l'ermitage de Saint-Jérôme, l'itinéraire de Santa Cova et le chemin des Gouttières
- **TERRASSA** 211
  - Museu de la Ciència i de la Tècnica de Catalunya • Conjunt monumental de les esglésies de Sant Pere

LE LITTORAL BARCELONAIS (Costa Barcelona)

- **SITGES** 213
  - Museu del Cau Ferrat i Museu de Maricel • Museu romàntic
  - Les « casas de los Americanos »
  - Fundació Stämpfli • Les plages
- **VILAFRANCA DEL PENEDÈS** 219
  - Les caves Torres à Pacs del Penedès
- **SANT SADURNÍ D'ANOIA** 220
  - Les caves Codorníu

- **INDEX GÉNÉRAL** 231
- **OÙ TROUVER LES CARTES ET LES PLANS ?** 239

> ☎ **112** : c'est le numéro d'urgence commun à la France et à tous les pays de l'UE, à composer en cas d'accident, agression ou détresse. Il permet de se faire localiser et aider en français, tout en améliorant les délais d'intervention des services de secours.

> **IMPORTANT : DERNIÈRE MINUTE**
>
> Sauf rare exception, le *Routard* bénéficie d'une parution annuelle à date fixe. Entre deux dates, des événements fortuits (formalités, taux de change, catastrophes naturelles, conditions d'accès aux sites, fermetures inopinées, etc.) peuvent intervenir et modifier vos projets de voyage. Pour éviter les déconvenues, nous vous recommandons de consulter la rubrique « Guide » par pays de notre site • *routard.com* • et plus particulièrement les dernières *Actus voyageurs.*

Recommandation à ceux qui souhaitent profiter des réductions et avantages proposés dans le *Routard* par les hôteliers et les restaurateurs.

À l'hôtel, pensez à les demander au moment de la réservation ou si vous n'avez pas réservé **à l'arrivée.** Ils ne sont valables que pour les réservations en direct et ne sont pas cumulables avec d'autres offres promotionnelles (notamment sur Internet). Au restaurant, parlez-en **au moment** de la commande et surtout **avant** que l'addition soit établie. Poser votre *Routard* sur la table ne suffit pas : le personnel de salle n'est pas toujours au courant et une fois le ticket de caisse imprimé, il est souvent difficile de modifier le total. En cas de doute, montrez la notice relative à l'établissement dans le *Routard* de l'année, bien sûr, et ne manquez pas de nous faire part de toute difficulté rencontrée.

??? LES QUESTIONS
QU'ON SE POSE LE PLUS SOUVENT

Quelle est la meilleure époque pour aller à Barcelone ?
Le printemps et l'automne sont agréables ; il fait déjà doux, et vous trouverez moins de monde que l'été. Mais juillet et août restent des mois propices aux baignades (et aux soldes !), et la proximité de la mer tempère les grandes chaleurs.

Peut-on y aller avec des enfants ?
Oui, car la ville offre nombre de visites ou d'attractions qu'ils adoreront, les fantaisies de Gaudí par exemple. Mais gardez en tête que l'on se déplace beaucoup à pied, alors ne surchargez pas le programme !

La vie est-elle chère ?
Barcelone fait partie des villes les plus chères d'Espagne, en particulier pour se loger. Une chambre double dans une pension coûte entre 50 et 65 € en moyenne, mais les prix grimpent franchement lors de la Semaine sainte, l'été, à Noël ou lors de certains salons commerciaux. En revanche, on peut manger pour 10 € environ, et faire un repas complet pour 15 €.

Comment se loger bon marché ?
Les campings alentour, accessibles en bus depuis le centre-ville, mais aussi (et surtout) les auberges de jeunesse classiques ou privées (en gros, 16 à 30 € la nuit par personne selon la saison) et les petites pensions ou les petits *hostales*. Mais à moins d'y aller vraiment hors saison (en hiver), réservez pour être sûr de trouver le bonheur adapté à votre bourse.

Que mange-t-on ?
Des tapas de toutes sortes, ces petites assiettes (crudités, poissons, salades) que l'on peut manger n'importe où, n'importe quand, à des prix modiques, et leur adaptation basque, les *pintxos*, très en vogue à Barcelone. Beaucoup de fruits de mer, mais aussi toutes les délicieuses spécialités (charcuterie, fromages, etc.) de l'arrière-pays.

Comment se déplace-t-on en ville ?
De préférence en métro ou en bus, mais surtout… en marchant : le centre ancien ne s'offre qu'ainsi. En fin de journée ou la nuit, vous avez toujours la solution du taxi, relativement bon marché.

Combien de jours faut-il prévoir sur place ?
3 jours permettent déjà de se faire une idée. L'idéal serait 4 ou 5, voire 1 semaine, si vous avez envie de faire ça cool.

Que voir en priorité ?
Les incontournables : le Barri Gòtic, avec sa cathédrale et son lacis de ruelles étroites ; l'Eixample et ses superbes monuments modernistes (dont la Sagrada Família ou la casa Milà, entre autres œuvres de Gaudí) ; la colline de Montjuïc, qui abrite l'exceptionnel musée d'Art de Catalogne et la fondation Miró. Mais aussi le musée Picasso, le Musée maritime… difficile d'arrêter un choix !

Et les dangers de Barcelone ?
Le vol, la fauche, la tire : quel que soit son nom, c'est la seule chose, à part les notes un peu salées, que vous aurez à redouter, en particulier sur le passeig de Gràcia, autour de la cathédrale et, la nuit, dans le Barri Xino et autour de la Rambla à hauteur de la carrer dels Escudellers. Alors faites attention à votre sac, ce n'est pas un mythe ! Mais comme dans beaucoup de villes touristiques.

LES COUPS DE CŒUR DU ROUTARD

- **Déambuler tranquillement dans le Barri Gòtic,** entre ruelles et placettes, le nez en l'air, pour profiter pleins feux de toutes les façades de ce quartier historique. .... p. 156

- **Barcelone aux aurores** (de 7h à 8h30)... Un plaisir réservé aux couche-(très) tard ou aux lève-tôt. Un moment rare, les rues sont encore désertes et l'on peut plonger à loisir dans l'âme de la ville.

- **Tourner et retourner dans le marché de la Boquería,** saliver à chaque étal jusqu'à craquer et s'attabler devant de superbes tapas en éclusant un gorgeon de blanc ! .... p. 152, 174

- **Se payer le luxe d'une petite brasse dans la Méditerranée,** à la Barceloneta, après une matinée super culturelle dans un musée................... p. 172

- **Déguster une** *escalivada* (ces légumes presque confits au four) dans un petit resto typique du centre.......... p. 61, 120

- **Prendre un grand bol d'air et de fantaisie dans le park Güell,** au milieu des déglingues architecturales de Gaudí. .... p. 198

- **S'offrir une folle nuit de fiesta** dans les boîtes hyper branchées de Barcelone, une ville qui ne dort jamais tout à fait ! .... p. 147

- **Se cultiver un brin,** en explorant salle après salle les merveilles romanes, gothiques et plus classiques du superbe musée national d'Art de Catalogne (MNAC pour les intimes) sur la colline de Montjuïc, et, pour les férus d'art contemporain, le MACBA, dans la sympathique quartier du Raval................ p. 175, 182

- **Partir sur les traces d'architectes magnifiquement allumés** (Gaudí, entre autres) dans le quartier de l'Eixample. Un grand bain de couleurs, d'imagination et de liberté. .... p. 189

- **S'offrir une soirée « poissons et fruits de mer »** dans la Barceloneta, ancien quartier de pêcheurs, où les restos font toujours la part belle aux produits de la grande bleue. .... p. 126

- **Pousser la balade urbaine jusqu'au quartier de Gràcia,** et profiter de son ambiance de village sur les placettes où se retrouvent cadres, étudiants et artistes un peu bohèmes. Un de nos coups de cœur fétiches à Barcelone !........ p. 199

- Tous les jours et à toutes les heures, du bout des lèvres et l'air de rien, à l'apéro ou en guise de dîner, **tapez-vous des tapas !** .... p. 113

- **Contempler la plus belle donation de Picasso effectuée de son vivant,** au musée Picasso, tout simplement. ..... p. 167

- **Admirer l'imagination flamboyante de Gaudí** en découvrant le Temple de la Sagrada Família .... p. 194

- Si le temps est dégagé, **s'élancer au-dessus du port jusqu'à Montjuïc,** grâce au *transbordador aeri* (téléphérique) qui part de la tour de San Sebastià (à la Barceloneta). Panorama grandiose assuré !...................... p. 181

Remerciements

Nous tenons à remercier tout particulièrement Loup-Maëlle Besançon, Thierry Bessou, Gérard Bouchu, François Chauvin, Grégory Dalex, Fabrice Doumergue, Cédric Fischer, Carole Fouque, Michelle Georget, David Giason, Claude Hervé-Bazin, Emmanuel Juste, Dimitri Lefèvre, Fabrice de Lestang, Romain Meynier, Éric Milet, Pierre Mitrano, Jean-Sébastien Petitdemange et Thomas Rivallain pour leur collaboration régulière.

Perrine Attout
Emmanuelle Bauquis
Jean-Jacques Bordier-Chêne
Michèle Boucher
Sophie Cachard
Caroline Cauwe
Lucie Colombo
Agnès Debiage
Jérôme Denoix
Tovi et Ahmet Diler
Clélie Dudon
Sophie Duval
Perrine Eymauzy
Alain Fisch
Cécile Gastaldo
Bérénice Glanger

Adrien et Clément Gloaguen
Bernard Hilaire
Sébastien Jauffret
Jacques Lemoine
Jacques Muller
Caroline Ollion
Justine Oury
Martine Partrat
Odile Paugam et Didier Jehanno
Émilie Pujol
Prakit Saiporn
Jean-Luc et Antigone Schilling
Alice Sionneau
Caroline Vallano
Camille Zecchinati

Direction: Nathalie Bloch-Pujo
Contrôle de gestion: Jérôme Boulingre et Alexis Bonnefond
Secrétariat: Catherine Maîtrepierre
Direction éditoriale: Catherine Julhe
Édition: Matthieu Devaux, Géraldine Péron, Olga Krokhina, Gia-Quy Tran, Julie Dupré, Victor Beauchef, Jeanne Cochin, Emmanuelle Michon, Flora Sallot, Quentin Tenneson et Sandra Vavdin
Préparation-lecture: Aurélie Joiris-Blanchard
Cartographie: Frédéric Clémençon et Aurélie Huot
Fabrication: Nathalie Lautout et Audrey Detournay
Relations presse France: COM'PROD, Fred Papet. ☎ 01-70-69-04-69.
● *info@comprod.fr* ●
Direction marketing: Adrien de Bizemont, Lydie Firmin et Clémence de Boisfleury
Contacts partenariats: André Magniez (EMD). ● *andremagniez@gmail.com* ●
Édition des partenariats: Élise Ernest
Informatique éditoriale: Lionel Barth
Couverture: Clément Gloaguen et Seenk
Maquette intérieure: le-bureau-des-affaires-graphiques.com, Thibault Reumaux et npeg.fr
Relations presse: Martine Levens (Belgique) et Maureen Browne (Suisse)
Régie publicitaire: Florence Brunel-Jars. ● *fbrunel@hachette-livre.fr* ●

ITINÉRAIRES CONSEILLÉS

Voici quelques idées pour guider vos pas à travers Barcelone, selon le temps dont vous disposez. Évidemment, rien ne vous oblige à suivre ces suggestions au pied de la lettre, mais si vous choisissez cette option, vous avez des chances de découvrir l'essentiel des richesses de la ville... à notre avis !
Lisez aussi la rubrique « Barcelone utile. Enfants » si vous comptez explorer Barcelone accompagné de vos p'tits routards en herbe, et la rubrique « À voir » pour les accros au modernisme.

Barcelone en une demi-journée...

À vos marques, prêt ? Histoire d'avoir un avant-goût du modernisme, depuis la plaça de Catalunya, remontez le *passeig de Gràcia* pour jeter un œil aux belles maisons de la *Manzana de la Discordia*. Avec un peu de chance, s'il n'y a pas trop la queue, vous pourrez même visiter la *casa Batlló*. Sinon, tentez votre chance chez les voisines : la casa *Amatller* ou la casa *Lleó i Morera*. Descendez ensuite la *Rambla* pour humer Barcelone, puis allez vous perdre dans le *Barri Gòtic*, son lacis de ruelles et sa cathédrale. Enfin, offrez-vous un déjeuner ou un dîner en bord de mer, à la *Barceloneta* par exemple...

... en 1 jour...

Attention à vos pieds et à vos chaussures, ça va chauffer !
Attaquez par la *Rambla* pour humer l'Espagne. Passez prendre rendez-vous au *palau Güell*, puis, en fonction de l'heure de la convocation, allez vous perdre dans le quartier du *Barri Gòtic*, de la cathédrale et du marché de la *Boquería*. Faites une pause déjeuner dans un resto sympa que vous aurez repéré, puis traversez la plaça de Catalunya pour atteindre le *passeig de Gràcia* et ses demeures élégantes. On consacrera l'après-midi à Gaudí : *casa Batlló*, la *Pedrera* et la *Sagrada Família*.

... en 3 jours...

Vous consacrerez le 1ᵉʳ jour au *Barri Gòtic*, à sa cathédrale, à ses ruelles, où vous prendrez le temps de vous perdre. Si l'histoire de l'urbanisation de la ville vous intéresse, inscrivez à votre programme le museu d'Història de la Ciutat : idéal pour mieux comprendre la géographie de la ville ! Déjeunez tôt (profitez du fait que vous n'êtes pas encore à l'heure espagnole) au marché de la *Boquería*, puis poussez vers le quartier de la *Ribera*. Profitez-en pour visiter le *musée Picasso*, le *palais de la Musique catalane* (attention, il faut avoir réservé) et El Born Centre Cultural. Là aussi, prenez le temps de flâner, de vous poser à la terrasse d'un café. Après tout ça, vous aurez bien mérité des tapas et/ou un bon dîner...
Le 2ᵉ jour sera peut-être l'occasion d'une journée en bus touristique... Vous pourrez ainsi vous éloigner un peu du centre et enchaîner assez facilement la *Sagrada Família* et le *park Güell* (l'occasion d'un pique-nique...). Embrayez ensuite avec le *Montjuïc* et la *fondation Miró*. De là, redescendez avec le bus touristique ou le

funiculaire ou, mieux encore, le téléphérique (bien que ce ne soit pas donné). Vous pourrez ainsi faire une petite balade sur la *plage* avant d'aller dîner et... dormir !

Le 3e jour, commencez la journée en prenant rendez-vous au *palau Güell* et avisez en fonction de l'heure du rendez-vous. Ce peut être, par exemple, l'occasion de visiter le *Musée maritime* ou le *musée d'Histoire de la Catalogne.* Le reste de la journée sera consacré au modernisme, au *passeig de Gràcia* (lire pour cela notre itinéraire spécial dans la rubrique « À voir ») et à vos centres d'intérêt.

... en 5 jours

C'est à peu de chose près le même programme, mais vous aurez plus de temps pour flâner, ouf ! Et vous pourrez profiter des fabuleux musées de la ville : MNAC, Marès, Histoire de la Catalogne... et, qui sait, passer un après-midi à la plage...

Si vous êtes plutôt...

... architecture moderniste : à Barcelone même, le palau Güell, le palau de la Música catalana, la casa Batlló, la casa Amatller, la Casa Lleó i Morera, la Pedrera, la Sagrada Família, le park Güell et la casa-museu Gaudí, le museu del Modernisme Català, l'hospital de Sant Pau, et notre formidable itinéraire de balade moderniste à travers la ville. Dans les proches environs, accessibles en transports en commun, la Colònia Güell, et les nombreuses demeures modernistes de Sitges, sur la côte.

... architecture gothique : tout le Barri Gòtic, en particulier la catedral et ses proches alentours, le palau de la Generalitat, l'Ajuntament, la plaça del Rei, la basílica Santa María del Mar, la section gothique du museu nacional d'Art de Catalunya (MNAC), le Reial Monestir de Pedralbes et notre tout aussi formidable itinéraire gothique.

... art contemporain : le museu Picasso, Salvador Dalí Escultor, la fundació Miró et son jardin de sculptures, la fundació Tàpies, la section art moderne du museu nacional d'Art de Catalunya (MNAC), le museu d'Art contemporani de Barcelona (MACBA), le Centre de Cultura contemporània de Barcelona (CCCB), le museu del Disseny, Lacapella, le museu europeu d'Art moderne (MEAM), la Caixa Forum.

... amateur d'histoire : le museu d'Història de la Ciutat (MUHBA), le Call Mayor, le museu d'Història de Catalunya, El Born Centre Cultural.

... culture locale : les démonstrations de sardanes, les *castellers,* la Rambla, les marchés de la ville, le quartier de Gràcia, le museu FC Barcelona.

... gourmand : le mercat de la Boquería, le museu de la Xocolata, les tapas de poissons et fruits de mer et une visite de la ville en *Gastrobus.*

... avec des enfants : le zoo et le parc de la Ciutadella, le Poble Espanyol, l'aquarium, le museu de la Xocolata, les balades en bateau sur le port, les plages, le parc d'attractions du Tibidabo et Cosmo Caixa. Voir aussi nos suggestions détaillées dans la rubrique « Barcelone utile. Enfants ».

COMMENT Y ALLER ?

EN AVION

Les compagnies régulières

▲ **AIR FRANCE**
Rens et résas au ☎ 36-54 (0,34 €/mn – tlj 6h30-22h), sur • airfrance.fr •, dans les agences Air France et dans ttes les agences de voyages. Fermées dim.
➤ Air France dessert Barcelone au départ de Paris-Charles-de-Gaulle 2F, jusqu'à 7 fois/j.
Air France propose à tous des tarifs attractifs toute l'année. Vous avez la possibilité de consulter les meilleurs tarifs du moment sur Internet, directement sur la page « Meilleures offres et promotions ».
Le programme de fidélisation Air France-KLM permet de cumuler des *miles* à son rythme et de profiter d'un large choix de primes. Avec votre carte *Flying Blue,* vous êtes immédiatement identifié comme client privilégié lorsque vous voyagez avec tous les partenaires.
Air France propose également des réductions Jeunes. La carte *Flying Blue Jeune* est réservée aux jeunes de 2 à 24 ans résidant en France métropolitaine, dans les départements d'outre-mer, au Maroc, en Tunisie ou en Algérie. Avec plus de 1 000 destinations, et plus de 100 partenaires, *Flying Blue Jeune* offre autant d'occasions de cumuler des *miles* partout dans le monde.

▲ **AIR EUROPA**
– Paris : 58 A, rue du Dessous-des-Berges, 75013. ☎ 01-42-65-08-00. • aireuropa.com •
Ⓜ *Bibliothèque-François-Mitterrand. Bureau ouv lun-ven 9h-17h. Résas possibles par tél 24h/24.*
➤ Au départ de Roissy-Charles-de-Gaulle, terminal 2F, Air Europa dessert Barcelone avec 7 vols/j. (5 le sam), en code partagé avec *Air France.*

▲ **IBERIA**
Central de résas : ☎ 0825-800-965 (n° Indigo ; 0,12 €/mn). • iberia.fr •
– Paris : Orly-Ouest (hall 1).
Iberia dessert toute l'Espagne. Au départ de Paris-Orly, 7 vols/j. vers Barcelone (directs ou via Madrid). Dessert également Barcelone avec 1-2 vols/j. au départ de Marseille, 1-2 vols/j. au départ de Nice et 1 vol/sem au départ de Nantes, certains opérés par sa filiale *Air Nostrum.*

Les compagnies *low-cost*

Plus vous réserverez vos billets à l'avance, plus vous aurez des chances d'avoir des tarifs avantageux Des frais de dossier ainsi que des frais pour le paiement par carte bancaire peuvent vous être facturés. En outre, les pénalités en cas de changement de vols sont assez importantes. Il faut aussi rappeler que plusieurs compagnies facturent maintenant les bagages en soute et limitent leur poids. En cabine également le nombre de bagages est strictement limité (attention, même le plus petit sac à main est compté comme un bagage à part entière). À bord, c'est service minimum et tous les services sont payants (boissons, journaux). Attention également au moment de la résa par Internet à décocher certaines options qui sont automatiquement cochées (assurances, etc.). Au final, même si les prix de base restent très attractifs, il convient de prendre en compte les frais annexes pour calculer le plus justement son budget.

▲ **BRUSSELS AIRLINES**
En Belgique : ☎ *0902-51-600 (0,051 € l'appel puis 0,75 €/mn) ; en Espagne :* ☎ *807-22-00-03 (0,105 € l'appel puis 0,82 €/mn) ; en France :* ☎ *0892-64-00-30 (0,34 €/mn).* ● *brusselsairlines.fr* ●
➢ Liaisons Barcelone-Bruxelles A/R avec 3-4 vols/j.
2 tarifications : *b-flex economy +,* pour une clientèle professionnelle, et *b-light economy,* proposant des formules *low-cost* depuis Brussels Airport vers plus de 50 destinations en Europe.

▲ **EASYJET**
En France : ☎ *0820-420-315 (0,12 €/mn) ; en Suisse :* ☎ *0848-28-28-28 (0,08 Fs/mn) ; en Espagne :* ☎ *902-599-900 (0,083 €/mn).* ● *easyjet.fr* ●
➢ Dessert Barcelone au départ de Paris-Charles-de-Gaulle, Lyon, Nice, Genève et Bâle-Mulhouse.

▲ **RYANAIR**
En France : ☎ *0892-56-21-50 (0,34 €/mn) ; en Belgique :* ☎ *0902-33-660 (1 €/mn) ; en Espagne :* ☎ *00-44-871-246-00-11 (en Angleterre, réponse en espagnol ; 0,10 £/mn).* ● *ryanair.com* ●
➢ Dessert Barcelone depuis Paris-Beauvais et Bruxelles-Charleroi ; Gérone, au nord de Barcelone, au départ de Paris-Beauvais, Poitiers, Bruxelles-Charleroi et Karlsruhe-Baden. Dessert également Reus, au sud de Barcelone, depuis Marseille et Bruxelles-Charleroi. Depuis l'aéroport de Gérone, bus réguliers vers Barcelone (arrivée *estació del Norte,* même principe dans l'autre sens ; voir « Arrivées à l'aéroport de Gérone » au début de « Adresses et infos utiles »). Liaison aéroport de Reus moins pratique, car beaucoup moins de bus *(rens sur* ● *igualadina.com* ●*).*

▲ **TRANSAVIA**
En France : ☎ *0892-058-888 (0,34 €/mn) ; en Espagne :* ☎ *902-044-350 (0,09 €/mn).* ● *transavia.com* ●
La compagnie *low-cost* du groupe Air France-KLM dessert de nombreuses destinations vers l'Europe et le Bassin méditerranéen au départ de Paris-Orly Sud, Nantes, Lyon et Strasbourg.
– Transavia dessert plusieurs villes en Espagne, dont Barcelone, avec 3 vols/j. du lundi au vendredi, et 2 vols/j. les samedi et dimanche.

▲ **VUELING**
Rens : ☎ *0899-232-400 (en France, 1,34 € l'appel puis 0,34 €/mn) ;* ☎ *0902-33-429 (en Belgique, 0,75 €/mn) ;* ☎ *807-200-100 (en Espagne, 0,91 €/mn).* ● *vueling.com* ●
➢ Vols tlj vers Barcelone depuis Paris (Roissy-Charles-de-Gaulle) et Bruxelles. Et liaisons régulières directes (2-4 vols/sem) entre Barcelone et Bordeaux, Nantes, Toulouse ou Genève. Depuis Barcelone, nombreuses liaisons vers les capitales régionales espagnoles.

LES ORGANISMES DE VOYAGES

EN FRANCE

▲ **NOUVELLES FRONTIÈRES**
Rens et résas au ☎ *0825-000-747 (0,15 €/mn + prix d'appel), sur* ● *nouvelles-frontieres.fr* ●*, et en agences de voyages Nouvelles Frontières et Marmara, présentes dans plus de 180 villes de France.*
Depuis plus de 45 ans, Nouvelles Frontières fait découvrir le monde au plus grand nombre au travers de séjours, à la découverte de nouveaux paysages et de rencontres riches en émotions. Selon votre budget ou vos désirs, plus de 100 destinations sont proposées sous forme de circuits, ou bien en séjours et voyages à la carte à personnaliser selon vos envies. Rendez-vous sur le Web ou en agence où les conseillers Nouvelles Frontières seront à votre écoute pour composer votre voyage selon vos souhaits.

▲ **NOVO.TRAVEL**
Rens et résas : ☎ *0899-18-00-18 (1,35 € l'appel puis 0,34 €/mn).* ● *novo.travel* ● *Lun-ven 10h-12h, 14h-18h.*
Spécialiste des voyages en autocar à destination de toutes les grandes cités

L'ESPAGNE, C'EST LA PORTE À CÔTÉ.

PARTEZ À BARCELONE ET MADRID À GRANDE VITESSE.

www.renfe-sncf.com

européennes. Week-ends, séjours et circuits en bus toute l'année, grands festivals et événements européens. Formules pour tout public, individuel ou groupe, au départ de toutes les grandes villes de France.

▲ TERRES LOINTAINES
– Issy-les-Moulineaux : 2, rue Maurice-Hartmann, 92130. Sur rdv slt ou par tél : ☎ 01-84-19-44-45. • terres-lointaines.com • Lun-ven 8h30-19h30, sam 9h-18h.

Terres Lointaines est le dernier-né des acteurs du Net qui compte dans le monde du tourisme avec pour conviction : « un voyage réussi est un voyage qui dépasse les attentes du client ». Son ambition est clairement affichée : démocratiser le voyage sur mesure au prix le plus juste. En individuel ou en petit groupe, entre raffinement et excellence, Terres Lointaines met le monde à votre portée. Europe, Amériques, Afrique, Asie, Océanie, la palette de destinations programmées est vaste, toutes proposées par des conseillers-spécialistes à l'écoute des envies du client. Grâce à une sélection rigoureuse de prestataires locaux, Terres Lointaines crée des voyages de qualité, qui laissent de merveilleux souvenirs.

▲ VOYAGES-SNCF.COM
– *Infos et résas depuis la France :* • *voyages-sncf.com* • *et sur tablette et mobile avec les applis V. (train) et V. Hôtel (hôtels).*
– *Réserver un vol, un hôtel, une voiture :* ☎ *0-899-500-500 (1,35 € l'appel puis 0,34 €/mn).*
– *Une question ? Rubrique « Contact » ou au* ☎ *09-70-60-99-60 (n° non surtaxé).*

Voyages-sncf.com, distributeur de voyages en ligne de SNCF, vous propose ses meilleurs prix de train, d'avion, d'hôtel et de location de voitures en France et en Europe. Accédez aussi à ses services exclusifs : billets à domicile (en France), Alerte Résa, calendrier des prix, offres de dernière minute...

▲ VOYAGEURS DU MONDE EN ESPAGNE ET AU PORTUGAL
• *voyageursdumonde.fr* •
– *Paris : la Cité des Voyageurs, 55, rue Sainte-Anne, 75002.* ☎ *01-42-86-17-20.* Ⓜ *Opéra ou Pyramides. Lun-sam 9h30-19h. Avec une librairie spécialisée sur les voyages.*
– *Également des agences à Bordeaux, Grenoble, Lille, Lyon, Marseille, Montpellier, Nantes, Nice, Rennes, Rouen, Strasbourg et Toulouse. Également Bruxelles et Genève.*

Parce que chaque voyageur est différent, que chacun a ses rêves et ses idées pour les réaliser, Voyageurs du Monde conçoit, depuis plus de 30 ans, des projets sur mesure. Les séjours proposés sur 120 destinations sont élaborés par leurs 180 conseillers voyageurs. Spécialistes par pays et même par région, ils vous aideront à personnaliser les voyages présentés à travers une trentaine de brochures d'un nouveau type et sur le site internet, où vous pourrez également découvrir les hébergements exclusifs et consulter votre espace personnalisé. Au cours de votre séjour, vous bénéficiez des services personnalisés Voyageurs du Monde, dont la possibilité de modifier à tout moment votre voyage, l'assistance d'un concierge local, la mise en place de rencontres et de visites privées et l'accès à votre carnet de voyage via une application iPhone et Android.

Voyageurs du Monde est membre de l'association ATR (Agir pour un tourisme responsable) et a obtenu sa certification Tourisme responsable AFAQ AFNOR.

Comment aller à Roissy et à Orly ?

Toutes les infos sur notre site routard. com à l'adresse suivante : • *bit.ly/aeroports-routard* •

EN BELGIQUE

▲ AIRSTOP
☎ *070-233-188.* • *airstop.be* • *Lun-ven 9h-18h30, sam 10h-17h.*
– *Bruxelles : bd E.-Jacquemain, 76, 1000.*
– *Anvers : Jezusstraat, 16, 2000.*
– *Bruges : Dweersstraat, 2, 8000.*
– *Gent : Maria Hendrikaplein, 65, 9000.*
– *Louvain : Mgr. Ladeuzeplein, 33, 3000.*

NOUVEAUTÉ

AUSTRALIE CÔTE EST + AYERS ROCK
(mai 2016)

Le pouvoir attractif de l'Australie est évident. Des terres arides à l'emblématique Ayers Rock, cet immense « rocher » émergeant au milieu de rien, des îlots paradisiaques sur la Grande Barrière de corail… Les animaux, parfois cocasses – kangourous, koalas, crocodiles, araignées Redback… –, côtoient la plus vieille civilisation du monde, celle du peuple aborigène. Pour les adeptes de la mer, il faudrait 27 ans pour visiter toutes les plages du pays, à raison d'une par jour ! La plus longue autoroute du monde suit 14 500 km de côtes, sans jamais lasser. Pour les accros de culture, l'Opéra de Sydney s'impose, avant de découvrir de fabuleux musées. Sans oublier l'ambiance des cafés de Melbourne, véritable petite San Francisco locale. Vous saurez tout sur le fameux Programme Vacances Travail (Working Holiday Visa), permettant d'alterner petits boulots et voyage au long cours. Mais le plus important se trouve dans la franche convivialité du peuple australien.

Airstop offre une large gamme de prestations, du vol sec au séjour tout compris à travers le monde.

▲ CONNECTIONS
Rens et résas : ☎ *070-233-313.* • *connections.be* • *Lun-ven 9h-19h, sam 10h-17h.*

Fort d'une expérience de plus de 20 ans dans le domaine du voyage, Connections dispose d'un réseau de 30 *travel shops,* dont un à Brussels Airport. Connections propose des vols dans le monde entier à des tarifs avantageux, et des voyages destinés à des voyageurs désireux de découvrir la planète de façon autonome. Connections propose une gamme complète de produits : vols, hébergements, locations de voitures, autotours, vacances sportives, excursions...

▲ NOUVELLES FRONTIÈRES
• *nouvelles-frontieres.be* •
– *Nombreuses agences dans le pays dont Bruxelles, Charleroi, Liège, Mons, Namur, Waterloo, Wavre et au Luxembourg.*

Voir texte dans la partie « En France ».

▲ SERVICE VOYAGES ULB
• *servicevoyages.be* • *25 agences dont 12 à Bruxelles.*
– *Bruxelles : campus ULB, av. Paul-Héger, 22, CP 166, 1000.* ☎ *02-650-40-20.*
– *Bruxelles : pl. Saint-Lambert, 1200.* ☎ *02-742-28-80.*
– *Bruxelles : chaussée d'Alsemberg, 815, 1180.* ☎ *02-332-29-60.*

Service Voyages ULB, c'est le voyage à l'université. Billets d'avion sur vols charters et sur compagnies régulières à des prix compétitifs.

▲ TAXISTOP
☎ *070-222-292.* • *taxistop.be* •
– *Bruxelles : rue Thérésienne, 7a, 1000.*
– *Gent : Maria Hendrikaplein, 65, 9000.*
– *Ottignies : bd Martin, 27, 1340.*

Taxistop propose un système de covoiturage, ainsi que d'autres services comme l'échange de maisons ou le gardiennage.

▲ VOYAGEURS DU MONDE
– *Bruxelles : 23, chaussée de Charleroi, 1060.* ☎ *02-543-95-50.* • *voyageursdumonde.fr* •

Le spécialiste du voyage en individuel sur mesure. Voir texte dans la partie « En France ».

EN SUISSE

▲ STA TRAVEL
☎ *058-450-49-49.* • *statravel.ch* •
– *Fribourg : rue de Lausanne, 24, 1701.* ☎ *058-450-49-80.*
– *Genève : rue de Rive, 10, 1204.* ☎ *058-450-48-00.*
– *Genève : rue Vignier, 3, 1205.* ☎ *058-450-48-30.*
– *Lausanne : bd de Grancy, 20, 1006.* ☎ *058-450-48-50.*
– *Lausanne : à l'université, Anthropole, 1015.* ☎ *058-450-49-20.*

Agences spécialisées notamment dans les voyages pour jeunes et étudiants. 150 bureaux STA et plus de 700 agents du même groupe répartis dans le monde entier sont là pour donner un coup de main *(Travel Help).*
STA propose des tarifs avantageux : vols secs *(Blue Ticket),* hôtels, écoles de langues, *work & travel,* circuits d'aventure, voitures de location, etc. Délivre la carte internationale d'étudiant et la carte *Jeune.*

▲ TUI – NOUVELLES FRONTIÈRES
– *Genève : rue Chantepoulet, 25, 1201.* ☎ *022-716-15-70.*
– *Lausanne : bd de Grancy, 19, 1006.* ☎ *021-616-88-91.*

Voir texte « Nouvelles Frontières » dans la partie « En France ».

AU QUÉBEC

▲ TOURS CHANTECLERC
• *tourschanteclerc.com* •

Tours Chanteclerc est un tour-opérateur qui publie différentes brochures de voyages : Europe, Amérique du Nord, Amérique du Sud, Asie et Pacifique sud, Afrique et le Bassin méditerranéen en circuits ou en séjours. Il s'adresse aux voyageurs indépendants qui réservent un billet d'avion, un hébergement (dans toute l'Europe), des excursions ou une location de voiture. Également spécialiste de Paris, ce tour-opérateur offre une vaste sélection d'hôtels et d'appartements dans la Ville Lumière.

EN TRAIN

➢ **RENFE-SNCF en coopération :** en partenariat avec la SNCF et la RENFE, les TGV Euroduplex circulent entre Paris et Barcelone à raison de 2-4 trains/j. selon les saisons, 10h07-14h07 depuis Paris, 9h25-13h20 depuis Barcelone. Compter environ 6h25 de voyage jusqu'à Barcelone. Ils desservent les gares de Valence, Nîmes, Montpellier, Narbonne, Perpignan, Figueres et Gérone. Certains font en outre halte à Sète et Agde durant la période d'été, et Béziers. Il existe aussi 1 train/j. au départ de Lyon (4h58 de trajet) et Marseille (4h30 de trajet) et depuis Toulouse sur certaines périodes (env 3h de trajet).
Plus d'informations : ● *renfe-sncf.com* ● *voyages-sncf.com* ● *renfe.com* ●

➢ 1 départ de nuit de Paris-Austerlitz (départ vers 21h50), avec correspondance au petit mat à Port-Bou (plus de 1h40 d'attente !) et arrivée à Barcelona-Sants (via Passeig-de-Gràcia) vers 11h50 (c'est le plus looong !).

Pour préparer votre voyage

– *e-billet :* réservez, achetez et imprimez votre e-billet sur Internet.
– *m-billet :* plus besoin de support papier, vous pouvez télécharger le code-barres de votre voyage correspondant à votre réservation directement dans votre smartphone, à l'aide de l'application *SNCF Direct*.
– *Billet à domicile :* commandez votre billet par Internet ou par téléphone au ☎ *36-35 (0,34 €/mn, hors surcoût éventuel de votre opérateur)* ; la SNCF vous l'envoie gratuitement à domicile en France.
– Également dans les gares, les boutiques SNCF et les agences de voyages agréées.

Les *passes* internationaux

Avec les *passes InterRail,* les résidents européens peuvent voyager dans 30 pays d'Europe, dont l'**Espagne**. Plusieurs formules et autant de tarifs, en fonction de la destination et de l'âge. À noter que le *pass* InterRail n'est pas valable dans votre pays de résidence. Cependant, l'*InterRail Global Pass* offre une réduc de 50 % de votre point de départ jusqu'au point frontière en France. ● *interrailnet.eu* ●
– Pour les grands voyageurs, l'***Inter-Rail Global Pass*** est valable dans l'ensemble des 30 pays européens concernés. Intéressant si vous comptez parcourir plusieurs pays au cours du même périple. Il se présente sous 5 formules au choix.
2 formules flexibles : utilisable 5 j. sur une période de validité de 10 j. ou 10 j. sur une période de validité de 22 j. (192-374 € selon âge et formule).
3 formules « continues » : *pass* 15 j., 22 j. et 1 mois (325-626 € selon âge et formule).
Ces 5 formules existent aussi en version 1re classe !
Les voyageurs de plus de 60 ans bénéficient d'une réduc de 10 % sur le tarif de l'*InterRail Global Pass* en 1re et 2de classes (tarif sénior). Également des tarifs 4-12 ans.
– Si vous ne parcourez que l'Espagne, le ***One Country Pass*** vous suffira. D'une période de validité de 1 mois, et utilisable, selon les formules, 3, 4, 6 ou 8 j. en discontinu : compter 173-297 € selon formule. Là encore, ces formules se déclinent en version 1re classe (mais ce n'est pas le même prix, bien sûr).
– Pour voyager dans 2 pays, vous pouvez combiner 2 *One Country Pass*. Au-delà, il est préférable de prendre l'*InterRail Global Pass*.
– *InterRail* vous offre également la possibilité d'obtenir des réductions ou avantages à travers toute l'Europe avec ses partenaires bonus (musées, chemins de fer privés, hôtel, etc.).
Tous ces prix ne sont qu'indicatifs. Pour plus de renseignements, adressez-vous à la gare ou boutique SNCF la plus proche.

Renseignements et réservations

– *Internet :* ● *voyages-sncf.com* ●
– *Téléphone :* ☎ *36-35 (0,34 € TTC/mn).*

Votre voyage de A à Z !

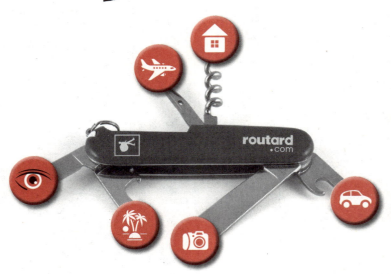

CHOISIR
Trouvez la destination de vos rêves avec nos idées week-end et nos carnets de voyage.

ORGANISER
Préparez votre voyage avec nos 220 fiches destination, nos dossiers pratiques et les conseils de nos 530 000 membres.

RÉSERVER
Réservez avec les meilleurs partenaires votre vol, votre voiture, votre hôtel, votre location…

PARTAGER
Partagez vos expériences, photos, bons plans et avis d'hôtels avec 2.4 millions d'internautes chaque mois*.

* Source Nielsen/ Mediametrie/ Netrating

– Également dans les gares, les boutiques SNCF et les agences de voyages agréées.

EN VOITURE

2 itinéraires possibles pour rejoindre Barcelone au départ de Paris.
➣ Sortir de Paris par la porte d'Orléans et prendre l'autoroute A 6 direction Lyon, puis l'A 7 direction Marseille. À la hauteur d'Orange, suivre l'A 9, direction Nîmes, Montpellier, Béziers, Perpignan, puis suivre Figueres, Gérone, Barcelone.
➣ À Paris, prendre l'A 10 direction Orléans, puis l'A 71 direction Bourges. À la hauteur de Vierzon, suivre l'A 20 direction Toulouse, puis l'A 61 direction Carcassonne-Narbonne. À la hauteur de Narbonne, prendre l'A 9 direction Perpignan et suivre Figueres, Gérone, Barcelone.

Le covoiturage

Le principe est économique, écologique et convivial. Il s'agit de mettre en relation un chauffeur et des passagers afin de partager le trajet et les frais, que ce soit de manière régulière ou de manière exceptionnelle (pour les vacances, par exemple). Les conducteurs sont invités à proposer leurs places libres sur ● *bla blacar.fr* ● disponible sur Web et sur mobile. L'inscription est gratuite.

EN BUS

Prévoyez une couverture ou un duvet pour les nuits fraîches, la Thermos à remplir de boisson bouillante ou glacée entre les étapes (on n'a pas toujours soif à l'heure dite), et aussi de bons bouquins.

▲ **EUROLINES**
☎ *0892-89-90-91 (0,34 €/mn + prix d'appel ; lun-sam 8h-21h, dim 10h-18h).* ● *eurolines.fr* ●
– *Paris* : 55, rue Saint-Jacques, 75005. Lun-ven 9h30-18h30 ; sam 10h-13h, 14h-17h. Numéro d'urgence : ☎ *01-49-72-51-57.*
Vous trouverez également les services d'Eurolines sur ● *routard. com* ● *Eurolines propose 10 % de réduc pour les jeunes (12-25 ans) et les séniors. 2 bagages gratuits/pers en Europe et 40 kg gratuits pour le Maroc.*
– *Gare routière internationale à Paris : 28, av. du Général-de-Gaulle, 93541 Bagnolet Cedex.* Ⓜ *Gallieni.*
Première compagnie *low-cost* par bus en Europe, Eurolines permet de voyager vers plus de 600 destinations en Europe (dont l'Espagne et Barcelone) et au Maroc avec des départs quotidiens depuis 90 villes françaises. Eurolines propose également des hébergements à petits prix sur les destinations desservies.
– *Pass Europe :* pour un prix fixe valable 15 ou 30 j., vous voyagez autant que vous le désirez sur le réseau entre 51 villes européennes. Également un *minipass* pour visiter 2 capitales européennes (7 combinés possibles).

▲ **NOVO.TRAVEL**
Voir plus haut « Les organismes de voyages ».

BARCELONE UTILE

ABC DE BARCELONE

▶ *Superficie :* 101 km².
▶ *Population :* 1 622 000 hab., 5 327 872 hab. avec le grand Barcelone (estimation).
▶ *Densité de la population :* 16 145 hab./km².
▶ *Monnaie :* l'euro.
▶ *Taux de chômage :* env 19,70 % (19,10 % en Catalogne et 23,70 % en Espagne à l'automne 2014).
▶ *Statut :* capitale de la région autonome.
▶ *Président de la Catalogne :* Artur Mas i Gavarró (depuis décembre 2010).
▶ *Maire de la ville :* Xavier Trias, élu en mai 2011.
▶ *Langues parlées :* catalan, castillan.

AVANT LE DÉPART

Adresses utiles

En France

– *Tourisme de la Catalogne :* infos sur ● catalunyaexperience.fr ● info.fr@act.cat ● et ● catalunya.com ● Les sites officiels du tourisme sur la région. Ils s'enrichissent régulièrement de brochures à télécharger.

🛈 *Office national espagnol de tourisme :* pas d'accueil du public, mais rens touristiques lun-jeu 9h-17h, ven 9h-14h et juil-août lun-ven 9h-14h au ☎ 01-45-03-82-50. Par mail : ● paris@tourspain.es ● ou sur ● spain.info/fr_FR ● Nombreuses brochures très bien faites téléchargeables sur le site.

■ *Consulat d'Espagne :* 165, bd Malesherbes, 75017 Paris. ☎ 01-44-29-40-00. ● exteriores.gob.es/consulados/paris ● Ⓜ Wagram ou Malesherbes. Lun-jeu 8h30-14h30 ; ven 8h30-14h ; 1ᵉʳ sam du mois (sf j. fériés) 8h30-12h. Autres consulats généraux à Bayonne, à Bordeaux, au Havre, à Lyon-Villeurbanne, à Marseille, à Montpellier, à Pau, à Perpignan, à Rennes, à Strasbourg et à Toulouse.

■ *Ambassade d'Espagne :* 22, av. Marceau, 75008 Paris. ☎ 01-44-43-18-00. ● emb.paris@maec.es ● exteriores.gob.es/embajadas/paris ● Ⓜ Alma-Marceau. Lun-ven 9h-13h30, 15h-18h.

■ *Location d'appartements à Barcelone :* vous trouverez une sélection d'agences (françaises ou catalanes) proposant des appartements en pleine ville dans le chapitre

« Barcelone », rubrique « Où dormir ? Locations d'appartements ».

En Belgique

🛈 Office de tourisme d'Espagne : *rue Royale, 97, Bruxelles 1000.* ☎ *02-280-19-26 ou 29.* • *spain.info/be_FR* • *Accueil du public lun-ven 9h-14h. Accueil téléphonique lun-jeu jusqu'à 17h, ven jusqu'à 15h.*

■ *Turisme de Catalunya : rue de la Loi, 227, Bruxelles 1040.* ☎ *02-640-61-51.* • *info.bnl@act.cat* • *catalunya.com* • *Lun-jeu 9h-18h, ven 9h-15h.*

■ *Consulat général d'Espagne : rue Ducale, 85-87, Bruxelles 1000.* ☎ *02-509-87-70. Fax : 02-509-87-84.* • *cog.bruselas@maec.es* • *exteriores.gob.es/consulados/bruselas* • *Lun-ven 8h30-14h.*

■ *Ambassade d'Espagne : rue de la Science, 19, Bruxelles 1040.* ☎ *02-230-03-40. Fax : 02-230-93-80.* • *emb.bruselas@maec.es* • *exteriores.gob.es/embajadas/bruselas* • *Lun-ven 9h-13h.*

En Suisse

🛈 Office de tourisme d'Espagne : *Seefeldstrasse, 19, 8008 Zürich.* ☎ *044-253-60-50.* • *spain.info/ch* • *Lun-ven 9h-17h.* Comme en France, renseignements également très complets par téléphone, et des brochures à télécharger sur leur site internet.

■ *Consulat général d'Espagne : av. Louis-Casaï, 58, case postale 59, 1216 Cointrin (Genève).* ☎ *022-749-14-60. Fax : 022-749-14-62.* • *cog.ginebra@maec.es* • *exteriores.gob.es/consulados/ginebra* • *Lun-ven 8h15-13h, sam 8h15-12h.*

■ *Consulat général d'Espagne : Marienstrasse, 12, 3005 Bern.* ☎ *031-356-22-20 ou 23.* • *cog.berna@maec.es* • *exteriores.gob.es/consulados/berna* • *Lun-ven 8h30, 13h30, sam 8h30-12h30.*

■ *Ambassade d'Espagne : Kalcheggweg, 24, 3000 Bern 15.* ☎ *031-350-52-52.* • *emb.berna@maec.es* • *exteriores.gob.es/embajadas/berna* • *Lun-ven 8h-15h30.*

Au Canada

🛈 Bureau de tourisme d'Espagne : *2, Bloor St West, 34th floor, suite 3402, Toronto (Ontario) M4W 3E2.* ☎ *(416) 961-3131.* • *spain.info/ca* • Ⓜ *Bloor-Yonge. Lun-ven 9h-15h.*

🛈 Agència Catalana de Turisme : • *info.usa@act.cat* • *enviedecatalogne.fr* • *catalunya.com* • Les sites officiels du tourisme sur la région s'enrichissent régulièrement de brochures à télécharger.

■ *Consulat général d'Espagne : 2, Bloor St East, suite 1201, Toronto (Ontario) M4W 1A8.* ☎ *(416) 977-1661 ou 3923.* • *cog.toronto@maec.es* • *exteriores.gob.es/consulados/toronto* • *Au 12e étage. Lun-ven 9h-12h30.*

■ *Consulat général d'Espagne : 1, Westmount Sq, suite 1456, Montréal (Québec) H3Z 2P9.* ☎ *(514) 935-5235. Fax : (514) 935-4655.* • *cog.montreal@maec.es* • *exteriores.gob.es/consulados/montreal* • *Lun-ven 9h-13h.*

■ *Ambassade d'Espagne : 74, Stanley Ave, Ottawa (Ontario) K1M 1P4.* ☎ *(613) 747-2252 ou 7293. Fax : (613) 744-1224.* • *emb.ottawa@maec.es* • *exteriores.gob.es/embajadas/ottawa* • ***Section consulaire*** *à la même adresse. Lun-ven 9h-13h.*

Sur Internet

Pensez à **réserver vos billets pour les sites et musées** majeurs de la ville directement sur leurs sites internet, avant de partir. En période d'affluence (dès Pâques et les premiers week-ends fériés, ainsi qu'en été et à Noël), ce sont des coupe-files très efficaces. Et lors de courts séjours, ça permet de gagner pas mal de temps. Particulièrement valable pour la Sagrada Família, le musée Picasso, le palau de la Música catalana, la casa Batlló, entre autres.

Formalités

Pensez à scanner passeport, carte de paiement, billet d'avion et *vouchers* d'hôtel. Ensuite, adressez-les-vous par e-mail, en pièces jointes. En cas de perte ou de vol, rien de plus facile pour les récupérer dans un cybercafé. Les démarches administratives en seront bien plus rapides. Merci tonton Routard !

Pour les ressortissants français, belges et suisses, la **carte d'identité** ou le **passeport** en cours de validité suffisent pour entrer sur le territoire espagnol. Les ressortissants canadiens se verront demander leur **passeport** en cours de validité (pour les séjours touristiques de moins de 90 jours).

Assurances voyages

■ **Routard Assurance :** *c/o AVI International, 40-44, rue Washington, 75008 Paris.* ☎ *01-44-63-51-00.* ● *avi-international.com* ● Ⓜ *George-V.* Depuis 20 ans, Routard Assurance, en collaboration avec AVI International, spécialiste de l'assurance voyage, propose aux voyageurs un contrat d'assurance complet à la semaine qui inclut le rapatriement, l'hospitalisation, les frais médicaux, le retour anticipé et les bagages. Ce contrat se décline en différentes formules : individuel, sénior, famille, light et annulation. Pour les séjours longs (2 mois à 1 an), consultez le site. L'inscription se fait en ligne et vous recevrez, dès la souscription, tous vos documents d'assurance par e-mail.

■ **AVA :** *25, rue de Maubeuge, 75009 Paris.* ☎ *01-53-20-44-20.* ● *ava.fr* ● Ⓜ *Cadet.* Un autre courtier fiable pour ceux qui souhaitent s'assurer en cas de décès-invalidité-accident lors d'un voyage à l'étranger, mais surtout pour bénéficier d'une assistance rapatriement, perte de bagages et annulation. Attention, franchises pour leurs contrats d'assurance voyage.

■ **Pixel Assur :** *18, rue des Plantes, BP 35, 78601 Maisons-Laffitte.* ☎ *01-39-62-28-63.* ● *pixel-assur.com* ● *RER A : Maisons-Laffitte.* Assurance de matériel photo et vidéo tous risques (casse, vol, immersion) dans le monde entier. Devis en ligne basé sur le prix d'achat de votre matériel. Avantage : garantie à l'année.

Carte internationale d'étudiant (carte ISIC)

Elle prouve le statut d'étudiant dans le monde entier et permet de bénéficier de tous les avantages, services et réductions dans les domaines du transport, de l'hébergement, de la culture, des loisirs, du shopping...

La carte ISIC permet aussi d'accéder à des avantages exclusifs sur le voyage (billets d'avion spécial étudiants, hôtels et auberges de jeunesse, assurances, cartes SIM internationales, location de voiture...).

Renseignements et inscriptions

– En France ● *isic.fr* ●
– En Belgique ● *isic.be* ●
– En Suisse ● *isic.ch* ●
– Au Canada ● *isiccanada.com* ●

Carte d'adhésion internationale aux auberges de jeunesse (carte FUAJ)

Cette carte vous ouvre les portes des 4 000 auberges de jeunesse du réseau HI-Hostelling International en France et dans le monde. Vous pouvez ainsi parcourir 90 pays à des prix avantageux et bénéficier de tarifs préférentiels avec les partenaires des auberges de jeunesse HI. Enfin, vous intégrez une communauté mondiale de voyageurs partageant les mêmes valeurs : plaisir de la rencontre, respect des différences et échange dans un esprit convivial. Il n'y a pas de limite d'âge pour séjourner en auberge de jeunesse. Il faut simplement être adhérent.

Renseignements et inscriptions
– En France ● *hifrance.org* ●
– En Belgique ● *lesaubergesdejeunesse.be* ●
– En Suisse ● *youthhostel.ch* ●
– Au Canada ● *hihostels.ca* ●

Si vous prévoyez un séjour itinérant, vous pouvez réserver plusieurs auberges en une seule fois en France et dans le monde : ● *hihostels.com* ●

ARGENT, BANQUES, CHANGE

À titre indicatif : 1 € = 1,08 Fs = 1,48 $Ca environ.
En Espagne, l'euro (prononcer « é-ou-ro ») se décline en *euros* au pluriel, et se divise en *céntimos*.

Banques et change

Le *change* des devises se fait essentiellement dans les bureaux de change, que l'on trouve dans les aéroports et certaines gares, ou dans les banques dans les villes très touristiques (comme Barcelone). Ailleurs, cela peut être compliqué, les banques (en principe ouvertes du lundi au vendredi de 8h30 à 14h ; parfois aussi jeudi après-midi et samedi matin) ne réservant souvent le service de change qu'à leurs clients. À Barcelone, d'une manière générale, s'abstenir de changer dans les établissements situés en face des monuments et des sites touristiques. Change possible dans la gare de Sants *(Sants Estació ; tlj sf dim, 1ᵉʳ et 6 janv, et 25-26 déc, 8h-22h)* ; à l'aéroport *(tlj 7h-23h)* ; à l'office de tourisme de plaça de Catalunya *(tlj 9h-21h)*. Les banques *La Caixa (lun-ven 8h-20h)* pratiquent le change et acceptent les chèques de voyage. Et c'est encore pire pour les *chèques de voyage*, de moins en moins utilisés et donc de plus en plus difficiles à changer. Bref, on vous déconseille plutôt ces derniers. Sinon, nombreux distributeurs un peu partout, qui acceptent la plupart des cartes, notamment sur le passeig de Gràcia.
– Possibilité de changer les *chèques de voyage* en euros dans toutes les banques, moyennant une petite commission proportionnelle à la somme changée. Valeur minimale à changer : 15 €.

Distributeurs automatiques

Sinon, il y a des *distributeurs automatiques (cajero automático)* partout en ville, qui acceptent la plupart des cartes *(MasterCard, Visa et Maestro)*.
– Petite mesure de précaution : si vous retirez de l'argent dans un distributeur, utilisez de préférence les distributeurs attenants à une agence bancaire. En cas de pépin avec votre carte (carte avalée, erreurs de numéro...), vous aurez un interlocuteur dans l'agence, pendant les heures ouvrables du moins.
– En zone euro, pas de frais bancaires sur les paiements par carte. Les retraits sont soumis aux mêmes conditions tarifaires que ceux effectués en France (gratuits pour la plupart des cartes).
Une carte perdue ou volée peut être rapidement remplacée. En appelant sa banque, un système d'opposition, d'avance d'argent et de remplacement de carte pourra être mis en place afin de poursuivre son séjour en toute quiétude.

Cartes de paiement

En cas de perte, de vol ou de fraude, quelle que soit la carte que vous possédez, chaque banque gère elle-même le processus d'opposition et le numéro de téléphone correspondant !

> Avant de partir, notez donc bien le numéro d'opposition propre à votre banque (il figure souvent au dos des tickets de retrait, sur votre contrat, ou à côté des distributeurs de billets), ainsi que le numéro à 16 chiffres de votre carte. Bien entendu, conservez ces informations en lieu sûr et séparément de votre carte.

Par ailleurs, l'assistance médicale se limite aux 90 premiers jours du voyage et l'assistance véhicule aux cartes haut de gamme (renseignez-vous auprès de votre banque). N'oubliez pas non plus de VÉRIFIER LA DATE D'EXPIRATION DE VOTRE CARTE DE PAIEMENT avant votre départ !

– **Carte Visa :** *numéro d'urgence (Europ Assistance) :* ☎ *(00-33) 1-41-85-85-85 (24h/24).* ● *visa.fr* ●
– **Carte MasterCard :** *numéro d'urgence :* ☎ *(00-33) 1-45-16-65-65.* ● *mastercardfrance.com* ●
– **Carte American Express :** *numéro d'urgence :* ☎ *(00-33) 1-47-77-72-00.* ● *americanexpress.com* ●
– Pour toutes les cartes émises par **La Banque postale,** composez le ☎ *0825-809-803 (0,15 €/mn + prix d'appel) depuis la France métropolitaine et les DOM-TOM, et le* ☎ *(00-33) 5-55-42-51-96 depuis l'étranger.* ● *labanquepostale.fr* ●

Dépannage d'urgence

En cas de **besoin urgent d'argent liquide** (perte ou vol de billets, chèques de voyage, carte de paiement), vous pouvez être dépanné en quelques minutes grâce au système **Western Union Money Transfer.** Pour cela, demandez à quelqu'un de vous déposer de l'argent en euros dans l'un des bureaux *Western Union* ; les correspondants en France de *Western Union* sont *La Banque postale (fermée sam ap-m et dim, n'oubliez pas !* ☎ *0825-00-98-98 ; 0,15 €/mn)* et la *Société financière de paiements (SFDP ;* ☎ *0825-825-842 ; 0,15 €/mn).* L'argent vous est transféré en moins de 15 mn. La commission, assez élevée, est payée par l'expéditeur. Possibilité d'effectuer un transfert en ligne 24h/24 par carte de paiement (*Visa* ou *MasterCard*) émise en France.
En Espagne, ses correspondants principaux sont *correos (la poste aussi, donc,* ☎ *90-219-71-97).* Se présenter dans l'une des agences, muni d'une pièce d'identité. À Barcelone, agence **Western Union** centrale : rambla Capuchinos, 41 ; ☎ 93-412-70-41 ; Ⓜ *Liceu ; tlj 9h30 (10h30-23h30 le dim et j. fériés)-22h30. Ou à la poste centrale* **(Correos central)** *: pl. Antonio López (centre détachable F-G5-6) ;* ☎ *93-486-80-50 ; lun-ven 8h30-21h30, sam 8h30-14h.* ● *westernunion.com* ●

ACHATS

L'époque n'est plus où l'on pouvait acheter des tas de choses pour une poignée de pesetas... *O tempora, o mores...* L'Espagne, grâce à son intégration dans l'UE, a connu un développement économique important, et son niveau de vie se rapproche de celui de la France ou de la Belgique.
Deux souvenirs originaux à acheter en Catalogne : les fameuses **espadrilles lacées** (noir et blanc, ou rouge et blanc) portées par les danseurs et danseuses de sardane, et puis les ustensiles nécessaires à la préparation de la **crema catalana** : les petits **ramequins en terre cuite,** ainsi que le fer à chauffer utilisé pour caraméliser le dessus de la crème.
Plus largement, la région a une vraie tradition de céramique, et vous trouverez aisément des plats joliment rustiques à moindres frais. Toujours dans le registre culinaire, on peut rapporter du **fromage** (dans les supermarchés, on trouve des *manchegos* entiers qui supportent bien le transport – mais ils sont castillans et non

catalans...), de la **charcuterie** (certains détaillants vous l'emballent sous vide), du **turrón** et de l'huile d'olive.

Les **chaussures,** à qualité égale, sont souvent beaucoup moins chères qu'en France. Les articles en peau, les tissus en soie offrent un bon rapport qualité-prix. Bon à savoir également pour les filles, un certain nombre de grandes enseignes de **prêt-à-porter** sont originaires d'Espagne (Zara, Berschka, Stradivarius, Pull & Bear...), voire de Barcelone (Mango, Desigual). Les prix sont les mêmes qu'en France par contre... Mais on trouve quelques boutiques de fins de série (outlet), avec des prix.

Lire plus loin la rubrique « Horaires » pour connaître ceux des magasins.

Et les soldes ?

En janvier-février (juste après l'Épiphanie, le 5 janvier) et **de fin juin à fin août.** Pas de grosses démarques comme en France, mais des rabais de 10 à 25 %, ce qui, sur des prix déjà (un poil) moins élevés qu'en France, peut devenir carrément intéressant.

✶ **La Roca Village :** s/n, 08430 Santa Agnès de Malanyanes. ● larocavillage.com ● Prendre l'autoroute direction Gerona et France (AP 7), sortie nº 12. C'est à 38 km, env 30 mn de Barcelone en voiture. Tlj 10h-21h ; dim fermeture à 20h. Les collections de l'année précédente y sont vendues jusqu'à 60 % moins cher. Grand choix de marques, mais tirant plutôt vers le haut de gamme.

BARCELONE GRATUIT

Quelques musées, centres culturels, galeries ou sites sont **gratuits pour tous toute l'année** : l'Ajuntament (la mairie), le palau Robert, le palau de la Virreina – Centre de la Imatge, Lacapella.

Ainsi que les balades dans le Barri Gòtic, dans l'Eixample de façade moderniste en façade moderniste, le spectacle des jets d'eau de Las Fonts de Montjuïc, les déambulations dans le mercat de la Boquería ou les sardanes endiablées (voir la rubrique « Sardane » dans « Hommes, culture, environnement »).

Tous les musées municipaux, quant à eux, sont **gratuits le 1ᵉʳ dimanche du mois,** à savoir : museu Picasso, museu d'Història de la Ciutat, museu d'Història de Catalunya, museu Frédéric-Marès, le museu de Cultures del Món, le DHUB, museu de Ciències naturals, le jardin botanique. Et en prime, la plupart d'entre eux offrent aussi l'entrée tous les dimanches après-midi à partir de 15h jusqu'à la fermeture.

Bien que non municipaux, sont **gratuits aussi le 1ᵉʳ dimanche du mois** : museu nacional d'Art de Catalunya (MNAC), palau Güell (avr-oct, slt 16h45-19h).

D'autres proposent un accès **gratuit un jour précis,** ou selon les horaires : CCCB (dimanche de 15h à 20h) et Museu marítim (gratuits tous les dimanches à partir de 15h).

BUDGET

Hébergement

Sauf mention contraire de notre part, les fourchettes de prix insérées à titre indicatif dans le texte correspondent à ceux pratiqués en **haute saison taxe comprise** (IVA ; soit 10 %) et sans le petit déjeuner. Attention toutefois, la plupart des établissements affichent les prix hors taxes, et c'est au moment de payer la note que vous les retrouvez ! Il faut aussi ajouter la taxe de séjour qui varie selon la catégorie

de l'hôtel, de 0,50 € à 1 € par jour et par personne. Lorsque nous indiquons le prix du petit déjeuner, il s'entend par personne.
Il faut savoir que le concept de haute saison varie légèrement d'un établissement à un autre, et Barcelone étant une destination très prisée, elle y dure longtemps.
– **Bon marché :** les auberges de jeunesse principalement. Compter de 15 à 35 € par personne en dortoir selon la saison, et de 40 à 65 € la chambre double.
– **Prix moyens :** de 60 à 95 € la chambre double.
– **Chic :** de 95 à 130 € la chambre double.
– **Plus chic :** de 130 à 160 € la chambre double.
– **Très chic :** plus de 160 € la chambre double.

Restos

> Le *pain,* au même titre que la *carafe d'eau,* est généralement facturé (sauf si inclus dans le menu). Si on le refuse, il n'est évidemment pas compté (quoique...).

On peut évidemment manger à tous les prix. Comme dans toutes les grandes villes européennes, les sandwicheries constituent le moyen le moins onéreux pour se nourrir. Avec les tapas, les *pintxos* et autres *cazuelitas* ne sont pas beaucoup plus chers, et on a le plaisir et le dépaysement en plus. Le menu du midi en semaine est aussi un très bon plan pour se restaurer à des prix corrects (la plupart des menus oscillent entre 9 et 15 €, tout compris). Comme pour les hôtels, ne pas oublier d'ajouter au prix indiqué sur les cartes et menus la taxe *(IVA),* qui est de 10 %, mais qui peut grimper jusqu'à 12 % dans certains restos chic.
Les fourchettes qui suivent sont calculées sur la base d'un repas pour une personne sans la boisson, *IVA* incluse.
– **Très bon marché :** moins de 10 €.
– **Bon marché :** de 10 à 16 €.
– **Prix moyens :** de 16 à 25 €.
– **Chic :** de 25 à 40 €.
– **Très chic :** plus de 40 €.

> **Recommandation à ceux qui souhaitent profiter des réductions et avantages proposés dans le *Routard* par les hôteliers et les restaurateurs.**
>
> À l'hôtel, pensez à les demander au moment de la réservation ou si vous n'avez pas réservé **à l'arrivée.** Ils ne sont valables que pour les réservations en direct et ne sont pas cumulables avec d'autres offres promotionnelles (notamment sur Internet). Au restaurant, parlez-en **au moment** de la commande et surtout **avant** que l'addition soit établie. Poser votre *Routard* sur la table ne suffit pas : le personnel de salle n'est pas toujours au courant et une fois le ticket de caisse imprimé, il est souvent difficile de modifier le total. En cas de doute, montrez la notice relative à l'établissement dans le *Routard* de l'année, bien sûr, et ne manquez pas de nous faire part de toute difficulté rencontrée.

Musées et sites

Voir plus loin la rubrique « Musées et sites » pour le détail des *passes.* À Barcelone cependant, les tarifs changent fréquemment en cours d'année (souvent au 1er juillet), alors que ce guide est déjà depuis quelques mois sur les rayons de votre librairie : vérifiez donc bien les tarifs avant votre séjour, par exemple sur ● *barcelonaturisme.cat* ●

CLIMAT

Doux en hiver, chaud en été, le climat de Barcelone est typiquement méditerranéen. La moyenne du mois le plus froid, février, dépasse 10 °C, et l'été se rapproche de l'idéal avec une agréable température de 25 °C pour l'air et de 23 °C pour l'eau. Le secret de ce microclimat ? Un site abrité, entre mer et montagne, animé par un cortège de brises aux noms exotiques, le *gregal,* le *xaloc,* le *migjorn,* soufflant tantôt de la mer, tantôt de la terre, rafraîchissant au passage la plaine littorale. L'été, la brise fraîche qui monte de la mer lorsque le soleil réchauffe les collines nimbe parfois Barcelone d'un halo irréel. Alors, pour varier un peu les plaisirs, la tramontane *(tramuntana),* vent sec du nord, se réveille de temps à autre, accélère entre les collines et déferle sur la côte avec une violence inouïe, au grand dam des pêcheurs. Mais ses sautes d'humeur sont généralement hivernales... À la belle saison, Éole a le bon goût de se tenir tranquille. Sans doute pour ne pas déplaire aux vacanciers !
– Les **meilleures périodes** pour visiter Barcelone sont le printemps et l'automne. On y bénéficie de températures agréables, sans la foule. Jusqu'en avril toutefois, il peut faire frais. Prévoir une « petite laine » pour le soir.

DANGERS ET ENQUIQUINEMENTS

Ici, comme dans toutes les grandes villes, la spécialité est le vol à la tire ! Nombreux pickpockets, redoutablement efficaces. Pour avoir assisté à la course éperdue d'une touriste dans les escaliers de la Sagrada Família derrière le type qui lui avait piqué son sac, nous pouvons vous affirmer que les voleurs ont souvent un look... de touriste (appareil photo en bandoulière, sac à dos). Et de bonnes jambes ! Malgré la présence de policiers (beaucoup sont en civil, histoire de ne pas être repérés), voici quelques conseils à ne pas négliger, sans pour autant sombrer dans une parano qui gâcherait le séjour. En effet, l'immense majorité des touristes voyagent sans encombre.
1) *Laisser billets d'avion, passeport, objets de valeur* et une partie de son argent liquide à l'hôtel (coffre), au gérant de l'AJ ou de la pension (demander un reçu).
2) *Garder sa carte de paiement avec soi* (dans une ceinture antivol). Pour la plupart, les restos l'acceptent, et on peut retirer de petites sommes chaque jour dans les nombreux distributeurs.
3) *Ne rien porter de voyant sur soi.*
4) *Sacs à main et appareils photo* doivent être constamment portés croisés sur la poitrine pour décourager toute tentative de vol à l'arraché...
5) Enfin, *ne rien laisser dans la voiture.* Eh oui, on ne peut pas être tranquille ! Vous pouvez laisser votre voiture ouverte pour ne pas retrouver vos vitres cassées. Mais évitez de le faire avec une voiture de location, pour une question d'assurance. Enfin, pour les plus paranos, enlevez la plage arrière du véhicule pour bien montrer que le coffre est vide, ça peut économiser une vitre.
Les endroits les plus « fréquentés » par les voleurs sont évidemment les hauts lieux touristiques. Ils se fondent dans la masse et détroussent en douceur les touristes confiants. Restez donc particulièrement vigilant lors de votre arrivée, entre l'aéroport et la ville, sur la Rambla, autour de la Sagrada Família, de la plaça Reial, autour des grands monuments comme la cathédrale, sur le Port olympique, sur les plages et dans les gares.
– *De nuit,* gardez l'œil bien ouvert aussi dans le Barri Xino entre, au nord, la carrer Hospital et, au sud, la carrer Santa Madrona (juste au-dessus du Museu marítim). Après 2h30-3h du matin, lorsque les bars ont fermé leurs portes (et que la police a plié bagage), les ruelles au sud de la plaça Reial ne sont pas toujours sûres.
– Et puis refusez systématiquement et fermement les *œillets* que vous offrent de (parfois) charmantes jeunes femmes. Très douées pour vous subtiliser votre

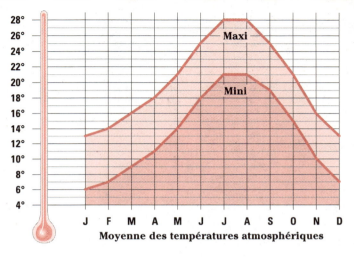
Moyenne des températures atmosphériques

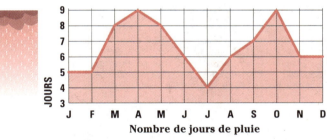
Nombre de jours de pluie

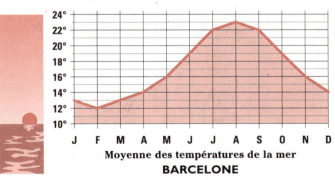
Moyenne des températures de la mer

BARCELONE

portefeuille, elles opèrent plutôt autour de la cathédrale, de la plaça del Rei et sur le passeig de Gràcia. Même chose pour les **vendeurs de cartes** (certains s'en servent pour masquer leurs mains baladeuses), et pour les cireurs de chaussures sur la Rambla, qui pratiquent des tarifs « spécial touristes »...

Piétons

Attention : à scooter (le moyen de locomotion préféré dans cette ville ensoleillée) comme en voiture, les Barcelonais démarrent en trombe. Pas au feu vert, mais juste quand le feu pour piétons passe au rouge. Il ne fait pas bon traîner sur les passages cloutés... D'un autre côté, l'automobiliste espagnol s'arrête pour marquer le feu rouge.

Automobilistes

Pour ceux qui arriveraient à Barcelone par la route, sachez que chaque année des incidents et agressions par des bandes organisées sont signalés sur les autoroutes catalanes. Ne vous effrayez pas, l'immense majorité des touristes circulent sans encombre, mais les recommandations suivantes peuvent vous éviter de donner de mauvaises idées à ces petits malins.
1) Ne vous arrêtez que sur les aires de service.
2) Sur ces aires de service, fermez bien votre voiture, branchez l'alarme et ne laissez rien de précieux en vue.
3) Méfiez-vous d'autres conducteurs qui pourraient vous signaler des incidents sur votre voiture et vous pousseraient à vous arrêter.
4) Si vous êtes en panne sur la voie d'urgence et que vous appelez une dépanneuse d'une borne, vérifiez que cette dépanneuse porte bien le symbole des *autopistas*.
5) Si vous êtes loin d'une borne et que vous avez un portable, appelez le ☎ *902-200-320* (Assistance autoroute AP 7 ; fonctionne 24h/24, avec un service d'interprète le matin ; ● *autopistas.com* ●). Vous pourrez donner votre position à votre interlocuteur grâce aux chiffres marqués sur le côté de la chaussée. Ces chiffres indiquent le numéro de l'autoroute et le point kilométrique.

ENFANTS

Barcelone est une ville qui se prête aux escapades familiales. Cité dynamique, elle propose un large éventail d'activités sportives et ludiques qui conviennent aux petits et aux grands. Par ailleurs, le tissu urbain est conçu de telle manière que les rues sont souvent sûres pour les piétons : trottoirs particulièrement larges dans l'Eixample, et même dans les quartiers populaires ou plus anciens, où les rues se resserrent jusqu'à devenir un dédale de venelles, la municipalité a eu l'intelligence de rendre les voies uniquement piétonnes. Vos bambins n'auront donc pas à se soucier de la circulation, ce que savent déjà les gamins barcelonais qui galopent sur la Rambla jusqu'à une heure avancée de la nuit.
Rien ne vaut la marche pour découvrir cette ville merveilleuse. Néanmoins, lorsque les enfants sont fatigués, il est toujours possible de finir la balade en bus ou en métro. Barcelone est dotée d'un **excellent réseau de transport urbain.** Il existe aussi un bus touristique, très pratique, qui s'arrête devant tous les monuments et musées indispensables. Sinon, il reste encore la solution du **vélo,** très attractive, d'autant que Barcelone est pourvue de nombreuses pistes cyclables. Possibilité aussi de louer des rosalies, ces amusantes voitures à pédales familiales.
Voici quelques **suggestions d'itinéraires,** modulables selon la curiosité, le budget et l'endurance de chacun.
➢ Autant commencer par l'un des symboles les plus frappants de la ville : la **Sagrada Família *(réserver impérativement votre billet pour éviter la queue).*** Si vos enfants ont le cœur bien accroché, faites-les grimper dans une des tours (ascenseur

obligatoire !) pour voir de près le bestiaire enchanté créé par Gaudí sur la façade : escargots, grenouilles, conques et autres lézards finement sculptés et impossibles à voir d'en bas. De retour sur terre, jeter un coup d'œil aux somptueuses **demeures modernistes du passeig de Gràcia** (notamment la **casa Batlló** qui semble recouverte d'écailles de poisson). Leurs lignes délirantes devraient intriguer les plus jeunes. Un peu plus loin, n'hésitez pas à pénétrer dans la célèbre **casa Milà,** appelée aussi la **Pedrera.** La visite des toits est indispensable pour observer les cheminées « darkvadoresques » et les cages d'escalier revêtues de *trencadis* (mosaïques de céramique). Consacrez enfin l'après-midi à une promenade dans le **park Güell,** avec son iguane géant en... mosaïque, encore.

➢ Employez la matinée à visiter le **Museu marítim** (partiellement fermé pour travaux), installé dans les anciens chantiers navals de Barcelone. Belles maquettes et différents types d'embarcations grandeur nature, dont une impressionnante galère. Le parcours est ponctué d'amusantes reconstitutions ayant pour thème la vie en mer. L'après-midi, après une pause au **museu de la Xocolata** (oui ! un musée du Chocolat, avec des maquettes tout choco assez impressionnantes), emmenez vos enfants dans le **parc verdoyant de la Citadelle (Ciutadella)** pour y faire un petit tour de barque sur l'étang, avant de les conduire au **zoo.**

➢ Commencez la journée par le **musée d'Histoire de la Catalogne.** Les visiteurs sont invités à une remontée dans le temps extrêmement ludique, qui met l'accent sur les événements essentiels et les dates clés de la région. Un must pour toute la famille. Profitez-en pour déjeuner au resto du musée sur le toit (vue très agréable sur les bateaux ancrés dans le port). À quelques pas du musée d'Histoire, on peut attraper le **téléphérique** *(transbordador aeri),* petite nacelle rouge se balançant au-dessus de la mer, entre la Barceloneta et Montjuïc (sauf si le temps ne s'y prête pas). Arrivés sur la colline, ceux qui en ont encore le courage peuvent grimper jusqu'au **castell de Montjuïc** pour admirer la vue sur Barcelone (possibilité de prendre un second téléphérique). Redescendez en flânant à travers les jardins, avant d'aller faire un petit tour à la **fondation Miró,** où sont exposées les sculptures bariolées et joyeuses de l'artiste.

➢ Après les musées... la **plage.** Les flancs de la ville, qui s'étire langoureusement au bord de la mer, sont ourlés de petites plages généralement propres et dotées de douches gratuites. Facilement accessibles en métro, en bus (descendre par exemple à l'arrêt Barceloneta du bus n° 17) ou à pied. Histoire de rester dans le ton, profitez-en pour visiter l'**aquarium,** avec son impressionnant tunnel à requins. Pour terminer la journée en beauté, vous pouvez embarquer sur un catamaran qui vous fera faire une petite **balade au large** (attention, ce n'est pas donné). Départs depuis le *Maremagnum.*

➢ Autre suggestion, valable pour 1 journée entière : la découverte du **parc d'attractions du Tibidabo,** perché sur la colline du même nom (en hiver, il n'est ouvert que lors des vacances scolaires). Cher mais le prix d'entrée inclut l'accès à toutes les attractions, et la chenille qui fonce à toute allure en offrant une vue extraordinaire sur la ville est un grand moment ! Pour y aller, empruntez l'antique tramway bleu, tout en bois, qui grince furieusement dans les virages et s'époumone dans les côtes ardues (départ juste en face de la station de métro Avinguda-del-Tibidabo). Au terme de la route, un funiculaire conduit jusqu'au parc. Autre possibilité : un bus spécial *(Tibíbus)* part de la plaça de Catalunya et dépose parents et enfants directement à l'entrée du parc.

Enfin, terminez la balade sur les collines du Tibidabo par la visite du **musée de la Science Cosmo Caixa,** un prodige d'intelligence architecturale et de pédagogie.

FÊTES ET JOURS FÉRIÉS

Le 23 avril, on célèbre quasiment partout en Catalogne le jour du Livre (ou *Sant Jordi*), mais on a aussi en rayon la *Patum de Berga,* les carnavals, les crèches de Noël et les *pastorets,* les célébrations de Pâques (accompagnées de leurs pâtisseries, *caramelles* et *mones de Pasqua*), les luttes sanguinaires entre *Moros i Cristianos*... et (surtout), pour nous la plus belle : la fête de Gràcia à Barcelone, autour du 15 août, qui donne lieu à un concours de décoration des rues. Ne manquez pas non plus, à la même époque, celle du quartier de Sants, puis, du 22 au 25 septembre, celles du quartier de la Mercè. Le 11 septembre est le jour de la fête nationale de la Catalogne, la *Diada*, soit l'une des seules fêtes espagnoles sans origine religieuse.

Les manifestations nationales et locales

– *6 janvier :* ici, c'est le jour de l'Épiphanie *(día dels Reis)* que les bambins reçoivent leurs cadeaux. Traditionnellement, des figurants représentant les Rois mages arpentent les rues et lancent des bonbons à la foule.
– *Fin février :* carnaval du Mardi gras. On défile derrière Carnestoltes, le Monsieur Carnaval de carton-pâte. C'est aussi la fête de santa Eulàlia, la copatronne de la ville. Le défilé en son honneur est devancé par d'énormes dragons crachant le feu.
– *Mars-avril :* la Semaine sainte et celle de Pâques sont l'occasion de grandes processions autour de la cathédrale, dans les petites rues étroites de la vieille ville. En 2016, le Vendredi saint tombe le 25 mars, et le lundi de Pâques le 28 mars.
– *23 avril :* fête de sant Jordi, saint patron de la Catalogne. C'est l'équivalent de la Saint-Valentin : les garçons offrent une rose aux filles, qui leur répondent en leur offrant un livre, car, ce jour-là, on commémore aussi l'anniversaire de la mort de Cervantes. La Rambla est noire de monde, et l'on trouve des étalages de fleurs et de livres à tous les coins de rues.
– *1er mai :* fête du Travail. Presque tout est fermé. Très suivie en Espagne en général, à Barcelone en particulier.
– *Mai ou juin :* Pasqua Granada (c'est-à-dire lundi de Pentecôte). En 2016, c'est le 16 mai.
– *Mi-juin :* *Sónar*, étalée sur 3 jours (en 2016, du 16 au 18 juin), grande fête techno qui rameute les meilleurs DJs et les raveurs du monde entier (voir aussi, dans le chapitre « Barcelone », « Où sortir ? La tournée des boîtes »). Si vos congés ne tombent pas à cette période, vous pourrez toujours suivre ça en France sur Radio Nova, qui se déplace souvent pour l'occasion.
– *24 juin :* fête de la Saint-Jean (concerts, danses, feux d'artifice allumés dans tous les quartiers, dans la nuit du 23 au 24 juin). Ce jour-là, on mange la *coca de Sant Joan*, une pâtisserie à vrai dire assez étouffe-chrétien.
– *De fin juin au 15 août :* GREC, grand festival d'été de Barcelone. Nombreux spectacles dans les salles, les rues et les jardins de la ville (théâtre, musique, etc.). Institut de culture de Barcelone (☎ 93-316-10-00 ; ● grec.bcn.cat ●).
– *15 août :* fête de l'Assomption (surtout à Gràcia, ne pas la rater).
– *11 septembre :* Diada, fête nationale de la Catalogne (beaucoup de restos et de musées sont fermés à cette occasion).
– *24 septembre :* fête de la Mercè, sainte patronne de Barcelone (ou plutôt copatronne, avec santa Eulàlia). Son effigie se trouve dans l'église Nostra Senyora de la Mercè, dans la Ribera. Elle doit son titre de sainte patronne à son courage lors d'une invasion de sauterelles qu'elle a repoussées toute seule en l'an 1637 ! Pas mal de musées gratuits ce jour-là, d'autres fermés.
– *12 octobre :* fête de la Vierge du Pilar et jour de l'Hispanidad (fête nationale espagnole).
– *6 décembre :* journée de la Constitution.
– *8 décembre :* Immaculée Conception.
– *Fin décembre :* la semaine précédant Noël, c'est la kermesse de Santa Llúcia ; tout autour de la cathédrale, on trouve des stands avec des figurines représentant des scènes de la Nativité. Des files d'attente hallucinantes pour admirer le Divin Enfant ! Regardez bien les crèches d'ici : aux côtés de l'Enfant Jésus, des Rois mages, de Marie et Joseph, vous remarquerez un bonhomme déculotté et accroupi :

c'est le *caganer* (littéralement, le « chieur »), une pure invention catalane ! Ce petit berger symboliserait la fertilité. Remarquez, c'est vrai qu'il engraisse la terre...
– **25 et 26 décembre :** fériés en Catalogne (beaucoup de musées et de sites sont complètement fermés, ou en ouverture réduite).
– Et puis toute l'année les **lundi, mercredi, vendredi** et **samedi** : marché aux puces, plaça de les Glòries. De 9h à 20h.
– **Dimanche matin :** marché aux timbres et monnaies, plaça Reial, de 9h30 à 14h30.

GÉOGRAPHIE URBAINE

Comme toute ville historique, Barcelone possède un cœur, la *Ciutat Vella*, vibrant, bouillonnant, cohérent, avec son lacis de ruelles imbriquées, son lot d'impasses sombres aux pavés assassins (pour les talons), ses quartiers populaires où l'on se retrouve après le travail et où le flux naturel des odeurs et des palpitations urbaines vous mènera comme une évidence. Séparés par la Rambla : le **Raval**, au sud-ouest, le **Barri Gòtic**, de loin le plus attractif mais aussi le plus touristique, au centre, et de l'autre côté de la vía Laietana, le quartier de la **Ribera**, populaire et historique (un peu moins touristique, à l'exception de la carrer Montcada, de la carrer Argentería et des abords de l'église Santa María del Mar, toute cette zone que l'on appelle **El Born**).
Plus au nord, l'**Eixample** – du nom de l'« agrandissement » ou extension (de la ville) décidé au XIXe s –, avec ses rues tirées au cordeau, où l'on trouve la plupart des hallucinantes constructions modernistes (lire notre « Itinéraire moderniste » dans « Barcelone. À voir »). C'est aussi, entre le passeig de Gràcia et la carrer Balmes, la partie la plus commerçante de la ville. Au-dessus de ce quartier, le secteur de **Gràcia**, ancien village rattaché à Barcelone, plus calme, et qui, depuis quelques années, se refait une beauté. Attention, stationnement quasi impossible. Un peu plus au nord encore, la colline du **Tibidabo** propose attractions, funiculaire et bars panoramiques. Au sud-est de la vieille ville, la mer Méditerranée. Une passerelle postmoderne, au pied de la statue de Colom (Christophe Colomb pour les francophones), traverse le port pour accéder au centre commercial *Maremagnum*. À l'est, la **Barceloneta**, le quartier des pêcheurs, qui aujourd'hui s'ouvre sur une jolie plage. En longeant la promenade, vous arrivez à la Vila Olímpica (Port olympique). Et plus au nord-est encore, au **Poblenou**, ancien quartier industrieux qui se modernise à grands pas le long de la mer, avec ses petites plages, ses buildings qui poussent, et sa rambla qui remonte jusqu'à avinguda Diagonal. Contrastant, sans faute de goût, avec les anciennes maisons d'ouvrier et autres usines retapées par une nouvelle génération de Barcelonais qui s'y installe peu à peu... Belle balade. Enfin, à l'ouest du port, le **Poblesec**, quartier populaire qui tend à le rester, avec ses bars à tapas et petites tavernes où l'ambiance bat son plein. C'est d'ici que l'on prend le funiculaire pour Montjuïc, car le Poblesec est à la jonction entre la ville basse et la colline de **Montjuïc**, grand parc verdoyant, véritable poumon de Barcelone, qui offre, en plus de ses superbes musées, une vue admirable sur la ville. Et des installations sportives datant des Jeux olympiques de 1992.

> L'abréviation « c/ », que vous retrouverez tout au long de ce guide, signifie tout simplement « calle » ou « carrer » (sa version catalane), c'est-à-dire « rue ».

HÉBERGEMENT

Dans les hôtels, mais aussi dans les bars, les restos et les taxis, il existe un **livre des réclamations** *(el libro de reclamaciones),* visé par les inspecteurs du Turisme de Catalunya. En cas de litige, demandez ce document, et le problème s'arrangera.

Les auberges de jeunesse

Il faut saluer la Generalitat pour la place qu'elle confère aux jeunes (une fois n'est pas coutume !). D'une manière générale, les AJ sont bien tenues, à proximité du centre, et d'un rapport qualité-prix très honnête (qui rivalise souvent avec des 2-étoiles). Il n'y a pas de limite d'âge, mais les tarifs pour les plus de 29 ans sont, en général, de 4 à 5 € plus élevés dans les AJ officielles. Ces dernières exigent également une carte de membre (on peut l'acheter sur place), et on ne peut rester que 5 nuits maximum, avec toutefois la possibilité de prolonger son séjour selon les disponibilités d'accueil. Les règles sont nettement plus souples dans les AJ privées. Celles-ci ont d'ailleurs poussé aux quatre coins de la ville et sont généralement bien tenues. Nous avons sélectionné les plus centrales et agréables.
Réservez soit :
– directement à l'auberge, en réglant en général environ 25 % du prix du séjour ; c'est d'ailleurs le seul moyen pour les AJ privées ;
– en contactant l'agence centrale de résas des AJ à Barcelone : ☎ *93-483-83-63.* ● *xanascat.cat* ●
Sinon, la plupart des AJ privées se retrouvent sur ● *hostelworld.com* ●
Bon à savoir également, la FUAJ propose deux guides répertoriant toutes les AJ du monde : un pour la France, un pour le reste du monde (le dernier est payant).

Les campings

À Barcelone, comme partout en Espagne, il est interdit de dormir sur la plage ou de pratiquer toute autre forme de camping sauvage. Pas de camping dans la ville même, mais quelques-uns aux alentours (au nord et au sud) et notamment à Sitges, relié à Barcelone par le train (une quarantaine de kilomètres).
Pensez à vous équiper de sardines très robustes. Le terrain est sec partout, parfois d'une dureté incroyable.
– ***Tarifs :*** ils sont affichés soit à la parcelle (comprenant une tente et une voiture), et il faudra y ajouter le nombre d'occupants de ladite parcelle, soit séparément : tente (petite ou grande), voiture, adultes, enfants... Nous vous indiquons le plus souvent le tarif sur la base d'une petite tente, une voiture et deux adultes. Compter au moins 20 € par jour pour deux personnes, une tente et une voiture.
– ***Un bon plan :*** de plus en plus de campings s'équipent de bungalows pour quatre à six personnes. C'est assez confortable (kitchenette et salle de bains à l'intérieur), en général plus calme que le camping lui-même (les bungalows sont à part), et tout de même moins cher que l'hôtel pour une famille ou un groupe de copains.

Les hôtels et *hostales*

La classification du ministère du Tourisme met les **hostales** et les **residencias** dans la catégorie « Bon marché ». On trouve encore parfois les appellations *hospedajes* et *pensiones* qui regroupent un peu la même chose, c'est-à-dire une sorte de pension de famille. Si vous le pouvez, visitez bien l'établissement avant de réserver. Il y a vraiment un choix pléthorique d'*hostales* à Barcelone et, comme dans beaucoup d'autres villes, si l'on s'écarte un poil du centre, les prix deviennent vite plus intéressants. Quoi qu'il en soit, tous conviendront aux routards peu regardants sur le confort mais exigeants sur le prix (quoiqu'ils aient beaucoup augmenté ces dernières années). Ils sont rarement recommandés par les offices de tourisme, car les propriétaires de ces pensions préfèrent souvent fonctionner en toute indépendance, sans avoir à payer la cotisation demandée pour figurer dans les listings. Si vous tchatchez bien l'espagnol (ou, mieux, le catalan !), négociez tout de suite le prix. Les tarifs baissent presque toujours avec la durée du séjour. En revanche, il faut parfois s'attendre à un accueil sans façon et à des réponses du genre « *lo tomas o lo dejas* » (à prendre ou à laisser).

Enfin, les **hôtels** *(hoteles),* classés de 1 à 5 étoiles. Essayez d'arriver assez tôt pour être sûr d'avoir une chambre et demandez à la visiter avant. Les prix affichés à la réception et dans les chambres sont les tarifs maximums, et peuvent varier selon les divisions de l'année touristique : haute, moyenne et basse saisons. De plus en plus, on fait de bonnes affaires en profitant des promotions affichées sur le site internet des hôtels : les prix peuvent être carrément divisés par deux !

Pour une chambre simple, demandez une *habitació individual* ; pour une chambre double, une *habitació doble* ; et si vous voulez un grand lit, précisez *llit de matrimoni* (ou *cama de matrimonio*).

ATTENTION : en principe, les prix affichés dans les établissements sont hors taxes. Il faut ajouter une taxe *(IVA)* de 10 %, ainsi que la toute nouvelle taxe de séjour de 0,50 à 1 € par jour et par personne.

Il existe un guide des hôtels (classés par régions et catégories, prix indiqués, ainsi que les caractéristiques) : *Guía de Hoteles de la Generalitat,* en vente dans toutes les librairies. Les offices de tourisme disposent également d'une liste plus ou moins exhaustive des hôtels et *hostales* avec les prix en cours. Demandez-la.

Dernier détail, pour les affamés du matin : dans les pensions espagnoles, c'est *bed* mais rarement *breakfast...* et si on vous propose le breakfast, il se limite en général à deux toasts avec une minidose de confiture. Mieux vaut donc aller déjeuner dans un bar ou une pâtisserie, puisque la plupart servent des menus petit déj variés. Les patrons de votre pension vous conseilleront peut-être un café dans le coin.

> Pour nos lecteurs qui souhaitent réserver leurs hébergements par courrier, nous précisons les codes postaux des établissements dans le texte de l'hôtel, logiquement à la fin de l'adresse, puisqu'il y a plusieurs arrondissements dans Barcelone. Par ailleurs, pour les environs de Barcelone, nous indiquons également le code postal général dans le bandeau de la ville.

Location d'appartements

Un choix d'hébergements qui se développe à grande vitesse, et qui s'avère rentable pour une famille, un groupe d'amis ou même en couple, si vous avez choisi de rester 1 semaine ou plus. Pas mal d'offres promotionnelles en réservant par Internet. Forcément, tous les appartements n'étant pas sans surprise, on vous donne une sélection fiable dans « Où dormir ? ».

Une formule de plus en plus prisée, en couple ou en meute, d'autant plus intéressante qu'on fait des économies sur la tambouille (à tour de rôle, sinon c'est plus des vacances !). Le nombre de ces locations, plus ou moins sauvages, a explosé en quelques années. Ce qui a eu pour effet de participer à la hausse des loyers. Oui, les Barcelonais ont de plus en plus de mal à se loger dans le centre. Il devient urgent pour la municipalité d'intervenir ! C'est aussi dans l'intérêt des touristes, car beaucoup se plaignaient ces temps-ci d'arnaques et d'un manque d'hygiène. Quelques **conseils et infos** :

– vérifiez si la **taxe de nettoyage** est incluse, cela vous évitera une mauvaise surprise le jour du départ. Plus simplement, laissez un appart nickel ;
– les tarifs, comme pour les hôtels, varient en fonction de la saison : nous indiquons des fourchettes basse-haute saison ;
– posez la question du **bruit,** car certains apparts, notamment ceux de la Rambla, sont bruyants ;
– il est normalement possible de verser seulement des **arrhes** pour valider la réservation, et de payer le complément une fois sur place. Cela limitera la casse en cas de mauvaises surprises ;
– attention aux **promos,** elles doivent souvent être réglées comptant à la réservation ;
– refusez les **locations au noir** ;

– la majeure partie des locations offrent le *wifi* gratuitement ;
– prévoyez environ 200 à 300 € ou une empreinte de CB pour la *caution* des clés ;
– pour faire votre marché, il existe de *nombreuses petites épiceries* qui offrent une bonne qualité pour les fruits et légumes et les prix sont bas, sinon la chaîne *Mercadona* est pratique pour tout le reste et également bon marché.

HORAIRES

Attention, les *horaires des repas* sont tardifs ! C'est l'heure espagnole. Pour le déjeuner, de 13h à 16h ; pour le dîner, de 20h à 23h (il fait moins chaud). Quant aux *boîtes de nuit*, elles ne commencent à s'animer que vers 2h (et encore !)... Il faut avoir une santé de fer pour vivre ici ! Les *magasins* sont généralement ouverts du lundi au samedi de 9h30 ou 10h à 13h30 ou 14h, et de 16h30 ou 17h à 20h ou 20h30. Ils respectent la sacro-sainte *siesta* ! Cela dit, dans le centre de Barcelone, les grands magasins et les boutiques de chaînes sont ouverts sans interruption le midi. Dans un registre plus utile, la *poste centrale* est ouverte du lundi au vendredi de 8h30 à 21h30 et le samedi de 8h30 à 14h. Quant aux horaires des banques, voir la rubrique « Argent, banques, change » plus haut.

LANGUE

Le *catalan,* c'est d'abord une langue. De racine latine comme le français, l'espagnol (ou *castillan*) et l'italien, il a atteint sa maturité vers le Xe s. Au cours de ces trois derniers siècles, le catalan a subi de multiples persécutions, vexations et interdictions. Rien qu'un exemple : en 1924, Gaudí fut arrêté parce qu'il parlait catalan sur la voie publique. Autonomie oblige, le castillan est désormais passé au second plan, et l'enseignement du catalan est obligatoire dans les écoles. Les plaques de rues, les indications sur les plans en castillan, ont disparu (ou alors elles sont bilingues). Certaines associations, comme le *Fora Babel,* cherchent à lutter contre cette « assimilation culturelle ». Près de 95 % des habitants de la région comprennent le catalan et près de 70 % le parlent. L'emprise de la langue dépasse les limites de la région : elle est parlée dans la quasi-totalité du pays valencien (avec ses propres nuances) et aux îles Baléares (depuis la conquête, au XIIIe s, de Jacques Ier, roi d'Aragon et comte de Barcelone ; voir la rubrique « Histoire » dans « Hommes, culture, environnement »), en Andorre, dans une petite partie de l'Aragon, dans la ville de l'Alguer en Sardaigne, ainsi, bien sûr, qu'en France, dans le Roussillon, soit au total par plus de 10 millions de personnes. Reconnue par l'Union européenne, elle compte plus de locuteurs que le danois, le norvégien ou le finnois !

> ### PARLER FRANÇAIS COMME UNE VACHE ESPAGNOLE
>
> *C'est vrai que les vaches, surtout espagnoles, parlent mal le français. Cette expression datant du XVIIe s vient en fait d'une altération du mot « basque ». Avec leur accent si particulier, on comprend mieux l'expression !*

Vocabulaire usuel en catalan (castillan entre parenthèses)

Pour vous aider à communiquer, n'oubliez pas le *Guide de conversation du routard en espagnol.*

Les basiques

oui	*sí (sí)*
non	*no (no)*
bonjour	*bon dia (buenos días)*
bonsoir	*bona tarda (buenas tardes)*
salut (salut, ça va ?)	*hola (hola ¿ qué hay ?)*
salut la compagnie	*hola, ¿ comanem ? (hola, muy buenas)*
bonne nuit	*bona nit (buenas noches)*
aujourd'hui	*avui (hoy)*
hier	*ahir (ayer)*
demain	*demà (mañana)*
ce matin	*aquest matí (esta mañana)*
ce soir	*aquesta nit (esta noche)*
au revoir	*adéu, areveure (adiós)*
à bientôt	*fins després (hasta luego)*
s'il vous plaît	*si us plau (por favor)*
merci	*gràcies (gracias)*
de rien	*de res (de nada)*
excusez-moi	*perdoni (perdone, disculpe)*
parlez-vous français ?	*¿ parla francès ? (¿ habla usted francés ?)*
comment vous appelez-vous ?	*¿ com es diu vostè ? (¿ cómo se llama usted ?)*
je ne comprends pas	*no ho entenc (no entiendo)*
je ne sais pas	*no ho sé (no sé)*
comment dit-on en espagnol ?	*¿ com es diu en castellà ? (¿ cómo se dice en castellano ?)*
quelle heure est-il ?	*¿ quina hora és ? (¿ qué hora es ?)*
je voudrais	*voldria (quisiera)*
d'accord	*d'acord (de acuerdo, vale)*
bureau de tabac	*estanc (estanco)*
poste restante	*apartat de correus (lista de correos)*
timbre	*segell (sello)*
enveloppe	*sobre (sobre)*
tampons	*tampons (tampones)*
serviettes hygiéniques	*compreses (toallas higiénicas)*
monnaie	*canvi (cambio)*
guichet automatique	*caixer automàtic (cajero automático, bancomat)*
pas cher, bon marché	*barat (barato)*
cher	*car (caro)*
fermé	*tancat (cerrado)*
ouvert	*obert (abierto)*
férié	*día de fiesta (festivo)*

À l'hôtel

hôtel	*hotel (hotel)*
auberge	*alberg (albergue)*
pension	*pensió (hostal, fonda, pensión)*
garage	*garatge (garaje)*
chambre	*habitació (habitación)*
chambre double	*habitació doble (habitación doble)*
pourriez-vous me la montrer, s'il vous plaît ?	*¿ me la pot ensenyar, si us plau ? (¿ me la puede enseñar, por favor ?)*
lit	*llit (cama)*
lit à deux places	*llit de matrimoni (cama de matrimonio)*
lit bébé	*bressol (cuna)*

réservation	reserva (reserva)
combien par jour ?	¿ quant per dia ? (¿ cuánto por día ?)
service compris	servei inclòs (servicio incluído)
pourriez-vous me réveiller à 8h ?	¿ podria despertar me a les vuit ? (¿ puede despertarme a las ocho ?)
petit déjeuner	esmorzar (desayuno)
couverture	manta (manta)
oreiller	coixí (almohada)
serviette de bain	tovallola (toalla)
toilettes	serveis, lavabo (servicios)
savon	sabó (jabón)
salle de bains	bany (cuarto de baño)
douche	dutxa (ducha)
je voudrais la note	el compte, si us plau (quisiera la cuenta)
cour	pati (patio)
jardin	jardí (jardín)

Au restaurant

petit déjeuner	esmorzar (desayuno)
déjeuner	dinar (almuerzo)
dîner	sopar (cena)
menu	menú (menú)
carte	carta (carta)
mouton	marrà (carnero)
agneau	xai (cordero)
porc	porc (cerdo)
bœuf	bou (buey)
jambon	pernil (jamón)
poulet	pollastre (pollo)
veau	vedella (ternera)
filet de porc	filet de porc (solomillo de cerdo)
côtelette	costella, llonza (chuleta)
rôti	rostit (asado)
grillé	a la planxa (a la plancha)
frit	fregit (frito)
poisson	peix (pescado)
fruits de mer	marisc (mariscos)
hors-d'œuvre	entrants (entrantes)
œufs	ous (huevos)
omelette	truita (tortilla)
salade	amanida (ensalada)
légumes	verdura (verduras)
dessert	postres (postre)
fromage	formatge (queso)
glace	gelat (helado)
vin rouge (hic !)	vi negre (vino tinto)
vin blanc (re-hic !)	vi blanc (vino blanco)
eau gazeuse/plate	aigua amb gas/sense gas (agua con gas/sin gas)
bière, panaché	cervesa, clara (cerveza, clara)
café (noir)	cafè (café solo)
l'addition, s'il vous plaît	¡ el compte, si us plau ! (¡ la cuenta, por favor !)
garçon	cambrer (camarero)
assiette	plat (plato)

verre (pour l'eau)	*got (vaso)*
verre (pour le vin)	*copa (copa)*
couteau	*ganivet (cuchillo)*
cuillère	*cullera (cuchara)*
fourchette	*forquilla (tenedor)*
serviette	*tovalló (servilleta)*
sel	*sal (sal)*
poivre	*pebre (pimienta)*
moutarde	*mostassa (mostaza)*
huile	*oli (aceite)*
vinaigre	*vinagre (vinagre)*
beurre	*mantega (mantequilla)*
pain	*pa (pan)*
bouteille	*ampolla (botella)*
je suis végétarien(ne)	*sóc vegetarià (ana) (soy vegetariano/a)*
prix du marché	*preu segons mercat (s/m) (precio según mercado)*

Quelques repères

rond-point	*rotonda (rotonda)*
chapelle	*capella (capilla)*
église	*església (iglesia)*
stop	*parada (parada)*
coin de rue	*cantonada (esquina)*
kiosque à journaux	*quiosc (kiosco)*
impasse, ruelle	*carreró (callejón)*
tour	*torre (torre)*
zone industrielle	*polígon industrial (polígono industrial)*
marché	*mercat (mercado)*
place	*plaça (plaza)*
promenade	*passeig (paseo)*

À la gare

gare	*estació (estación)*
billet	*bitllet (billete)*
à quelle heure le train arrive-t-il à... ?	*¿ a quina hora arriba el tren ? (¿ a qué hora llega el tren a... ?)*
où faut-il changer de train ?	*¿ on s'ha de canviar de tren ? (¿ dónde hay que cambiar de tren ?)*
le prochain	*el proper (el próximo)*
le dernier	*l'últim (el último)*
le premier	*el primer (el primero)*
réduction	*descompte (precio reducido)*
aller simple	*senzill (sencillo)*
aller-retour	*anada i tornada (ida y vuelta)*
entrée/sortie	*entrada/sortida (entrada/salida)*
correspondance	*correspondència (enlace, cambio)*
guichet	*guixeta (taquilla)*
quai	*andana (andén)*
bagages	*equipatge (equipage)*
compartiment	*compartiment (compartimiento)*
wagon	*cotxe, vagó (coche)*
couchette	*litera (litera)*
contrôleur	*revisor (revisor)*

Le temps

jour	*dia (día)*
semaine	*setmana (semana)*
lundi	*dilluns (lunes)*
mardi	*dimarts (martes)*
mercredi	*dimecres (miércoles)*
jeudi	*dijous (jueves)*
vendredi	*divendres (viernes)*
samedi	*dissabte (sábado)*
dimanche	*diumenge (domingo)*
matin	*matí (mañana)*
midi	*migdia (mediodía)*
après-midi	*tarda (tarde)*
soir	*vespre (noche)*
minuit	*mitjanit (medianoche)*
heure	*hora (hora)*
quart	*quart (cuarto)*
demi	*mig, mitja (media)*
minute	*minut (minuto)*
nuageux	*ennuvolat (nuboso)*
pluie	*pluja (lluvia)*
averses	*xàfec (chubascos)*

Chiffres et nombres

un, une	*un, una (uno, una)*
deux	*dos, dues (dos)*
trois	*tres (tres)*
quatre	*quatre (cuatro)*
cinq	*cinc (cinco)*
six	*sis (seis)*
sept	*set (siete)*
huit	*vuit (ocho)*
neuf	*nou (nueve)*
dix	*deu (diez)*
onze	*onze (once)*
douze	*dotze (doce)*
treize	*tretze (trece)*
quatorze	*catorze (catorce)*
quinze	*quinze (quince)*
seize	*setze (dieciséis)*
dix-sept	*disset (diecisiete)*
dix-huit	*divuit (dieciocho)*
dix-neuf	*dinou (diecinueve)*
vingt	*vint (veinte)*
cinquante	*cinquanta (cincuenta)*
cent	*cent (cien/ciento)*
mille	*mil (mil)*

Important : en espagnol, le *ñ* se prononce « gn », le *v* se prononce plus « b » que « v » : *España* se dit « Espagna » ; *cerveza* se dit « cerbesa » ; *Sevilla*, « Sebilla » ; *Valencia*, « Balencia », etc. Attention cependant, tout excès nuit. Essayez quand même de pondérer entre le « v » et le « b ». À Barcelone, c'est la même règle, mais dans certains villages, on dit « v ». À vous d'essayer !

Quant au *j*, s'il se prononce comme le « ch » allemand en castillan, c'est-à-dire comme un « r » très dur, il se prononce à la française en catalan.

Dernière petite précision, le *x* catalan se prononce comme notre « ch ». Ainsi, le mot *xarxa* (chaîne) se prononce-t-il « charcha ».

LIVRES DE ROUTE

En voyage, le livre audio, c'est malin. Écoutez un extrait de **L'Ombre du vent** de Carlos Ruiz Zafón, lu par Frédéric Meaux, et vous serez déjà à Barcelone. *Extrait offert par Audiolib.*

– **Hommage à la Catalogne** (1937), de George Orwell (reportage), 10/18, coll. « Domaine étranger » nº 3147, 2000 ; traduit par Y. Davet. Après avoir été policier en Birmanie, clochard à Paris, que pouvait faire un journaliste trotskiste et sincère débarqué dans la tourmente de la guerre civile espagnole pour quelques jours et quelques articles, sinon s'engager ? Orwell n'hésite pas longtemps et rendra compte de la réalité de la guerre, jusqu'à ce qu'il soit gravement blessé, puis rapatrié dans son pays après une chasse à l'homme dans Barcelone, menée par les staliniens contre les anarchistes et les trotskistes.
– **Le Labyrinthe aux olives** (1985), d'Eduardo Mendoza (polar), Le Seuil, coll. « Points » nº 460, 1998 ; traduit par F. Rosset. Ceux qui ont lu *Le Mystère de la crypte ensorcelée* connaissent déjà le héros de cette aventure burlesque, cette fois évadé d'un asile d'aliénés. Mendoza nous fait voyager dans l'Espagne contemporaine, entre Madrid et Barcelone, sur les traces d'une mallette bourrée de pesetas. Dans la même veine, **L'Artiste des dames** (2002), troisième volet de cette trilogie décalée, dans laquelle Barcelone et la Catalogne tiennent une belle place.
– **La Ville des prodiges** (1986), d'Eduardo Mendoza (roman), Points Grand Roma, 2007 ; traduit par O. Rolin. Barcelone, « ville des prodiges », inspire son rythme trépidant au livre de Mendoza. Au travers de la destinée d'Onofre Bouvila, petit paysan devenu un industriel aussi riche qu'extravagant, c'est l'aventure de la ville dans le grand chantier de l'Exposition universelle de 1888.
– **Sabotage olympique** (1995), de Manuel Vásquez Montalbán, 10/18, coll. « Grands détectives » nº 3086, 1999 ; traduit par C. Bleton. Pepe Carvalho, le célèbre détective barcelonais, est engagé pour mener l'enquête sur de mystérieux saboteurs de cette grande foire que sont les Jeux olympiques de 1992. Humour et flegme... catalans sont, comme d'habitude, au rendez-vous !
– **Les Recettes de Pepe Carvalho** (1996), de Manuel Vásquez Montalbán, Christian Bourgois éditeur, 1996 ; traduit par D. Laroutis. 120 recettes du détective fine bouche, avec les extraits des livres où les plats sont cités, et des explications pour, à notre tour, exécuter dans notre cuisine une symphonie pour deux aubergines, un poivron et trois tomates !
– **La Place du Diamant** (1957), de Mercè Rodoreda, Gallimard, coll. « L'Étrangère », 1996 ; traduit par B. Lesfargues. Un roman écrit par une Barcelonaise qui obtint en 1980 le prix d'honneur des Lettres catalanes. L'histoire d'une femme du peuple, originaire du quartier de Gràcia, à Barcelone : son adolescence, son mariage, ses maternités et la mort de son mari milicien dans l'armée républicaine pendant la guerre civile. Un chef-d'œuvre de la littérature catalane.
– **Teresa l'après-midi** (1966), de Juan Marsé, Le Seuil, coll. « Points » nº 523, 1998 ; traduit par J.-M. Saint-Lu. L'histoire d'un voleur de motos qui séduit deux jeunes filles, l'une domestique dans une maison bourgeoise, l'autre fille de bonne famille. En toile de fond, les révoltes estudiantines de la Barcelone des années 1960.
– **L'Ombre du vent** (2001), de Carlos Ruíz Zafón, Le Livre de Poche nº 30473 ; traduit par François Maspero. Le jeune Daniel Sempere, fils d'un libraire, tombe sur le roman d'un auteur inconnu, Julián Carrax. Une rencontre virtuelle qui bouleverse sa vie et le lance dans d'étranges aventures à la poursuite de son modèle, dans une Barcelone oppressée par les années Franco. Un voyage passionnant, très littéraire, qui relève aussi de l'enquête policière, et sur lequel les ombres de la guerre civile et du traditionalisme de la société planent sans cesse... **Le Jeu de l'ange**, du même auteur (2009), reprend bien comme cadre et comme personnage la vibrante Barcelone du tout début du XXe s, mais sur un rythme moins convaincant ; les fans de *L'Ombre du vent* y retrouveront pourtant la genèse de certains personnages.

Ces trois œuvres ne concernent pas directement Barcelone, mais, pour ceux qui désirent mieux connaître l'Espagne, ce sont des ouvrages de référence à ne pas manquer !
– ***Don Quichotte de la Manche*** (1605), de Miguel de Cervantes (roman), Flammarion, coll. « GF » nos 196 et 197, 1969 ; traduit par L. Viardot. Pour les esthètes : éd. du Chêne, 2009 ; illustré par Salvador Dalí. La meilleure traduction étant celle de Jacqueline Schulmann aux éditions du Seuil. Roman picaresque qui nous fait voyager dans toute l'Espagne du Siècle d'or, *Don Quichotte* est également une parodie des romans de chevalerie à la mode alors. Un classique, indispensable pour quiconque aime l'Espagne... et la littérature. Sus aux moulins à vent !

LE PLAGIAT DE *DON QUICHOTTE*

À sa sortie, le roman de Cervantes connut un succès considérable. Huit ans plus tard, un auteur sans scrupules publia une suite de l'ouvrage, dans laquelle il dénigrait vertement Cervantes... Certains affirment que c'est son ennemi préféré, l'écrivain Lope de Vega, qui s'y colla ! Furieux, Cervantes décida d'écrire sa suite des tribulations du chevalier, en le faisant mourir à la fin. L'histoire était donc définitivement close.

– ***La Vie de Lazarillo de Tormes,*** Flammarion, coll. « GF Bilingue » n° 646, 1994. Écrit par un auteur inconnu, *La Vie de Lazarillo de Tormes* n'en demeure pas moins un véritable joyau de la littérature espagnole. Cette historiette gorgée de truculence, d'intelligence vive et de bons mots fut éditée vers 1554. L'histoire est simple : un garçon est confié dès son plus jeune âge à un aveugle dont il devient le serviteur. Puis, du mendiant aveugle, il passe chez un prêtre avare, puis chez un écuyer famélique et chez un marchand d'indulgences. Au cours d'un irrésistible parcours initiatique, il devient le larbin de tout le monde et ne veut servir personne. Malicieux, il accède à la sagesse en rivalisant de cynisme et de coups bas. Peinture sociale géniale, ce pamphlet d'un sombre siècle ouvre la voie d'une tradition picaresque que Cervantes peuplera bientôt de deux grands frères de ce Lazarillo : *el señor* Quichotte et son valet Pança.
– ***L'Espoir*** (1937), d'André Malraux (roman), Gallimard, coll. « Folio » n° 2958, 1997. Malraux a vécu en direct les événements de la guerre d'Espagne ; de fait, son roman est aussi une sorte de chronique où la réflexion politique prend une place centrale. Face aux franquistes, il préfère très clairement l'organisation et le pragmatisme des communistes à l'utopie anarchiste. *L'Espoir,* c'est l'espoir en l'homme.

MUSÉES ET SITES

Compter en général 5-10 € environ l'entrée des musées et sites, mais les plus chers dépassent les 20 €. Les offices de tourisme vendent différentes cartes offrant des réductions sur les principaux sites et les transports (voir ci-après pour le détail des *passes*). **Cependant, à Barcelone, les tarifs changent fréquemment en cours d'année** (souvent au 1er juillet et au 1er décembre), alors que ce guide est déjà depuis quelques mois sur les rayons de votre libraire préférée. Vérifiez donc bien les tarifs avant votre séjour, par exemple sur ● barcelonaturisme.cat ● !
Beaucoup de musées proposent 1 jour de gratuité par mois, en général pendant la 1re semaine. Ce jour-là, on conseille vivement d'arriver dès l'ouverture. Les personnes âgées de plus de 65 ans et les étudiants peuvent bénéficier de réductions mais ils doivent présenter leur carte ou leurs papiers d'identité pour les + de 65 ans. En résumé, prix comparables aux prix français. Le jour de fermeture est généralement le lundi, mais certains comme le MACBA sont ouverts ; bien programmer vos visites en conséquence. Attention, de nombreux musées sont ouverts seulement le matin, notamment le dimanche, ou complètement fermés les

1er et 6 janvier, 11 septembre, 25 et 26 décembre (voir plus haut la rubrique « Fêtes et jours fériés »). En général, ces jours-là, les offices de tourisme de la ville disposent d'une fiche récapitulant les horaires modifiés de tous les sites.
Pour certains sites très fréquentés (museu Picasso, Sagrada Família, casa Batlló, palau de la Música catalana...), n'hésitez pas à **réserver à l'avance, sur Internet, vos billets.** Certes, cela vous offre à priori un peu moins de liberté dans votre programme de visite (et se paie parfois aussi d'un supplément), mais, en période très touristique, vous gagnerez du temps en évitant les longues files d'attente.

Passes et autres tickets groupés

Il en existe plusieurs, à différents tarifs, plus ou moins complets. Tout dépend de votre emploi du temps, de vos goûts et de votre frénésie culturelle. Vous trouverez ces *passes* ainsi que toutes les infos nécessaires dans les offices de tourisme *(turisme de Barcelona).* Vous pouvez aussi acheter la plupart d'entre eux avant même votre arrivée, et un peu moins cher, sur le site de l'office de tourisme ● *barcelonaturisme.cat* ●
– **Barcelona Card :** *achat aux guichets des offices de tourisme de Barcelona, sur leur site (plus haut) ou au ☎ 93-285-38-32. Compter de 48 € pour 3 j. à 64 € pour 5 j. (21-32 € pour les 4-12 ans), réduc à certaines périodes, voir sur le site. Aussi une version Express, valable 2 j., uniquement en version adulte, avec moins de réduction, pour 20 €.* Accès illimité aux transports urbains (métro, bus, tramways, train pour l'aéroport, trains FGC intra-muros, trains RENFE zone 1 – banlieue, donc). Nombreuses réductions sur des spectacles (mais aussi dans certains bars de nuit, restos, boutiques...), les autres moyens de transport (Tibibús, téléphérique de Montjuïc, Aerobús...). En plus, vous obtiendrez une gratuité (dans tous les musées municipaux, mais aussi pour les Golondrinas – petit tour sur le port seulement –, le mirador de Colom) ou, plus fréquemment, un tarif réduit (de 5 à 50 % de réduction selon les sites) dans 30 des plus grands musées de la ville et une dizaine de sites (dont le palau de la Música, la casa Batlló, le zoo, l'Aquàrium, l'Imax...). C'est celle qui nous a semblé la plus complète. Elle reste très chère puisqu'il faut quand même débourser à l'entrée de chaque site ou musée. Attention, il n'est pas toujours possible de faire valoir les réductions offertes par la Barcelona Card dans le cadre d'une réservation sur Internet.
– **Articket :** ● *articketbcn.org* ● *On peut l'acheter aux guichets de la Caixa Catalunya, aux guichets des centres concernés, dans les offices de tourisme ou sur leur site, et sur* ● *telentrada.com* ● *ou par tél (☎ 902-10-12-12). Valable 1 an, il coûte 30 €.* Il permet de visiter six « centres » d'art à Barcelone, expositions temporaires comprises : le MNAC, le MACBA, la fondation Miró, la fondation Antoni-Tàpies, le CCCB et le musée Picasso. **Avantage :** sert aussi de coupe-file et évite les files d'attente.
– Si vous n'en êtes pas à votre premier séjour à Barcelone, l'**Arqueoticket**, axé sur les musées consacrés aux civilisations anciennes, peut être intéressant. Pour 13,50 €, cette carte, valable 1 an, permet d'accéder gratuitement à 4 musées : le musée d'Archéologie de Catalogne, le Musée égyptien, le Musée historique de la Ville, et El Born Centre Cultural. On se le procure dans tous les offices de tourisme ou sur leur site, ou auprès des billetteries de chacun des sites.
– **Ruta del modernisme :** la *ruta* recense 115 sites majeurs et propose un itinéraire cohérent ainsi que toutes sortes de facilités pour les visiter. On peut se procurer le kit à un guichet spécial à l'hospital de la Santa Creu i Sant Pau *(tlj 9h-14h)* ou aux pavillons Güell *(w-e 10h-14h). Rens :* ☎ 93-317-76-52. La formule complète, à 18 €, comprend un guide des 115 sites avec une carte pour les situer (malheureusement l'édition française est épuisée, pas de retirage en vue), des coupons de réduction sur les entrées des sites, ainsi qu'un petit guide des bars et restos installés dans des édifices modernistes, et un sac... pour trimballer tout ça. Pour 12 €, le guide (avec le plan) et les coupons de réduction, et c'est tout : mais c'est suffisant ! Attention, un certain nombre de sites modernistes, en particulier ceux qui sont toujours en activité ou qui appartiennent à des particuliers, ne sont accessibles qu'en visites guidées à des horaires assez restreints, et la réservation

est donc conseillée en pleine saison. Ça vaut donc la peine de bien planifier ces visites-là ! ● rutadelmodernisme.com ●
– Enfin, certains sites proposent des **billets combinés** : pour la Sagrada Família et la casa-museu Gaudí du park Güell ; pour le MNAC et le Poble Espanyol.
– **Barcelona Bus Turístic :** ● barcelonabusturistic.cat ● *À ne pas confondre avec la compagnie concurrente,* Barcelona City Tour, *bus rouges, moins intéressante. Les Barcelona Bus sont bleus. Ces bus fonctionnent 9h-20h (env 19h hors saison) et passent ttes les 5-15 mn (ou 25 mn hors saison). Formules 1 ou 2 j. au choix : respectivement 27 et 38 € (16 et 20 € 4-12 ans) ; gratuit - de 4 ans.* Accès illimité aux trois lignes de bus touristiques de la compagnie. Elles desservent les monuments majeurs, avec des arrêts pratiquement au pied de chacun. Réductions sur une vingtaine de sites, sur la location de vélos, le téléphérique de Montjuïc et autre tramway bleu. Ça fait un peu piège à touristes, mais le personnel est toujours prêt à vous aider (dans toutes les langues ou presque). Avantage : c'est agréable aux beaux jours quand il y a de la place sur l'impériale. De plus, on peut monter et descendre autant de fois qu'on le souhaite, y compris depuis le même arrêt. Inconvénients : en plein été il peut y avoir de sacrées files d'attente ; et dans le bus même les places sont rares, et on ne voit presque rien quand on est à l'intérieur du bus. Et enfin, il est préférable de faire les visites dans le sens de la circulation du bus, même si cela paraît évident, car un trajet complet dure 2h.

POSTE

Les *timbres* (*segells,* ou *sellos* en castillan) peuvent s'acheter dans les postes (*correus* ou *correos*), ouvertes la plupart du temps de 9h à 14h en semaine, ou dans les bureaux de tabac (*estancs* ou *estancos*), reconnaissables à leur panonceau marron et jaune constitué d'un « T » stylisé. Tarif normal vers l'Europe : 0,90 €.
En général, les services postaux sont plutôt lents et leur fiabilité n'est pas garantie à 100 %. Il n'est pas rare qu'une carte postale mette plusieurs semaines avant d'arriver à bon port.
Infos : ☎ 902-197-197. ● correos.es ●

SANTÉ

À Barcelone, pas de réels problèmes sanitaires, mais méfiez-vous tout de même de la chaleur et du soleil : prévoyez chapeau, crème solaire protectrice adaptée à votre type de peau, et pensez à boire souvent pour éviter la déshydratation. Enfin, pour un séjour temporaire en Espagne, pensez à vous procurer la **carte européenne d'assurance maladie.** Il suffit d'appeler votre centre de Sécurité sociale (ou de vous connecter au site internet de votre centre, encore plus rapide !), qui vous l'enverra sous une quinzaine de jours. Cette carte fonctionne avec tous les pays membres de l'Union européenne (y compris les 12 petits derniers). C'est une carte plastifiée bleue du même format que la carte Vitale. Attention, elle est valable 1 an et c'est

LA GRIPPE ESPAGNOLE

Ce virus de souche H1N1 venait, en fait, de Chine et transita en Europe via les États-Unis. Cette terrible grippe fut appelée « espagnole » car elle toucha le roi d'Espagne Alphonse XIII et parce que le pays, l'un des rares à ne pas être impliqué dans la Première Guerre mondiale, fut le seul à publier des informations à son propos – les différents belligérants les classant secret-défense... Commencée en 1918, l'épidémie fit, selon les estimations, entre 30 et 100 millions de morts, soit bien plus que le conflit lui-même. Cette pandémie est la plus meurtrière de l'histoire de l'humanité (deux fois plus que la peste noire).

une carte personnelle (chaque membre de la famille doit avoir la sienne, y compris les enfants).

Vaccins

Aucun n'est obligatoire, mais il est préférable d'avoir son rappel antitétanique à jour, surtout si l'on fait du camping.

SITES INTERNET

● *routard.com* ● Rejoignez la plus grande communauté francophone de voyageurs ! Échangez avec les routarnautes : forums, photos, avis d'hôtels. Retrouvez aussi toutes les informations actualisées pour choisir et préparer vos voyages : plus de 200 fiches pays, une centaine de dossiers pratiques et un magazine en ligne pour découvrir tous les secrets de votre destination. Enfin, comparez les offres pour organiser et réserver votre voyage au meilleur prix. Routard.com, le voyage à portée de clic !

Infos et médias

● *elpais.com* ● *elmundo.es* ● Versions en ligne des grands quotidiens nationaux.
● *lavanguardia.es* ● Les nouvelles à la sauce catalane (mais aussi en castillan).
● *elperiodico.com* ● *Periódico de Catalunya,* le gros titre de la presse catalane peut aussi se consulter sur la Toile.
● *paginasamarillas.es* ● L'équivalent des « Pages jaunes », avec le même type de services en ligne.
● *gencat.cat* ● Le site du gouvernement autonome catalan, la Generalitat, pour être top informé sur la Catalogne et son actualité ! En catalan, en castillan et en anglais.

Artistes

● *salvador-dali.org* ● Site officiel de la fondation Gala-Salvador-Dalí. Pas tout à fait aussi délirant que le peintre, mais les bases de ce qu'il faut savoir sur Dalí ; sa biographie, celle de Gala, son égérie, les musées où sont exposées ses œuvres...
● *picasso.fr* ● Picasso, sa vie, ses œuvres... Le site officiel. Belle qualité d'images et chouette graphisme.
● *gaudidesigner.com* ● Un site clair et intéressant, en français, sur les grandes réalisations de Gaudí.
● *fundaciomiro-bcn.org* ● Le site de la fondation Miró, en anglais.

Insolite

● *custo-barcelona.com* ● Dans les années 1980, les frères Dalmau rapportent de leur voyage à travers le monde tout plein de couleurs qu'ils impriment sur des T-shirts hors du temps, jamais vus en Espagne. Aujourd'hui, leur renommée est internationale, mais l'esprit reste le même : ne faire que des pièces uniques. Site à l'image du produit, haut en couleur !
● *chupachups.com* ● Entrez dans la saga *Chupa Chups* (la mythique sucette est née à Barcelone). Pour connaître son histoire, prendre de ses nouvelles, papoter entre gourmands sur son forum, bref... vous faire saliver ! Site plutôt sympa, plein d'interactivité, et en anglais !
● *cavagonyi.com* ● Rien moins qu'un site dédié aux collectionneurs de capsules de *cava,* ce vin de méthode champenoise, et classé par *cellers,* s'il vous plaît ! Exclusivement en catalan, bien sûr.

Sports

● *fcbarcelona.com* ● LE site du *Barça,* avec l'historique, les vedettes, le programme des rencontres, le musée... pour les *socios* (les supporters du FC Barcelone !).

● *marca.com* ● En espagnol et en anglais, le site du quotidien sportif *Marca* pour vous tenir au courant des exploits sportifs de vos hôtes. Plus catalan, ● *mundodeportivo.com* ● ou ● *sport.es* ●

Spécial Barcelone

● *barcelonaturisme.com* ● Le site de l'office de tourisme, clair et complet, en catalan, castillan, anglais et français. Et la possibilité d'acheter en ligne et à l'avance certains des *passes* touristiques. Voir aussi ● *barcelona.cat* ●, site de la mairie de la ville, ● *barcelonaesmoltmes.cat* ●, sur la région de Barcelone, et ● *costadelmaresme.com* ●, spécialisé dans la côte de Barcelone-Maresme.
● *catalunyaexperience.fr* ● et ● *catalunya.com* ● Les sites officiels du tourisme pour toute la Catalogne. S'enrichissent régulièrement de brochures à télécharger.
● *barcelona.com* ● C'est pas compliqué, (presque) tout ce qu'il faut voir ou savoir sur la capitale, des renseignements pratiques aux infos culturelles en passant par des idées de sorties. En anglais, castillan, catalan et français.
● *sonar.es* ● Faut-il encore présenter le festival Sónar ? En anglais.
● *sagradafamilia.org* ● Apprenez-en plus sur ce monument incontournable de Barcelone.
● *clubbingspain.com* ● Comme leur nom l'indique, tous les liens pour être au courant de ce qui se passe dans les clubs.
● *gaybarcelona.net* ● Portail gay proposant actualités, reportages et adresses pour sortir.

TABAC

En Espagne, il est strictement **interdit de fumer dans tous les lieux publics** (y compris les cafés, les restaurants et les discothèques) et sur les lieux de travail. Cette interdiction s'applique bien sûr à toutes les administrations publiques et entreprises privées, aux gares, aéroports, stations de métro, mais aussi aux espaces extérieurs faisant face aux écoles et hôpitaux. Petites exceptions à cette loi rigoureuse : les hôtels peuvent conserver 30 % de leurs chambres pour les fumeurs. Désormais, la seule possibilité pour les bars d'accueillir des fumeurs est d'aménager des salles fumeurs, bien ventilées et interdites aux mineurs. Une loi est en préparation en Catalogne pour inclure la cigarette électronique dans les restrictions. Les contrevenants se voient infliger de lourdes amendes, dont le montant augmente graduellement : 30 € à la première infraction, 600 € à la deuxième et 10 000 € à la troisième !

> **LE DANGER DU TABAC**
>
> *Rodrigo de Jerez, compagnon de Christophe Colomb, fut condamné à 10 ans de prison par l'Inquisition espagnole pour satanisme... En effet, on pensait que seul le diable pouvait sortir de la fumée par la bouche.*

TÉLÉCOMMUNICATIONS, TÉLÉPHONE

Appels internationaux

– **Espagne → France :** 00 + 33 + numéro du correspondant à neuf chiffres (c'est-à-dire le numéro à 10 chiffres sans le 0).
– **France, Belgique, Suisse → Espagne :** 00 + 34 + numéro du correspondant à neuf chiffres (lignes fixes comme portables).
– **Espagne → Belgique :** 00 + 32 + numéro du correspondant à huit chiffres.
– **Espagne → Suisse :** 00 + 41 + numéro du correspondant à huit ou neuf chiffres.

Appels intérieurs

Pour les *appels locaux* (de Barcelone à Barcelone) et *nationaux* (de Barcelone à Sitges, par exemple), on compose directement le numéro complet à neuf chiffres.
– *Renseignements nationaux (en Espagne) :* ☎ *118-18 ou 118-88.*
– *Renseignements internationaux (en Espagne) :* ☎ *025.*

Le téléphone portable en voyage

On peut utiliser son propre téléphone portable en Espagne avec l'option « Europe » ou « Monde ».
– *À savoir :* un téléphone tri-bande ou quadri bande est nécessaire pour certaines destinations, mais ce n'est pas le cas de l'Espagne. Pour être sûr que votre appareil est compatible avec votre destination, renseignez-vous auprès de votre opérateur.
– *Activer l'option « international » :* pour les abonnés récents, elle est en général activée par défaut. En revanche, si vous avez souscrit un contrat depuis plus de 3 ans, pensez à contacter votre opérateur pour demander l'option (gratuite). Attention toutefois à le faire au moins 48 heures avant le départ.
– *Le « roaming » :* c'est un système d'accords internationaux entre opérateurs. Concrètement, cela signifie que lorsque vous arrivez dans un pays, au bout de quelques minutes, le nouveau réseau s'affiche automatiquement sur l'écran de votre téléphone.
– Vous recevrez rapidement un sms de votre opérateur qui propose un *pack voyageurs* plus ou moins avantageux, incluant un forfait limité de consommations téléphoniques et de connexion internet. À vous de voir...
– *Tarifs :* ils sont propres à chaque opérateur et varient en fonction des pays (le globe est découpé en plusieurs zones tarifaires). N'oubliez pas qu'à l'international, vous êtes facturé aussi bien pour les appels sortants que pour les appels entrants. Ne papotez donc pas des heures en imaginant que c'est votre interlocuteur qui payera !
– *Internet mobile :* à l'étranger, utiliser le wifi et non les réseaux 3G ou 4G. Sinon on peut faire exploser les compteurs, avec au retour de voyage des factures de plusieurs centaines d'euros ! Le plus sage consiste à *désactiver la connexion* « données à l'étranger » (dans « Réseau cellulaire »). Il faut également penser à *supprimer la mise à jour automatique de votre messagerie* qui consomme elle aussi des octets sans vous avertir (option « Push mail »). Opter pour le mode manuel. Cependant, des opérateurs incluent de plus en plus de *roaming data* (donc de connexion internet depuis l'étranger) dans leurs forfaits avec des formules parfois spécialement adaptées à l'Europe. Bien vérifier le coût de la connexion auprès de son opérateur avant de partir. Noter que l'Union européenne impose aux opérateurs un coût maximum de 0,20 €/Mo (HT) jusqu'en 2017, ce qui permet de surfer plus sereinement et à prix réduit.

Bons plans pour utiliser son téléphone à l'étranger

– *Acheter une carte SIM/puce sur place :* c'est une option très avantageuse pour certaines destinations. Il suffit d'acheter à l'arrivée une carte SIM locale prépayée chez l'un des nombreux opérateurs (*Telefónica, Movistar,* ou, moins cher, *Yoigo*), représentés dans les boutiques de téléphonie mobile des principales villes du pays et souvent à l'aéroport. On vous attribue alors un numéro de téléphone local et un petit crédit de communication, pour 10 à 25 €. Avant de signer le contrat et de payer, essayez donc, si possible, la carte SIM du vendeur dans votre téléphone – préalablement débloqué – afin de vérifier si celui-ci est compatible. Ensuite, les cartes permettant de recharger votre crédit de communication s'achètent facilement un peu partout : kiosques à journaux, supermarchés, tabacs, épiceries... C'est toujours plus pratique pour réserver un hôtel, un resto ou une visite guidée, et bien moins cher que si vous appeliez avec votre carte SIM personnelle.

– *Se brancher sur les réseaux wifi* est le meilleur moyen de se connecter au Web gratuitement ou à moindre coût. À Barcelone, la plupart des hôtels, restos et bars disposent d'un réseau, souvent gratuit.
– Une fois connecté grâce au wifi, à vous les joies de la *téléphonie par Internet* ! Le logiciel *Skype,* le plus répandu, vous permet d'appeler vos correspondants gratuitement s'ils sont eux aussi connectés, ou à coût très réduit si vous voulez les joindre sur leur téléphone. Autre application qui connaît un succès grandissant, *Viber* permet d'appeler et d'envoyer des SMS, des photos et des vidéos aux quatre coins de la planète, sans frais. Il suffit de télécharger – gratuitement – l'appli sur son smartphone, celle-ci se synchronise avec votre liste de contacts et détecte automatiquement ceux qui ont *Viber*. Même principe, **WhatsApp Messenger** est une messagerie pour smartphone qui permet de recevoir ou envoyer des messages photo, notes vocales et vidéos. La 1re année d'utilisation est gratuite, ensuite elle coûte 0,99 US$/an.

Autres informations utiles

– *Information aux citoyens :* il existe un service très pratique à Barcelone exclusivement, le ☎ *010* ; dès que vous vous posez une question d'ordre pratique (transports urbains et nationaux, dans quel magasin acheter tel objet...), composez ce numéro et, si vous parlez l'espagnol ou l'anglais, on essaiera de vous aider !

Urgence : en cas de perte ou de vol de votre téléphone portable

Suspendre aussitôt sa ligne permet d'éviter de douloureuses surprises au retour du voyage ! Voici les numéros des quatre opérateurs français, accessibles depuis la France et l'étranger :

– *SFR :* depuis la France : ☎ *1023* ; depuis l'étranger : 📱 *+ 33-6-1000-1023*.
– *Bouygues Télécom :* depuis la France comme depuis l'étranger : ☎ *+ 33-800-29-1000*.
– *Orange :* depuis la France comme depuis l'étranger : 📱 *+ 33-6-07-62-64-64*.
– *Free :* depuis la France, ☎ *3244* ; depuis l'étranger, ☎ *+ 33-1-78-56-95-60*.

Vous pouvez aussi demander la suspension de votre ligne depuis le site internet de votre opérateur.
Avant de partir, notez (ailleurs que dans votre téléphone portable !) votre numéro IMEI utile pour bloquer à distance l'accès à votre téléphone en cas de perte ou de vol. Comment avoir ce numéro ? Il suffit de taper sur votre clavier *#06# puis reportez-vous au site ● *mobilevole-mobilebloque.fr* ●

TRANSPORTS

Transports urbains à Barcelone

– *Renseignements :* ☎ *010 ou 012.* ● *emt-amb.com* ● Un tuyau ! Il existe désormais une application gratuite pour smartphone que vous pouvez télécharger sur le site ● *tmb.cat* ● Vous aurez ainsi en permanence dans votre poche le plan interactif des transports barcelonais.
– *Bus et métro urbains* sont inclus à volonté dans la *Barcelona Card* (voir plus haut « Musées et sites. *Passes* et autres tickets groupés »). Par ailleurs, les transports sont gratuits pour les enfants de moins de 4 ans.
– Les transports urbains sont variés et modernes, et la signalisation est en général claire. *Seul risque de confusion :* certaines stations comme Passeig-de-Gràcia,

Plaça-de-Catalunya ou Sants, gros pôles de connexions, cumulent sur plusieurs niveaux en sous-sol plusieurs stations différentes : lignes de métro, ligne *FGC* et *Cercanías* (ou *Rodalies*), et même en plus les trains moyenne et longue distance en surface pour Sants.

Le métro

● *tmb.cat* ● Un des moyens les plus pratiques pour se déplacer. Le réseau est dense et dessert pratiquement tous les points d'intérêt. Les différents billets s'achètent aux automates multilingues ou aux rares guichets. Ne froissez pas les billets, car ils ne passeront plus le composteur magnétique. Dans ce cas, adressez-vous au préposé. Nous vous conseillons de prendre la **carte T-10,** de loin la plus rentable et pratique. Six lignes de métro plus trois lignes de train (*Ferrocarrils de la Generalitat de Catalunya – FGC,* voir ci-après), numérotées et colorées. Points de connexion des lignes importantes : Passeig-de-Gràcia, Diagonal et Catalunya.
– **Horaires :** fonctionne 5h-minuit ; ven et veilles de j. fériés, jusqu'à 2h ; sam et veilles de certains j. fériés importants (1ᵉʳ janv, etc., mais pas 24 déc : ferme à 23h), ouv tte la nuit.
– **Tarifs : à l'unité, le ticket coûte 2,15 €.** Pour plusieurs jours, prenez la **carte T-10,** elle donne droit à 10 trajets (9,95 € pour la zone 1), en métro ou en bus ainsi que sur les 3 lignes de train, y compris avec correspondance (mais pour des trajets de 1h15 max). Cette carte peut être utilisée par plusieurs personnes à la fois et, gros avantage, inclut le trajet en train entre l'aéroport et le centre-ville (si elle est 4 zones, c'est-à-dire 34,45 €). Il existe également la **T-Dia** 1 j. (7,60 €), mais plus difficile à amortir.
D'autre part, les **cartes Hola BCN** proposent 2-5 jours (14-32 €) de validité (métro et bus). Attention, elles fonctionnent de date à date et non pas d'heure à heure ; 2 j. ne correspondront donc pas forcément à 48h. Ces cartes sont impossibles à amortir. Également la *T-50/30* (42,50 € zone 1), qui permet 50 trajets en métro pdt 30 j. et sur les 2 lignes de train.

Le bus

Plus de 80 lignes quadrillent efficacement toute la ville (plan disponible à certains guichets des stations de métro, et affiché sur les arrêts d'autobus les plus importants). Les bus se distinguent par couleur et numéro. Pas toujours facile de trouver le bon. Chaque arrêt de bus affiche sur un panneau les bus qui s'y arrêtent et les trajets de chacun ; on parvient donc à s'y faire.
– **Horaires :** fonctionne 6h30 (4h30 pour certains)-22h (voire 30 mn plus tôt ou plus tard), y compris dim. Certaines lignes roulent 24h/24. 22h30-5h (env), les principaux trajets sont desservis par des bus nocturnes (les *Nitbus*).
– **Tarifs :** pour les cartes de transport, voir plus haut « Le métro ». À noter que l'on peut changer de bus avec 1 seul et même ticket à condition que le trajet final ne dure pas plus de 1h15.
– Il existe également 2 compagnies de **bus touristiques** qui permettent de visiter les points touristiques de son choix (voir plus haut notre rubrique « Musées et sites. *Passes* et autres tickets groupés »).
➢ À noter : une ligne spéciale, le **Tibibús** *(ou bus T2A ; 2,95 € ;* ● *sarfa.com* ●*),* qui dessert le Tibidabo à partir de pl. de Catalunya. Fonctionne slt lorsque le parc du Tibidabo est ouv : en hiver, w-e et pdt les vac scol, départs ttes les heures dès 10h15 ; juil-août, tlj ttes les 20-30 mn ; dernier retour 1h après la fermeture du parc.
➢ **Liaisons avec l'aéroport :** voir la rubrique « Arrivée à l'aéroport de Barcelone. Comment se rendre en ville ? » dans le chapitre « Barcelone. Adresses et infos utiles ». Aux heures de pointe, préférer le train (voir ci-après).

Cercanías (ou Rodalies en catalan)

Infos et horaires : ● *renfe.es/viajeros/cercanias/barcelona* ● Entre le train de banlieue pour ses destinations et le métro pour ses arrêts centraux (Plaça-de-Catalunya, Passeig-de-Gràcia, Estació-de-Sants, Arc-de-Triomf, Estació-de-França,

etc.), un peu l'équivalent du RER parisien. Gérées par la *RENFE,* les lignes sont nommées R1, R2, etc. (attention, sur certains plans, leur numéro est précédé d'un C comme *Cercanías* et non d'un R comme *Rodalies*). Toutes passent par Estació-de-Sants, et desservent ensuite soit Passeig-de-Gràcia, soit Plaça-de-Catalunya.
– La ligne R2 dessert l'**aéroport** (la solution la plus sûre aux heures de pointe) : départs de Passeig-de-Gràcia (voir le chapitre « Arrivée à l'aéroport de Barcelone. Comment se rendre en ville ? » dans « Barcelone. Adresses et infos utiles »).

FGC

Infos et horaires : ● *fgc.cat* ● Entre le train de banlieue et le réseau régional, lignes numérotées L6 à L8, ou R + numéro ou S + numéro. Quelques lignes intéressantes pour les visiteurs de passage. 2 terminus en pleine ville : Plaça-d'Espanya et Plaça-de-Catalunya. De cette dernière, au sous-sol de la station, part entre autres la L7 à destination de Avinguda-del-Tibidabo (pour 2,15 €, d'où vous prendrez le *Tramvía Blau*).

Le tramway

On le cite pour le principe, mais les 3 lignes contournent le centre et ne desservent pas de quartiers notables pour le touriste (à l'exception de l'antique *Tramvía Blau* qui dessert le Tibidabo – voir ce chapitre).

Les taxis

Tous en jaune et noir. Ils pullulent, c'est donc en général très simple d'en attraper un dans la rue. Prise en charge 24h/24, 2,10 € sf les nuits de jeu, ven et sam (4,05 €), et les nuits des 23-24 juin, 24-25 et 31 déc, 1er janv (3,10 €). 8h-20h, le km est facturé 1,03 €, puis 1,30 € à partir de 20h et 6h-20h w-e et fêtes, puis 1,40 € w-e et fêtes minuit-6h et 20h-minuit. Course minimale 7 €. Une course en ville vous coûtera rarement plus de 10 € ; compter min 20 € pour une desserte d'aéroport, suppléments inclus. Supplément pour les gros bagages (1,10 €) en plus et les animaux (ou pour le port et la *estació de Sants*). Très pratique pour passer d'un quartier à l'autre le soir.
– *Infos et tarifs : auprès de l'*Institut Metropolità del Taxi. ● *taxibarcelona.cat* ● *En cas de souci, réclamations au* ☎ *93-223-51-51.* ● *reclam-taxi@amb.cat* ●
– Objets perdus dans un taxi : ☎ *902-101-564.*
🚖 **Radio Taxi Catalana 37 :** ☎ *93-399-37-37.* **Fono Taxi :** ☎ *933-001-100.* **Servi Taxi :** ☎ *933-300-300.* Il y en a d'autres.

La voiture

Un vrai casse-tête dans le centre ! Faites très attention où vous garez votre véhicule, cela peut vous coûter très cher : la fourrière municipale est impitoyable. Une solution : le parking à la journée qui vous laisse l'esprit tranquille ; mais les tarifs sont prohibitifs ! On en trouve partout en ville, publics comme privés. On peut consulter la liste sur le site ● *bsmsa.cat* ●, c'est le site de la ville sur le stationnement payant public. Il propose également quelques infos sur les parkings les moins chers. Attention, ces derniers sont souvent fermés dim et j. fériés ; renseignez-vous bien à votre arrivée. Sinon, le meilleur plan est probablement le site ● *parclick.com* ● Très simple d'utilisation, il permet de réserver à l'avance sa place de parking à Barcelone, pour une durée donnée. Dans la liste, on choisit le parking qui convient le mieux, tant pour

> ### VOITURE DE DROITE, VÉLO DE GAUCHE ?
>
> *Madrid, ville traditionnellement à droite, a toujours favorisé la voiture : grands parkings et voies larges. Les pistes cyclables ? Oubliées jusque très récemment. En revanche, à Barcelone, le succès des locations de vélos est tel que l'on compte plus de 400 stations de bicyclettes. Beaucoup de Barcelonais ont même acheté leur propre vélo. À Barcelone, la mairie est socialiste...*

son emplacement que pour son tarif – variable selon les parkings, mais toujours plus avantageux que les tarifs pratiqués sur place. Puis on sélectionne le forfait qui s'adapte le mieux à son séjour : 3-7 jours, soit 30-95 € selon parking (également des forfaits jusqu'à 1 mois). Après le paiement en ligne, la place est réservée. Sur place, il suffit d'échanger son justificatif de paiement contre une carte qui permet de garer son véhicule. Comme c'est bien pensé, on peut sortir du parking et y rentrer librement aussi souvent que l'on veut pendant tte la durée prévue par le forfait.
– Un bon plan tout de même, le **parking Viajeros** : *c/ Carreras i Candi, 65, 08028.* ☎ *618-70-79-70.* ● *info@parkingviajeros.com* ● Ⓜ *Badal ou Santa-Eulalia.* Proche de la pl. de España et de la gare de Sants. En plus des tarifs très compétitifs, ils ont un service de transfert vers la gare de Sants ou le port. Résas sur Internet et règlement en arrivant.
– Autre solution : garer sa voiture à l'université et continuer en métro (ligne 3, station Zona-Universitaria ou Palau-Reial).
– À plusieurs reprises, des espèces d'embuscades sur les autoroutes ont été signalées dans la presse, à proximité de Barcelone. Si, pour une raison ou pour une autre, vous vous voyez contraint d'arrêter votre véhicule au bord de la route et de descendre, soyez vigilant (voir aussi « Dangers et enquiquinements » plus haut).

Se déplacer en Catalogne

Le train

Presque tous les trains (banlieue comprise) sont maintenant climatisés. La **carte InterRail** est globalement acceptée partout (souvent avec un supplément sur les grandes lignes). Réservation obligatoire. Cependant, en Espagne, étant donné les maigres réductions accordées par la *RENFE* et la *FEVE* sur présentation de la carte *InterRail*, ce n'est pas forcément une solution intéressante.
– **Réductions** selon l'âge (enfants et séniors en particulier). Prendre un aller-retour revient quasiment toujours moins cher que de prendre l'aller puis le retour séparément.
– Sur certaines grandes lignes intérieures, les lignes *AVE* en particulier, prévoyez une bonne marge pour vous rendre à la gare, car les bagages sont passés dans des machines de sécurité du même type que dans les aéroports avant d'être embarqués : cela prend forcément un peu de temps !
– **RENFE** *(Red nacional de los ferrocarriles de España) :* ☎ *902-320-320 (n° national).* ● *renfe.com* ● Dans la plupart des gares, en plus des guichets normaux de vente, on trouve un guichet de *atención al cliente.* C'est le service commercial, auprès duquel vous pourrez obtenir toutes les informations utiles (avec ou sans couchettes, prix, départ, fréquences...). Ils sont généralement très pros et peuvent même vous imprimer tout ça.
■ **Rodalies de Catalunya :** ☎ *900-41-00-41.* ● *rodaliesdecatalunya.cat* ● Dépendant de la généralité depuis 2010, dans le cadre de l'autonomie accentuée, ce service gère 17 lignes intra-catalanes auparavant administrées par la RENFE. Elles desservent entre autres Barcelone, Figueres, Gérone, Puigcerdà, Ripoll, Tarragone et Vic. Pour réserver et retirer vos billets en France, une adresse (mais uniquement pour les trajets grandes lignes) :

■ **Iberrail France :** *14, rue Bruno-Coquatrix, 75009 Paris.* ☎ *01-40-82-63-60.* ● *renfe@iberrail.fr* ● Ⓜ *Opéra ou Madeleine. Lun-jeu 9h30-13h, 14h-18h30 ; ven 10h-13h, 14h-18h.* Représentant officiel de la RENFE en France. Tout se fera en français, moyennant une petite commission selon les billets !

– **Bon à savoir :** sur certaines liaisons régionales, on a également la possibilité d'utiliser le *Bono 10,* une carte de 10 trajets valable sur tous les trains régionaux. Par ailleurs, sur les courtes distances, le billet aller-retour en train s'avère parfois moins onéreux que son équivalent en bus.
Enfin, il y a les *Ferrocarrils* de la Generalitat, pour toute la Catalogne. *Rens au* ☎ *93-205-15-15 ou sur* ● *fgc.cat* ●

L'autobus

Aussi bien sur les axes majeurs que sur les routes secondaires où elles sont parfois les seules à proposer une liaison, les compagnies de bus peuvent être un bon recours. Les gares routières sont très bien organisées et les véhicules récents et confortables. Sur les longs trajets, le bus a tendance à être moins cher que le train. Mais pour les courtes distances, c'est parfois l'inverse, surtout si vous achetez directement un aller-retour avec le train. Bref, il faut comparer, non seulement les prix mais aussi les temps de trajet, qui varient aussi entre le bus et le train en fonction des destinations.

La voiture

– Comme dans toute l'Europe, sont obligatoires dans tous les véhicules circulant en Espagne un **gilet fluorescent** (à conserver **dans l'habitacle,** à portée de main, et non dans le coffre) ainsi que **deux triangles de signalisation.** Ce gilet devra être porté par tout automobiliste amené à quitter son véhicule sur le bord d'une route, sous peine d'une amende de 90 €. Si la voiture n'est pas une bonne idée à Barcelone même, elle peut être pratique pour atteindre certains sites proches.
– Pour la plupart, les **stations-service** acceptent les cartes de paiement traditionnelles (*MasterCard, Visa, Diners* et parfois *American Express* et *Maestro*).
– Les **routes** sont refaites à neuf à peu près partout du nord au sud de l'Espagne. En général, le réseau est bon. À noter tout de même que les jours de pluie (oui, ça arrive), il convient de redoubler de prudence, même sur les autoroutes (signalées *A*), l'écoulement des eaux s'effectuant assez mal ; conséquence : de gros risques d'aquaplaning. Côté budget, les autoroutes *(autopistas)* sont plutôt moins chères qu'en France. Tout comme l'essence.
– Les **autovías,** qui correspondent à nos « voies express » (quatre voies avec un terre-plein central, signalées *AP*), sont comme elles gratuites.

> ### CHARLES QUINT, UN SACRÉ ROUTARD
>
> *Son royaume, étendu de l'Espagne aux Pays-Bas en passant par l'Autriche, l'Italie du Sud et la Bourgogne était si vaste qu'il passa le tiers de sa vie à cheval. De plus, en guerre contre son ennemi François Ier, il ne pouvait pas traverser la France. Bonjour les détours ! À 56 ans, martyrisé par la goutte, il abdiqua pour s'enfermer au monastère de Yuste (en Estrémadure) où il mourut, épuisé, 2 ans plus tard.*

– La **limitation de vitesse** sur autoroute est de 120 km/h (et non de 130 km/h) et de 100 km/h sur quatre voies. Important également : les stops ne sont pas toujours matérialisés par une bande blanche au sol.
– Port de la **ceinture de sécurité** obligatoire pour les passagers, à l'avant comme à l'arrière.
– Le taux maximal autorisé d'**alcoolémie** est de 0,50 g/l (et 0,30 g/l pour les conducteurs novices de moins de 2 ans).
– **Interdit de téléphoner au volant,** même avec un kit « mains libres » ou une oreillette.
– *Savoir-vivre au volant :* les Espagnols sont de bons conducteurs, souples et respectueux du code de la route et des autres usagers. Pas d'insultes, pas de coups d'avertisseur permanents... un vrai modèle ! Toutefois, comme partout ailleurs, on n'est jamais à l'abri d'un chauffard.
– *Sécurité :* comme partout, les vols dans les voitures arrivent, et parfois des braquages (notamment autour de Barcelone). Choisissez de préférence des parkings gardés et, surtout, ne laissez rien traîner sur les sièges ou la plage arrière, pas même un paquet de cigarettes. Mieux : ne laissez rien du tout ! Les bris de glace, même pour voler quelques livres, sont fréquents dans les voitures immatriculées à l'étranger. Voir nos conseils dans « Dangers et enquiquinements », plus haut.

– **Loueurs de voitures :** si vous décidez d'explorer les alentours de Barcelone en voiture, vous trouverez évidemment les principaux loueurs aux aéroports, gares, etc. Voir aussi, au début du chapitre « Barcelone », « Adresses et infos utiles. Location de vélos, de scooters et de voitures ».

■ *Auto Escape :* ☎ *0892-46-46-10 (0,34 €/mn).* ● *autoescape.com* ● *Vous trouverez également les services d'Auto Escape sur* ● *routard.com* ● *Auto Escape offre 5 % de remise sur la location de voiture à nos lecteurs pour tte réservation par Internet avec le code de réduction « GDR16 ». Résa à l'avance conseillée.* L'agence *Auto Escape* réserve auprès des loueurs de véhicules de gros volumes d'affaires, ce qui garantit des tarifs très compétitifs.

■ *BSP Auto :* ☎ *01-43-46-20-74 (tlj).* ● *bsp-auto.com* ● Les prix proposés sont attractifs et comprennent le kilométrage illimité et les assurances. *BSP Auto* vous propose exclusivement les grandes compagnies de location sur place, vous assurant un très bon niveau de services. Les plus : vous ne payez votre location que 5 jours avant le départ + réduction spéciale aux lecteurs de ce guide avec le code « routard ».
Et aussi :

■ *Hertz :* ☎ *0825-861-861 (0,15 €/mn).* ● *hertz.com* ● *Lun-sam 8h-23h.*

■ *Europcar :* ☎ *0825-358-358 (0,15 €/mn + prix d'appel).* ● *europcar.fr* ● *7j./7, 7h-22h.*

■ *Avis :* ☎ *0821-230-760 (0,12 €/mn + prix d'appel).* ● *avis.fr* ●

URGENCES

– **Urgences européennes** *(ambulances, pompiers, police) :* ☎ *112.* Voici le numéro d'urgence commun à la France et à tous les pays de l'UE, à composer en cas d'accident, d'agression ou de détresse. Il permet de se faire localiser et aider en français, tout en améliorant les délais d'intervention des services de secours.

– Police nationale : ☎ *091.*

– **Secours divers :** guàrdia urbana *(police locale),* ☎ *092.*

– Informations médicales : ☎ *061.*

– En cas d'**accident de la circulation,** appeler les **Mossos d'Esquadra** *(équivalent catalan de la* guàrdia civil *;* ☎ *088)* ou le **Central tráfico** *(*☎ *060).*

– En cas de **perte** ou de **vol de l'un de vos biens,** faites une déclaration au commissariat le plus proche *(commissariat principal de Barcelone :* ☎ *93-290-30-00).* S'il s'agit d'une carte de paiement, faites immédiatement et impérativement opposition (voir plus haut la rubrique « Argent, banques, change »).

– En cas de **gros pépin,** contactez le consulat général de France à Barcelone : ☎ *93-270-30-00. Fax : 932-70-30-49.* ● *consulfrance-barcelone.org* ● *Permanence consulaire en cas d'extrême urgence (grave) slt, et hors horaires d'ouverture :* 📱 *699-30-07-49.* Voir, au début du chapitre « Barcelone », la rubrique « Adresses et infos utiles. Représentations diplomatiques » pour plus de détails.

L'abréviation « c/ », que vous retrouverez tout au long de ce guide, signifie tout simplement « calle » ou « carrer » (la version catalane), c'est-à-dire « rue ».

HOMMES, CULTURE, ENVIRONNEMENT

ARCHITECTURE ET DESIGN

Mosaïques colorées, volutes joyeuses et dragon rigolard, on pense immédiatement à Gaudí quand on évoque l'architecture de Barcelone. Mais ce créateur mystique et secret savait aussi observer et se nourrir de l'héritage du passé, qui a façonné la ville. Les ruelles médiévales, les vestiges de la muraille romaine, les cathédrales gothiques et les palais modernistes, c'est ce mélange baroque qui lui donne sa beauté insolite. De la période antique subsistent quelques vestiges de la muraille qui entourait la ville au IVe s (visibles dans le parcours souterrain du museu d'Història de la Ciutat). L'art gothique et son caractère flamboyant ont eu raison des monuments romans. En revanche, il reste dans le nord de la région de très belles églises romanes : la vieille Catalogne en dénombre environ 2 000 ! On peut admirer des fresques colorées (originales) et des peintures sur bois, des Vierge à l'Enfant et des christ sereins au musée national d'Art de Catalogne de Barcelone. Ici, les amateurs d'art gothique seront comblés : ils découvriront les caractéristiques du *gothique catalan,* qui connut son apogée sous le règne de Jaume Ier (prononcer « Jaoumé Primèr », à la catalane !) : des églises moins hautes mais plus larges, solidement appuyées sur leurs contreforts, avec un chœur disposé au centre de la nef principale. Le toit est généralement plat, sans flèche ni pinacle – à l'exception de la cathédrale et ses trois orgueilleuses flèches dentelées. Cette dernière est à visiter absolument, avec son cloître abritant depuis des temps immémoriaux 13 oies, en hommage à sainte Eulalie, martyrisée alors qu'elle n'avait que 13 printemps. Santa María del Mar ou Santa María del Pi sont moins imposantes mais valent la visite, dans la lumière tremblotante de centaines de bougies rouges allumées par les fidèles. La **Renaissance** et le **baroque** ont en revanche laissé peu de traces à Barcelone, si ce n'est des éléments de décoration rajoutés sur des façades gothiques.

L'éclat du modernisme

Ce qui fait l'image de marque de la ville, c'est bien sûr la délirante **Sagrada Família,** la **Pedrera,** le **palau Güell,** le **palau de la Música catalana** et le **park Güell.** Autant d'œuvres signées Gaudí (prononcer « Gâodi ») et nées du mouvement artistique et culturel appelé ici « modernisme » ; en France, cela correspond à l'Art nouveau. Les *modernistas,* un mouvement d'architectes et de créateurs, né à la fin du XIXe s (un peu avant l'Art nouveau en France et le modern style en Angleterre), qui préféraient les motifs mauresques et Renaissance au néoclassicisme, la simplicité de la brique à la froideur de la pierre, les motifs floraux aux frises antiques, les courbes aux lignes droites. Il y eut **Gaudí,** mais aussi **Lluís Domènech i Montaner, Puig i Cadafalch,** ou encore **Josep María Jujol,** qui dessinèrent des maisons poétiques et imaginatives. Chez Gaudí, plus que chez tout autre, les moindres détails ont leur importance, du mobilier à la poignée de porte en passant par les ferronneries. Avec leurs mosaïques colorées et leurs formes arrondies, on dirait ces constructions sorties des contes de notre enfance, semées dans les rues de Barcelone par un Petit Poucet distrait et rêveur.

Le célébrissime bloc de maisons sur le *passeig de Gràcia*, entre le n° 35 et le n° 43, surnommé la *Manzana de la Discordia* (un jeu de mots difficile à rendre, puisque *manzana* en espagnol se traduit par « pomme » ou par « pâté de maisons »), est un bon résumé de la variété créatrice du modernisme. Les édifices y sont, comme la Pedrera et le palau Güell, incontournables. Mais d'autres moins connus valent le détour : la casa Sayrach (Diagonal, 423), propriété privée, ou la casa Berenguer (calle Diputació, 246), elle aussi privée mais transformée en bureaux (il est donc possible d'y jeter un coup d'œil). Le fabricant de chemises sur mesure *Xanco* (la Rambla, 80) ou le magasin de design contemporain *Vinçon* (passeig de Gràcia, 96), le chocolatier *Escribà* (la Rambla, 83) et l'hôtel *España* (carrer Sant Pau, 9) offrent aussi leurs volutes et leurs dorures aux curieux.

L'audace d'aujourd'hui

Voulant préserver son image de ville audacieuse et entreprenante, la métropole a investi dans des projets architecturaux d'envergure : lors de sa grande toilette pour les J.O. de 1992, 150 architectes ont planché sur 300 monuments ! À visiter, pour la démesure de son architecture et non pour son concept ludico-commercial (auquel on est plutôt allergiques), l'étonnant **Maremagnum,** un complexe en plein port, auquel on accède par une passerelle suspendue au-dessus de l'eau, avec restos géants de fruits de mer, boutiques haut de gamme, boîtes de nuit sur trois étages et minigolf en terrasse.

Dans le **Barri Xino,** un ancien quartier mal famé en pleine réhabilitation, deux bâtiments ultramodernes se côtoient : le **Centre de culture contemporaine de Barcelone (CCCB),** construit sur un ancien hospice de charité, la *casa de caritat*, et dessiné par Helio Piñón et Albert Viaplana ; et le **musée d'Art contemporain (MACBA),** un mini-Beaubourg tout blanc dessiné par Richard Meier, qui mêle harmonieusement lignes droites et courbes. Ceux qui s'intéressent à l'architecture contemporaine peuvent aussi aller voir le gratte-ciel couché de Rafael Moneo, au bout de l'avenue Diagonal, le Théâtre national de Catalogne, de style néoclassique, conçu par Ricardo Bofill, près de la plaça de les Glòries Catalanes, les deux immenses tours, la Mapfre et l'hôtel *Arts* qui répondent aux flèches de la Sagrada Família, ainsi que la baleine de bronze de Frank Gehry, tous les trois en bordure du Port olympique.

Et parmi les plus récentes et qui firent beaucoup jaser, la **torre Agbar,** conçue par l'architecte français Jean Nouvel (créateur également du parc del Poblenou, à quelques enjambées), et l'hôtel *W* (œuvre cette fois-ci du Catalan Ricardo Bofill) dont la « voile » imposante se dresse à la pointe de la Barceloneta.

Design

Branchée et inventive, Barcelone aime le design. Cette créativité a certainement une origine historique : puisqu'ils furent pendant longtemps interdits de commerce avec le Nouveau Monde, les Catalans durent produire leurs propres richesses. Dépourvue de matières premières, la région se spécialisa dans l'industrie de transformation : verre, textile, céramique, cuir, bois, métal, etc. Le concept d'œuvre totale, inventé par le modernisme, qui estimait qu'un architecte devait pouvoir concevoir non seulement la maison, mais aussi son mobilier, a certainement joué un rôle dans ce bouillonnement créatif. Barcelone compte sept écoles de design ou organismes, dont la FAD *(Foment de les Arts decoratives),* née en 1903, la plus prestigieuse et la plus ancienne. Elle décerne un prix chaque année au meilleur dessinateur.

Tous les 2 ans, au mois d'avril, a lieu dans la ville le **Printemps du design,** un circuit de galeries, boutiques et bars qui exposent les dernières inventions du cru. **Xavier Mariscal,** qui crée B.D., céramiques, affiches, logos, etc., est un bon exemple de designer à la mode barcelonaise : il signe aussi des lampes et des tabourets rigolos et pleins de couleur. On peut citer également **André Ricard,** qui magnifie l'ouvre-boîte et le déodorant ! Comme autrefois à l'époque moderniste, les designers d'aujourd'hui travaillent le bois, la céramique et le verre, mais aussi le plastique et le carton. Leurs outils ? La poésie et l'humour !
– Voir aussi le nouveau et passionnant **museu del Disseny,** le MIBA *(museu d'Idees i Invents de Barcelona)* qui, au-delà de l'invention, promeut le design. Ou encore l'hôtel **W,** tout au bout de la Barceloneta, la tour Agbar...

BOISSONS

Non alcoolisées

– La *orxata* (prononcer « horchata »), que l'on traduit à tort par « orgeat », est aussi bonne que rafraîchissante. D'origine valencienne, elle est très populaire dans toute l'Espagne. Les points de vente, qui fleurissent partout en été, se repèrent facilement grâce à leurs centrifugeuses blanches. Sa texture rappelle celle du lait (en plus farineux) et son goût celui de l'amande. Cela dit, si l'orgeat est, lui, une boisson à base d'amandes, la *orxata* est produite avec le suc des tubercules et des tiges de la *chufa* (en français, le souchet jaune), une sorte de papyrus qui pousse dans les marais du Guadalquivir. La recette semble héritée des Arabes. Il existe aussi des *horchatas* d'amandes et d'orge – et même de riz – au Mexique.
– Le *granitzat* (ou *granizado* en castillan) : du jus de citron ou d'orange, ou du café avec de la glace pilée dans de grosses centrifugeuses. Sucré, glacé et pas cher.
– Le *café* est de tous les petits déjeuners. Les Espagnols l'apprécient particulièrement au lait *(café con leche)* – lait chaud ou lait froid, à vous de choisir. Si vous le voulez noir, demandez un *café solo* – ou un *cortado* si vous le préférez juste avec une touche de *leche*. Un allongé se dit *café largo,* mais les Espagnols ne l'aiment guère, ce traître à son espèce... Et puis : *café helado* (glacé) ou *café con hielo* (servi chaud mais avec un verre rempli de glaçons).
– Autre incontournable espagnol depuis la découverte des Amériques, le **chocolat chaud** ne ressemble pas au nôtre. Ici, ce n'est pas un breuvage clairet à l'eau, mais une boisson riche et nourrissante, épaissie à la fécule, dense en arômes, faite exprès pour y tremper les fameux *churros,* ces beignets allongés du petit déj. Un régal quand c'est bien fait, mais point trop n'en faut ! À noter, pour la petite histoire, que les Espagnols ont dû obtenir une dérogation de l'UE pour continuer à épaissir leur chocolat, avec de la fécule de maïs par exemple...

Alcoolisées

– **La bière** *(cerveza)* **:** la boisson la plus répandue, certes ! Pour vous éviter des déconvenues, sachez que, dans un bar, *una cerveza* est plutôt une bière en bouteille, la pression se disant *una caña* (demander *un quinto* pour une 20 cl, *una mediana* pour une 33 cl et *una jarra* pour une 50 cl).
– **Le vin :** le berceau de la viticulture catalane se trouve à quelques kilomètres de Barcelone, dans la région du Penedès. Aux cépages traditionnels *(garnatxa, carinyena, ull de llebre,* entre autres, pour les vins rouges ; *macabeu, xarello, parellada,* pour les blancs) se mêlent désormais des cépages européens : cabernet-sauvignon, riesling, chardonnay, gewürztraminer. Il en résulte une grande variété de crus. De manière générale, privilégiez l'appellation DO *(denominacion de origen)* : si elle figure sur l'étiquette de votre bouteille, c'est un gage de qualité. Neuf crus catalans en bénéficient, la région du Penedès produisant à elle seule

2 millions d'hectolitres par an. On trouve des vins rouges à la belle robe sombre et au goût puissant, produits dans les montagnes au-dessus de Tarragone (Priorat), qui titrent jusqu'à 16° ! À ne pas négliger non plus, la DO Costers del Segre (*garnatxa*, cabernet, merlot, monastrell...) au nord de Lleida.

– **Le vermut de grifo :** littéralement, « vermouth au robinet ». La grande tendance actuellement. Il s'agit de vin cuit macéré avec des herbes, des épices, du sucre et livré dans des petits fûts. On le tire un peu comme de la bière à la pression et on y ajoute parfois un doigt d'eau gazeuse, un zeste de citron ou d'orange, une olive. Les recettes varient (plus ou moins sucré, parfumé, amer) mais ça n'a rien à voir avec les vermouths en bouteille. À consommer avec beaucoup de tapas, car ça monte vite à la tête.

– **Le cava :** ce crémant catalan s'appelle ainsi depuis 1972, quand l'appellation champagne a été rigoureusement réservée à la région... champenoise. C'est donc un vin blanc pétillant, élaboré à partir de cépages traditionnels espagnols et de chardonnay, ou éventuellement rosé (dans l'air du temps...) si on y

CAVA OÙ ? ÇA VA PAS !

Miró avait dessiné l'étiquette d'une célèbre marque de cava, qui ne put être commercialisée parce que le peintre avait utilisé le mot « champagne », marque déposée et jalousement protégée par les Français. Non mais !

ajoute, par exemple, des grains de grenache. Il fermente une seconde fois après la mise en bouteille, pendant 9 mois minimum. Très agréable à boire, il a un côté plus fruité et plus vert que notre champagne national. Les marques les plus connues sont Codorníu et Freixenet (voir « Les environs de Barcelone. Sant Sadurní d'Anoia ») que vous trouverez facilement dans les linéaires. Cependant, nombre d'amateurs estiment que le meilleur *cava*, à base de chardonnay, le Raimat, est produit dans le village éponyme, situé à 17 km au nord-ouest de Lérida.

– Enfin, ne passez pas à côté du **moscatel** (sorte de vin doux), qui se consomme exclusivement en fin de repas ou avec certains desserts, comme le *mel i mató* (voir plus loin « Desserts » dans « Cuisine. Spécialités catalanes »).

CASTELLERS

Il existe une tradition toute catalane : les *castellers,* ou châteaux humains. Cette coutume remonterait aux croyances solaires... Cherchait-on à décrocher le Soleil, comme on voudrait parfois décrocher la Lune ? Elle se pratique en équipe *(colla),* il en existe aujourd'hui 58, dont la légendaire *colla Vella* (● collavella.cat ●) qui a, comme tant d'autres, plus d'un siècle d'existence. Mais on a retrouvé à Tarragone des documents du XVIIIe s qui en parlaient ! Les règles du jeu sont simples : monter le plus haut possible et redescendre sans aucune chute.

BABEL À BARCELONE

À croire que l'architecture est ancrée au plus profond de l'âme catalane, les castellers (châteaux humains) sont une tradition qui consiste à bâtir une pyramide humaine la plus haute possible. Les plus audacieuses parviennent à atteindre neuf étages ! Cela demande équilibre, sens de la solidarité et mollets d'acier. C'est finalement une construction sociale, où les plus forts garantissent une bonne stabilité de la base, pendant que la jeunesse, confiante dans la robustesse de ses aïeux, part à l'assaut du sommet... Une Babel idéale et sans discorde.

– **Un peu de technique :**
d'abord, il faut constituer une *pinya,* une mêlée ultra-compacte, la plus stable possible ; il n'est pas rare qu'elle soit constituée de 100 à 150 personnes. Sur

cette base s'élève le château. Toute la subtilité consiste à monter en même temps pour conserver l'équilibre de la structure, jusqu'à atteindre l'*agulla*. Ce pinacle, où s'élève seul le plus jeune de tous, généralement un enfant, fille ou garçon de 5-8 ans. Mais une fois la construction établie, il faut redescendre. Et c'est là que cela se corse, les enfants glissent d'épaule en épaule en prenant grand soin de ne pas déséquilibrer la structure. C'est le moment le plus périlleux ! Les pyramides qui s'écroulent ne sont pas rares. En bas, les parents s'inquiètent pour leur progéniture, mais bien souvent ils sont eux aussi passés par là, au moment de l'enfance. Rassurez-vous, bien que cela soit une faible protection, les enfants du sommet portent des casques.
– Renseignez-vous à l'office de tourisme : il y a parfois en juin des *castells* à Barcelone (le 2e dimanche de juin), plaça de Catalunya ou dans les fêtes de quartier. Sinon, il vous reste à les pister à travers la région, lors des *festes majors* (fêtes locales), ou à vous scotcher devant la télé, qui en retransmet régulièrement.

CUISINE

Pas toujours évident de s'y retrouver pour un non-initié affamé. Perdu dans la jungle des *bodegas*, des *tascas* et des *marisquerías*, sans compter les horaires des repas et cette énorme variété de plats... Il faut se laisser tenter, oser plonger dans la foule à la recherche du comptoir et de ses éternels *jamones*, choisir un plat sans forcément comprendre ce qu'il y a dedans... c'est en goûtant qu'on devient connaisseur !
Dans les bars à tapas, on peut, selon son appétit ou tout simplement pour goûter à plusieurs spécialités, commander des portions de différentes tailles (voir plus loin la rubrique « Les tapas »). La clientèle s'installe au comptoir, bien que certains établissements disposent de tables dans le bar ou en terrasse. Il faut savoir que manger à table coûte beaucoup plus cher qu'au bar. Nombreux sont les établissements à combiner le bar à tapas avec quelques tables façon *taberna* et une salle de resto plus chic séparée.

UNE AUBERGE ESPAGNOLE

Autrefois, dans les auberges du pays, il n'était pas rare que la nourriture manque ou soit de piètre qualité. Il était ainsi préférable de venir avec ses propres victuailles. Aujourd'hui, l'expression désigne un lieu où l'on trouve... ce que l'on apporte – et, par extension, un lieu où l'on trouve un peu de tout.

Comme ça, il y en a pour tous les goûts et tous les budgets. La plupart proposent à l'heure du déjeuner des menus à petits prix, mais dans les restos touristiques, question cuisine, c'est souvent assez mauvais. Théoriquement, ils sont même tenus d'afficher un *menú del día*. Bon, obligés, obligés... dans le texte...
Attention à ne pas vous emmêler les pinceaux : *bocadillo* signifie « sandwich », *sándwich* (en espagnol) signifiant « toast » ou « croque-monsieur », tandis que *tostada* veut dire « pain grillé ».
Le poète britannique Algernon Swinburne prétendait qu'autrefois en Espagne, c'est la même huile qui servait pour la lampe, le potage et la salade... Heureusement, cette époque est révolue ! De l'huile d'olive et de l'ail, du soleil, de la patience et du savoir-faire : voilà les principaux ingrédients de la cuisine catalane ! Cette *cuina* (nom catalan pour cuisine) a des racines phéniciennes, grecques et romaines, et l'un des premiers livres de cuisine espagnols a été écrit au XVe s, en catalan, par Rupert de Nola, cuisinier du roi Alfons el Magnànim. On trouve ici une cuisine métissée et savoureuse, qui ne craint pas de mélanger la terre et la mer, le sucré et le salé, le miel, la cannelle, les amandes, les pignons et les fruits secs. La charcuterie (*embotits*) est âpre et vigoureuse, indifféremment crue ou cuite, comme les *boutifarres (botifarra)*, un boudin noir préparé avec de la viande de porc mêlée au sang, le jambon cru ou le *fuet* (saucisse sèche).

La ***botifarra de l'Empordà*** est sucrée et parfumée de zeste de citron et de cannelle, une recette qui date du Moyen Âge. Plus on entre dans les terres, plus on rencontre sur les tables des ***llonganises*** (saucisses) et autres plats tenant bien au corps, surtout au petit déj, où l'on vous proposera salaisons, fromages, tomates et ail à frotter sur votre pain grillé ! Les Catalans sont également très friands de champignons, qui poussent en abondance dans la région, et d'escargots. Bref, vous l'aurez compris, ne vous évertuez pas à commander de la *paella valenciana*... La paella que l'on trouve parfois en Catalogne est aux fruits de mer. Même chose pour le gazpacho et le flamenco, qui ont autant de points communs avec l'endroit que le rap avec Nicoletta.

Spécialités catalanes

Plats

– ***Pa amb tomàquet :*** tranches de pain frottées d'ail et de tomate, arrosées d'huile d'olive et salées, servies tièdes ou chaudes dans presque tous les restos, parfois en remplacement du pain ou en guise d'accompagnement. Simple et savoureux.
– ***Escalivada :*** servie tiède ou froide, impeccable pour accompagner charcuterie ou fromage, c'est un assortiment d'aubergines, d'oignons et de poivrons grillés et confits au four.
– ***Romesco :*** une sauce de Tarragone, composée de tomates, pain frit et amandes grillées, parfumée à l'ail et aux piments rouges (appelés *nyoras*), vinaigre, herbes et épices.
– ***Calçotada :*** une véritable institution catalane ! Au printemps, à la saison des oignons nouveaux, tous les restos de Valls la mettent au menu. Les *calçots,* les oignons nouveaux, sont grillés au feu de sarments, « décalottés » de leur peau première et dégustés religieusement, trempés dans la fameuse sauce *romesco*. Délicieux ! Ensuite apparaissent *botifarra* et *llonganissa* (saucisses), haricots secs et côtes d'agneau grillées. Le tout est arrosé de vin de Tarragone, le priorat. Pour terminer ces agapes, crème catalane avec l'incontournable *cava,* puis café, cognac et... *puro* (cigare). À l'heure actuelle, avec l'usage de la congélation, la *calçotada* se sert toute l'année, car on congèle les *calçots* (oignons) au moment de la récolte.
– ***Conill amb cargols :*** lapin cuit dans une sauce très parfumée avec des escargots.
– ***Esquixada :*** délicieuse salade à base de morue dessalée, accompagnée de tomates, oignons...
– ***Botifarra amb fesols :*** saucisse catalane accompagnée de haricots blancs, souvent au menu dans les Pyrénées et servie avec l'*allioli*.
– ***Sarsuela :*** un plat dont l'origine remonte à la fin du XIXe s, à base de poissons à chair ferme revenus à l'huile d'olive, puis mitonnés avec tomates concassées, ail, oignons, cannelle, *jérez,* laurier et paprika. À la fin, on flambe au rhum ou au brandy et on ajoute langoustines, calamars, moules et petites palourdes.
– ***Suquet de peix :*** bouillabaisse locale à base presque exclusivement de poissons de roche.
– ***Fideuà :*** ce plat ressemble à la paella (même type de cuisson), avec crevettes, langoustines et poulet, poivrons et tomates, mais des pâtes (une sorte de vermicelles) y remplacent le riz. On déguste ce plat tout le long de la côte méditerranéenne, jusqu'à Valence.
– ***Mar i muntanya :*** figure du renouveau catalan, il s'agit d'une cuisine moderne mariant la terre et la mer. Toutes les combinaisons sont possibles, tel l'assemblage poulet-langoustines...
– ***Graellada de peix i marisc (parrillada de mariscos) :*** assortiment de poissons et crustacés simplement grillés (*a la plancha*) et arrosés d'huile d'olive. On en trouve tout le long des côtes espagnoles, mais ce n'est en général pas donné.
– ***Escudella i carn d'olla :*** le pot-au-feu local. Des viandes, des saucisses et des légumes sont cuits ensemble dans une marmite. Le bouillon est consommé en

entrée, accompagné de pâtes. Pour Noël, il est accompagné d'une dinde farcie aux prunes, pommes, abricots, pignons et saucisse !
– **Peus de porc estofat :** pieds de porc à l'étouffée, purée d'oignons, tomates, ail, vin et *picada* (voir plus loin).
– **Arròs negre :** riz à la seiche, cuisiné avec l'encre de la bestiole (ce qui lui donne une couleur noire, d'où son nom).
– **Faves ofegades :** plat de fèves tendres aux lardons et à la *botifarra* noire et blanche, petits pois frais et menthe.
– **Bacallà a la llauna :** morue *(bacallà)* cuite sur une plaque *(llauna)* et arrosée de sauce à l'ail, au piment et aux tomates, accompagnée de poivrons grillés.
– **Bacallà amb panses i pinyons :** morue farinée aux raisins, pignons de pin, sauce tomate et œuf mollet.
– **Mariscada :** plateau de fruits de mer, où les langoustines et crevettes (et homard, s'il y en a) sont passés à la poêle, avec de l'huile d'olive et de l'ail.
– **Daurada a la sal :** daurade en croûte de sel.
– **Niu :** morue séchée, entrailles de morue, œufs durs et pommes de terre, souvent agrémentés de saucisses, voire de gibier à plume (pour les courageux seulement !).
– **Picada :** sauce préparée avec des amandes, de l'ail, des pignons, des noix, des noisettes, du pain et du persil, le tout pilé dans un mortier avec de l'huile.
– **Sofregit** (*sofrito* en castillan) **:** sauce à base de tomates et oignons hachés menu et frits dans l'huile d'olive.
– **Samfaina :** ratatouille catalane.
– **Tiró amb naps :** canard aux navets.
– **Coca de recapte :** tourte maison composée d'un lit d'oignons, d'aubergines, de piments rouges pelés...
– **Cassola del tros :** civet de porc confit, de lapin, d'escargots accompagnés de pommes de terre, épinards, poivrons grillés... hmm !
– **Allioli :** ici, on le prépare avec de l'huile d'olive et de l'ail, sans jaune d'œuf.
– **Xató :** plat originaire de Sitges, que d'autres villes ont repris en l'arrangeant « à leur sauce ». À base de salade accompagnée de morue, de thon et d'olives, le *xató* est souvent servi avec la sauce *romesco*. Il fait l'objet d'une fête populaire, la Xatonada, célébrée dans plusieurs villes, dont Sitges bien sûr, pendant son festival en février. Démonstration à l'appui des spécialistes en la matière, les *xatoneros* !

Desserts

– **Crema catalana :** notre crème brûlée nationale s'est inspirée de la catalane ! Précisons que la recette originale, savoureuse, est parfumée à l'anis, à la cannelle ou à la vanille. Mais c'est de plus en plus difficile d'en trouver de bonnes (et faites maison surtout) dans les restos...
– **Mel i mató :** fromage blanc de brebis qui a la texture de la ricotta italienne et est arrosé de miel.
– **Pastisset :** gâteau moelleux à l'anis.
– **Menjar blanc :** à base d'amandes et de cannelle.
– Et encore les *braços de gitanos*, les *becs d'Arbeca* et les *cremes cremades* des grands-mères.

CARAMÉLISÉ N'EST PAS BRÛLÉ !

La crema catalana *est LE dessert catalan par excellence. Pas question de la confondre avec la crème brûlée, que les puristes catalans considèrent comme une grossière contrefaçon. Tout le secret résiderait dans le fer à caraméliser... tellement plus adapté, dit-on ici, que le chalumeau dont se servent nombre de restaurateurs – au risque de calciner la croûte de sucre. Le fer chaud, manuel ou électrique, est juste positionné au ras du ramequin et... hop, voilà ! Alors arrêtons de confondre brûlé et caramélisé !*

Autres spécialités culinaires nationales

– **La tortilla :** omelette servie froide ou chaude, le plus souvent avec pommes de terre *(patatas),* voire aux fines herbes, aux queues d'écrevisses (rare), au chorizo ou encore aux oignons, tomates, lardons, petits pois, etc.
– **Le cocido :** sorte de pot-au-feu avec plus ou moins de variantes, servi en plat de résistance.
– Côté douceurs, les **churros** (chichis), les **porras** (gros *churros*) et les **buñuelos** (beignets) sont probablement les meilleures pâtisseries de la péninsule. Trempés (sans honte) dans le traditionnel chocolat chaud bien épais, c'est le petit Jésus en culotte de velours ! Autres délices, le plus souvent à base de lait et d'œufs : la **leche frita,** sorte de béchamel sucrée et épaisse d'origine andalouse, refroidie puis coupée en gros carrés frits dans l'huile et ensuite saupoudrés de sucre ; le **tocino del cielo** (gâteau aux cheveux d'ange) ; les **natillas,** crème anglaise épaisse et parfumée à la cannelle ou au citron ; l'**arroz con leche** (riz au lait) ; les **torrijas,** l'équivalent de notre pain perdu…

Les tapas

À Barcelone (comme dans toute l'Espagne d'ailleurs), tous les bars, populaires ou branchés, proposent des tapas mais ne l'affichent pas forcément. Demander « ¿ de tapeo, qué hay ? » Parmi les nombreuses spécialités, voici les plus courantes : le **pa amb tomàquet** est basique mais il peut s'accompagner d'**escalivades** (légumes confits), de **pebrots** (poivrons ou **pimientos** en castillan), d'**anxoves** (anchois ou *boquerones*). On trouve aussi des olives, des portions de **bacallà** (morue ou *bacalao*), des parts de **tortilla**

> **UNE BOUCHÉE DE TAPAS**
>
> *D'où vient la tradition des tapas ? Sachez qu'une querelle fait rage. Certains affirment que pour lutter contre l'alcoolisme, un roi, dont on a oublié le nom, aurait obligé les débits de boissons à poser une soucoupe avec un en-cas sur le verre de vin. D'autres, eux, soutiennent que les tapas auraient été créées pour éviter que les mouches ne tombent dans le verre. Comme ça faisait tristoune, une soucoupe vide, on ajouta une olive ! Dans un cas comme dans l'autre,* tapar *signifie « boucher ».*

(délicieuse omelette aux pommes de terre et oignons), des **buñuelos** (beignets aux légumes, au fromage, à la saucisse…), des **amanides** (salades ou *ensaladas*) aux riz, poivrons, fruits de mer *(mariscades),* etc. La simple salade de tomates et petits morceaux de fromage, arrosée d'huile d'olive, est délicieuse. Sans oublier les assortiments de charcuterie ou de fromages. On peut, selon l'importance de son appétit ou tout simplement pour goûter à plusieurs spécialités, commander **una tapa** (une toute petite portion), **una mitja ració** (une demi-assiette ou *media ración*) ou **una ració** (une assiette entière ou *ración*). Autrefois, le prix des tapas était compris avec la boisson. Mais aujourd'hui, les tapas sont facturées à part, à l'exception des olives, chips et cacahuètes parfois servies gracieusement avec la bière.

Si c'est la première fois que vous débarquez en Espagne, vous vous demanderez probablement pourquoi le soir, quel que soit le jour et l'endroit, les bars sont bondés. Les Espagnols ont l'habitude de « aller de tapas en tapas » *(ir de tapas)* entre potes. Ils se donnent tous rendez-vous dans leur bar favori, souvent dans leur quartier même, et parcourent les **mesones** au gré de leurs envies et des spécialités. Ici, **morcillas,** là, **tortillas.** On mange debout en s'essuyant le coin du bec avec les serviettes en papier cigarette ; c'est souvent moins formel qu'un resto où l'on doit s'asseoir et attendre les plats, faire risette au serveur, se faire servir du vin. Pour les néophytes, il ne faut pas avoir peur de se frayer un chemin jusqu'au

bar puis d'insister auprès des serveurs : ils sont souvent débordés et il leur arrive d'oublier carrément la commande.
– À Barcelone, nombre de bars se sont mis à la mode basque des **pintxos,** sorte de tapas sous forme de petits canapés, percés d'une petite pique en bois. Chauds ou froids, ils arrivent au bar sur de grands plateaux, et c'est à chacun de se servir. Une fois rassasié, vous réglez l'addition *(la cuenta)* en annonçant vous-même le nombre de *pintxos* consommés (en gros, chaque *pintxo* coûte entre 1 et 2 €, parfois quelques centimes de plus pour les préparations chaudes ou plus élaborées). Gardez précieusement les piques plantées dans les *pintxos,* le calcul sera plus facile. C'est quand même très beau la confiance...

La charcuterie ibérique

L'Espagne est célèbre pour ses jambons depuis la plus haute Antiquité. Si le *serrano* est un bon jambon de montagne, à l'ancienne, on est parfois loin du trésor gastronomique que peut être le jambon ibérique. Le porc ibérique est une race rustique, proche du sanglier, élevé en (relative) liberté dans le Sud-Ouest espagnol, dans la *dehesa.* Loin donc de Barcelone et de la Catalogne. Pourtant, pas un resto, pas un bar à tapas digne de ce nom n'oublierait d'inscrire ce pur délice à sa carte. Se nourrissant de glands et d'herbes sauvages, sa chair et sa graisse ont un parfum et un fondant exceptionnels. Après 2 à 3 ans de longue maturation, le jambon est enfin prêt à être dégusté, à température ambiante, coupé à la main, en tranches fines, en le laissant fondre dans la bouche afin de bien s'imprégner des parfums. Il n'a pas d'équivalent, et certains le considèrent, à juste titre (à notre avis !), comme le meilleur jambon du monde... Bien sûr, il est cher. On l'appelle aussi communément **pata negra** (allusion à la race de porc) ou **jabugo** (du nom d'un des villages producteurs). Sa qualité est certifiée par le label *Real Ibérico* ; le terme *bellota,* voire *bellota-bellota,* désigne le top du top... Menacé un temps de disparition face à l'essor des races plus productives, ce cochon a retrouvé sa place sur les tables espagnoles et représente aujourd'hui plus de 5 % du cheptel. Le porc ibérique ne produit pas seulement d'excellents jambons. On trouve également, et c'est moins cher, de l'épaule, du *lomo* (filet mignon de porc fumé), du chorizo et toutes sortes de saucisses et saucissons... Là aussi, la différence est nette.

Et on mange où ?

Voici, en résumé, les différents établissements que vous rencontrerez...
Parmi les **bars,** plusieurs variétés :
– **tasca :** bar dédié aux tapas, on mange accoudé au comptoir ;
– **cervecería :** bar à bières ;
– **bodega :** cave à vins ;
– **taberna :** taverne.
Parmi les **restaurants,** on distingue :
– **mesón :** resto fonctionnant sous la même enseigne qu'un bar mitoyen, normalement assez bon marché et préparant une cuisine typique ;
– **comedor :** salle à manger dans un établissement hôtelier ou dans un bar. Un peu le même principe que le *mesón* ;
– **marisquería :** resto de poisson ;
– **restaurante :** on trouve de tout sous cette dénomination, du plus simple au plus chic et gastronomique. Plus c'est cher, moins il y a de chances d'y trouver un comptoir à tapas.
On s'explique : les **cerveseries** (*cervecerías*), comme leur nom l'indique, servent de la bière (*cerveza*), mais aussi toutes sortes de boissons, sodas, cafés, vins, etc., comme d'ailleurs les **tabernas** (tavernes) et les **tascas** (snack-bars). On y propose aussi les fameuses tapas (voir plus haut) et les *entrepans* (ou *bocadillos*), ces sandwichs au chorizo, au jambon ou au fromage que l'on mange froids ou chauds.

On se répète, ne pas confondre *bocadillo* avec *sándwich* (en espagnol), signifiant « toast » ou « croque-monsieur », ni avec *torrada* (ou *tostada*), qui signifie « pain grillé ». Le plus agréable : s'asseoir à la *barra* (le comptoir) et choisir de visu parmi les merveilles qui vous attendent.

Pour un repas complet, on ira dans un **restaurante** ; pour un repas de fruits de mer, dans une **marisquería**. Le **mesón** ou la **casa** servent une cuisine familiale : elle est au resto ce que la pension est à l'hôtel. La **bodega** est un bar à vins, le **chiringuito** une gargote en bord de mer, et la **fonda** une auberge.

Les **granges** (ou *granjas*) sont des sortes de petits cafés, où les Catalans viennent prendre le goûter : on y déguste chocolat chaud à la cannelle, thé ou café, *churros* (beignets), *tortells* (beignets à la crème) ou *coques* (de grandes langues plates, ornées de pignons, de fruits confits ou de sucre) et d'autres pâtisseries suivant l'époque – chaque fête a son gâteau.

Enfin, une dernière remarque sur laquelle on aurait bien voulu faire l'impasse... Nombreuses sont les lettres des lecteurs nous indiquant une nette dégradation dans la qualité de la nourriture et surtout dans le service. Force est de constater que, dans cette ville commerçante et habituée à accueillir plus de touristes qu'elle ne compte d'habitants, la courtoisie fait souvent défaut. Et si derrière une décoration fort plaisante se cache hélas une nourriture quelque peu industrialisée, de même les beaux sourires des serveurs et serveuses philippins ou latino-américains masquent une gestion âpre des patrons locaux.

ÉCONOMIE

La Catalogne fait preuve d'un dynamisme envié dans la péninsule. Ne dit-on pas que les Catalans sont capables de transformer des cailloux en pains, à force de travail ? Au point qu'on les juge parfois un peu trop durs à la tâche et âpres au gain...

Reste que, comme toute l'Espagne, la Catalogne a subi de plein fouet la crise sociale et économique. En 4 ans, le taux de chômage est passé de 8 % (en 2008) à 23,8 % in 2012 avant de commencer à refluer doucement (19,10 % au printemps 2015). C'est un peu mieux que l'Espagne (23,80 %), qui affiche l'un des taux les plus élevés de l'Union européenne, mais le climat reste morose.

> ### OÙ EST PASSÉ LE POGNON ?
>
> *Les conquistadors espagnols rapportèrent d'Amérique des trésors considérables à leur mère patrie. À part à Séville et dans quelques cathédrales, on se demande pourquoi ces richesses ont laissé si peu de traces. Eh bien, ces grands navigateurs étaient des parvenus ; ils dépensèrent leur fortune en soieries et en épices, les produits de luxe de l'époque. Le grand bénéficiaire fut donc la Chine, et non pas l'Espagne.*

Le contexte espagnol

Au début des années 2000, le leitmotiv du Premier ministre espagnol, José María Aznar, est : « España va bien. » De 1995 à 2007, la « décennie dorée » voit en effet l'Espagne afficher des taux de croissance supérieurs à la moyenne européenne, caracolant entre 2,5 et 5 %. La construction est en plein boom. L'agriculture occupe désormais moins de 5 % de la population active (18 % en 1985), l'industrie environ 25 % et les services un peu plus de 70 %. C'est bien là le profil d'un pays moderne, industrialisé (les produits industriels représentent 80 % des exportations) et tertiarisé, participant pleinement aux échanges commerciaux internationaux. L'Espagne compte aujourd'hui parmi les premiers producteurs mondiaux d'automobiles (avec 8,7 % de la population active et 14,5 % des exportations pour ce seul secteur !). Elle est aussi un grand exportateur de machines et d'équipements industriels, de produits chimiques et pharmaceutiques, de vêtements, le premier producteur d'huile d'olive et elle est à la tête de la première flotte de pêche de l'UE. Et n'oublions pas le tourisme, qui génère plus de 55 milliards d'euros de recettes annuelles et représente environ 11 % du PIB. L'Espagne se classe au 13e rang des puissances économiques mondiales et au 5e rang européen.

La crise

Seul hic, le boom de l'économie du début des années 2000 s'est largement nourri d'une bulle immobilière, alimentée par des taux de crédit bas (mais variables) et par une spéculation massive. Au plus fort du mouvement, le secteur du bâtiment emploie 12 % de la main-d'œuvre du pays et représente jusqu'à 16 % de son PIB ! Frappée de plein fouet par l'éclatement de cette bulle et par la crise financière internationale, l'Espagne plonge en 2008.
Le gouvernement Zapatero réagit tardivement. La croissance chute entre 2009 et 2012, plombée par une politique de rigueur qui mine la consommation des ménages – augmentation de deux points de la TVA, baisse des salaires dans la fonction publique, réduction des dépenses publiques, retraite à 67 ans... L'objectif ? Combattre le déficit public, qui a triplé en 2 ans ! Mais le SMIC espagnol, d'environ 750 € par mois (en brut), ne permet plus de vivre, payer un loyer ou rembourser un emprunt, et le chômage touche près d'un jeune sur deux, un record absolu ! Les trois quarts de ceux qui, parmi eux, ont un emploi, sont des précaires. La hausse du coût de l'énergie, la compétitivité en berne (plus d'acheteurs...), la mauvaise santé des banques espagnoles noyées sous les crédits pourris, et l'endettement grandissant des régions acculées à l'emprunt font grimper en flèche les taux d'intérêt. Au final, les mesures de rigueur ont l'effet inverse de ce qui était espéré : la crise s'aggrave et l'Espagne s'enfonce dans un cercle vicieux. Le spectre d'un scénario à la grecque ou à l'irlandaise plane. Fort logiquement, la dette explose : de 40,1 % du PIB en 2008, elle passe à 64 % fin 2010 (le plafond européen est fixé à 60 %), puis 97,7 % fin 2014.

Conséquences sociales

En 2011-2012, le climat social, de morose, devient délétère. L'endettement généralisé empêche les parents de venir en aide à leurs enfants. Les expulsions se multiplient. Après avoir favorisé aux heures heureuses l'entrée en masse de main-d'œuvre étrangère – exploitée sans vergogne dans l'agriculture, le bâtiment et l'hôtellerie – le pays se retourne contre ses immigrés. Dès mai 2011, les manifestants qui squattent en masse la puerta del Sol, à Madrid, les fameux *Indignados*, appellent à un monde différent.

Perspectives d'avenir

L'Espagne demande l'aide de la zone euro, qui accorde des prêts à taux réduits pour renflouer des banques au bord de la faillite. Mais le retour au pouvoir de la droite, dirigée par Mariano Rajoy, ne change guère les données de l'équation : le temps est à l'austérité pour tenter d'infléchir des courbes qui grimpent de façon vertigineuse... Afin de rassurer les marchés, l'Espagne, via ses députés, est le premier pays de l'UE à inscrire dans sa Constitution, en septembre 2011, une « règle d'or » de stabilité budgétaire. Mais rien n'y fait. Malgré les quelque 50 milliards d'euros de coupes budgétaires réalisées en 2012 dans les domaines de l'éducation et de la santé, la situation de l'Espagne s'aggrave. En 2013, la récession s'établit encore à - 1,2 %, après - 1,6 % l'année précédente. Pourtant, les premiers signes (timides) d'amélioration se font sentir. À la mi-2013, le déficit commercial est presque résorbé et le chômage repart à la baisse. Et, au 1er trimestre 2014, le PIB s'affiche enfin à la hausse (+ 0,5 %). Tendance qui se poursuit au cours de l'année 2015 tandis que le déficit public continue lui à se creuser...

Le moteur catalan

Globalement, la Catalogne s'en tire mieux que le reste de l'Espagne. Même lors des années de récession, le PIB s'est moins affaissé ici que dans le reste de la péninsule et il augmente même depuis 2014 (3 % mi-2015), le chômage y est un peu moins élevé et le PIB par habitant supérieur de 20 %. Réalisant 18,9 % du PIB national, la Catalogne est la première région économique d'Espagne, légèrement devant Madrid. L'industrie est traditionnellement son fer de lance, avec le quart de la production espagnole à elle seule. Construction automobile, pharmaceutique, électronique, chimie et agroalimentaire constituent les fleurons de la région, qui mise sur des activités à haute valeur ajoutée. Le textile reste présent malgré la crise du secteur. Et depuis quelques années, l'aéronautique occupe une place de plus en plus importante dans le tissu économique catalan. Les services représentent plus de 70,7 % de la valeur ajoutée brute de l'économie catalane, l'industrie 20,6 %, le bâtiment 7,4 %, et l'agriculture 1,3 % seulement.

Sous l'impulsion de capitaines d'industrie plus européens qu'espagnols, la Catalogne s'est associée, d'une part, au Languedoc-Roussillon et à la Région Midi-Pyrénées pour former une eurorégion. Elle a, d'autre part, constitué avec la Lombardie, la Région Rhône-Alpes et le Land de Bade-Wurtemberg le club des « Quatre moteurs pour l'Europe ». Grâce à sa situation géographique, à ses infrastructures et à ces partenariats intra-européens, la Catalogne s'est muée en une véritable plaque tournante pour l'économie espagnole (elle représente, à elle seule, 25 % des exportations du pays). Côté échanges commerciaux, la France occupe la première place de sa liste de clients après le marché intérieur espagnol, la deuxième place de fournisseur et la troisième en termes d'investissements. Et la communauté autonome accueille de très nombreuses entreprises étrangères.

Les liens à la France se révèlent aussi par le raccordement récent de Barcelone au réseau ferré européen à grande vitesse, et à l'importance du nombre de touristes venus de l'Hexagone, qui représentent le quart des quelque 16,7 millions de visiteurs étrangers recensés en 2014. Le secteur, qui compte pour 5,2 % des emplois catalans, a toutefois un impact négatif sur un point : l'inflation locale. Le TGV relie désormais Paris à Barcelone en 6h30, et c'est un succès.

ENVIRONNEMENT

Entre béton et nature

La Catalogne, à l'instar de la majorité des régions et des pays côtiers, souffre de ce que l'on appelle la *littoralisation* : cette tendance bien humaine à vouloir habiter et travailler en bord de mer. Et Barcelone (qui concentre les deux tiers des 7,5 millions d'habitants de la communauté autonome), coincée entre mer et montagne, est confrontée à de nombreux problèmes liés à la *surconcentration* et à la compétition pour l'espace entre les activités industrielles, les infrastructures de transport et l'agriculture périurbaine. Les terres irriguées du delta du Llobregat ne cessent ainsi de reculer devant les assauts de la métropole, et ont perdu une bataille décisive avec la création de l'aéroport. Au nord de la ville, la production de légumes et de fleurs se réfugie sur les versants des collines et montagnes côtières, chassée de l'étroite plaine littorale par l'expansion des stations touristiques grandes consommatrices d'eau (golf, piscines, etc.). Sachez, à ce propos, qu'un touriste moyen consomme environ 300 l d'eau par jour (le double d'un habitant hors saison) et jusqu'à près de 900 l s'il opte pour un séjour haut de gamme avec golf, spa, piscine et hôtel de luxe ! D'ailleurs, 13 % des eaux urbaines et industrielles se déverseraient actuellement dans la mer sans être assainies.

L'accès à l'eau potable s'annonce comme un enjeu essentiel des années à venir. Les solutions envisagées rivalisent d'imagination : désalinisation, réutilisation, mais surtout mise en place d'un transvasement de l'eau du Rhône, sur lequel les esprits se chamaillent. La gestion de l'eau représente ici près de 57 % des investissements réalisés en matière d'environnement !

Solutions d'avenir

Côté développement durable et énergies renouvelables, la prise de conscience est avérée. En 2000, Barcelone joue les précurseurs. Par arrêté municipal, tout nouveau bâtiment appelé à consommer plus de 2 000 l d'eau chaude par jour est tenu d'installer des chauffe-eau solaires. Une mesure adoptée depuis par 25 municipalités catalanes. Cela n'a pas empêché qu'au printemps 2008 la pénurie était telle que les Catalans ont dû importer de l'eau depuis Marseille, par bateau...

Enfin, en matière de tri sélectif, chapeau ! Barcelone s'est équipée de bornes de collecte des déchets par tuyaux pneumatiques, procédé qui a l'immense avantage d'être entièrement souterrain.

HISTOIRE

Quelques dates

– **550 av. J.-C. :** civilisation des Ibères ; ces derniers reçoivent l'influence culturelle des Phéniciens et des Grecs.
– **202 av. J.-C. :** occupation romaine.
– **484 apr. J.-C. :** le royaume des Wisigoths s'étend sur toute l'Espagne.
– **711 :** premières invasions des Maures d'Afrique du Nord.
– **756 :** le calife de Damas s'établit à Cordoue.
– **1000-1500 :** les royaumes chrétiens du nord de la péninsule reprennent progressivement possession des territoires perdus : c'est la « Reconquête » sur l'Espagne musulmane.
– **1469 :** mariage de Ferdinand d'Aragon et d'Isabelle de Castille, les fameux « Rois Catholiques ». Réunion des deux puissants royaumes longtemps rivaux.
– **1478-1479 :** mise en place de l'*Inquisition* par Tomás de Torquemada, qui subsista même après sa disparition dans les pays voisins jusqu'à une époque encore récente, mais sous une forme plus politique.
– **1492 :** chute du royaume d'Al-Andalus après la prise de Grenade le 2 janvier. Découverte de l'Amérique par Christophe Colomb. Expulsion des juifs

QUAND LA CATALOGNE S'ÉMANCIPE

Lorsqu'en 985 Barcelone est pillée sur ordre du calife Al-Mansour, le comte Borell II demande logiquement un coup de main à son suzerain, le roi des Francs Hugues Capet. Mais le roi ne daigne pas lui répondre. Borell refuse alors de renouveler son serment d'allégeance, un geste considéré comme le tout premier acte de souveraineté de la Catalogne. Pas rancuniers, de nombreux Catalans s'enrôlent comme mercenaires auprès des musulmans. Lorsqu'ils reviennent au pays, enrichis par l'or du califat, ils rapportent aussi des innovations techniques, qu'ils transmettront ensuite au reste de l'Espagne. Ces progrès permettront à la Catalogne de prendre son envol économique.

« pour protéger l'unité religieuse de l'Espagne » (200 000 environ partent pour l'Afrique du Nord, l'Italie et l'Empire ottoman). À son retour du Nouveau Monde,

Christophe Colomb se rend à Barcelone où résident les souverains (d'où la colonne de Colomb sur le port).
– **1516-1556 :** règne de l'empereur Charles Quint (Charles Ier pour les Espagnols), petit-fils d'Isabelle la Catholique. Domination d'un immense empire, tant en Europe qu'en Amérique, « où jamais le soleil ne se couche ».
– **1656 :** Velázquez peint *Les Ménines* et la famille de Philippe IV.
– **1700 :** avènement au trône d'Espagne de Philippe V, petit-fils de Louis XIV, à l'origine de la guerre de Succession d'Espagne (1701-1714) – qui se termine à la signature du traité d'Utrecht, par la perte des Pays-Bas et du royaume de Naples.
– **1714 :** le 11 septembre, la ville de Barcelone plie devant Philippe V, et la Catalogne perd son indépendance.
– **1808 :** Napoléon nomme son frère Joseph roi d'Espagne, surnommé « Pepe Botella ». Madrid, occupée par les troupes françaises, se soulève. Début de la guerre d'indépendance.
– **1813 :** victoire de l'armée anglo-portugaise de Wellington, jointe aux Espagnols. Ferdinand VII retrouve le trône d'Espagne.
– **1814-1833 :** morcellement de l'empire espagnol d'Amérique en États indépendants.
– **1902-1931 :** règne d'Alphonse XIII, marqué par un renouveau économique et un régime dictatorial (entre 1923 et 1930) sous l'autorité de Primo de Rivera.
– **1931 :** aux élections municipales, la gauche l'emporte dans les grandes villes et réclame la république. Abdication du roi.
– **1936 :** les élections de février sont un succès pour le *Frente Popular,* groupant syndicats et partis de gauche. Très vite se dessine une réaction ; l'armée du Maroc, dirigée par le général Francisco Franco, donne le signal du soulèvement. C'est le début de la guerre civile. L'Espagne devient un banc d'essai pour les grandes puissances, qui offrent une aide importante aux deux parties.
– **1939 :** Barcelone est prise par les nationalistes. Le gouvernement républicain, qui s'y était replié, se réfugie en France. Le 28 février, chute de Madrid, dernier bastion de la résistance républicaine.
– **1969 :** le général Franco désigne officiellement son successeur en la personne du prince Juan Carlos, petit-fils d'Alphonse XIII.
– **1975 :** mort de Franco, le 20 novembre. Le 22 novembre, Juan Carlos devient roi d'Espagne.
– **1978 :** la nouvelle Constitution d'un État espagnol, « social et démocratique », entre en vigueur.
– **1982 :** victoire du PSOE (socialiste), Felipe González devient Premier ministre.
– **1986 :** entrée de l'Espagne dans la Communauté économique européenne.
– **1992 :** Jeux olympiques à Barcelone (juillet).
– **1996 :** après 13 années de pouvoir, défaite du socialiste Felipe González face à José María Aznar, du Parti populaire (droite). Le nouveau Premier ministre négocie le soutien des nationalistes et surtout des Catalans menés par Jordi Pujol, qui n'hésite pas à comparer son idée de la Catalogne avec le Québec...
– **Novembre 2003 :** Jordi Pujol, chef du gouvernement de la Catalogne depuis 23 ans, passe la main. Le leader socialiste et ancien maire de Barcelone Pasqual Maragall remporte la majorité des suffrages.
– **2004 :** à la veille des élections législatives espagnoles, en mars, un terrible attentat fait 192 morts et plus de 2 000 blessés dans des trains de banlieue de Madrid. Le PSOE gagne les élections et José Luis Zapatero devient Premier ministre.

UN HYMNE SANS PAROLES

Depuis la fin de la dictature, l'hymne national – la Marcha Real *– se retrouve sans paroles. Ces mots, appris par cœur par tous les écoliers du royaume depuis 1761, symbolisaient trop le franquisme. Une bonne manière, aussi, d'amadouer les régionalistes dans ce pays qui possède cinq langues officielles.*

– **2005 :** en juin, une loi légalise le mariage homosexuel, ainsi que l'adoption d'enfant par des couples de même sexe.
– **2006 :** débat houleux sur le nouveau statut d'autonomie de la Catalogne. En juillet, un texte élargissant l'autonomie de la Catalogne est finalement approuvé par référendum local. Commémoration des 70 ans de la guerre civile espagnole, alors que, peu à peu, le pays commence à regarder en face cette histoire encore très douloureuse.
– **2007 :** polémique nationale : 498 religieux nationalistes sont béatifiés, au titre de « martyrs ». Le Vatican a beau parler de « réconciliation », beaucoup d'Espagnols y voient un soutien de l'Église à Franco... surtout en cette année d'anniversaire de la démocratie (30 ans déjà !).
– **2008 :** en mars, le PSOE de Zapatero gagne les élections générales. Le pays tout entier s'enfonce dans la crise : immobilière d'abord, économique ensuite...
– **2009 :** comme partout, le fait majeur, c'est la crise ! En moins de 1 an, l'Espagne double son taux de chômage... La Catalogne, principale région industrielle, n'échappe pas au naufrage. Seule éclaircie au tableau, le club de foot du FC Barcelone remporte son 19e titre de champion d'Espagne et sa 3e Ligue des champions.
– **2010 :** l'Espagne se retrouve classée parmi les pays à risque par les agences de notation anglo-saxonnes. Et comme d'habitude, l'opium des peuples vient consoler les hommes. L'Espagne devient championne du monde de foot pour la 1re fois de son histoire !
– **2011 :** toujours en pleine crise, l'Espagne voit proliférer les mouvements spontanés appelant à l'émergence d'une autre société. Les socialistes sortent rincés des élections municipales et régionales : ils perdent notamment la mairie de Barcelone, bastion historique. En septembre, le parlement de Catalogne interdit la corrida. En décembre, à la suite des élections législatives anticipées, Mariano Rajoy (PP) devient Premier ministre. Il présente un premier plan d'austérité 10 jours plus tard.
– **2012 :** la crise s'aggrave, le taux de chômage continue sa triste ascension (plus de 25 %). Plus de 1 an après le début du mouvement, les Indignés redescendent dans les rues espagnoles. Des retraités issus de la gauche radicale, les *Yayoflautas* (abréviation de « papi » en catalan), leur emboîtent le pas à Barcelone. En juillet, la Roja remporte l'Euro 2012 de football et réalise ainsi un triplé historique Euro-Coupe du monde-Euro. L'Europe débloque 100 milliards d'euros pour sauver les caisses d'épargne espagnoles. Durant l'été, plusieurs régions, aux finances exsangues, dont la Catalogne et Valence, appellent le gouvernement à l'aide. En septembre, la grogne est telle que le 11, fête de la Région, de grandes manifestations indépendantistes parcourent Barcelone et les grandes villes catalanes.
– **2013 :** la crise, encore et toujours. Le chômage continue de monter : 27,16 % en début d'année. Le 11 septembre, de grandes manifestations indépendantistes traversent la Catalogne : une chaîne humaine spectaculaire est organisée tout le long du littoral catalan, de la frontière française au delta de l'Èbre.
– **2014 :** côté économie, la reprise s'accélère timidement avec une légère hausse du PIB. L'Espagne devient alors un exemple de réussite de la politique imposée par la Commission européenne. En avril, le projet de référendum sur l'indépendance de la Catalogne, demandé par Artur Mas, est massivement rejeté par les députés espagnols. Ce qui n'empêche pas le président catalan de réaffirmer sa détermination à rendre la Catalogne indépendante. En juin, fragilisé par des scandales à répétition, le roi Juan Carlos abdique en faveur de son fils, Felipe VI. La tension monte entre Madrid et la Catalogne, et cette dernière organise une consultation sur l'indépendance : 80 % des 2 millions de votants ont dit oui.
– **2015 en bref :** la croissance est modeste mais présente. Ce qui n'empêche pas les nouveaux venus de *Podemos* (parti né du mouvement des Indignés) de créer la suprise lors des élections régionales et municipales de mai, en s'emparant notamment de Madrid et de Barcelone. Talonné par un autre tout nouveau

parti, les centristes de *Cuidadanos*, *Podemos* part gagnant, selon les sondages, pour les élections générales de décembre. En Catalogne, les élections régionales anticipées du 27 septembre sont considérées comme un nouveau test pour les indépendantistes.

Barcelone, la ville d'Hamilcar ?

Barcelone est l'une des plus anciennes villes d'Espagne : la légende chuchote même que c'est Hercule qui l'aurait fondée. Plus sérieusement, on ignore si Barcelone était habitée avant la période romaine, mais certains historiens émettent l'hypothèse de l'établissement d'un camp vers 230 av. J.-C. par le Carthaginois Hamilcar Barca (le papa du célèbre Hannibal), sur la colline de Montjuïc. C'est lui qui aurait donné son nom à la ville.
Les Romains fondent en tout cas une ville autour du mont Taber, au Ier s av. J.-C. : les vestiges de la muraille et des colonnes, que l'on voit dans le Barri Gòtic actuel, montrent que cette colonie, qui avait pour nom Barcino, était assez importante. La ville était prospère, tirant ses revenus de la pêche et de la production agricole.

Les invasions

Rome tremble ? Voici les Alamans et les Francs qui arrivent pour chasser ses légions ; entre 260 et 270 apr. J.-C., Barcelone et Tarragone sont dévastées. Pendant un siècle et demi, la Catalogne est envahie et occupée successivement par des hordes de « barbares » en provenance du nord ou de l'est ; barbares germaniques (les **Suèves**) ou originaires d'Asie centrale : Alains, Vandales (qui donneront son nom au sud du pays, la Vandalousie, l'Andalousie actuelle). Puis les **Wisigoths** déboulent en 413, repoussant les Suèves vers l'ouest (le Portugal actuel) et les Vandales (dans lesquels s'étaient fondus les Alains) en Afrique du Nord. En 711, un jeune guerrier berbère, Tarik, franchit le détroit qui désormais portera son nom (Gibraltar, de l'arabe *Djebel Tarik,* la montagne de Tarik) et entame sa progression vers le nord. En 715, c'est au tour des musulmans de s'approprier Barcelone, en la rebaptisant au passage Barjalonah. Puis le roi franc Louis le Pieux s'empare de la ville en 801. Les Carolingiens vont établir un réseau de comtés, avec à leur tête des vassaux originaires de la région. Barcelone devient une ville frontière dans la marche d'Espagne, cette **zone tampon** au sud des Pyrénées, destinée à servir de bouclier en cas d'éventuelles invasions.

Naissance d'une autonomie

Attardons-nous sur un personnage important et, pour tout dire, assez rigolo. C'est le fils du comte d'Urgell, nommé Guifré el-Pilòs, c'est-à-dire **Guifred le Velu** (qui portait remarquablement son nom). Né en 865, ce joyeux drille conquiert avec ses frères les bastions catalans voisins, dont Barcelone. Il crée de nombreuses fondations religieuses dans la ville et la région.
En 988, Borrell II, comte de Barcelone, décide de rompre avec le régime de vassalité qui le liait jusque-là à Hugues Capet, roi des Francs. C'est le premier acte d'autonomie catalane ! Son comté agit alors en toute indépendance, en resserrant les

LA SAINTE (?) INQUISITION

Cette redoutable machine à tuer n'est pas une invention espagnole. Face à la montée des hérésies qui refusaient l'autorité papale, le pape Grégoire IX utilisa, dès 1183, les dominicains pour tenir ces tribunaux religieux. Il s'agissait de torturer pour faire avouer et condamner au bûcher. Les victimes comptaient majoritairement des femmes (les moines étaient plutôt misogynes) et des riches (l'Église récupérait leurs biens !).

liens avec les comtés voisins. Au XIIe s, le mariage de **Raymond Béranger IV,** comte de Barcelone, avec Pétronille d'Aragon donne naissance à la Confédération catalo-aragonaise.

Durant le règne de Jacques Ier (1213-1276), la Confédération devient une grande puissance méditerranéenne : elle annexe en effet Majorque en 1229, Valence en 1238, la Sicile en 1282, la Corse en 1297. Voilà d'ailleurs pourquoi on parle le catalan dans les îles Baléares et à Valence. Au XIVe s, il y aura aussi l'annexion de la Sardaigne (1323) et des territoires grecs d'Athènes et Néopatrie (1387). Puis c'est Naples qui tombe dans l'escarcelle de la Confédération. En fait, chaque possession garde son autonomie et ses institutions. Ce qui fait la richesse de la région, ce sont les échanges commerciaux des marchands catalans avec les pays du nord de la Méditerranée, mais aussi l'Afrique et le Proche-Orient. C'est sous le règne de Pierre III le Cérémonieux, à la fin du XIVe s, que se forme la **Generalitat,** organisme délégué des *Cortes* (assemblées) : elle exerce des fonctions exécutives en matière de droit, de politique et de finances.

L'autonomie s'est aussi affirmée avec la Reconquête. La présence musulmane fut de courte durée en Catalogne et n'a pas concerné les vallées pyrénéennes. Ces dernières participèrent activement à la Reconquête. Si on a retenu les grands noms, ce furent souvent les seigneurs locaux qui s'illustrèrent dans l'entreprise. Ainsi les comtes d'Urgell, qui reprirent Balaguer, frontière nord d'Al-Andalus.

Le déclin

C'est vers le milieu du XVe s que deux événements historiques marquent le déclin de la Catalogne. En 1469, le mariage d'Isabelle de Castille et de Ferdinand d'Aragon annonce un début d'unité entre les deux royaumes les plus prospères de l'Espagne, la Castille et la Confédération catalo-aragonaise. Et la découverte de l'Amérique a pour conséquence de déplacer les échanges commerciaux vers l'Atlantique, au détriment de la Méditerranée. Or, la monarchie interdit à ses sujets catalans le commerce avec l'Amérique : ils se trouvent alors exclus de juteuses opérations économiques et financières. Malgré tout, jusqu'à la fin du XVIIe s, la Generalitat parvient à maintenir sa souveraineté politique et juridique : la Catalogne conservera jusqu'au début du XVIIIe s une monnaie, une langue et un système fiscal à part.

En 1640 éclate la ***revolta dels Segadors*** (« révolte des Moissonneurs »), premier épisode d'une guerre contre le roi d'Espagne qui durera 12 ans et se terminera quand la Catalogne, exsangue, déposera les armes. En 1705, elle est impliquée dans un conflit international : la guerre de Succession au trône d'Espagne. En effet, à la mort de Charles II, deux prétendants se disputent la Couronne : Philippe d'Anjou, petit-fils de Louis XIV, et l'archiduc Charles d'Autriche. Les Catalans soutiennent ce dernier les armes à la main, et essuient une sérieuse défaite lors du siège de Barcelone en septembre 1714. Philippe d'Anjou est intronisé roi d'Espagne sous le nom de Felipe V et instaure le décret de Nova Planta, un ensemble de décrets qui abolissent les structures juridiques et administratives de la Catalogne. Il supprime la Generalitat et érige un énorme fort, la Ciutadella, pour surveiller la

> **DES BANQUEROUTES SURPRENANTES**
>
> *Au XVIe s, grâce à l'afflux d'or et d'argent, l'Espagne devient le pays le plus riche du monde. Mais Philippe II, fils de Charles Quint, dépense sans compter : construction de palais et, surtout, guerres sans fin contre les Ottomans, les Français, les Flamands... Son « Invincible Armada » sera défaite par les Anglais. De nombreux navires transportant les trésors sud-américains seront interceptés par les corsaires. Et par trois fois, malgré ses revenus insensés, le roi ne pourra payer ses dettes.*

ville. Le catalan est interdit dans l'administration, la justice et l'enseignement, au profit du castillan. La Catalogne, bon gré mal gré, est soumise à la monarchie espagnole.

Croissance industrielle... et misère ouvrière

Malgré tout, Barcelone ne perd pas courage : une croissance s'amorce, et l'on construit en 1753 le quartier ouvrier de la Barceloneta. En 1778, la levée de l'interdiction de commercer avec l'Amérique stimule l'économie de la ville. Au début du XIXe s, la *guerra del Francès* (la « guerre du Français », le Français en question étant, bien sûr, Napoléon) marque douloureusement la ville et la région. Vers 1830, Barcelone développe l'industrie du liège tandis que la viticulture prend son essor, avant que les guerres dites « carlistes » ne freinent une nouvelle fois le développement économique de la région. Les « carlistes » sont les partisans de Charles de Bourbon, qui se proclame héritier de son frère Ferdinand VII, puisque celui-ci n'a qu'une fille, Isabelle. À la mort du roi, la guerre civile éclate, les carlistes contre les pro-isabelliens. Il faut attendre 1839 pour que les droits de la reine soient officiellement reconnus.
L'industrialisation de la Catalogne reprend son essor, on rapporte d'Angleterre de nouvelles machines à tisser, les machines à vapeur prennent le relais des chevaux. Mais on vit très mal dans les quartiers populaires. Les salaires ont beau être plus élevés qu'à Madrid, les ouvriers vivent dans des logements insalubres et exigus, les enfants sont mal nourris et mal soignés : les multiples révoltes qui éclatent régulièrement sont généralement réprimées dans le sang. En 1843, Barcelone sera bombardée du haut de la colline de Montjuïc, après plus de 2 mois de grèves et de manifestations menées entre autres par les anarchistes. À côté de cela, les industriels comme *Eusebi Güell,* le mécène de Gaudí, tentent d'inventer des systèmes un peu plus humains pour les ouvriers. Ils créent des *colònies industrials.* Celle de Güell est située à Santa Coloma de Cervelló, sur les rives du Llobregat, et a été construite en partie par Gaudí. L'usine, les maisons des ouvriers, l'église, l'école et la maison du directeur sont réunies à l'intérieur d'une même enceinte, et les enfants bénéficient d'un enseignement gratuit.

Extension et Exposition universelle

Au milieu du XIXe s, la superficie de Barcelone était de 427 ha tandis que Paris s'étendait sur 7 802 ha et Londres sur 31 685 ha. Une petite ville comme Florence disposait d'une surface 10 fois plus grande que Barcelone ! La population augmentant de 28 % par an, le problème de l'habitat devint une effrayante réalité sociale. Les gens vivaient entassés dans des taudis insalubres. Il fallait d'urgence agrandir la ville. Comment ? Des projets grandioses jaillirent des esprits les plus exaltés.
Un concours destiné à ébaucher les plans futurs de la ville est ouvert en 1859. C'est finalement le projet d'Idelfons Cerda qui est retenu pour l'*Eixample* (l'Extension). Avec son quadrillage régulier, il était, sur le papier, aéré par des jardins publics et des parcs. Hélas, la spéculation immobilière aidant, les espaces verts furent peu à peu grignotés pour faire place à de superbes maisons bourgeoises, parfois de style moderniste. La ville en profita pour accueillir l'Exposition universelle de 1888, une folie financière qui faillit la laisser sur la paille, Madrid ayant accordé une subvention dérisoire à sa vieille rivale. L'avingunda del Paral-lel, le monument à la gloire de Christophe Colomb, et l'arc de triomphe sont édifiés également à cette époque.

La *Renaixença*

Sur cette lancée, Barcelone va mieux : elle exporte du vin et du liège un peu partout dans le monde. Les bénéfices de ces ventes sont investis dans l'industrie textile, qui devient le moteur de l'économie catalane. Mais, surtout, un mouvement littéraire et social naît au milieu du XIXe s : la *Renaixença*, en même temps que le romantisme européen. Il verra fleurir des poèmes, des journaux et des magazines, écrits en catalan, les intellectuels donnant ses lettres de noblesse à une langue qui n'était jusque-là que parlée, car interdite dans l'enseignement et l'administration. C'est le réveil de la « catalanitude ». Le mouvement se veut social, allant de pair avec l'émergence de syndicats. Un vent de progrès souffle sur la Catalogne. C'est aussi la naissance du modernisme, ce mouvement artistique dont Barcelone a été le plus beau théâtre (voir plus haut la rubrique « Architecture et design »).

Anarchie, grèves et coup d'État

Mais revenons aux anarchistes. Il semble que les Catalans aient été séduits par leurs thèses, bien plus que par celles des socialistes : leur volonté d'autonomie trouvait un écho dans le projet anarchiste de municipalités indépendantes et souveraines. Jusqu'au début du XXe s, la ville sera le théâtre d'attentats anarchistes : on la surnomme même la « Rose de Feu » à cause des explosions et bombes en tout genre. Précisons qu'il faudra attendre 1907 pour que la journée de travail des femmes soit réduite à 11h et que l'emploi des enfants de moins de 10 ans soit interdit.

Le prolétariat de Barcelone augmente : la ville passe de 115 000 habitants en 1800 à 500 000 en 1900, accueillant les paysans pauvres de Catalogne et d'autres régions d'Espagne, sans compter les quelques immigrants de Cuba et Porto Rico dépossédés par les États-Unis qui s'étaient emparés des dernières colonies espagnoles. En 1909, Madrid décidant une nouvelle mobilisation des Barcelonais pour aller rétablir l'ordre au Maroc, le peuple se révolte et c'est la ***Semana trágica*** (« Semaine tragique ») : des dizaines d'édifices religieux sont saccagés, et plusieurs ouvriers exécutés en représailles.

En 1914 est créée la ***mancomunitat de Catalunya,*** qui réunit les quatre provinces catalanes, un parlement sans pouvoir réel qui exige néanmoins la création d'un État catalan au sein d'une fédération espagnole. Des grèves terribles éclatent dans les années 1919-1920, à tel point que l'état de guerre est déclaré à Barcelone et que 229 personnes y trouvent la mort. Le coup d'État du capitaine général de Catalogne, Miguel Primo de Rivera, impose une dictature de 7 ans à l'Espagne tout entière. Il interdit la *mancomunitat,* le puissant syndicat anarchiste CNT, et même le football-club de Barcelone (!), symbole de la « catalanitude ». C'est lui qui appuie la candidature de la ville pour accueillir une nouvelle Exposition universelle, qui a lieu à Montjuïc en 1929. L'effarant Palau nacional, édifice néoclassique immense et pompeux, est édifié en un temps record pour accueillir les cérémonies d'ouverture. On en fera plus tard le museu nacional d'Art de Catalunya.

La guerre civile

À la chute de Rivera en 1930, et après la formation de la seconde république d'Espagne en 1931, les nationalistes catalans de gauche (ERC), conduits par Francesc Macià, un personnage populaire et charismatique surnommé Avi (« Grand-Papa ») par les Catalans, et Lluís Companys, proclament la république de Catalogne ! Un nouveau gouvernement régional, la Generalitat, est créé. Mais il s'agit d'un

L'ESCADRILLE *ESPAÑA*

Les forces antifranquistes n'ayant pas d'aviation, Malraux s'engagea vite dans la guerre d'Espagne. En quelques semaines, il récupéra 25 avions pour créer l'escadrille España, *aidé par un inconnu, un certain Jean Moulin. Ne sachant pas piloter, Malraux savait cependant commander et surtout convaincre. Il participa directement à 65 opérations aériennes. Respect.*

monstre de papier. Madrid tient encore les rênes du pouvoir. Ce n'est pas encore, loin s'en faut, l'autonomie tant désirée. À la mort du président Macià, c'est *Lluís Companys* qui lui succède et proclame à nouveau l'État catalan de la fédération espagnole. Madrid répond en condamnant les membres de la Generalitat à 35 ans de prison. Lorsque le Front populaire remporte les élections, en 1936, la Generalitat est restaurée, et les prisonniers libérés : la Catalogne bénéficie, pour peu de temps, d'une réelle autonomie.

Mais Franco, qui a soulevé l'armée d'Afrique au Maroc, et rallié à lui nombre de places militaires en Espagne, dont celle du quartier de Pedralbes, à Barcelone, étouffe ce fragile espoir dans l'œuf. En mars 1938, les nationalistes franquistes lancent une offensive en Aragon, et le front de l'Èbre devient le théâtre de batailles sanglantes et atroces. Mal armées, mal équipées, les forces catalanes en déroute abandonnent la ville fin 1938 aux nationalistes.

L'ère Franco

200 000 Catalans choisissent l'exil, près de 200 000 autres sont tués lors d'une impitoyable répression. Companys, réfugié en France, sera livré aux autorités espagnoles par la Gestapo et fusillé sur la colline de Montjuïc. L'ère Franco signifie un sévère tour de vis pour les Catalans : le catalan est banni des écoles, interdit dans la rue ; même la sardane est prohibée. Toutefois, les Catalans ne sont pas tous hostiles au régime franquiste : de nombreuses familles de la bourgeoisie adoptent le castillan, et l'Église coopère le plus souvent. Parmi les opposants, le docteur Jordi Pujol, emprisonné en 1960 pour avoir chanté un air catalan au cours d'une visite de Franco à Barcelone. Trois ans plus tard, il fonde une banque pour soutenir l'économie catalane.

Pendant les dernières années du régime franquiste, l'opposition s'organise : l'*assemblea de Catalunya* est créée en 1971. Les militants se réunissent pour scander « Amnistie, Liberté, Autonomie » et chanter à pleins poumons la chanson de Lluís Llach, *L'Estaca* (« Le Pieu »). Mais c'est la maladie, et non les opposants, qui aura raison du vieux dictateur : il s'éteint le 20 novembre 1975.

FRANCO EST NUL !

Pour sa succession, le dictateur se méfiait de Juan de Bourbon, le roi en titre, à cause de ses idées démocratiques. Il préféra donc son fils, Juan Carlos, et son éducation fut assurée par des professeurs bien franquistes. L'élève cacha bien son jeu, et Juan Carlos lui succéda donc à sa mort. En instaurant la démocratie, le jeune roi tourna définitivement la page noire du franquisme.

La révolution olympique

Le second événement qui va bouleverser la vie des Catalans a lieu 7 ans plus tard. En 1982, Barcelone est choisie pour accueillir les Jeux olympiques de 1992. Pour la ville, c'est l'occasion de se faire connaître des investisseurs, de construire des hôtels et d'améliorer les voies d'accès. Le slogan *Barcelona, posa't guapa* (« Barcelone, fais-toi belle ») s'affiche partout, et la ville tout entière résonne de coups de truelle et de marteaux-piqueurs. Elle ravale ses façades, nettoie ses rues, ses plages, réorganise et agrandit son port. Comme une cocotte sans couvercle, la métropole bouillonne d'une intense activité culturelle et artistique. D'ailleurs, pour la plupart, les maisons d'édition (plus de 700) et studios d'enregistrement espagnols ont leur siège à Barcelone – et non à Madrid.

Autre conséquence des Jeux olympiques : le développement du tourisme. Durant 15 jours, Barcelone s'offre une vitrine médiatique inégalable. Les images de fête retransmises à travers le monde entier suffisent alors à en faire en quelques années une destination touristique urbaine incontournable, au même titre que

Londres, Florence ou Amsterdam. Depuis, la capitale catalane continue d'exprimer son dynamisme au travers de nombreuses manifestations. Après avoir célébré Gaudí en 2002, Dalí et le Forum en 2004, 2005 et 2006 furent consacrées à la gastronomie, et 2007 aux sciences et au sport.

L'autonomie, enfin !

Aujourd'hui, l'Espagne est divisée en 17 « régions et nationalités autonomes » *(comunidades autónomas)* qui disposent, grâce, notamment, à la pression des Basques et des Catalans, du droit de se gouverner. Si le gouvernement autonome de la Catalogne (la Generalitat) a les mains libres pour la culture, l'urbanisme, le commerce, le tourisme et les affaires sociales, il partage le pouvoir en ce qui concerne les transports et l'énergie, par exemple. Il perçoit directement des impôts spécifiques, plus un tiers de l'impôt sur le revenu auprès de l'État. Une autonomie encore renforcée par l'adoption par référendum, en 2006, d'un nouveau statut.

Mais cette autonomie a encore franchi un pas avec la création de l'eurorégion Pyrénées-Méditerranée regroupant les régions Midi-Pyrénées, Languedoc-Roussillon, Catalogne et les îles Baléares. La signature en 2008 de la convention du Groupement européen de coopération territoriale permet même, désormais, à la Catalogne de mettre en œuvre des projets de coopération territoriale cofinancés par l'Union européenne. L'un des exemples les plus marquants est la création du premier eurocampus. Plus de 510 000 étudiants, répartis dans 22 universités, bénéficient d'une synergie commune, unique en Europe. Une belle auberge espagnole !

MATCH BARCELONE-MADRID

Comme toutes les vieilles querelles, l'antagonisme Barcelone-Madrid remonte à la nuit des temps. En 1640, Barcelone se soulève déjà contre la tentative de centralisation de l'État de Felipe IV. Au XIXe s, le pouvoir bombarde la ville à plusieurs reprises du haut du château et de la citadelle de Montjuïc, symboles toujours détestés des Barcelonais.

Madrilènes fainéants, vivant aux crochets du pays, contre Barcelonais égoïstes et radins mais vivant de leur travail, l'antipathie a parfois quelque chose de pathologique. Et l'ère de Franco n'a rien arrangé. Les Catalans paranos soupçonnèrent longtemps Madrid de vouloir transformer la province en une terre de paysans et de bergers pour éviter toute contestation...

De tout temps, les clubs de foot furent à couteaux tirés : dans les années 1920, le stade de Barcelone fut fermé parce qu'on y chantait l'hymne national catalan. Et le Barça n'a jamais pardonné au Real de lui avoir piqué, dans les années 1950, un joueur de légende, l'Argentin Di Stefano, qui permit à la capitale de rafler la Coupe d'Europe des clubs champions 5 années de suite (de 1956 à 1960)...

Aujourd'hui, Barcelone se plaint du peu d'empressement de Madrid à l'aider à éponger ses dettes des Jeux olympiques, et à investir dans les infrastructures (aéroport, etc.). Quant à certains Madrilènes « expatriés » à Barcelone, ils pestent de voir leurs enfants obligés d'apprendre le catalan à l'école. Et les deux villes se tirent la bourre comme des gamins pour savoir qui immatricule le plus de voitures par an !

MÉDIAS

Votre TV en français : TV5MONDE, la première chaîne culturelle francophone mondiale

TV5MONDE est reçue partout dans le monde par câble, satellite et sur IPTV. Dépaysement assuré aux pays de la francophonie avec du cinéma, du divertissement, du sport, des informations internationales et des documentaires.

En voyage ou au retour, restez connecté ! Le site internet ● *tv5monde.com* ● et son application iPhone, sa déclinaison mobile (● *m.tv5monde.com* ●), offrent de nombreux services pratiques pour préparer son séjour, le vivre intensément et le prolonger à travers des blogs et des visites multimédia.

Demandez à votre hôtel le canal de diffusion de TV5MONDE et n'hésitez pas à faire part de vos remarques sur le site ● *tv5monde.com/contact* ●

Presse

Les deux grands quotidiens nationaux, **El Mundo** (1,2 à 1,3 million de lecteurs), de sensibilité libérale droitière, et **El País** (2 millions), plus à gauche, n'atteignent ces chiffres de diffusion que grâce à leurs éditions régionales (15 pour le premier, 7 seulement pour le second). Dans tous les cas, ils sont désormais dépassés par certains gratuits, au premier titre desquels *20 Minutos* (2,4 millions de lecteurs). Dans les hôtels, les restos, les campings, les quotidiens régionaux se taillent la part du lion, et, le plus souvent, on ne trouve qu'eux. Mais ils dépassent rarement les 200 000 exemplaires et ne s'intéressent guère qu'à l'actualité d'une ou deux provinces. D'où une foultitude de titres. Pour la plupart, ils traitent avec soin des nouvelles internationales (surtout européennes, en fait) et nationales, mais y ajoutent d'innombrables pages locales. Pour le voyageur, ce peut être une aubaine : le moindre événement, le moindre concert, la moindre foire artisanale ou le moindre marché est signalé. Ajoutons les annonces publicitaires, les agendas culturels souvent très détaillés (cinés, spectacles...), les pages TV... Bref, une mine d'infos, même si, il faut bien le dire, elle est encore plus conservatrice que la presse régionale française.

Le poids lourd de la presse catalane, c'est le **Periodico de Catalunya**, avec 240 000 exemplaires et deux éditions, l'une en catalan et l'autre en castillan. Ce qui n'empêche pas de trouver une multitude de titres locaux en catalan, dont la diffusion ne dépasse pas le périmètre d'une ville.

Côté magazines, la presse people caracole en tête derrière le vétéran **¡ Hola !** et ses 730 000 exemplaires. Les concurrents sont nombreux : **Semana, Diez minutos, ¿ Qué me dices ?...** La presse people espagnole fouille nettement moins dans les poubelles que ses homologues européens. Certes, on y parle des top models et de Caroline de Monaco, mais, ce qui plaît aux Espagnols, ce sont les infos (pas les ragots) sur les toreros, les grands chanteurs de flamenco et les rejetons de la noblesse (la famille royale d'Espagne en particulier). Bref, la tendance serait plus *Point de vue* que *Gala*. Et quand la fille de la duchesse d'Albe épouse le fils d'un grand torero remarié avec une chanteuse de flamenco, c'est du délire ! En fait, c'est un bon moyen d'entrer dans la société espagnole par la (toute petite) porte.

Télévision

Une surprise : les petits tirages de la presse TV. *Teleprograma,* le leader, plafonne à 250 000 exemplaires. Les Espagnols regarderaient-ils peu la télé ? Certes non. Dans les bars, les restos, les campings, il y a toujours une télé allumée, de préférence à fond. C'est même une des plaies des campings espagnols. Mais la télé espagnole est simple : sports, séries, jeux, journaux télévisés, corridas et quelques rares films. Dans l'intervalle, des débats pour passer le temps.

TVE 1 et TVE 2 sont des télés d'État, complétées par une offre de chaînes régionales assez peu regardées, sauf au Pays basque. Du côté des chaînes privées, on trouve Antena 3, Cuatro (version gratuite de Canal +), Telecinco (Tele 5, chaîne des reality-shows, des jeux et des potins) et La Sexta, ainsi que Digital + (payante, nom espagnol de Canal +). Les horaires des programmes sont indiqués dans le journal local, donc pas besoin de journal spécialisé. Sachez que les journaux télévisés suivent l'heure des repas (15h et 21h sur TVE 1). Ce qui plaît le plus aux Espagnols à part le foot, les corridas et le cyclisme, ce sont les émissions « people » (décidément, c'est leur truc) comme *Gente* sur TVE 1. Soyez certain que le patron du petit bistrot dans lequel vous dînez tranquillou va zapper d'un match de foot à une course cycliste, même de seconde catégorie, avant de vous infliger les liaisons de la chanteuse Isabel Pantoja avec le maire de Marbella et la fin de la superbe corrida de Valence.

Radio

De ce côté-là, c'est un peu le bazar. Des centaines de miniradios inondent la bande FM. Pour écouter de la musique locale, c'est l'aubaine, sauf en voiture car le *cantaor* au *duende* fabuleux se trouve soudain remplacé par un débat sur la culture des olives au détour d'une colline. Une valeur sûre : Radio Clásica.

PERSONNAGES

– *Ferran Adrià (né en 1962) :* parcours singulier pour ce « cybersorcier des fourneaux » au nom souvent associé à la cuisine moléculaire. Après avoir fait la plonge dans un resto d'Ibiza, puis rassasié le mess des garnisons de Carthagène, il atterrit à 22 ans au resto *El Bulli* (à cala Montjoi, près de Roses) dont il fait, dans les années 2000, la table la plus connue du monde. Dès ses débuts, il n'a cessé d'innover en commençant par tout déconstruire : aliments, cuisson, saveurs, textures, odeurs, formes. Grâce à l'informatique, chaque composant est entré dans une base de données qui lui permet de jouer à l'infini avec les mariages. « Il est le seul à inventer une cuisine que je ne sais pas faire », a dit Joël Robuchon au sujet de Ferran Adrià qui ouvrira à nouveau les portes d'*El Bulli* au printemps 2016.

– *Ricardo Bofill (né en 1939) :* cet architecte surdoué et séduisant a dessiné le nouvel aéroport de Barcelone, l'hôtel W à la pointe de la Barceloneta, le Palais national des congrès à Madrid, le quartier d'Antigone à Montpellier, la place de Catalogne ou encore celle du Marché-Saint-Honoré à Paris, et aussi des HLM qui ont des airs de châteaux forts. Il aime les villes néo-antiques, les immeubles à colonnes et les décors de théâtre dans lesquels on peut habiter. Il crée le *Taller de Arquitectura* en 1963, un atelier qui compte aujourd'hui une quarantaine de personnes.

– *Montserrat Caballé (née en 1933) :* cette cantatrice barcelonaise s'est révélée aux yeux du public néophyte par son duo avec Freddie Mercury, le défunt chanteur du groupe Queen. Sa grande technique vocale, la versatilité de sa tessiture et sa prestance lui ouvrent bien des rôles, des romantiques primesautières aux sombres vengeresses. C'est *Lucrèce Borgia,* au Carnegie Hall de New York, en 1965, qui la consacre véritablement auprès du public. Depuis sa retraite, elle s'implique très activement dans l'action humanitaire, et fait partie des Ambassadeurs de bonne volonté de l'Unesco.

– *Pablo Casals (1876-1973) :* violoncelliste, compositeur et chef d'orchestre né Pau Casals à El-Vendrell, près de Tarragone. À 12 ans, il quitte sa ville natale pour Barcelone et son école municipale de musique. C'est là qu'il découvre les *Six suites pour violoncelle seul* de Bach, qui vont bouleverser sa vie. En 1939, il fuit le régime franquiste et s'installe à Prades, dans les Pyrénées-Orientales, donnant des concerts au profit des réfugiés espagnols. Il refusera longtemps de jouer à l'étranger tant que les grandes nations n'auront pas aidé l'Espagne à retrouver sa liberté...

– *La Chupa Chups :* c'est au milieu du XIXe s que Josep Bernat, un petit confiseur de Barcelone, invente le bonbon-caramel, une boule de sucre caramélisé. Dans les années 1950, son petit-fils Enric rachète la société *Granja Asturias,* productrice de pâtes de fruits, et commande une étude de marché : si les enfants raffolent de ses bonbons, les mamans les apprécient beaucoup moins, vu qu'ils salissent les mains et les habits de leurs chers petits ! Il trouve la solution : piquer ses caramels sur un bâtonnet. La première sucette est lancée sous le nom de « Gol », à cause de sa forme de ballon de foot, avant de s'appeler *Chups,* nom trouvé par une agence de pub locale en 1958. Dalí dessine son logo, la célébrissime marguerite, et les amateurs la rebaptisent « Chupa » (tétine, en espagnol). La petite sucette ronde, suçotée par des générations entières de gourmands, vendue dans 164 pays (y compris la Chine et la Russie), atteint des ventes spectaculaires (environ 40 milliards par an !).

– *Salvador Dalí (1904-1989) :* né à Figueres, dans la province de Gérone, Dalí a une dette particulière envers Barcelone, car c'est dans cette ville qu'il montera ses premières expos, chez le galeriste Dalmau. Il y rencontre Miró, de 8 ans son aîné, qui le prend sous son aile. À Paris, il est sous son parrainage amical, et celui de Picasso. Miró lui fait connaître les surréalistes, dont

LE SECRET DE DALÍ

Pour sa moustache, Dalí s'inspira de Velázquez, qu'il admirait puisque riche, célèbre et vénéré par les puissants. En fait, pour l'allonger, il ajoutait des cheveux collés avec de la cire. Grâce à cette moustache, personne ne l'oubliait, même avant qu'il ne soit célèbre.

Dalí deviendra une figure de proue... avant de se fâcher avec eux ! Outre la peinture, le maître de l'excentricité touche à tout : il coécrit des scénarios avec Luis Buñuel *(Un chien andalou),* se lance dans des happenings, tourne une pub pour les pralinés Lanvin (grand moment de télé)... mais reste inlassablement fidèle à sa femme, sa muse, Gala. Contrairement à Picasso ou à Miró, il ne critiquera jamais ouvertement le pouvoir franquiste et fera même, à la fin de sa vie, un éloge du Caudillo. D'ailleurs, voici en quels termes Dalí parlait de Picasso : « Picasso est espagnol. Moi aussi. Picasso est un génie. Moi aussi. Picasso est communiste. Moi non plus ! » L'État espagnol est devenu à sa mort son héritier universel, un héritage estimé à quelque 850 millions de francs de l'époque. Le teatre-museu Dalí de la ville de Figueres, où il naquit et passa ses dernières années, est le musée le plus visité d'Espagne après le Prado, et représente une des étapes du « triangle dalínien » en Catalogne.

– *Salvador Espriu (1913-1985) :* né à Santa Coloma de Farners (Gérone), l'une des plumes catalanes parmi les plus emblématiques du XXe s. Profondément marqué par la mort subite de son frère et de sa sœur, tenaillé lui-même par la rage du sursitaire (il échappe à la grande faucheuse à l'âge de 10 ans) : la mort et le repli sur soi émaillent la première partie de son œuvre. Puis l'auteur parvient à se défaire de cette obsession et appelle à la lutte, notamment contre le franquisme. Son message d'espoir connaîtra un retentissement considérable en Catalogne.

– *Antoni Gaudí (1852-1926) :* il paraît que Picasso le détestait. Pourtant les œuvres de l'architecte sont devenues l'emblème de Barcelone (qui plus est largement fêté en 2002 pour le 150e anniversaire de sa naissance) ! Gaudí étudia l'architecture et la philosophie, ce qui explique cette fusion de la technique et du spirituel. Il dépassa rapidement le rationalisme d'un Viollet-le-Duc pour se lancer dans une œuvre de visionnaire qui inquiéta quelque peu ses contemporains. Il puisa dans toutes les sources offrant l'occasion d'enrichir son inspiration : architecture du passé, procédés techniques et utilisation des matériaux, exploitation de toutes les possibilités du végétal, pour aboutir à des formes dynamiques et originales, audacieuses pour l'époque, et qui font de lui l'un des plus grands architectes de tous les temps. Est-ce un hasard si trois de ses œuvres, le palau Güell, le park Güell et la casa Milà (connue comme la Pedrera), ont été classées « Biens culturels du Patrimoine mondial » ? Celui qui devait mourir en 1926 sous les roues d'un tramway consacra les dernières années de sa vie à son chef-d'œuvre inachevé, la Sagrada Família, allant même jusqu'à dormir sur le chantier ! Comme les cathédrales de naguère, la construction de la Sagrada risque de durer encore

un bon demi-siècle, d'autant plus que les plans ont disparu dans un incendie. Pendant longtemps encore, on la visitera dans la poussière et les étincelles des soudeurs.
– **Lluís Llach** *(né en 1948)* : les Catalans disent de ce chanteur sexagénaire qu'il a le *duende*, un frisson dans la voix, un supplément d'âme qui touche et donne la chair de poule. Il est LE chanteur catalan et ses concerts attirent 100 000 personnes au stade Nou Camp.
– **Sergi López** *(né en 1965)* : acteur fétiche de Manuel Poirier (avant *Western,* il avait tourné 4 films avec ce réalisateur), Si c'est donc en France qu'il a fait sa première apparition à l'écran, il est avant tout catalan et fier de l'être. Sa brillante prestation dans

> ## CHANTER C'EST RÉSISTER !
>
> *Franco avait interdit de parler la langue catalane en public... mais avait oublié de la prohiber dans les chansons ! Lluís Llach, chanteur engagé, a toujours milité pour la Catalogne autonome et chanté en catalan. Il dut pourtant s'exiler à Paris en 1970 après avoir été déclaré « chanteur interdit » sous Franco. Sa chanson L'Estaca (« Le Pieu ») devint l'hymne de la résistance antifranquiste. Il a même refusé un contrat mirifique de CBS qui lui demandait de chanter en espagnol.*

Harry, un ami qui vous veut du bien, de Dominik Moll, fut à juste titre récompensée par le césar du meilleur acteur en 2001. Il s'est même lancé dans le théâtre, dans un one man show.
– **Xavier Mariscal** *(né en 1950)* : dit « Mariscal » (tout court). Né à Valence mais son cœur bat pour Barcelone ! C'est la ville qu'il adopte pour y mener une carrière de créateur tous azimuts : souvenez-vous, la mascotte Cobi, rendue célèbre lors des J.O. de 1992, c'est lui. Mais c'est lui aussi qui signe un dessin animé iconoclaste, *Los Garriris,* avec ses héros vagabonds, lui encore qui imagine un tabouret aux pieds ondulés ou une affiche à la gloire de la ville, avec ce slogan « Bar-cel-ona » (en catalan : « Bar, ciel, vague »). Il fait également partie des talents qui ont investi le Palo Alta, dans le Poblenou, réanimant ainsi la vieille friche industrielle de Barcelone.
– **Eduardo Mendoza** *(né en 1943)* : cet auteur barcelonais cultive son image de provocateur gentleman. Titilleur professionnel mais loyal, dans *La Vérité sur l'affaire Savolta,* il s'étend à loisir sur la bourgeoisie et les anarchistes de l'année 1917. Il sait aussi souligner le fait que les fortunes colossales de la cité catalane se sont bâties sur l'indigence du petit peuple de la *Ville des prodiges,* ou encore vitupérer contre la Catalogne à l'heure du franquisme (*L'Année du déluge*).
– **Joan Miró** *(1893-1983)* : il a passé son enfance carrer de Ferran, en plein centre de Barcelone, bercé par les tic-tac familiers des mécanismes chers à son horloger de père. Très vite, Miró comprend que son goût pour les formes abstraites, les explosions de couleurs, dénote et détonne ! Son passage aux cours de la Llotja, où il est mal noté par ses professeurs, en témoigne. Il rencontre Gaudí au Cercle artístic de Sant Lluc, avant de partir pour Paris, à l'instar de ses amis peintres : c'est là qu'il rencontre Picasso, de 12 ans son aîné, avant de revenir à Barcelone au début de la Seconde Guerre mondiale. Pendant la guerre civile, il se bat avec ses affiches pour seules armes, afin d'alerter l'opinion internationale, de même qu'il soutiendra la cause catalane pendant la période du franquisme.
– **Manuel Vázquez Montalbán** *(1939-2003)* : l'écrivain est né dans une Barcelone qui se remettait tout juste des drames de la guerre civile. Son père étant originaire de Galice, Montalbán écrit en castillan, la langue de sa famille, mais reste un ardent défenseur de la culture catalane, avec « une certaine distance émotionnelle » en plus. Journaliste, poète, romancier et même chroniqueur gastronomique, il s'engage en politique aux côtés du PSUC (parti socialiste unifié catalan à sensibilité communiste). Il reçoit quelques-uns des plus grands prix littéraires, comme le Planeta (équivalent du Goncourt français) en 1979 et le Grand Prix de

littérature policière en 1981. Son héros fétiche, Pepe Carvalho, connaît Barcelone comme sa poche, et son péché mignon, entre deux enquêtes désabusées, est de mitonner quelque succulente recette catalane ou de partir en balade autour du monde... Tout comme Montalbán, qui s'est d'ailleurs éteint à l'aéroport de Bangkok. Voir aussi notre rubrique « Barcelone utile. Livres de route ».

– **Pablo Picasso** *(1881-1973)* **:** Picasso est né à Málaga, en Andalousie, mais sa première expo, il la monte à Barcelone, sur les murs du café *Els Quatre Gats,* un peu l'équivalent de notre *Chat Noir* montmartrois. Lorsque le jeune Pablo arrive à Barcelone, il a 14 ans. Il habite alors avec ses parents carrer de la Mercé, près des quais, puis suit les cours de l'école des beaux-arts de la Llotja, où son père est professeur. On peut voir des œuvres de jeunesse, des scènes de rue, des croquis de pigeons de l'élève Picasso au musée qui porte son nom dans le quartier Ribera. Si son style s'est affirmé à Paris, Picasso a toujours aimé Barcelone, laquelle, avec ses rues vivantes, son port, ses carrioles et ses chevaux, a été sa première source d'inspiration.

– **Jordi Pujol** *(né en 1930)* **:** ce « Napoléon catalan » (selon certains), à la fois fort en gueule et rusé, a dominé la scène politique catalane durant 23 ans, de 1980 à 2003. Il se fait remarquer dès 1960 en chantant le *Cant de la Senyera* (l'hymne au drapeau catalan) devant le Caudillo. Franco n'a pas l'humeur badine, et Pujol écope de 7 ans de prison. Il ne purge pas sa peine jusqu'au bout et reprend son « activité » de résistant au sein de la *Banque catalane* fondée par son père en 1959. Son leitmotiv ? *Fer país,* « construire le pays », sous-entendu le pays catalan. En 1974, Pujol fonde le parti Convergència i Unió (CIU). Dès lors, plus rien ne semble l'arrêter, pas même un scandale de malversations financières. De 1980 à 2003, il préside la Generalitat et représente, avec ses 16 députés, 5 % des voix espagnoles : il devient l'allié incontournable des divers gouvernements. Ex-président de l'Assemblée des régions d'Europe, cet homme de terrain a réussi à imposer, en 1983, que le catalan soit généralisé à l'ensemble de la province, et son enseignement obligatoire à l'école primaire. Il n'était pas seulement le gouverneur de Catalogne, il en est le symbole, son incarnation. En 2003, à 73 ans, il préfère se retirer du devant de la scène et passer la main à la nouvelle génération.

– **Jordi Savall** *(né en 1941)* **:** né à Igualada, dans la province de Barcelone, ce violiste (entendez par là « joueur de viole ») étudie au conservatoire de Barcelone puis en Suisse. Il remet alors au goût du jour la viole de gambe, instrument du XVe s tombé dans les oubliettes, et recrée un répertoire allant du Moyen Âge au XIXe s. Dès lors, les critiques internationaux sont unanimes. Considéré comme l'un des plus grands interprètes de viole de gambe, il participe activement aux bandes originales des films *Tous les matins du monde* (1992), d'Alain Corneau, *Jeanne la Pucelle* (1993), de Jacques Rivette, et *Marquise* (1997), de Vera Belmont, pour n'en citer que quelques-uns...

– **Antoni Tàpies** *(1923-2012)* **:** Tàpies et ses toiles non figuratives, ses sculptures étranges et non dénuées d'humour, sont une création toute barcelonaise. Dans les années 1950, ce jeune artiste était considéré comme l'héritier de Miró, car il faisait preuve, comme lui, d'un tempérament inquiet et novateur. Sa fondation, carrer Aragó, dans le quartier de l'Eixample, abrite une collection permanente de son œuvre.

– Et n'oublions pas l'ex-directeur de l'Unesco, **Federico Mayor** ; l'ancien directeur du CIO, **Joan Antonio Samaranch** ; les champions de tennis **Sergi Bruguera** et **Arantxa Sánchez-Vicario** ; le ténor **José Carreras** ; l'auteur populaire très médiatique, **Carlos Ruíz Zafón** (voir « Livres de route » dans « Barcelone utile » plus haut).

POPULATION

Le Catalan est le résultat d'invasions successives, depuis les Phéniciens jusqu'aux Arabes, en passant par les Grecs et les Romains. Et n'oublions pas les influences glanées en Italie et en Sicile... Un peuple avec une tradition et une culture richement diversifiées. Contrairement aux Basques, les Catalans ont forgé leur identité culturelle à l'aune de leur propre histoire et non dans la recherche d'une quelconque homogénéité ethnique. Comme eux, en revanche, ce sont de grands navigateurs qui ont développé très tôt un sens aigu du commerce et de la finance ; ils parcourureront les pays méditerranéens et parfois s'y installèrent. Ce n'est pas un hasard si Barcelone et Bilbao sont aujourd'hui les deux grands ports espagnols.

Si vous interrogez un Catalan sur les particularités de son peuple, il ne résiste pas bien longtemps à vous révéler le secret des gens d'ici : un savant dosage de *seny* (le bon sens) et de *rauxa* (la démesure, la folie des grandeurs). Et de vous citer Dalí, Gaudí ou Bofill comme exemples de cet étonnant cocktail qui fait tout le charme du caractère catalan !

Il vous dira encore qu'il se sent plus européen qu'espagnol. Cela dit, à côté de ces Catalans « de souche », on trouve depuis un siècle des gens venus des régions les plus pauvres de la péninsule, attirés par la richesse de la région. Ces immigrants-là ne parlaient que castillan et ont dû se mettre au catalan, parfois avec réticence.

La centralisation du pouvoir sous le régime de Franco avait fait de la Catalogne un pôle d'opposition au franquisme. Auparavant, du moins jusqu'au début du XVIIIe s, elle avait ses propres institutions, retrouvées un moment en 1931 avec la création de la Generalitat de Catalogne. La mort de Franco et l'avènement d'une monarchie parlementaire allaient conduire à la renaissance de la Generalitat. Le statut d'octobre 1979 crée un parlement catalan qui élit le président de la Generalitat.

Les petites tensions entre les

> ### LES BÉBÉS VOLÉS DU FRANQUISME
>
> *Jusqu'en 1987 (donc 12 ans après la mort de Franco !), 300 000 enfants furent enlevés à des familles républicaines et vendus à des mères... bien-pensantes. Pour le prix d'un appartement ! Dans les maternités, on persuadait l'accouchée que l'enfant était mort-né. Certaines religieuses et médecins participaient à ce trafic inqualifiable et lucratif.*

Catalans et le pouvoir central résultent du degré d'autonomie financière et politique que ce dernier veut bien concéder.

Dans l'ensemble, ça se passait plutôt bien : la Catalogne était une alliée indispensable au gouvernement madrilène. Il ne faut pas oublier qu'Aznar devait sa victoire de 1996 à l'appui de Jordi Pujol. Et ça, Pujol avait su en jouer.

Mais depuis le début des années 2000, une sensibilité clairement indépendantiste se fait jour en Catalogne. Les manifestations en faveur d'une Catalogne indépendante se multiplient, jusqu'à la spectaculaire chaîne humaine longue de 400 km qui réunit en 2013 quelque 2 millions de personnes entre la frontière française et la région de Valence. Le 9 novembre 2014, la Generalitat maintient un référendum (déclaré illégal par Madrid) sur l'indépendance. Sur les 2,5 millions d'électeurs (sur 7 inscrits) qui se déplacent, 80,7 % se prononcent pour un état catalan indépendant. La consultation était toute symbolique mais témoigne d'une forte conscience régionale, illustrée par les drapeaux catalans accrochés quasiment partout, ou cette devise que l'on retrouve dans certains restos : « Notre langue : le catalan ; notre danse : la sardane ; notre devise : la liberté ».

RELIGIONS ET CROYANCES

Les clichés ont la vie dure : l'Espagne apparaît pour beaucoup comme un pays très catholique, très empreint de religiosité, où toutes les femmes s'appelleraient María Dolores et les hommes Jesús ou José. Qu'en est-il réellement ?

Certes, d'après les sondages, un bon 70 % (94 % officiellement) des Espagnols se reconnaissent de confession catholique, ce qui laisse peu de place pour les autres obédiences. Mais ce chiffre, qui donne l'image d'un catholicisme triomphant, cache une baisse prononcée de la fréquentation des églises, notamment lors de la messe dominicale, et surtout chez les jeunes. D'ailleurs, quelque 25 % des Espagnols s'affirment agnostiques ou athées et plus d'un sur deux met rarement les pieds à l'église – si ce n'est à l'occasion d'un mariage, d'un baptême, d'une communion ou d'un enterrement. Se déclarer catholique ne signifie donc pas forcément avoir la foi, mais plutôt être de culture catholique et se conformer à certains rites. Leur fonction est d'ailleurs également sociale et contribue à définir la place de chacun dans la société. Et puis, toutes ces occasions restent souvent le meilleur prétexte pour faire la fête : aux nombreux jours fériés à caractère religieux s'ajoutent les différentes fêtes des villes et des villages données en l'honneur du saint patron local, tandis que la Semaine sainte et ses processions mettent les Espagnols dans un état proche de l'hystérie collective. Une hystérie à travers laquelle se mêlent joie de vivre l'instant et authentique ferveur religieuse.

Cela étant dit, si les Espagnols se retrouvent moins nombreux à la messe dominicale, l'Église reste suffisamment puissante pour s'opposer farouchement à la société civile sur le terrain social. Le remue-ménage face au mariage gay en est bien la preuve, de même que le retour dans le débat de la législation sur l'avortement.

Et les non-catholiques dans tout ça ? Eh bien, la première communauté serait constituée par les protestants (1,2 million), aux deux tiers des Anglais installés en Espagne... Près de 1 million de personnes seraient orthodoxes (travailleurs d'Europe de l'Est) et à peu près autant musulmans, issus en majorité de l'immigration – bien que se soit développé un îlot de nouveaux convertis en Andalousie. Les juifs ne seraient guère que 40 000, mais une loi votée en juin 2015 accorde, sur demande, la nationalité espagnole à tous les descendants des Séfarades expulsés d'Espagne en 1492 et les années suivantes !

L'AURÉOLE DES SAINTS

Partout dans la chrétienté, l'auréole est le symbole des saints. Au départ, on apposait un disque métallique, juste pour protéger la tête des statues de la chute de pierres ou de la tombée des eaux qui suintaient des plafonds. Peu à peu, les fidèles ont cru que cette protection était l'attribut de la sainteté...

SARDANE

La sardane est la danse nationale catalane, originaire de la région de l'Empordà, au nord de la Catalogne. Spécifique au Bassin méditerranéen, elle se dansait déjà, paraît-il, chez les Étrusques et dans la Grèce antique. Codifiée par Pep Ventura au XIXe s, elle fut largement médiatisée lors de la cérémonie d'ouverture des J.O. de 1992. Rien à voir avec les démonstrations flamboyantes du flamenco : c'est une danse sobre, interprétée par toutes générations confondues. Mais pas aussi simple qu'elle en a l'air, puisque tous les pas et les pointes sont comptés. Les rondes se forment à l'appel du *flabiol* (petite flûte). Puis, un à un, tous les instruments de la *cobla* (l'orchestre) le rejoignent. Les danseurs entament une série de pas vers la droite, puis en arrière, et exécutent la même chorégraphie de l'autre côté.

Au début, la danse est lente, puis accélère avec la musique, les pas s'enchaînent et deviennent de plus en plus compliqués, alternant sauts et mouvements des bras. Et de nouveau la musique ralentit, et on revient aux pas du début... D'autres danseurs peuvent entrer dans le cercle sans que la danse s'arrête, on leur fait simplement de la place : certains y voient un symbole de l'accueil chaleureux envers les étrangers, de l'ouverture d'esprit qui caractérisent la société catalane.

Chaque sardane est composée de deux unités mélodiques distinctes : les points courts, qui font usage de refrain comme dans une chanson, et les points longs, sorte de couplet. L'usage a voulu qu'une sardane commence par les courts (deux fois), les longs (deux fois), les courts (deux fois) et finalement les longs (quatre fois). Les seules interruptions ont lieu uniquement après le deuxième et le troisième des quatre derniers longs, par deux arrêts nommés contrepoints. Le musicien fixe le nombre de courts et de longs de chaque sardane, suivant son inspiration, mais la moyenne habituelle, imposée par le délai du temps à jouer (environ 12 mn par sardane) est de 21 à 45 courts et de 51 à 95 longs.

Pour voir danser la sardane à Barcelone

– *Plaça Catedral :* de février à juillet, le samedi à 18h ; de septembre à novembre, les dimanches et jours fériés à 11h15.
– *Parc de la Ciutadella :* seulement le dimanche avant Noël vers 12h.
– *Parc de l'Espanya Industrial et parc de Joan Miró :* seulement quelques dates dans l'année, se renseigner.
En août, la sardane est réservée aux fêtes locales (voir « Fêtes et jours fériés » dans « Barcelone utile »). On peut consulter les dates sur le site ● *conf. sardanista.cat* ●

SAVOIR-VIVRE ET COUTUMES

Quelques particularités

– Dans les hôtels comme dans les restos, il faut souvent ajouter à la note une **taxe** *(IVA),* qui va de 10 % (normale) à 12 % dans certains restos chic. Bon à savoir aussi, le pain est généralement facturé à Barcelone.
– Si le service est inclus dans l'addition, le **pourboire,** lui, ne l'est pas : il n'est pas obligatoire, mais il est courtois de laisser quelque chose (jusqu'à 10 % de l'addition). N'oubliez pas que les salaires sont ici moins élevés qu'en France.

> **ON SE DIT « TU » ?**
>
> *Le tutoiement est bien plus utilisé en espagnol qu'en français. Une manifestation de proximité qui surprend quand un chauffeur de taxi vous tutoie, par exemple. Il faut dire que le « vous » espagnol* (usted) *est autrement plus lourd de sens : il dérive, par usure phonétique, de « vuestra merced »* (Votre grâce) *! Voilà pourquoi on vouvoie plutôt les supérieurs hiérarchiques ou les personnes âgées.*

– Il est un rituel que l'on retrouve dans toute la péninsule Ibérique, celle du **paseo** (littéralement la « promenade »). Vers 19h-20h, avant le dîner, les Barcelonais ont l'habitude de déambuler sur la sacro-sainte Rambla jusqu'au bord de mer, en famille ou entre amis. L'élégance est de mise, chez les grands comme chez les petits. C'est un moment très convivial, souvent ponctué de retrouvailles : on croise un voisin, on dit bonjour à une cousine : « Et comment va Isabel ? » et on finit par s'asseoir sur un banc pour regarder les autres passer... Un spectacle à ne pas manquer.
– Il y a peu de **w-c publics,** mais on peut plus facilement qu'en France utiliser les w-c des cafés et restos ; on en trouve également dans les lieux culturels, quelques grands magasins et les centres commerciaux.
– En **voiture,** les Espagnols se garent n'importe où, y compris en double ou triple file, mais jamais sur les emplacements réservés aux personnes handicapées, qu'ils respectent scrupuleusement.
– Enfin, on fait attention à sa **tenue** quand on entre dans une église (les jambes nues sont mal vues, et il vaut mieux couvrir bras et épaules).

Fêtes à toutes les sauces

De toute façon, tous les prétextes sont bons en Espagne pour organiser une fête. Bien sûr, tous les saints y passent mais aussi les escargots, les ânes, les récoltes, les taureaux ! Il y en a pour tous les goûts et pour toutes les folies. On compte plus de 25 000 fêtes par an, soit une toutes les 20 mn ! La plupart sont concentrées en été. L'origine de ces fêtes est avant tout religieuse. Le catholicisme a intégré toutes les célébrations païennes pour mieux les christianiser et, au contraire du protestantisme de l'Europe du Nord, est resté attaché à toutes les commémorations et à tous les rites ancestraux. N'empêche que les vieilles fêtes religieuses ont considérablement dévié, au point de parfois provoquer les critiques de l'Église.
Pour Gil Calvo, sociologue : « La base réelle [de la fête], c'est qu'il n'y a pas assez de travail pour tout le monde ; les Espagnols compenseraient donc ce manque d'activité par la fête. » Ni la fin du franquisme, ni la déchristianisation grandissante de la péninsule n'ont eu d'effet sur l'engouement festif des Espagnols : c'est aussi beaucoup le vivre-ensemble que l'on célèbre.

Vie nocturne

Ici, on ne dort pas ! La vie nocturne barcelonaise (et espagnole en général) est certainement l'une des plus développées d'Europe, voire du monde. La nuit, la rue appartient aux noctambules qui fourmillent dans les quartiers les plus animés. Barcelone, outre toutes les fêtes religieuses ou commémoratives, a comme particularité d'être une ville très branchée, pour ne pas dire hype, l'un des temples européens de la musique électronique, *Sónar* oblige ; on ne compte plus les bars et les boîtes, et la ville attire chaque année des milliers de jeunes venus s'éclater aux rythmes des derniers DJs, dans des ambiances et des cadres aussi variés que leurs envies ! Tout cela commence fort tard (en général, pas la peine de se pointer avant 1h ou 2h) et se termine au petit matin, à moins d'embrayer avec un after...

SITES INSCRITS AU PATRIMOINE MONDIAL DE L'UNESCO

Organisation des Nations Unies pour l'éducation, la science et la culture

En coopération avec le centre du patrimoine mondial de l'UNESCO

Pour figurer sur la liste du Patrimoine mondial, les sites doivent avoir une valeur universelle exceptionnelle et satisfaire à au moins un des 10 critères de sélection. La protection, la gestion, l'authenticité et l'intégrité des biens sont également des considérations importantes.
Le patrimoine est l'héritage du passé dont nous profitons aujourd'hui et que nous transmettons aux générations à venir. Nos patrimoines culturel et naturel sont deux sources irremplaçables de vie et d'inspiration. Ces sites appartiennent à tous les peuples du monde, sans tenir compte du territoire sur lequel ils sont situés. Pour plus d'informations : ● *whc.unesco.org* ●
– Les œuvres d'Antoni Gaudí (1984, 2005) : **park Güell, palau Güell, casa Milà** (la Pedrera), **casa Vicens, Sagrada Família** (façade de la Nativité et crypte), **casa Batlló** et **Colònia Güell** (la crypte ; à Santa Coloma de Cervelló, dans les environs de Barcelone).
– **Palau de la Música** et **hospital de Sant Pau** (1997).

SPORTS ET LOISIRS

Le football *(fútbol)*

On trouve en Espagne les plus grands stades européens, et les grands clubs sont l'orgueil des villes. Barcelone vibre au rythme du **Barça,** club de foot phare du pays et symbole de la résistance catalane face au pouvoir de Madrid. Vainqueur pour la 23ᵉ fois du championnat national (la *Liga*) en 2015 devant son éternel rival le Real Madrid, le Barça (FC Barcelone) s'enorgueillit surtout, depuis le passage d'un certain Johan Cruyff à la fin des années 1970, de proposer le football le plus spectaculaire et offensif d'Europe. Et ça marche !

Les joueurs au maillot bleu et rouge ont décroché tous les trophées européens, dont 5 fois la Ligue des champions en 1992, 2006, 2009, 2011 et 2015. La saison dernière, ils ont même accentué leur domination sur l'Europe en remportant le mythique triplé Championnat/Coupe/Ligue des champions. Il faut dire que le Barça a toujours accueilli de grosses pointures, parmi lesquelles les Argentins Diego Maradona et Lionel Messi, le Brésilien Ronaldinho, le Camerounais Samuel Eto'o ou les Français Lilian Thuram et Thierry Henry, et on en passe. Peu de gars du pays finalement... Mais qu'importe puisque le Nou Camp et ses 99 000 places compte 180 000 *socios,* un système unique d'abonnés-actionnaires qui leur octroie par exemple le pouvoir de renvoyer leur président. Mieux qu'une cotation en Bourse !

Les aficionados en quête de simplicité se rabattront sur l'autre club de la ville, l'Espanyol, peut-être moins performant mais plus authentique ! Les derbies entre ces deux équipes donnent d'ailleurs lieu à des matchs très suivis et animés.

Les victoires à l'Euro 2008, la Coupe du monde en 2010 et l'Euro 2012 ont confirmé la bonne santé du football espagnol, même si l'élimination précoce à la Coupe du Monde 2014 a sonné comme un fiasco dans le pays. Parmi les joueurs de la sélection, on compte un bon tiers de Catalans, mais c'est bien le drapeau national qui flottait dans les rues de Catalogne lors de ces compétitions !

BARCELONE

> ▶ Pour se repérer dans Barcelone, se reporter au plan détachable (centre, zoom et transports en commun) en fin de guide.

On aime passionnément Barcelone ! Cette métropole brille par sa culture, son climat, sa gastronomie, sa mythique équipe de football et surtout sa bonne humeur. Barcelone est une ville où il est difficile de s'ennuyer. Il faut dire que par son emplacement privilégié, elle respire un air de vacances perpétuelles où les maisons espiègles de Gaudí cohabitent paisiblement avec l'architecture gothique. Le rêve ! Quel bonheur que de pouvoir piquer une tête après en avoir pris plein les mirettes en visitant ces merveilles architecturales... Infatigable, Barcelone ! Quand le soleil se couche et que les musées ferment, la nuit barcelonaise s'embrase. Destination fétiche de fêtards venus des quatre coins de l'Europe, notamment pour enterrer vies de jeunes filles et de jeunes hommes. Ici, les nuits peuvent être plus longues que les jours... En résumé, une destination vivante, affichant une tolérance prisée des jeunes (pas mal d'étudiants Erasmus en goguette...) et des moins jeunes qui trouvent ici une Espagne actuelle et entreprenante, moins folklorique et volontairement à l'écart des clichés du torero jet-setteur ou de la chanteuse flamenco-punk almodovarienne. Mais à force de vouloir plaire au plus grand nombre, ne serait-elle pas devenue trop aseptisée, trop prévisible peut-être ?

Le centre historique s'organise autour de la *Rambla*, véritable artère palpitante qui mène de la place de Catalogne au port, avec ses fleuristes, ses peintres, ses musiciens de rue et ses statues humaines.

Ajoutez à cela des transports en commun efficaces – dont un métro d'une simplicité élémentaire –, des merveilles architecturales signées Gaudí ou Muntaner, une pagaille de restos, cafés, terrasses et salles de concerts, des téléphériques, des funiculaires, un tramway, des bateaux, et vous aurez une idée du charme de Barcelone. Huit bâtiments sont classés au Patrimoine mondial de l'humanité par l'Unesco : un record mondial pour une seule ville ! Heureux hasard ou véritable prise de conscience de l'importance de cette architecture, tous appartiennent au mouvement moderniste : le *palais de la Musique catalane*, la *Pedrera (casa Milà)*, la *casa Batlló*, le *park Güell*, le *palau Güell*, la *Sagrada Família*, l'*hospital de Sant Pau* et la *casa Vicens*.

ADRESSES ET INFOS UTILES

Arrivée à l'aéroport de Barcelone

✈ **L'aéroport** *(hors plan d'ensemble) :* situé à *El Prat de Llobregat*, à 12 km du centre-ville. ☎ 91-321-10-00. ● aena.es ●

Récemment réorganisé, il comprend 2 terminaux : le terminal 1 (ou T1), flambant neuf et bien conçu (tout de blanc et

Adresses utiles

- **3** Turisme de Barcelona – Estació de Sants
- **19** Consulat général de Suisse

Où dormir ?

- **54** Urbany Hostel
- **63** Eric Vökel Indústria

Où manger ?

- **280** Escriba (Xiringuito)
- **281** Els Pescadors
- **282** Enrique Tomas
- **283** Restaurante Tovar
- **292** Can Punyetes
- **300** Cherpi
- **301** Restaurante La Venta

Où déguster une glace ?

- **328** Orxateria el Tío Ché

Où boire un verre ? / Où écouter de la musique live ?

- **411** Los Chiringuitos de la plage del Bogatell
- **427** Razzmattaz

La tournée des boîtes

- **437** Otto Zutz Club
- **438** L'Universal
- **450** Mirablau

Achats

- **469** Puces « Els Encants »

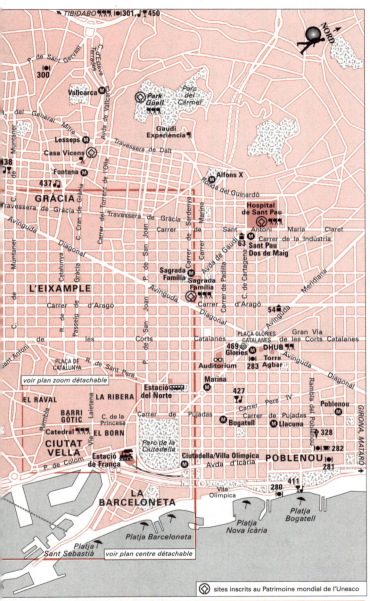

en transparence, il est l'œuvre du célèbre architecte catalan Ricardo Bofill), et le terminal 2, qui regroupe les 3 anciens terminaux (appelés aujourd'hui T2A, T2B, T2C). Distants de 4 km, le T1 et le T2 sont reliés par une navette gratuite (indispensable pour les passagers du T1 qui souhaiteraient gagner le centre-ville en train depuis le T2). On trouve de tout dans chaque terminal, dont un office de tourisme (T1 et T2B ; tlj 8h30-20h30 ; plan de la ville, etc.), une consigne (au bout du T1 au niveau 0 – ouv 24h/24 – et face au T2B – tlj 6h-22h –, à côté du parking ; 16-19 €/24h selon taille), des bureaux de change (tlj 7h-22h) et des distributeurs de billets.

Comment se rendre en ville ?

➢ *Navette Aerobús :* ☎ *93-415-60-20.* ● emt-amb.com ● aerobusbcn.com ● Navette A1 depuis le T1, et A2 depuis le T2 (arrêts aux T2A, T2B, T2C). Navette A1 : tlj 5h35-1h05 ttes les 5-10 mn selon heures. Navette A2 : tlj 6h-1h, ttes les 10-20 mn selon heures. Le ticket s'achète directement dans le bus au T1, dans le bus ou à un distributeur au T2. Tarif : 5,90 € (A/R 10,20 € ; valable 15 j. après l'aller). Arrêts dans l'ordre : Plaça-d'Espanya ; Gran-Vía-Urgell ; Plaça-de-la-Universitat ; Plaça-de-Catalunya *(centre détachable F4).*

Env 35-40 mn pour gagner le centre-ville.
➢ *En train :* ● renfe.com ● Depuis le T2B slt, la ligne R2 assure des liaisons directes ttes les 30 mn 5h42-23h38 (5h08-23h07 depuis Passeig-de-Gràcia ; *centre détachable F3).* Trajet : 25 mn. Le plus économique : 4,10 € (sans correspondance incluse avec le métro ; attention, le billet A/R, moins cher, n'est valable que le jour même ; en revanche, inclus dans les cartes de transports *T-Día 4 zones, T-10 4 zones* et dans la *Barcelona Card).* Entre les T2A et T2B, prendre l'escalator menant à la passerelle-tunnel rouge et blanc. Arrêts aux gares de Sants Estació et de passeig de Gràcia (la plus pratique car très centrale).
➢ *En bus :* ● tmb.cat ● Pour la pl. d'Espanya *(centre détachable B-C3) ; ligne 46,* départs du T1 et du T2B ttes les 10-15 mn selon heures (25 mn le w-e) tlj 4h50-23h50 dans les 2 sens. Le ticket s'achète directement dans le bus (2,15 €). Ou *bus nocturne N16* (pour le T2) et *N17* (pour le T1) pl. de Catalunya (et ronda Universitat). Ttes les nuits, départs ttes les 20 mn 21h55-4h45 depuis l'aéroport, 23h-5h depuis la pl. de Catalunya.
➢ *En taxi :* évidemment la solution la plus chère (voir plus haut les numéros de tél et tarifs dans la rubrique « Transports. Transports urbains à Barcelone » dans « Barcelone utile »). Env 30 € depuis le T1, 29 € depuis le T2.

Arrivée à l'aéroport de Gérone

Desservi essentiellement par des compagnies *low-cost,* même si certaines, comme *Ryanair,* arrivent aussi à El Prat de Llobregat.

✈ *Aéroport de Gérone : env 12 km de Gérone et à une centaine de km de Barcelone.*
➢ Depuis l'aéroport, bus réguliers vers Barcelone (estació del Norte ; Ⓜ Arc-de-Triomf ; *centre détachable H4)* en fonction des arrivées des vols avec les compagnies *Sagalès* (● sagalesairportline.com ●) pour 16 € l'aller ou 25 € l'A/R (valable 30 j.). Même principe depuis Barcelone (départ de la estació del Norte ; guichet C-0 pour les tickets ; *centre détachable H4)* vers l'aéroport de Gérone. Env 1h15 de trajet (en fonction du trafic).

Infos touristiques

Infos sur Barcelone

Les offices de tourisme ont un *numéro de téléphone commun* (☎ *93-285-38-34 ; 8h-20h).* Tous sont fermés les 1er et 6 janvier, et le 25 décembre.

🄸 *Turisme de Barcelona – Catalunya (centre détachable F4, 1) :* pl. *de Catalunya, 17 S.* ☎ *93-285-38-34.*

INFOS TOURISTIQUES

● barcelonaturisme.cat ● **Ⓜ** *Catalunya. Tlj 8h30-20h30 (9h-15h déc-janv). Entrée sur la place (par un escalator menant au sous-sol).* C'est le point d'information principal de la ville. Accueil en français, disponible et efficace. Excellent niveau d'informations sur la ville (y compris des infos et résas hôtelières en « dernière minute »). Organise aussi des visites guidées à pied de la ville (en particulier du Barri Gòtic, ainsi qu'un circuit qui vous mène sur les pas de Picasso). Vend tous les forfaits et *passes* cités ci-après. Également des tours en bus tout nouveaux (voir plus bas).

ℹ ***Turisme de Barcelona – Sant Jaume*** *(zoom détachable F5, 2)* **:** *c/ de la Ciutat, 2 ; à l'angle de la pl. Sant Jaume I.* **Ⓜ** *Jaume-I. Lun-ven 8h30-20h30 ; sam 9h-19h ; dim et fêtes 9h-14h.* C'est le point d'info du centre historique.

ℹ ***Turisme de Barcelona – Mirador de Colom*** *(centre et zoom détachables E6)* **:** *pl. Portal de la Pau. Tlj 8h30-20h30 (19h nov-avr).* Dans le sous-sol du mirador. Accès par le centre de la place. Accueil efficace et disponible. Dégustation payante de vins catalans (un peu chère). Profitez de votre passage pour prendre l'ascenseur jusqu'au sommet de la colonne (lire plus loin « À voir »).

ℹ ***Turisme de Barcelona – Estació de Sants*** *(plan d'ensemble et centre détachable B2, 3)* **:** **Ⓜ** *Sants-Estació. Dans le hall de la gare. Tlj 8h-20h.* C'est là qu'arrive le train en provenance de l'aéroport, avant de continuer vers la station Passeig-de-Gràcia. Mais c'est aussi ici qu'arrive le TGV en provenance de Paris, Nîmes, Montpellier, Perpignan...

ℹ ***Kiosques d'infos touristiques :*** plusieurs kiosques bien répartis dans la ville disposent des plans et informations les plus demandés, et vendent pour la plupart la *Barcelona Card* et le *Barcelona Bus Turístic* : *en face de l'entrée de la* **Sagrada Família** *(centre détachable H2 ; juil-sept, tlj 8h30-19h30 ; oct-juin, tlj 9h-15h) ; sur la* **pl. d'Espanya** *(centre détachable B3 ; juil-sept, tlj 8h30-19h30 ; oct-juin, tlj 9h-15h) ; sur la* **Rambla** *(zoom détachable F4 ; au niveau du nº 115 ; tlj 8h30-20h30) ; à la* **estació del Norte** *(centre détachable H4 ; c/Alí Bei, 80 ; juil-sept, tlj 8h30-19h30 ; oct-juin, tlj 10h-16h).*

– En été, on croise souvent dans le Barri Gòtic, sur la Rambla et le passeig de Gràcia des *hôtesses en uniforme rouge* avec un badge « Turisme de Barcelona ». N'hésitez pas à vous adresser à elles.

ℹ ***Oficina d'Informació Cultural*** *(zoom détachable E-F4, 6)* **:** *palau de la Virreina, la Rambla, 99.* ☎ *93-301-77-75.* **Ⓜ** *Liceu. Tlj 10h-20h30.* Toutes les infos concernant les concerts et les spectacles. Très bon niveau de prestation. Programmes et fanzines culturels à dispo gratuitement. Demandez *Butxaca*, l'agenda culturel mensuel ● butxaca.com ●, et *In BCN*, un feuillet mensuel très bien fait.

Infos générales sur la Catalogne, Barcelone et le reste de l'Espagne

ℹ ***Palau Robert*** *(centre détachable F2, 4)* **:** *passeig de Gràcia, 107.* ☎ *93-238-80-91.* ● gencat.cat/palaurobert ● **Ⓜ** *Passeig-de-Gràcia ou Diagonal. Lun-sam 10h-20h, dim et j. fériés 10h-14h30. Fermé 1er janv, 6 janv et 25-26 déc.* Infos sur toute la Catalogne (Montserrat...) : bien pour préparer des excursions ou des balades dans les environs. Consultation de cartes, guides, livres, dépliants touristiques, etc. En plus, le palau Robert accueille régulièrement des expos. Jardin ombragé avec des bancs pour se poser.

ℹ ***À l'aéroport*** **:** *T1 et T2B. Tlj 8h30-20h30. Fermé 1er janv, Vendredi saint, 1er mai, 11 sept et 25-26 déc.* Infos sur Barcelone et la Catalogne.

Infos en ligne

– ***Sites internet de la ville :*** il en existe 2. ● barcelona.cat ● est celui de la mairie. ● barcelonaturisme.cat ● est beaucoup plus complet pour le tourisme (et en français). Infos sur les hébergements, les événements ponctuels, les circuits touristiques, etc.

Cartes et *passes*

– La plupart des **offices de tourisme** distribuent de bons **plans de la ville.**

ADRESSES ET INFOS UTILES

– C'est également auprès d'eux que vous vous procurerez les divers **passes touristiques** : Barcelona Card, Articket et *Arqueoticket*. Pour plus de détails, se reporter à la rubrique « Musées et sites. Passes et autres tickets groupés » dans le chapitre « Barcelone utile ».

Visites guidées

■ **Turisme de Barcelona** organise de nombreuses visites guidées thématiques payantes (réduc - de 12 ans), en castillan, catalan, anglais ou français (en français, surtout ven-dim, et parfois aussi en sem en hte saison). Résa indispensable plaça de Catalunya, ou vente en ligne via leur site (avec réduc à la clé). Plusieurs formules, à pied, à scooter ou à vélo. Tout le détail des horaires, langues et tarifs dans les offices de tourisme ou sur ● *barcelo naturisme.cat* ●

– *À pied, avec guide*, de 15,50 à 21,50 €/pers (5-7 €/4-12 ans) : Barcelone Gòtic, Barcelone et Picasso, Barcelone moderniste, Barcelone gourmet. Les visites (2h) sont intéressantes, mais les groupes atteignent facilement 45 personnes. Du coup, on se balade avec une oreillette et on perd en convivialité.

– *À vélo :* plusieurs circuits (en ville, dans les environs...), en anglais, castillan ou catalan. Vélo, casque et siège enfant sont fournis, ainsi qu'une boisson. Durée : de 1h30 à 3h. Selon durée et parcours, 22-48 €/pers (réduc 9-15 ans).

– *À scooter :* même principe avec un seul circuit, mais avoir min 21 ans et un permis voiture valable depuis 3 ans. Environ 45-50 €.

– *En bus :* des tours avec guide, dans les quartiers moins connus de la ville, durée 3h30, rendez-vous 9h30, plaça de Catalunya et résa auprès de l'office de tourisme (30-35 € selon le tour choisi).

– D'autre part, il est possible d'acheter en ligne sur le site de l'office de tourisme des MP3 pour visiter en solo, baladeur sur les oreilles.

■ *Mabarcelone :* ☎ 678-15-46-42 (Ilona). ● *contact@mabarcelone.com* ● *mabarcelone.com* ● *Résa conseillée pdt vac scol.* Visites guidées thématiques, en français s'il vous plaît ! Petite agence montée par deux jeunes Françaises dynamiques et chaleureuses, Ilona et Bénédicte, et surtout passionnées par la ville, son histoire, ses coins et ses recoins, ses habitants, ses artisans... Itinéraires en individuel ou en petit groupe (8 à 10 pers max), vraiment chouettes et originaux – que les thèmes soient classiques (Barri Gòtic, gastronomie, modernisme, etc.) ou plus insolites (le Raval, tournages mythiques à Barcelone...). Organise aussi une visite privée du park Güell et de la Sagrada Família (par un guide français spécialiste de Gaudí) et des balades à vélo pour découvrir à coups de mollets les contrastes de la ville.

À partir de 50 € pour 2 adultes (réduc moins de 18 ans) pour les visites en petits groupes et 140 € pour 2 personnes pour la visite privée du park Güell et Sagrada Família (réservation 15 j. avant min).

■ *Itineraplus :* c/ Copons, 3. ☎ 93-342-83-33. ● *info@itineraplus.com* ● *itineraplus.com* ● Le sympathique Lluis est le seul de son équipe à parler le français. Les visites guidées, thématiques, se font donc uniquement en castillan et en anglais (la demande n'est pas encore assez forte pour constituer des groupes francophones). Compter min 13 €/pers (groupes max 25 pers). Le programme des visites est disponible sur Internet. Thèmes plus ou moins insolites : Barcelone romaine, romane, gothique, Renaissance, baroque, moderniste, bohème, magique, ésotérique, guerre civile... ou à la carte dans le cadre d'une visite privée... car les plus motivés peuvent aussi réserver une visite privée (en français !) de 3h, à effectuer en petit comité ; compter alors 210 € pour 1 à 15 personnes.

Agendas culturels

Ces agendas culturels sont pour la plupart disponibles dans les offices de tourisme et à l'*Oficina d'Informació Cultural*, palau de la Virreina.

– *Agenda cultural :* agenda culturel bimensuel, gratuit et très bien fait, édité

par *Barcelona Turisme*. À demander dans les offices de tourisme.
– ***B-guided :*** le guide trimestriel payant qui fait référence, décliné en plusieurs rubriques sympas *(b-inspired, b-ing, b-wear, b-served, b-seen...)*. Guide en anglais et en espagnol plutôt orienté design, zique et fringues (euh... que des fringues de marque, ¡ *claro !*). ● *b-guided.com* ●
– ***Butxaca :*** mensuel gratuit où l'on retrouve l'actualité culturelle de la ville (musique, théâtre, expos, ciné...). Dans les bars, boutiques, etc. ● *butxaca.com* ●
– ***Mondo sonoro :*** mensuel gratuit indispensable pour suivre l'actualité musicale de la ville et connaître les dates de concerts. ● *mondosonoro. com* ● Disponible chez les disquaires et dans les bars.
– ***Metropolitan :*** mensuel gratuit en anglais. Là où ça bouge : bars, lifestyle, sorties... ● *barcelona-metropolitan.com* ●
– ***La Guía del Ocio :*** l'équivalent de l'*Officiel des spectacles* parisien. En vente le jeudi. Beaucoup plus conventionnel, il va sans dire. ● *guiadelocio. com/barcelona* ●

Services

✉ **Correos** *(grande poste ; zoom détachable F5)* : pl. Antonio López, 1. ☎ 93-486-80-50. Ⓜ Barceloneta ou Jaume-I. Près du port, à l'extrémité de la vía Laietana. Lun-ven 8h30-21h30 ; sam 8h30-14h. Les autres postes ferment à 20h en sem. Poste restante. Boîtes aux lettres extérieures à l'arrière de l'édifice (*angle vía Laietana et c/ A. J. Baixeras*). Autre *correos* pratique dans l'Eixample *(centre détachable F3)* : c/ Aragó, 282. Lun-ven 8h30-20h30, sam 9h30-13h.

■ **Consignes** : à la gare de bus **estació del Norte** *(centre détachable H4)*, directement sur les quais d'accès aux bus. Tlj 5h30-1h. Env 3,50 €/24h. Également, très pratique car à 2 mn de la pl. de Catalunya, **Locker** *(centre et zoom détachables F4,* ***12****)* : c/ Estruc, 36. ☎ 93-302-87-96. Tlj juil-oct 8h30-22h et 9h-21h le reste de l'année. Prix : 6,50-12 €/24h selon taille et nombre de bagages. Si c'est complet, juste à côté, **Budget Bikes** propose ce service, mais ils ont moins de coffres.

Wifi et Internet

La majeure partie des **bars, hostales, hôtels** et **AJ** de Barcelone proposent un service wifi, souvent gratuit. Toutefois, certaines adresses haut de gamme le facturent encore...

📶 **Wifi gratuit en ville :** idéal quand on voyage avec un smartphone, la ville a ouvert un réseau wifi gratuit. Quand on peut le choper, il fonctionne plutôt bien. Il émet à proximité de certains points culturels ou touristiques, comme l'*Ajuntament*, la bibliothèque municipale, le *centre civico* et autour de plus de 50 sites en ville. Pour se connecter, il suffit d'accepter les conditions d'utilisation. Avec la généralisation du wifi, de moins en moins de cybercafés à Barcelone. Quelques lieux tout de même :
@ **Apple Store** *(centre détachable F4,* ***7****)* : passeig de Gràcia, 1. Ⓜ Catalunya. Tlj sf dim 9h30-21h30. Consultation gratuite (dans la limite du raisonnable, ne les prenez pas pour des pommes !) sur les ordis de démonstration.
@ **Bornet** *(zoom détachable G5,* ***14****)* : Barra de Ferro, 3. Ⓜ Jaume-I. Lun-ven 12h (10h mar-mer)-23h, w-e 14h-23h. Caché dans une ruelle, tout près du musée Picasso, sans nom apparent sur la devanture. Petite salle cosy pour se poser.
@ **Paris Locutorio** *(centre détachable E4,* ***15****)* : c/Muntaner, 1. Ⓜ Universitat. Tlj 9h-2h. Ordis récents et horaires larges.

Représentations diplomatiques

■ **Consulat de France** *(centre détachable F4,* ***18****)* : ronda Universitat, 22 bis, 4º, 08007 Barcelona. ☎ 93-270-30-00. ● *consulfrance-barcelone.org* ●

Ⓜ Catalunya. Lun-ven 9h-13h (permanence tél lun-jeu 9h-13h30, 15h-17h30 ; ven 9h-13h). En cas d'extrême urgence (grave) slt, et hors horaires d'ouverture : ☎ 699-30-07-49. Le consulat peut notamment, en cas de difficultés financières, vous indiquer la meilleure solution pour que des proches vous fassent parvenir de l'argent, ou encore vous assister juridiquement en cas de problème.

■ *Consulat général de Suisse* (plan d'ensemble, **19**) : Edificios Trade, Gran Vía de Carles III, 94, 7º. ☎ 93-409-06-50. ● helpline@eda.admin.ch ● Lun-ven 9h-12h30 (permanence tél lun-jeu 14h-17h).

■ *Consulat de Belgique* (centre détachable G3, **20**) : c/ Diputació, 303, 1º. ☎ 93-467-70-80. ● barcelona@diplobel.fed.be ● diplomatie.belgium.be/spain ● Lun-ven 9h-14h. En cas d'extrême urgence (grave) slt, et hors horaires de bureau : ☎ 609-66-10-00.

■ *Consulat du Canada* (centre détachable F4, **21**) : pl. de Catalunya, 9. ☎ 93-270-36-14. ● bclna@international.gc.ca ● Ⓜ Catalunya. Au 1er étage. Lun-ven 9h-12h30.

Urgences

■ *Toutes urgences (Samu, police, pompiers)* : ☎ 112 (accès à un opérateur français qui vous orientera).

■ *Police nationale* : ☎ 091 pour les agressions et vols, ou ☎ 092 (police municipale). Sinon, vous pouvez vous rendre au commissariat de la c/ Nou de la Rambla, 80, mais prévoir 2-4h d'attente.

■ *Ambulances de la Croix-Rouge* : ☎ 93-300-20-20.

■ *Secours divers* : guàrdia urbana, ☎ 092.

■ *Service d'assistance* aux victimes de vol, d'agression ou d'accident, en cas de perte des papiers, des bagages ou en cas de problème médical : *Turismo Atención* (zoom détachable E5, **22**), la Rambla, 43. ☎ 93-256-24-30. Ce service dépend de la guàrdia urbana et est ouv tlj 24h/24.

✚ *Hôpital* (centre détachable E2, **23**) : Hospital Clínico, Villarroel, 170. ☎ 93-227-54-00. Dans l'Eixample.

■ *Pharmacies* :
– *Farmacia Clapés Antoja* : la Rambla, 98 (juste à côté du musée de l'Érotisme). ☎ 93-301-28-43. Ouv 24h/24.
– *Passeig de Gràcia, 26*. ☎ 93-302-11-24. Lun-jeu 8h-22h, ven 8h-23h, sam 9h-23h.

■ Organisme d'info susceptible de vous diriger sur un hôpital : *Barcelona Centro Médico*, avda Diagonal, 612. ☎ 93-414-06-43. ☎ 639-30-34-64 (24h/24). Attention ! En urgence, la facture est parfois salée...

■ *Objets trouvés – Oficina de Troballes* (zoom détachable F4, **16**) : pl. Carles Pi i Sunyer, 10 (ce service dépend de la mairie). ☎ 010 depuis Barcelone, ☎ 00-34-93-402-70-00 depuis la France. Lun-ven 9h-14h. Service très efficace. *Objets perdus dans le métro ou le bus* : ☎ 010 ou 93-318-70-74. *Objets perdus à l'aéroport* : ☎ 93-298-33-49. *Dans le taxi* : ☎ 902-101-564.

■ *Fourrière* : si vous retrouvez à la place de votre voiture un autocollant bleu triangulaire, vous n'avez plus qu'à bondir (en taxi !) à l'adresse indiquée sur ledit triangle bleu (même en pleine nuit : la fourrière est payante à l'heure ! et l'enlèvement coûte déjà dans les 150 €...). Sinon, pour localiser son véhicule dans l'un des dépôts : ☎ 901-51-31-51 (0,09 € l'appel puis 0,07 €/mn) ou ● gruabcn.cat/es/recuperar-el-vehiculo/busqueda-de-vehiculo ● Quand on vous dit qu'il vaut mieux se passer de voiture à Barcelone...

Loisirs

■ *Llibreria Jaimes* (centre détachable G3, **8**) : c/ de València, 318. ☎ 93-215-36-13. ● jaimes.cat ● Ⓜ Passeig-de-Gràcia ou Diagonal. Lun-ven 10h-20h30 ; sam 10h30-14h30, 16h30-20h30. L'une des bonnes librairies françaises de Barcelone, où vous trouverez des bouquins sur la ville, son histoire et son art, et pourrez recharger votre provision de romans. Et évidemment, en rayon aussi, votre guide préféré, si vous prend l'envie de prolonger votre séjour en Espagne !

■ *Llibreria Altaïr* (centre détachable F3) : Gran Vía de mes Corts Catalanes, 616. ☎ 93-342-71-71. Ⓜ Universitat ou Catalunya. Entre Balmès et rambla de Catalunya, en face du superbe cinéma Coliseum. Lun-sam 10h-20h30. Une librairie de voyage vaste et très bien approvisionnée, où vous trouverez toutes les cartes dont vous aurez besoin et des livres de voyage.

Transport ferroviaire

Même lorsque les départs ne se font que de Sants, on peut toujours acheter à l'avance ses billets aux guichets de passeig de Gràcia ou de estació de França : non seulement c'est plus central, mais il y a surtout beaucoup moins d'attente ! Valable uniquement pour les trajets nationaux, pas pour l'international.

■ *Infos et vente de billets RENFE :* ☎ 902-320-320. • renfe.com • *Appeler au moins 24h avt pour l'achat de billets.*

🚆 *Estació de Barcelona-Sants* (plan d'ensemble et plan détachable B2) : Ⓜ Sants-Estació. *Vente des billets 5h15 (6h15 le w-e)-22h.* Toutes les grandes lignes nationales (Madrid, Andalousie, Pays basque). C'est aussi de Sants que partent les *AVE (Alta Velocidad)* vers Madrid, Leida et Saragosse. Et également ici qu'arrivent et partent les TGV en provenance de et vers la France (direct de Paris en env 6h30).

🚆 *Estació de França* (zoom détachable G6) : Ⓜ Barceloneta. *Infos et vente des billets 6h30-22h. Gare ouv 6h-23h30 ; on peut alors accéder aux guichets automatiques.* Trains de et vers Reus, Tortosa, Móra la Nova, Alicante et Madrid-Puerta de Atocha. Depuis la suppression des trains de nuit de Paris à Barcelone, l'activité de cette magnifique gare est ralentie. Certains dimanches, de manière très irrégulière, la gare se transforme en un immense vide-grenier, « lost & found », ou encore « ce qui est une poubelle pour l'un est de l'or pour l'autre ». Se renseigner sur place pour les dates.

🚆 *Passeig de Gràcia* (centre détachable F3) : *infos et vente des billets 7h-22h. Gare ouv 5h-minuit.* C'est l'une des gares desservies par les *Cercanías,* c'est-à-dire les lignes régionales : entre autres vers Gérone et Port-Bou au nord, et Sitges au sud, et la R2 vers l'aéroport.

🚆 *Plaça de Catalunya* (centre détachable F4) : cette importante station de métro dessert aussi les plages et les environs de Barcelone grâce aux *Cercanías,* lignes C1, C3, C4 et C7. Trains pour Mataró, Blanes, costa del Maresme...

Autres moyens de transport

⛴ *Lignes maritimes :* rens au ☎ 93-298-60-00. *Lun-ven 8h15-19h.*

➤ **Vers les Baléares (Palma, Mahón, Ibiza) :** *Trasmediterranea* (centre détachable E6, 24), moll de Sant Bertran. ☎ 902-454-645. • trasmediterranea.es • *Iscomar,* • iscomar.com • Et *Balearia,* • balearia.com • Également avec la compagnie *Euro Mer,* représentant français de Gestion Naviera, le groupement des compagnies maritimes des îles Baléares : rens auprès d'Euro Mer (5, quai de Sauvages, CS 10024, 34078 Montpellier Cedex 3 ; autres agences à Sète, Béziers et Avignon). ☎ 04-67-65-67-30 ou 95-13. • euromer.com • Traversées tlj au départ de Barcelone (ou Valence) à des prix très compétitifs (et liaisons inter-îles également). Du navire classique (9h de traversée) au ferry rapide (4h30 de trajet), avec véhicule dans les 2 cas. La traversée rapide permet de courts séjours sur les îles (Majorque, Ibiza ou Formentera). Nombreuses réducs : A/R, jeunes, retraités, familles, résas... *Euro Mer* propose aussi, sur ttes les îles, des hôtels 3 ou 4 étoiles à prix intéressants. Pour plus de détails, voir le *Routard Baléares*.

■ **Bus nationaux et internationaux :** *estació del Norte (centre détachable H4), Ali Bei, 80.* ☎ 902-260-606. ● *barcelonanord.com* ● Ⓜ *Arc-de-Triomf. Billetterie et standard tlj 7h-21h.* Consigne (sur les quais, voir plus haut « Services ») et bureau d'infos touristiques. Ts les départs et ttes les arrivées, nationaux ou internationaux, se font ici. De plus, ttes les compagnies y ont au moins un guichet (au 1er étage du bâtiment). Cette ancienne gare ferroviaire, rénovée, est moderne, spacieuse, bien organisée et centrale. Les compagnies *Eurolines* et *Julià* proposent des billets pour des destinations européennes à des tarifs intéressants. Les navettes pour l'aéroport de Gérone (voir plus haut « Arrivée à l'aéroport de Gérone ») arrivent et partent d'ici aussi.

✈ **Compagnies aériennes :**
– **Iberia :** ☎ 902-400-500 *(infos et résas).* ● *iberia.com* ● *Bureau à l'aéroport, T1.*
– **Air France :** *à l'aéroport slt.* ☎ 902-207-090. ● *airfrance.es* ●
– Les compagnies *low-cost* n'ont pas de représentant en ville : guichets à l'aéroport, ou résa sur leur site internet (voir « Comment y aller ? » au début de ce guide).

Location de vélos, de scooters et de voitures

Barcelone dispose de tout un réseau de pistes cyclables qui vous emmèneront du palau de Pedralbes à Montjuïc, au parc de la Ciutadella, à la Barceloneta et aux plages au-delà de la vila Olímpica *(plan d'ensemble)*.
Ne cherchez pas à utiliser les *Bicing* ni les *Bicing Eléctrico* (cousins des Vélo'V lyonnais ou des Vélib parisiens), ils sont réservés à l'usage des résidents de Barcelone. Les visiteurs que nous sommes ne peuvent pas en profiter...

■ **Budget Bikes** *(zoom détachable G5, 25) :* c/ de la Llana, 3. ☎ 93-304-18-85. ● *budgetbikes.eu* ● Ⓜ *Jaume-I. Tlj 9h-21h (l'hiver 10h-18h). Compter 6 € pour 2h (min) et 16 €/24h.* Les vélos sont de couleur orange. Bon matériel, vélos en bon état et parfois accueil en français. *Autres adresses en ville (mêmes horaires) :* c/ Estruc, 38 (zoom détachable F4, 25 ; presque à l'angle avec c/ Fontanella) ; c/ Trafalgar, 7 (hors zoom détachable par G4, 25) ; c/ Balmes, 14 (centre détachable F3, 25) ; Nou de la Rambla, 106 (entrée aussi par la c/ Tàpies, 23 ; centre détachable E5, 25).
■ **Classic Bike** *(centre détachable E4, 26) :* c/ Tallers, 45. ☎ 93-317-19-70. ● *barcelonarentbikes.com* ● *Tt proche de la Rambla et de la pl. de Catalunya. Au fond d'un passage. Tlj 9h30-20h (10h-18h déc-fév). À partir de 6 €/2h, 12 €/j. (retour le soir), 15 €/24h.* Pas mal de vélos, bon entretien, et siège enfant sans supplément. Ils louent même des vélos pliants et des tandems !
■ **Green Bikes Taller de Bicis** *(zoom détachable F5, 27) :* c/ Escudellers, 48. ☎ 93-301-36-12. ● *greenbikesbarcelona.com* ● *Tlj 10h-20h. Vélo unisexe 1,50 €/h et 10 €/24h, cadenas et casque inclus.* Vélos verts correctement entretenus et bon rapport qualité-prix. *Autre adresse :* c/ Ample, 53, ☎ 93-125-02-78, tlj 10h-20h.
■ **Bicitram** *(zoom détachable G5, 28) :* passeig de Picasso, 46. ☎ 607-22-60-69. Ⓜ *Estació-de-França. Slt le w-e et vac scol 10h-20h. Vélo env 4 €/h, 16 €/j.* Fournissent des chaînes et des cadenas, compris dans le prix.
■ **Bicirent** *(centre détachable F4, 31) :* c/ Jovelanos, 4. ☎ 93-302-87-15. ● *bici-rent.es* ● Ⓜ *Plaça-de-Catalunya. Tlj 10h-20h. Vélo env 6 €/2h, 15 €/24h, assurance comprise.* Proposent des vélos de style hollandais en 3 tailles, y compris pour les enfants (à partir de 8-10 ans). Chaînes, cadenas et siège bébé fournis et compris dans le prix, ainsi qu'un plan de la ville avec les pistes cyclables. Proposent également des tours guidés à vélo.

■ **Moto Rent :** ☎ *902-101-154.* ● *moto-rent.com* ● *Plusieurs agences centrales en ville. Compter min 50 €/j. avec kilométrage illimité, assurance, antivol et casque ; à la sem, le prix descend jusqu'à 38 €/j. Permis B nécessaire (obtenu depuis plus de 3 ans).* Soyez quand même prudent, Barcelone est la ville d'Espagne qui compte le plus de deux-roues, et il faut avouer qu'elle s'y prête bien !

Cette agence loue des scooters 50 et 125 cm³ en bon état.
■ **Vanguard** *(centre détachable D1, 30) : c/ Londres, 31.* ☎ *93-439-38-80.* ● *vanguardrent.com* ● Ⓜ *Hospital-Clínic ou Entença. Lun-ven 8h30-13h30, 16h-19h ; sam et j. fériés 9h-13h. Scooters 100 cm³, à partir de 36 €/j., avec franchise, casque et cadenas.* Un des moins chers. Propose aussi des motos et des voitures.

OÙ DORMIR ?

La difficulté n'est pas de trouver un logement, mais d'en trouver un à prix correct ! En particulier dans le Barri Gòtic, où les prix flambent sans rapport avec le confort réel ou la tenue de l'établissement. Notamment lors des congrès et salons. Plus d'infos dans la rubrique « Budget. Hébergement » dans « Barcelone utile » en début de guide. D'une manière générale, large éventail d'hébergements, de la piaule où l'on s'entasse à quatre copains à la pension bourgeoise et cossue. Ceux qui cherchent des chambres doubles à petits prix se rabattront sur les AJ (elles en ont souvent quelques-unes, mais très demandées !) ou sur les *pensiones*. Dans les hôtels bon marché, visiter plusieurs chambres avant de poser ses valises. À prix équivalent, le confort n'est pas toujours le même. **Les tarifs des nuitées variant selon saison, événements, période de la semaine parfois, confort et vue,** les fourchettes indiquées dans nos textes correspondent à l'éventail de prix en haute saison.
– **Avertissement spécial congés scolaires : réservez bien à l'avance** car il y a foule. Et surtout, demandez un reçu pour les arrhes versées !

Auberges de jeunesse

Nous vous proposons ici des auberges situées dans le centre ou à proximité, plus quelques-unes plus excentrées mais bien desservies par les transports en commun. Toujours y arriver avant 11h. Attention, sur la Rambla, bruit perpétuel 24h/24 : à Barcelone, la nuit n'est pas forcément faite pour dormir !

⌂ ***Albergue de la juventud Kabul*** *(zoom détachable E-F5, 40) : pl. Reial, 17, 08002.* ☎ *93-318-51-90.* ● *info@kabul.es* ● *kabul.es* ● Ⓜ *Liceu.* ⚒ *Résa slt sur Internet. Nuitée 12-30 €/pers, petit déj inclus. Draps en sus (payants la 1ʳᵉ nuit).* 🖥 🛜 Une AJ sur la plaça Reial, le rêve ! Certains dortoirs donnent d'ailleurs sur la place. Grosse capacité d'hébergement (dortoirs de 4 à 24 lits). Fréquentée par des lève-tard et des couche-tôt du matin. Gros avantage sur les concurrents : on rentre à l'heure qu'on veut et on peut se lever tard le matin ! L'ensemble des installations est correct. Accueil très blasé, on les comprend, ils sont débordés. Laverie, bar, billard, baby-foot, grand écran de TV et ambiance très jeune... En revanche, évitez l'annexe, plus récente mais moins sympa.

⌂ ***Sant Jordi Hostel Rock Palace*** *(centre détachable, F3, 43) : c/ Balmes, 75, 08007.* ☎ *93-453-32-81.* ● *rockpalace@santjordi.org* ● *santjordihostels. com* ● Ⓜ *Passeig-de-Gràcia. Nuitée en dortoir 15-33 €/pers, twin avec sdb privée 60-65 € (oct-mars slt) ; petit déj 3 €.* 🖥 🛜 Impeccablement située dans un bel immeuble ancien de l'Eixample, entre passeig de Gràcia et plaça de Catalunya, cette nouvelle AJ cumule les atouts : une thématique rock bien pêchue sur fond de design pop et d'éléments anciens restaurés, des parties communes originales et conviviales, à l'image du spectaculaire salon tout en marqueterie, vitraux et guitares électriques, ou encore du rooftop avec piscine. Répartis sur 5 étages, dortoirs (4 à 14 lits) au diapason, particulièrement au 2e (l'étage noble), le plus exceptionnel étant le 201 avec plafond peint et mouluré, parquet d'époque et grande terrasse privative ! Sanitaires modernes nickel, cuisine commune bien organisée au sous-sol avec de grandes tablées et petit patio... Bref, un sans-faute.

▲ **The Hipstel** (centre détachable F2-3, **123**) : c/ València, 266, 08007. ☎ 93-174-54-17. ● info@thehipstel.com ● thehipstel.com ● Ⓜ Passeig-de-Gràcia. Réception au 1er étage 24h/24. Nuitée en dortoir 20-36 €/pers, doubles 60-90 € ; petit déj 3 €. Promos sur leur site. 🛜 Une AJ nouvelle génération, pour jeunes voyageurs stylés, installée dans un ancien grand appartement bourgeois rénové de frais à la sauce récup-vintage. Hipster, quoi ! Dortoirs (6 à 12 lits) et chambres, impeccables et spacieux, sont répartis sur 2 niveaux : belle hauteur sous plafond au 1er (moins au 2e). Sanitaires communs tout neufs et design. Cuisine conviviale, grands salons aménagés avec des meubles chinés, très sympas, et agrémentés d'une belle terrasse pour les jours d'été. Situation bien centrale pour déambuler dans la ville. Accueil jeune et chaleureux.

▲ **Albergue New York** (zoom détachable F5, **42**) : c/ d'En Gignàs, 6-8, 08002. ☎ 93-315-03-04. ● info@hostelnybcn.com ● hostelnybcn.com ● Ⓜ Drassanes ou Jaume-I. ♿ Ouv 24h/24. Nuitée en dortoir 11-30 €/pers, doubles 38-60 €, familiales 3-4 pers 50-100 € ; petit déj inclus. Draps en supplément (payants la 1re nuit). Petite salle commune avec cuisine accessible 18h-22h. 🛜 Peut-être pas la plus belle AJ, mais elle est bien placée. Les chambres doubles se partagent les salles de bains, comme les dortoirs (de taille modeste : 4 à 6 lits). Prévoir un cadenas pour la consigne. Sanitaires impeccables. Accueil jovial.

▲ **Bon Moustache Hostel** (centre détachable G4, **126**) : c/ Girona, 33, 08010. ☎ 93-667-24-73. 📱 638-90-97-65. ● hola@bonmoustachehostel.com ● bonmoustachehostel.com ● *Ouv tte l'année, réception 9h-21h. Nuitée 10-17 €/pers, draps compris. Doubles 50-70 €.* 💻 🛜 Au 1er étage, on est accueilli par un vieux scooter et une valise en carton, impossible de louper l'entrée ! 4 dortoirs (de 4, 8 et 12 lits) ainsi qu'une chambre privatisable pour 2 à 4 personnes, pour cette petite AJ privée, de très bon confort et très joliment aménagée. Les dortoirs sont spacieux, chacun possède son propre w-c et les 2 plus grands un balcon. 4 salles de bains pour les filles et 4 pour les garçons. Salle commune avec de gros canapés et coussins confortables devant la télé, et une salle à manger-cuisine très bien équipée. Encore une belle AJ !

▲ **Equity Point – Gothic** (zoom détachable F5, **44**) : c/ Vigatans, 5, 08003. ☎ 93-268-78-08 ou 93-231-20-45 (résas). ● infogothic@equity-point.com ● equity-point.com ● Ⓜ Jaume-I. *Ouv 24h/24. Nuitée 15-28 €/pers, petit déj inclus.* 💻 *(gratuit 20 mn).* 🛜 AJ privée : pas besoin de carte. Dans une ancienne usine textile à deux pas du musée Picasso. L'architecture change donc de l'ordinaire, tout comme l'aménagement : espace commun sympa avec une belle hauteur sous plafond. Les dortoirs – de 6 à 18 lits – s'organisent comme des ruches (les lits s'empilent jusqu'au plafond : à chacun son alvéole !). Les plus petits sont plus classiques mais tout aussi confortables. Douche sur le palier, w-c dans le dortoir. Bonne ambiance. Équipements simples (cuisine riquiqui vu la capacité de l'auberge), compensés par un vrai atout : une vaste terrasse (ouverte aux beaux jours) sur le toit (transats, ping-pong). Très relax, comme l'accueil.

▲ **Barcelona Mar Youth Hostel** (centre détachable E5, **45**) : c/ Sant Pau, 80, 08001. ☎ 93-324-85-30. ● mar@behostels.com ● behostels.com ● Ⓜ Parral-lel ou Liceu. ♿ *Réception 24h/24, check-out à 11h. Nuitée 15-30 €/pers, petit déj inclus. Loc draps + serviettes 2,50 €. Prévoir des espèces, taxe de 7 % en CB.* 💻 🛜 Bien située, à 300 m de la rambla del Raval, dans un quartier plein d'animation. Une AJ récente, aux parties communes propres et en bon état.

Les lits superposés ont des rideaux pour donner l'illusion d'une relative intimité, car les dortoirs vont de 6 à 16 lits. Douches communes. Chauffage et AC, salle TV, laverie, cuisine à dispo bien équipée : tout y est.

■ *Equity Point – Centric* (centre détachable F3, **46**) : *passeig de Gràcia, 33, 08007.* ☎ *93-215-65-38 ou 93-231-20-45 (résas).* ● *infocentric@equity-point.com* ● *centricpointhostel.com* ● Ⓜ *Passeig-de-Gràcia. Nuitée 12-37 €/ pers, doubles avec sdb 80-98 € ; petit déj et draps inclus.* 🖳 🛜 Une usine à routards de 400 plumards (dortoirs 4 à 12 lits), qui sait garder sa bonne ambiance. Bourgeoisement installée dans un superbe immeuble de l'Eixample, la *Centric* est la plus grande (et la plus récente) AJ de la chaîne *Equity Point* sur Barcelone. Installations modernes et de bon confort, le tout gaiement coloré : vaste salon commun avec bar et cuisine, dortoirs impeccables (avec clim, et même une salle de bains pour les plus chers)... Les doubles sont très bien aussi, même si les prix sont élevés (c'est dû à l'emplacement si central). Quoi d'autre ? Une terrasse pour bronzer au dernier étage ! En revanche, sécurité oblige, on n'accède pas aux balcons depuis les chambres. Beaucoup de monde, mais l'adresse reste conviviale.

■ *Alternative Creative Youth Hostel* (centre détachable F3-4, **47**) : *ronda Universitat, 17, 08007.* 📱 *635-66-90-21.* ● *alvand@alberguest.com* ● *alternative-barcelona.com* ● *Une adresse discrète, à l'entresol, sonner sur le seul bouton rond. Ouv 24h/24. Résa quasi obligatoire. Nuitée 15-33 €/ pers. Pas de petit déj.* 🖳 🛜 Aucune enseigne tapageuse ne vient défigurer ce bel immeuble. C'est bien simple, rien ne laisse présager qu'au 1ᵉʳ étage se cache une auberge de jeunesse ! N'offrant que peu de lits (3 dortoirs de 8 lits chacun), l'établissement préfère fonctionner au bouche-à-oreille. Surtout, il revendique un esprit résolument différent. En misant sur la sécurité et la propreté, le jeune patron cherche à développer l'aspect convivial et culturel, et propose toutes sortes d'activités. L'ensemble est bien tenu et très chaleureux. Consigne, cuisine, distributeur de boissons fraîches, machine à laver.

■ *Generator Barcelona* (centre détachable G2, **41**) : *c/ de Còrsega, 373, 08037.* ☎ *93-220-03-77.* ● *barcelona@ generatorhostels.com* ● *generatorhostels.com* ● Ⓜ *Verdaguer. Ouv 24h/24. Résa quasi obligatoire. Nuitée 10-36 €/ pers, doubles 49-120 €.* 🖳 🛜 Cette AJ privée, présente dans plusieurs capitales européennes, offre un concept d'auberge de jeunesse qui dispose également de chambres doubles, plus chères et d'un *penthouse* (4 personnes) pour les plus aisés. Dortoirs de 8 (les moins chers), 6 ou 4 (les plus chers) lits. Un dortoir réservé aux filles. Chacun des 8 étages porte le nom d'un quartier de Barcelone. Superbe déco design, très colorée et réussie. Excellent accueil.

■ *Sleep Green Eco Youth Hostel Barcelona* (centre détachable E-F3-4, **72**) : *ronda Universitat, 15, 08007.* ☎ *93-250-79-38.* ● *info@sleepgreen barcelona.com* ● *sleepgreenbarcelona.com* ● Ⓜ *Universitat. Ouv 24h/24. Résa quasi obligatoire. Nuitée 14-35 €/ pers. Pas de petit déj servi mais possibilité de se le préparer.* 🛜 Très bien placé, au métro Universitat, *Sleep Green* est la 1ʳᵉ auberge de jeunesse à Barcelone et en Catalogne à obtenir l'écolabel européen. L'AJ offre des dortoirs climatisés et confortables de seulement 4 à 6 lits. Toutes les chambres disposent d'un balcon et de matelas neufs ! Cuisine commune, laverie. Même propriétaire que *Alternative Creative Youth Hostel.* Excellent accueil.

■ *Arco Youth Hostel* (zoom détachable F5, **52**) : *arco de Santa Eulàlia, 1, 08007.* ☎ *93-412-54-68.* ● *arcoyouth hostel.com* ● Ⓜ *Liceu. Réception au 1ᵉʳ étage. Nuitée 20-31 €/pers, double min 40 €/pers, micro petit déj inclus.* 🖳 *(gratuit 10 mn).* 🛜 Une AJ en plein cœur de la ville historique. De grandes chambrées (6 à 10 lits) qui conviendront aux plus jeunes routards venus faire la fête à Barcelone. Une adresse effervescente et conviviale, on a bien dit effervescente – vous savez, ce bruit que fait un cachet d'aspirine un lendemain de fête. Toutefois, la sympathique équipe veille avec fermeté et diplomatie au calme et au bon entretien du lieu. Petit salon avec un énorme coffre-fort. Accueil disponible et aimable.

🛏 *Equity Point Sea – Youth Hostel* (centre détachable F7, **50**) : pl. del Mar, 1-4, c/ de la Drassana, 6 (entrée par le bar entre le B et le C), 08003. ☎ 93-224-70-75 ou 93-231-20-45 (résas). • infosea@equity-point.com • equity-point.com • Ⓜ Barceloneta. En face de la plage de San Sebastián (réception au fond d'un bar). Nuitée 12-30 €/pers, petit déj inclus. 📺 📶 Une auberge à la pointe de la Barceloneta, presque les pieds dans l'eau, face à la plage. Qui dit mieux ? Situation idéale donc mais pour le reste, c'est vraiment sommaire : pas d'espace commun digne de ce nom (le coin cuisine se résume à un micro-ondes et un frigo) et les dortoirs (7 à 9 lits) sont basiques, petits avec leur empilement de lits à caisson, et, pour certains sans fenêtre. Propre, tenue par une équipe dynamique et sympa, c'est une bonne adresse… d'autant que le bar mitoyen (direction séparée) est impeccable pour siroter un verre face à la mer.

🛏 *Mediterranean Youth Hostel* (centre détachable G3, **51**) : c/ Diputació, 335, 08009. ☎ 93-244-02-78. • info@mediterraneanhostel.com • mediterraneanhostel.com • Ⓜ Girona. ♿ À deux pas du métro. Nuitée 12-25 €/pers, doubles sans ou avec sdb 40-80 €. Sur présentation de ce guide, petit déj offert ou dîner 5 €. 📺 📶 Cette agréable AJ a su compenser par des couleurs chatoyantes son manque général de fenêtres. Les dortoirs, tous très colorés, offrent une capacité de 4 à 10 lits. En revanche, les chambres doubles n'ont rien d'exceptionnel et ne sont envisageables qu'en dépannage. Espaces communs sympas et design (cuisine, salon TV et même une courette pour les fumeurs). Simple et sans prétention mais plutôt tranquille, et bonne ambiance. Accueil plus que décontracté, voire indolent.

🛏 *360 Hostel* (centre détachable G4, **55**) : c/ Bailen, 7, 08010. ☎ 93-246-99-73. • barcelona@360hostel.com • 360hostel.com • Ⓜ Arc-de-Triomf ou Urquinaona. Ouv 24h/24. Nuitée 10-30 €/pers et doubles (pas de grands lits) 29-50 € ; plus cher le w-e. Pas de petit déj. 📺 📶 Une adresse agréable et au calme, à quelques pas du centre, dans un immeuble ancien repeint en blanc. Les dortoirs de 4 à 8 lits sont conviviaux et ceux sur la rue possèdent un balcon. Si vous optez pour une double, demandez le n° 5 pour sa petite terrasse. Sanitaires d'une totale propreté, cuisine à dispo pour faire son frichti, café et thé à discrétion. Si c'est complet, annexe à deux pas.

🛏 *Backpackers BCN Casanova* (centre détachable E3, **49**) : c/ Casanova, 52, 08011. ☎ 93-566-67-25. • bookabedcasanova@backpackersbcn.com • backpackersbcn.com • Ⓜ Urgell ou Universitat. ♿ Congés : 1-15 nov. Nuitée en dortoir 9-22 €/pers, petit déj inclus (mai-oct) sinon 2,50 €. 📺 📶 Une petite AJ sans prétention ni superflu décoratif. Espace commun pas bien grand mais sympa avec son coin cuisine, son coin salle à manger et son salon. Dortoirs de 6 à 9 lits. Placards avec des clés. Très tranquille dans son genre. Accueil souriant.

🛏 *Alberguinn Youth Hostel* (centre détachable B1, **53**) : c/ Melcior de Palau, 70-74, 08014. ☎ 93-490-59-65. • alberguinn@alberguinn.com • alberguinn.com • Ⓜ Plaça-del-Centre ou Sants-Estació. Congés : 15 nov-1er fév. Nuitée 15-24 €/pers, petit déj et draps inclus. 📺 📶 Proche de la gare de Sants (bien pratique) et des métros, dans un quartier très tranquille, cette petite AJ nichée dans un immeuble moderne a pour elle son atmosphère conviviale : l'accueil est jeune et dynamique, et comme il n'y a que quelques dortoirs (6 à 14 lits), on se sent vite à l'aise dans le salon commun et la cuisine. On aime bien le dortoir *Naranja*, pour 10 personnes, plus spacieux et avec baies vitrées. Simple, moderne, impeccablement tenue et sympa.

🛏 *Urbany Hostel* (plan d'ensemble, **54**) : avda Meridiana, 97, 08026. ☎ 93-245-84-14. • info@barcelonaurbany.com • urbanyhostels.com • Ⓜ Clot ; sortie Aragó Meridiana. À l'angle avec Consell de Cent. Nuitée 9-34 €/pers, doubles avec sdb 29-92 € (voire plus) ; petit déj et draps inclus. 📺 📶 Une vraie ruche ! L'avantage de cette AJ privée excentrée, c'est sa taille : avec ses 400 lits, vous êtes presque sûr d'y trouver de la place. Récentes, les installations sont de bonne tenue et gaiement décorées. Dortoirs (4 à 8 lits) classiques de bon confort : coffres individuels, bonne literie et surtout avec douches et w-c privés. Cuisine bien équipée, et vaste salle commune sympa, ainsi qu'un snack *(plats 5-6 €).* Pas mal de petits plus : une super terrasse (avec une des plus belles vues qui soient sur la torre Agbar), l'accès gratuit à un centre de sport (piscine, fitness, sauna, etc.) et plein d'animations (soirées à thème, cours de flamenco, cours de tapas et de cocktails...). Équipe jeune et polyglotte.

≜ Voir aussi plus loin **Duo by Somnio** (dans « Hôtels et pensions. Dans l'Eixample. Prix moyens ») et la **Pensión Mari-Luz** (dans « Hôtels et pensions. Dans le Barri Gòtic et alentour. Bon marché »).

Locations d'appartements

Voici quelques agences sérieuses (voir aussi nos recommandations dans « Barcelone utile. Hébergement ») :

■ **Daily Flats** *(centre détachable D-E4, 57)* **:** *c/ Villarroel, 28, 08011.* ☎ *93-435-55-77.* 📱 *699-43-82-27.* ● *centro@dailyflats.com* ● *dailyflats.com* ● Ⓜ *Sagrada-Família ou Hospital-de-Sant-Pau. Compter 90-220 €/j. pour 4.* Cette agence très pro gère des appartements modernes et vraiment très bien équipés. Ils sont situés dans l'immeuble de la c/ Villarroel, près de la Sagrada Família, et dans le Raval. Il faut procéder au check-in à leur bureau *(9h-21h).*

■ **Aparteasy** *(centre détachable F-G2, 59)* **:** *c/ Santa Tecla, 3, 08012.* ☎ *93-451-67-66.* ● *info@aparteasy.com* ● *aparteasy.com* ● Ⓜ *Diagonal. Lun-ven 9h-14h, 16h-19h ; et sur rdv. Compter 80-95 €/j. pour 2 ; ajouter 10 % par pers supplémentaire. Min 3 nuits (2 nuits possibles en basse saison).* 🛜 *Réduc de 5 % sur le prix total de l'appartement sur présentation de ce guide.* Un beau catalogue d'appartements jusqu'à 10 personnes, essentiellement dans Gràcia, l'Eixample, le Barri Gòtic et plaça de Espanya. De standing variable, mais dans l'ensemble, pas de mauvaise surprise. Bon accueil.

≜ **Eric Vökel :** ☎ *93-433-46-31 (n° général).* ● *ericvokel@ericvokel.com* ● *ericvokel.com* ● *Réception dans chaque résidence tlj 9h-18h ; après, un automate délivre les clés. Compter 99-190 €/j. pour 2, et 150-275 €/j. pour 4.* 🖥 🛜 Location de studios et d'appartements de belle facture. La décoration est épurée : le blanc et le bois clair dominent de toutes parts. Toutefois, chaque appartement a sa touche personnalisée, généralement des photos en noir et blanc. Le niveau de prestation est très bon et l'accueil disponible. Bon rapport qualité-prix. 3 résidences en ville : *Gran Vía de les Corts Catalanes, 454,* ☎ *93-292-49-30 (centre détachable C-D3, 61),* Ⓜ *Rocafort ; c/ d'En Grassot, 4 (centre détachable H2, 62),* Ⓜ *Sagrada-Família ; c/ Indústria, 165 (plan d'ensemble, 63),* Ⓜ *Sant-Pau-Dos-de-Maig.*

≜ **Inside Barcelona** *(zoom détachable G5, 58)* **:** *c/ Esparteria, 1, 08003.* ☎ *93-268-28-68.* ● *info@insidebarcelona.com* ● *insidebarcelona.com* ● Ⓜ *Jaume-I. Ne pas confondre avec la c/ de l'Espaseria, juste à côté. Compter 69-132 €/j. pour 2 et jusqu'à 119-190 €/j. pour 4. Min 3 nuits.* 🛜 Une quarantaine d'appartements tout confort et très bien entretenus, situés essentiellement dans El Born, où se trouve l'agence, et quelques-uns près de Sants. De standing variable, comme ailleurs, mais c'est toujours moderne et joliment décoré. Rendez-vous d'accueil directement dans les appartements.

≜ **Apartaments Unió** *(zoom détachable E5, 60)* **:** *c/ Unió, 18-20, 08001.* ☎ *93-317-34-63.* ● *info@apartmentsunio.com* ● *apartmentsunio.com* ● Ⓜ *Liceu. Compter 65-135 €/j. pour 2 et 95-190 €/j. pour 4-5, draps et serviettes inclus. Min 3 nuits.* 🖥 🛜 Du studio à l'appartement de 2 chambres avec terrasse, ces logements sont répartis dans 2 immeubles très bien situés juste derrière le théâtre Liceu. Ascenseur au n° 20, mais pas pour ceux situés au n° 18. Jolis efforts de déco et bon confort : cuisine équipée, AC et chauffage, TV, et certains apparts ont même un lave-linge. L'ensemble est impeccablement tenu, et il y fait bon vivre. Accueil disponible.

▲ *Cocoon Barcelona* (zoom détachable G5, 56) : passeig Picasso, 40, 08003. ☎ 93-500-50-58. • info@cocoonbarcelona.com • cocoonbarcelona.com • Ⓜ Barceloneta. Lun-ven 10h-19h. Résa sur Internet (surveiller les promos !). Compter 50-150 €/j. pour 2 pers, 80-300 €/j. pour 4-6 pers et 150-400 €/j. pour 8-10 pers. Min 3 nuits. 🛜 *Remise de 10 € pour nos lecteurs en rentrant le code « routard2016 ».* Une société sérieuse dont l'offre est très variée, du simple studio au (très) vaste appartement pour 15 personnes. Ils sont situés un peu partout dans le centre, dans l'Eixample ou proches de la plage, avec terrasse ou piscine pour certains (parking sur demande, le préciser lors de la réservation). Standing pour toutes les bourses, mais le confort est toujours de qualité.

■ *Bedycasa.com :* BedyCasa offre une manière différente de voyager à Barcelone, plus authentique et plus économique. La chambre chez l'habitant permet aux voyageurs de découvrir une ville, une culture et des traditions à travers les yeux des locaux. En quelques clics sur BedyCasa, il est possible de réserver un hébergement grâce au moteur de recherche et de lire les témoignages d'autres voyageurs pour guider votre choix. BedyCasa, c'est aussi un label communautaire, une assurance et un service client 7j./7 gratuit.

■ *Interhome :* • interhome.fr • ☎ 0805-650-350 *(appel gratuit depuis un poste fixe en France).* Spécialiste de la location de vacances depuis 50 ans, Interhome propose des hébergements, du studio au château, sélectionnés selon des critères rigoureux pour répondre à tous les goûts et à tous les budgets pour des vacances, weekends et courts séjours mer, montagne, ville et campagne dans plus de 30 pays dont Barcelone. Sur place, des représentants locaux assurent l'accueil, et veillent au bon déroulement des séjours. Hotline 24h/24 et 7 j./7. Également des offres en « Dernière Minute » : 33 % de réduction sur une sélection de locations à partir de J-8 !

Hôtels et pensions

Dans le Barri Gòtic et alentour *(zoom détachable)*

Comme le dit le proverbe : « On ne peut pas avoir la fête et forcément le repos de la fête. » Dans ce quartier, les hôtels peuvent être bruyants, très bruyants.

Bon marché (moins de 65 €)

Attention, quelques adresses, notamment en haute saison, peuvent flirter avec la catégorie « Prix moyens ».

▲ *Pensión Mari-Luz* (zoom détachable F5, 65) : c/ Palau, 4, 08002. ☎ 93-317-34-63. • info@apartmentsunio.com • apartmentsunio.com • Ⓜ Jaume-I ou Drassanes. Au 4ᵉ étage. *Derrière l'hôtel de ville. Congés : 3 premières sem de janv. Doubles 30-80 € avec ou sans sdb, triples et quadruples avec sdb 55-100 €. Pas de petit déj mais cuisine à dispo.* 💻 🛜 Une adresse simple et plutôt calme car les chambres donnent pour la plupart sur cour. Toutes très petites, mais claires et impeccables, avec AC et chauffage. Les salles de bains, communes le plus souvent, ont été rénovées au goût du jour avec vasques et douches à l'italienne. Les triples et quadruples disposent uniquement de lits simples. Vous pourrez laisser vos objets de valeur en sécurité dans des armoires, fermant à clé, dans chaque chambre. Frigo à disposition. Ambiance familiale, excellent accueil. Loue aussi des appartements de 2 à 6 personnes dans la carrer Unió (voir plus haut *Apartaments Unió*).

≜ *Hostal & Albergue Fernando* (zoom détachable F5, **67**) : c/ Ferrán, 31, 08002. ☎ 93-301-79-93. • *reservas@hfernando.com* • *hfernando.com* • Ⓜ *Liceu*. ♿ *Selon confort (sdb ou non), 15-27 €/pers en dortoir 4-8 lits, doubles avec douche env 60-95 € ; petit déj inclus. Consigne.* 🖥 *(payant).* 🛜 Une bonne adresse qui mixe l'hôtel traditionnel et l'auberge de jeunesse. Les chambres offrent un bon rapport qualité-prix. Sachez néanmoins qu'elles donnent sur l'une des rues les plus animées de la vieille ville. De plus, l'*hostal* accueille beaucoup de jeunes et de scolaires qui ne viennent à Barcelone ni pour réviser ni pour dormir ! Pensez donc aux boules Quies si vous avez le sommeil léger. Cuisine à disposition. Excellent accueil, une des bonnes alternatives du quartier.

≜ *Pensión Aris* (centre détachable F4, **69**) : c/ Fontanella, 14, 08010. ☎ 93-318-10-17. • *reservas@pensionaris.com* • *pensionaris.es* • Ⓜ *Catalunya ou Urquinaona. Au 3ᵉ étage (ascenseur, interphone 3° 1a). Très bien placé, à deux pas de la pl. de Catalunya. Doubles 55-65 € (avec lavabo ou sdb) ; triples 70-80 € (lit supplémentaire 15 €). Pas de petit déj.* 🛜 Petite pension simple et propre, aux chambres correctes et climatisées, presque gaies avec leurs couvre-lits pétaradant de rouge. Les amateurs de calme en demanderont une donnant sur le patio. Mais pour la vue demander le n° 6 avec son balcon sur la plaza de Catalunya. Il faudra régler cash-pistache en arrivant : c'est dit poliment, et cela n'enlève rien à l'accueil sans façons, plutôt sympathique.

≜ *Pensió Alamar* (zoom détachable F5, **66**) : c/ Comtessa de Sobradiel, 1, 08002. ☎ 93-302-50-12. • *info@pensioalamar.com* • *pensioalamar.com* • Ⓜ *Jaume-I ou Drassanes. Doubles avec sdb communes 38-47 € (23-29 € pour 1 pers). Pas de petit déj.* 🛜 Dans une vieille maison, au 1ᵉʳ étage avec ascenseur. Chambres modestes et toutes petites (tout comme les salles de bains communes), mais impeccables et coquettes à leur façon ; certaines ont un ventilateur, d'autres un minuscule balcon, toutes un lavabo. Attention toutefois à celles sur rue. Cuisine bien équipée, TV. Accueil un peu usé par l'habitude ; mais un petit sourire de votre part arrangera tout.

Prix moyens (60-95 €)

≜ *Hostal Sol y K* (zoom détachable F5, **73**) : c/ Cervantes, 2, 08002. ☎ 93-318-81-48. • *solykbcn@gmail.com* • *solyk.es* • Ⓜ *Liceu ou Jaume-I. Au 2ᵉ étage. Congés : 15 nov-15 déc. Doubles avec ou sans sdb, lavabo ou w-c 55-80 €, triple env 90 €. Pas de petit déj.* 🖥 🛜 Dans un immeuble ancien, très central (et donc au cœur de l'action !), ce vaste appartement rénové abrite des chambres à la décoration très soignée, dans un style épuré et design. Elles donnent pour la plupart sur les rues piétonnes (sauf 3), au calme sur l'arrière. Propriétaires français (ils ne sont pas toujours là), accueil jovial en espagnol. Une bonne adresse avec un excellent esprit, une de nos préférées du quartier.

≜ *Pensión Canadiense* (zoom détachable F5, **75**) : baixada Sant Miquel, 1, 08002. ☎ 93-301-74-61. 📱 685-19-61-68. • *pension.canadiense.bcn@gmail.com* • *pensioncanadiense.es* • Ⓜ *Jaume-I. Doubles avec sdb 68-72 €, triples env 90-107 €.* 🛜 Au-dessus du *Gran Café*, en plein quartier Gòtic, une bonne pension dans un vieil immeuble patiné par le temps. Chambres impeccablement tenues, avec AC et chauffage en hiver. Dotées d'un balcon, elles donnent sur la carrer d'Avinyó, l'une des plus animées le soir. Une triple donne sur la cour : certes la vue est bouchée, mais c'est aussi beaucoup plus tranquille. Une bonne adresse. Accueil jovial, et la patronne parle le français.

≜ *Hotel Cantón* (zoom détachable F5-6, **74**) : c/ Nou de Sant Francesc, 40, 08002. ☎ 93-317-30-19. • *info@hotelcanton-bcn.com* • *hotelcanton-bcn.com* • Ⓜ *Drassanes*. ♿ *Doubles 50-72 €, triples 75-96 € ; petit déj-buffet 5 €.* 🛜 Au cœur de la vieille ville mais plutôt au calme, ce discret 1-étoile propose des chambres modernes et nickel, disposant toutes d'une salle de bains (avec baignoire) et d'un équipement parfait pour le prix : clim, coffre-fort, TV et même un frigo ! L'adresse ne déborde pas de charme mais offre un très bon rapport qualité-prix. Accueil aimable.

≜ **Hostal Layetana** (zoom détachable F5, **77**) : *pl. Ramón Berenguer el Gran, 2, 08002.* ☎ *93-319-20-12.* ● *catedral.ramblas@gmail.com* ● *layetanahostal.com* ● Ⓜ *Jaume-I. Au 1ᵉʳ étage (3ᵉ en réalité, au-dessus de l'entresuelo). Proche du métro. Doubles 45-70 € selon confort (sans ou avec sdb) et saison, triple env 90 €.* Une pension bien située et tenue comme il faut, dans un bel immeuble ancien (prendre l'escalier de gauche ou l'antique ascenseur parfois capricieux). Le mobilier varie selon les chambres, certaines dans du pseudo-ancien, d'autres dans du vrai moderne. Elles donnent sur les murailles de la cathédrale ou sur la grande place. Grand salon avec un beau balcon. Accueil sans façons, avec quelques mots de français le matin. Un bémol : plutôt bruyant malgré le double vitrage.

Chic (95-130 €)

≜ **Bonic Barcelona** (zoom détachable E6, **78**) : *c/ Josep Anselm Clavé, 9, 08003.* 📱 *626-05-34-34.* ● *reservations@bonic-barcelona.com* ● *bonic-barcelona.com* ● Ⓜ *Drassanes. Doubles 90-95 €, petit déj inclus. Fermé 15 j. en août.* 🖳 🛜 Dans une rue calme, au 1ᵉʳ étage d'un immeuble de caractère, une adresse de grand charme, très centrale. À peine 8 chambres d'hôtes qui se partagent 3 salles de bains, et tenues impeccablement par un couple francophone. Très jolie déco et succulent petit déj. Plein d'attentions, de bons conseils et de gentillesse ; bref, une adresse à visage humain, des prix raisonnables et des prestations dignes d'un 3-étoiles ! Vous pouvez réserver les yeux fermés.

≜ **Denit** (zoom détachable F4, **79**) : *c/ Estruc, 24-26, 08002.* ☎ *93-545-40-00.* ● *info@denit.com* ● *denit.com* ● Ⓜ *Plaça-Catalunya. Doubles 99-199 € pour les plus petites, jusqu'à 250 € pour les plus grandes. Petit déj de base inclus (supplément à la carte). Grosses promos sur leur site web.* 🛜 Dans une ruelle étroite et rarement ensoleillée. Dans un immeuble des années 1940, un hôtel entièrement rénové. S'il ne bénéficie d'aucune vue (en particulier côté cour), il est vraiment central et d'un très bon confort. Les chambres sont de taille variable, toutes bien agencées et joliment décorées, dans des tons blanc, gris et violet. Les petites « économiques » sont riquiqui mais d'un bon rapport qualité-prix : elles conviendront parfaitement à de jeunes amoureux au budget pas trop serré.

≜ **Hotel California** (zoom détachable F5, **80**) : *c/ Rauric, 14, 08002.* ☎ *93-317-77-66.* ● *info@hotelcaliforniabcn.com* ● *hotelcaliforniabcn.com* ● Ⓜ *Liceu. Doubles 75-120 €, petit déj inclus.* 🛜 Un bel hôtel bien rénové. Les couleurs, douces et chaudes (dans les tons prune et violet), très contemporaines, ainsi que le soin porté au confort, en font une bonne adresse. On ne peut plus central (entre la calle d'Avinyó et la plaça Reial), les chambres donnent sur une ruelle étroite, sombre mais très calme ; ou sur le patio, encore plus calme. On ne peut pas tout avoir ! Excellent accueil. Parking sécurisé à deux pas, à un prix très correct.

≜ **Hotel Jardí** (zoom détachable F5, **81**) : *pl. Sant Josep Oriol, 1, 08002.* ☎ *93-301-59-00.* ● *reservations@eljardi-barcelona.com* ● *eljardi-barcelona.com* ● Ⓜ *Liceu. Doubles avec sdb 65-112 € ; petit déj 6 €.* 🖳 🛜 *Petit déj offert à partir de la 3ᵉ nuit, sur présentation de ce guide.* Très belle façade ancienne pour cet hôtel sis sur une place ravissante, qui se métamorphose en un théâtre enchanteur le soir. Les chambres les moins chères, bien que confortables, peuvent manquer de charme car quelques-unes sont borgnes. Les plus chères – certaines avec de grands balcons – profitent de la jolie placette (et donc de l'animation qui va avec... prévoir les boules Quies). L'ensemble est fonctionnel, propre et bien équipé (TV satellite, AC...). Au rez-de-chaussée, petit bar très sympa. Accueil disponible.

≜ **Hotel Barcelona Catedral** (zoom détachable F4, **109**) : *c/ dels Capellans, 4, 08002.* ☎ *93-304-22-55.* ● *hotel@barcelonacatedral.com* ● *barcelonacatedral.com* ● Ⓜ *Jaume-I. Doubles*

110-255 € *(promos et forfaits sur Internet).* 🖥 📶 Voici un hôtel moderne à une enjambée de la charmante petite plaça Nova, en plein quartier Gòtic. Extrêmement confortable et reposant, malgré l'animation environnante, l'établissement offre des chambres de très bon confort, à la déco récente : matelas épais, belles salles de bains avec douche à l'italienne, TV satellite, AC... Les moins chères sont d'un très bon rapport qualité-prix. Ce qui nous a aussi séduits, c'est la piscine sur le toit, bien agréable en plein été.

Dans la Ribera et El Born *(zoom détachable)*

Bon marché (moins de 70 €)

🛏 *Pensión Francia (zoom détachable G5, 90) :* c/ de Rera Palau, 4, 08003. ☎ 93-319-03-76. • info@milisa.com • milisa.com • Ⓜ *Barceloneta. Doubles sans ou avec sdb privée 50-70 €. CB refusées.* 📶 Non loin de la plage et au cœur du quartier de la Ribera. Dans un immeuble classique, une petite pension à l'ancienne, simple mais sympa comme tout : lumineuse, très propre (douches et sanitaires communs compris) et correctement aménagée. Petite salle à manger ouvrant sur un balcon. Accueil très gentil.

🛏 *Pensión Lourdes (zoom détachable G5, 91) :* c/ Princesa, 14, 08003. ☎ 93-319-33-72. • info@pensionlourdes.es • pensionlourdes.com • Ⓜ *Jaume-I. Au 1er étage. Doubles 47-65 € sans ou avec sdb privée. CB refusées.* 📶 Dans le secteur touristique de la Ribera. Le sympathique patron et ses employés parlent un peu le français. Les chambres sont monacales et rutilantes comme un habit sacerdotal un jour de grand-messe... sans toutefois faire de miracle. Elles sont très simples et d'un confort basique. Celles situées près de l'entrée sont plus bruyantes mais disposent d'un balconnet... un choix cornélien : bien dormir ou prendre l'air ? Une bonne adresse dans sa catégorie.

De chic à très chic (de 95 à plus de 160 €)

🛏 *La Casa de Marcelo (zoom détachable G5, 92) :* c/ de Rera Palau, 2, 08003. ☎ 93-182-23-55. 📱 661-12-41-57 ou 657-99-84-54. • casa.marcelo.barcelona@gmail.com • casamarcelobarcelona.com • Ⓜ *Barceloneta. Au 1er étage. Doubles avec sdb partagée ou privée 60-140 €, avec petit déj. 2 nuits min. Caution pour les clés 20 €.* 📶 Bienvenue chez l'adorable Marcelo (francophone) qui a créé avec son ami Olivier (français) ces superbes chambres d'hôtes dans un grand appartement ancien plein de cachet (moulures, lustres à pampilles, sols anciens superbes, bougies intimistes le soir...). Les chambres sont aménagées avec beaucoup de goût (sans vue mais calmes). Les 2 salles de bains communes sont nickel et il y a même une belle cuisine à disposition. Notre coup de cœur dans le quartier. Ne vous pointez pas comme une fleur sans réserver, vous risqueriez de trouver porte close.

🛏 *Yurbban Trafalgar Hotel (zoom détachable G4, 63) :* c/ de Trafalgar, 30, 08010. ☎ 93-268-07-27. • trafalgar@yurbban.com • yurbban.com • Ⓜ *Urquinaona. Doubles 110-150 €, 150-200 € avec terrasse. Excellent petit déj-buffet de spécialités catalanes 14 €.* 🖥 📶 Situation très centrale (juste derrière le palau de la Musica), pour ce nouveau boutique-hôtel design qui, comme son nom l'indique, joue à fond le style jeune urbain-branché, sans trop forcer sur les prix. On a bien aimé le lobby-lounge-bar (tout en bleu fané et mobilier vintage de bois blond) ouvrant sur un patio verdoyant. Mais le must, c'est le rooftop au 8e étage avec piscinette, solarium, pergola et vue à 360° ! Les chambres, pas immenses mais bien pensées, ont du parquet jusque dans les salles de bains, une literie tip top et un frigo (pratique !). Une par étage donne sur la cour intérieure (les n°s 104, 204, 304...), moins sympa. Enfin, plein de petits plus : vermouth et douceurs à discrétion, prêt de vélos, machine à laver à dispo... Un autre

Yurbban devrait ouvrir dans la même rue, à surveiller !

🏠 **Ciutat de Barcelona** *(zoom détachable G5, 64)* : *c/ Princesa, 33-35, 08003.* ☎ *93-269-74-75.* • *barcelona@ciutathotels.com* • *ciutathotels.com* • 🚇 *Jaume-I ou Arc-de-Triomf. Doubles 80-150 € ; petit déj env 12 €.* 🖥 📶 Cette bonne adresse cumule les avantages. Située en lisière du quartier historique, à deux pas du musée Picasso, elle propose des chambres sobrement décorées, avec un soupçon de design. L'ensemble est confortable et très agréable à vivre. D'autant que sur le toit de l'immeuble, on trouve une belle terrasse parquetée de bois, avec une piscine de poche. L'idéal pour se délasser les gambettes après une journée de crapahutage. Bouteilles d'eau fraîche à discrétion. Accueil adorable et toujours prêt à rendre service.

🏠 **Hotel Banys Orientals** *(zoom détachable F-G5, 94)* : *c/ Argentería, 37, 08003.* ☎ *93-268-84-60.* • *reservas@hotelbanysorientals.com* • *hotelbanysorientals.com* • 🚇 *Jaume-I.* ♿ *Dans une rue animée jusque tard le soir. Doubles env 115-125 € tte l'année, triple 187 € ; petit déj 11 €.* 🖥 📶 La décoration contemporaine mérite ses compliments. Du subtil camaïeu gris et mauve s'exhale un sentiment de douceur et de bien-être. Le décorateur a réussi à donner de la chaleur et du caractère à l'hôtel. Photos en noir et blanc et gravures dans les chambres, pas super grandes mais douillettes. Quant aux triples, elles sont réparties dans des annexes tranquilles à deux pas. Petit plus charmant : eau et fruits à discrétion pour les clients.

🏠 **Hotel Chic & Basic Born** *(zoom détachable G5, 95)* : *c/ Princesa, 50, 08003.* ☎ *93-295-46-52.* • *born@chicandbasic.com* • *chicandbasic.com* • 🚇 *Jaume-I ou Arc-de-Triomf. Doubles 89-200 €.* 🖥 📶 Sur la porte, l'amusante inscription « *Si, si, es un hotel* » interpelle le promeneur. Il faut dire que l'entrée est plutôt discrète. Mais à l'intérieur, jeux de lumière et architecture design sautent aux yeux dès l'accueil. Dans les chambres à la déco épurée, des spots diffusent des lumières colorées, à intensité réglable. Un peu *too much*, mais c'est un vrai sas de décompression au retour de boîte de nuit. Les *fashionistas* trouveront l'essentiel : l'écran plat dans les chambres, une salle de gym et un salon-bar au mobilier délirant (café à dispo). Préférez les chambres avec balcon.

Dans la Barceloneta *(centre détachable E-H6-7)*

De chic à très chic (min 120 €)

🏠 **Hotel 54 Barceloneta** *(centre détachable F7, 127)* : *passeig Joan de Borbó, 54, 08003.* ☎ *93-225-00-54.* • *recepcion@hotel54barceloneta.es* • *hotel54barceloneta.es* • 🚇 *Barceloneta. Doubles 120-250 € (promos sur leur site).* 🖥 📶 Cet hôtel a 2 atouts majeurs : une situation extra (face au port de plaisance, à deux pas de la plage et à 10 mn à pied de la vieille ville) et une terrasse sur le toit, idéale pour lézarder entre deux balades. Pour le reste, on apprécie sa taille conviviale, l'accueil efficace et la qualité des chambres contemporaines récemment rénovées (petites mais de très bon confort).

Dans El Raval *(zoom et centre détachables D-F4-6)*

Prix moyens (60-95 €)

🏠 **Hostal Benidorm** *(zoom détachable E5, 100)* : *rambla dels Caputxins, 37, 08002.* ☎ *93-302-20-54.* • *info@hostalbenidorm.com* • *hostalbenidorm.com* • 🚇 *Liceu ou Drassanes. Sur la Rambla, à l'angle de c/ Nou de la Rambla. Doubles 50-90 €, familiales (3-4 pers) 75-135 €. Pas de petit déj. Consignes à bagages.* 🖥 📶 S'il occupe un petit immeuble sans charme particulier, cet hôtel offre un rapport qualité-prix imbattable, surtout en ce qui concerne ses chambres familiales. La déco est sobre, et les salles de bains sont très correctes. Les chambres les plus anciennes restent irréprochables et plutôt gaies, ce qui est rare dans cette gamme de prix. Les plus calmes donnent sur l'arrière du palau Güell et les cheminées bariolées de Gaudí. Bonne humeur garantie dès le réveil ! Plus bruyantes côté rue, notamment à cause de la salle de flamenco voisine. Accueil débordé et impatient.

⌂ *Hotel Peninsular* (zoom détachable E5, 102) : c/ Sant Pau, 34, 08001. ☎ 93-302-31-38. • *reservas@hotelpeninsular.net* • *hotelpeninsular.net* • Ⓜ Liceu. Doubles 50-80 €, petit déj inclus ; familiales 75-128 €. CB refusées. 🛜 Une adresse hors du commun puisqu'il s'agit d'un ancien couvent, d'où le caractère exigu et monacal des chambres, toutes pourvues d'une salle de bains et de la clim. L'ensemble est parfaitement tenu. Plutôt pittoresque, avec ses 3 étages de galeries qui encerclent un patio couvert, où flottent des plantes suspendues à des câbles. Revers de la médaille, c'est une véritable caisse de résonance où le moindre bruit fait écho. Cela dit, le silence est demandé à partir de 21h, et cette vieille habitude carmélite ne sera pas pour déplaire aux résidents en quête de tranquillité. Une adresse que l'on aime bien, surtout qu'elle pratique un bon prix pour le centre-ville.

⌂ *La Terrassa* (zoom détachable E5, 103) : c/ Junta de Comerç, 11, 08001. ☎ 93-302-51-74. • *reservations@laterrassa-barcelona.com* • *laterrassa-barcelona.com* • Ⓜ Liceu. Doubles 45-95 €, 12 €/lit supplémentaire. Pas de petit déj. 🛜 Le confort est simple, pour ne pas dire rudimentaire, mais les prix sont raisonnables. Toutefois, visiter plusieurs chambres avant, certaines ont une petite odeur de renfermé. Situation idéale, à quelques encablures de la Rambla et dans une rue encore calme (notion très relative à Barcelone !)... Quant à la terrasse, elle n'est guère plus qu'un espace à ciel ouvert : le nom de l'hôtel est donc un rien galvaudé, et les seules à en profiter sont les familiales, veinards !

⌂ *Hotel Marvi* (centre détachable E3-4, 68) : c/ Pelai, 6, 08001. ☎ 93-342-66-66. • *reservas@hotelmarvi.com* • *hotelmarvi.com* • Ⓜ Universitat. Doubles 70-150 €, petit déj inclus. 🛜 À quelques pas de l'animation, une adresse de bon standing, qui ne brille pas par son charme mais offre un bon rapport qualité-prix. Les chambres sur rue profitent un peu du bruit du trafic et celles sur l'arrière, plus sombres, sont plus tranquilles, on ne peut pas tout avoir. Accueil adorable et particulièrement disponible.

De chic à très chic (de 95 à plus de 160 €)

⌂ *Hotel Ciutat Vella* (centre détachable E4, 104) : c/ Tallers, 66, 08001. ☎ 93-481-37-99. • *info@hotelciutatvella.com* • *hotelciutatvella.com* • Ⓜ Plaça-Catalunya ou Universitat. Doubles avec sdb 80-250 € ; petit déj 8,50 €. 🛜 Derrière une entrée plus que discrète se cache cet hôtel confortable à la déco contemporaine qui décline le blanc, le rouge et le noir. Bien équipées, la plupart des chambres donnent sur la rue ; certaines, côté cour, disposent d'une belle terrasse privative. Sur le toit, mignon rooftop avec un épais gazon synthétique et un jacuzzi pour buller au soleil.

⌂ *Jazz Hotel* (centre détachable E4, 106) : c/ Pelai, 3, 08001. ☎ 93-552-96-96. • *jazz@nnhotels.es* • *hoteljazz.com* • Ⓜ Universitat. Doubles 105-210 € (en moyenne env 170 €, parfois promos sur Internet). Parking. 🛜 Ce bâtiment contemporain à la ligne stricte cache des chambres confortables à la propreté impeccable. Elles sont vastes, au design sobre et à l'ambiance feutrée très reposante. Bon petit déj-buffet. Cerise sur le gâteau, une terrasse panoramique sur la ville avec une piscine pour se rafraîchir. Accueil pro.

⌂ *Hotel Curious* (zoom détachable E4, 101) : c/ Carme, 25, 08001. ☎ 93-301-44-84. • *hôtel@hotelcurious.com* • *hotelcurious.com* • Doubles 90-135 €, petit déj inclus. Promos sur leur site web. 🛜 À deux pas de la Rambla et du centre historique, cet hôtel à taille humaine est tout ce qu'il y a de plus accueillant. Déco contemporaine sur le thème des 4 éléments (l'eau, l'air, le feu, la terre). Les chambres sont à la fois sobres, originales et confortables.

Photo panoramique de Barcelone en guise de tête de lit. Petite déception néanmoins concernant le petit déjeuner et l'accueil un peu expéditif. Toutefois, la prestation hôtelière reste bonne.

🏠 **Hotel Andante** (centre détachable E5, **128**) : avda Drassanes, 23-25, 08001. ☎ 93-441-25-45. • andantehotel.com • ❅ Doubles 80-170 €, petit déj-buffet en sus 12 € (9 € si résa à l'avance). Parking payant sous l'hôtel (20 €/nuit). 🖥 📶 Au cœur du Raval, à deux pas de la Rambla, cet hôtel moderne installé dans un bâtiment d'architecture contemporaine possède, hormis sa situation, plusieurs atouts. Des chambres à l'élégance sobre et actuelle, lumineuses, avec vue et terrasse pour certaines. De belles salles de bains avec douche à l'italienne ou baignoire. Tout le confort souhaité, à des prix accessibles. En prime, un magnifique couloir de nage sur le toit, avec vue sur toute la ville !

Très, très chic et top tendance (plus de 230 €)

🏠 **Casa Camper** (zoom détachable E4, **107**) : c/ Elisabets, 11, 08001. ☎ 93-342-62-80. • barcelona@casacamper.com • casacamper.com • Ⓜ Universitat. Doubles 215-345 €, suites plus chères encore ; petit déj inclus. 🖥 📶 C'est dans ce coin branché du Raval que les héritiers de la famille fondatrice de Camper, célèbre marque originaire de Majorque, ont ouvert cet hôtel moderne. Les 25 chambres de la Casa Camper sont réparties sur 6 étages et disposées de manière originale de part et d'autre de chaque couloir. Le petit salon avec balcon est situé côté rue (blanc), tandis que la chambre se trouve au calme, côté cour (rouge). Déco sobre, mais plein de détails tendance écolo (le fabricant de chaussures s'est associé à Vinçon, la référence espagnole en matière de design). Ni petit déj ni repas servis de manière traditionnelle, mais un espace snack ouvert 24h/24, gratuit et très bien fourni (salades, soupes, sandwichs, fruits frais, boissons fraîches...), à côté de la réception. Grande terrasse panoramique au 6ᵉ étage pour déguster votre butin. Accueil souriant.

Dans Poble Sec, côté mer
(centre détachable D-E6)

De prix moyens à chic (60-130 €)

🏠 **Hostal BCN Port** (centre détachable E6, **129**) : avda Paral-lel, 15, 08004. ☎ 93-324-95-00. • hostal@hostalbcnport.com • hostalbcnport.com • Ⓜ Drassanes. ❅ Au 1ᵉʳ étage. À proximité du Musée maritime. Doubles sans ou avec sdb 58-110 € (surveillez les promos de dernière minute). 📶 Un hostal dans un immeuble moderne et central, dont l'avantage réside dans ses installations confortables. Les chambres ne sont pas très vastes, mais la déco aux couleurs soutenues et l'ameublement les rendent très fonctionnelles. Accueil dynamique et sympa.

Dans l'Eixample
(centre détachable C-H1-4)

La ville « neuve » a également ses attraits (maisons de Gaudí et de ses confrères, bars et restos à la mode...), et des avantages sur la vieille ville : peu de délinquance et bien plus de calme, sauf autour du passeig de Gràcia. Cela dit, les prix sont généralement plus élevés.

Bon marché (max 70 €)

Voir aussi dans la catégorie suivante l'hôtel *Duo by Somnio*, intéressant pour ses dortoirs.

🏠 **Lenin Hostel** (centre détachable F3, **110**) : c/ València, 278, 08007. 📱 639-30-72-02. • info@leninhostel.com • leninhostel.com • Ⓜ Passeig-de-Gràcia. Au 2ᵉ étage (ascenseur). Doubles 55-70 € avec ou sans sdb privée. Pas de petit déj. 📶 Un vaste appartement un peu décati, une petite pension bringuebalante pour qui n'est pas trop regardant sur l'état général. Les chambres (2 à 4 personnes) sont tenues à la juste limite du correct. Cuisine à disposition et une salle commune meublée de bric et de broc, doublée d'une véranda (pour les fumeurs). Accueil cool, comme la clientèle.

Prix moyens (60-95 €)

🏠 **Hostal Oliva** *(centre détachable F3, 111)* : *passeig de Gràcia, 32, 08007.* ☎ *93-488-01-62 ou 17-89.* • *info@hostaloliva.com* • *hostaloliva.com* • Ⓜ *Catalunya ou Passeig-de-Gràcia. Au 4ᵉ étage. Angle c/ de la Diputació. Résa impérative pdt les vac, en versant des arrhes 15 j. à l'avance. Doubles 71-95 € avec ou sans sdb privée. CB refusées.* 📶 Cette pension adorable nichée dans un immeuble ancien fort bourgeois (très belle cage d'escalier et 2 ascenseurs, dont un julesvernesque) n'a pas pris une ride. Au contraire ! Avec le temps, les gentils propriétaires améliorent leurs grandes chambres : des salles de bains rénovées et impeccablement tenues, la clim et même le double vitrage ici ou là. Chaque plafond exhibe ses moulures, et l'ensemble est meublé en style certes un peu vieillot mais charmant. Préférez les chambres donnant sur l'arrière, moins bruyantes. Salon commun agréable pour boire le café.

🏠 **Hostal Eixample** *(centre détachable G4, 113)* : *c/ d'Ausiàs Marc, 19, 08010.* ☎ *93-302-19-89.* • *info@hostaleixample.com* • *hostaleixample.com* • Ⓜ *Urquinaona. Doubles 48-68 € avec sdb privée (slt 1 sans w-c), petit déj inclus. Triple 80 €.* 📶 Certes, ce n'est pas le grand luxe, mais cette petite pension sans chichis présente bien des avantages : bien située, de faible capacité (donc conviviale), dotée de chambres simples et fonctionnelles. Elles mériteraient certes une petite rénovation (clim, double vitrage), mais certaines ont des salles de bains récentes. Le tout très bien tenu, pour preuve cette forte odeur de produits ménagers. Un bon rapport qualité-prix.

🏠 **Ana's Guest House** *(centre détachable G2, 117)* : *avda Diagonal, 345, 08037.* ☎ *93-476-11-41.* 📱 *679-44-52-26.* • *ana@anasguesthouse.com* • *anasguesthouse.com* • Ⓜ *Verdaguer. Résa impérative. Doubles avec ou sans sdb 75-100 €, petit déj inclus. Min 2 nuits.* 📶 Au 1ᵉʳ étage d'un bel immeuble du début du XXᵉ s, avec ascenseur. Une *guesthouse* charmante dans un coin chic, tenue en famille. 6 chambres (dont 4 avec salle de bains privée) toutes différentes, pas toujours très grandes mais arrangées avec goût, sobres, chaleureuses et fraîches. Grande salle de bains commune, avec baignoire, douche et double lavabo. L'une d'entre elles dispose même d'un bow-window ouvrant sur la terrasse. Accueil adorable et plein de bons conseils.

🏠 **Imagine B & B** *(centre détachable G2, 117)* : *avda Diagonal, 345, 08037.* ☎ *93-667-75-57.* 📱 *936-67-75-57.* • *imagine@imaginebandb.com* • *imaginebandb.com* • Ⓜ *Verdaguer. Résa impérative. Sonnez à Ana's Guesthouse, plus haut. Doubles avec ou sans sdb 70-95 €, petit déj inclus.* 📶 Même famille que *Ana's Guesthouse,* dans un bel appartement aux dernier et avant-dernier étages de l'immeuble. 4 très belles chambres, superbement décorées, dans ce quartier calme. Adorable petite salle à manger et terrasse (vue sur la Sagrada Família) pour déguster les délicieux petits déjeuners. On a un petit penchant pour la n° 1. Excellent accueil de Gonzalo, le gendre d'Ana. Possibilité de parking à proximité pour un prix très compétitif.

🏠 **Hostal Girona** *(centre détachable G4, 115)* : *c/ Girona, 24, 08010.* ☎ *93-265-02-59.* • *info@hostalgirona.com* • *hostalgirona.com* • Ⓜ *Tetuan. Au 1ᵉʳ étage. Doubles 58-90 € avec ou sans sdb.* 📶 Dans un immeuble 1900, cet immense appartement ancien se distingue par son aménagement intérieur très classe, à l'image des tapis, boiseries et autres jolis meubles qui agrémentent les parties communes. Les chambres sont nettement plus simples et néanmoins accueillantes et de bon confort (AC, TV écran plat). Un bémol : pas de double vitrage, et certaines sont un peu petites (les simples notamment ne valent pas le coup).

🏠 **Duo by Somnio** *(centre détachable F2, 116)* : *c/ Rosselló, 220, 08008.* ☎ *93-272-09-77.* • *info@hostelduo.com* • *hostelduo.com* • Ⓜ *Diagonal.*

Doubles 50-75 € ; en dortoir 22-28 €/pers. 🖥 📶 Mi-hôtel, mi-AJ, cet établissement occupe un bâtiment ancien rénové, dont on a gardé quelques moulures peinturlurées en doré en souvenir du passé. Les chambres n'ont pas un charme ébouriffant mais elles sont propres et correctement équipées. Certaines, côté rue, sont agrémentées d'un bow-window. Toutes, en revanche, partagent des salles de bains communes. Les petits budgets seront surtout intéressés par les dortoirs mixtes de 4 lits ou par celui de 8 lits réservé aux filles, aux prix d'une AJ. Les points forts de l'adresse : superbe terrasse à l'arrière pour prendre un bain de soleil, vaste salon climatisé (ce n'est pas le cas des chambres). Accueil parfois désinvolte.

De chic à plus chic (95-160 €)

🏠 **Hotel Granvía** (centre détachable F3, **118**) : *Gran Vía de les Corts Catalanes, 642, 08007.* ☎ *93-318-19-00.* ● *hgranvia@nnhotels.es* ● *hotelgranvia.com* ● Ⓜ *Passeig-de-Gràcia. Doubles standard 120-280 €, petit déj inclus (promos sur Internet).* 📶 Très central. Dans un bel édifice du XIXᵉ s, au hall d'entrée lumineux et aéré, à la décoration très classique. Beaux salons d'apparat avec du mobilier aux dorures claquantes ouvrant sur une gigantesque terrasse. C'est un des points forts de l'adresse. Les chambres s'avèrent petites mais fort convenables, avec TV satellite. Accueil courtois.

🏠 **Hotel Praktik Bakery** (centre détachable G2, **132**) : *c/ Provença, 279, 08037.* ☎ *93-488-00-61.* ● *reservas@hotelpraktikbakery.com* ● *hotelpraktikbakery.com* ● Ⓜ *Diagonal ou Verdager. Doubles 80-150 € ; petit déj env 8 €.* 📶 Dans un immeuble traditionnel de l'Eixample, à deux pas de la Pedrera, voici un hôtel-boulangerie (oui !), un concept créé par l'enseigne Praktik qui décline plusieurs autres hôtels design à thème dans le quartier. Ici, on a donc intégré une vraie boulangerie à la française (Baluard) au milieu du lobby : miam les effluves de pain chaud et les délicieux petits déj ! Les chambres, toutes de blanc vêtues (marque de fabrique de la chaîne *Praktik*), sont d'un design industriolo-minimaliste très tendance avec pour seule concession la douche tropicale en mosaïque bleue. Si vous êtes plus branché œnologie que viennoiserie, direction le **Praktik Vinoteca** (centre détachable F3, **121** ; *c/ Balmes, 51, 08007* ; ☎ *93-454-50-28 ;* ● *reservas@hotelpraktikvinoteca.com* ● *hotelpraktikvinoteca.com* ● Ⓜ *Passeig-de-Gràcia),* à quelques blocs de là. Même gamme de prix, même style de chambres mais déco des parties communes axée sur le vin (dominante de bois brut), verre offert à l'arrivée et dégustations avec un sommelier certains soirs. Enfin, toujours du même groupe et pas très loin non plus, le **Praktik Garden** affiche des prix sensiblement identiques, voire un peu en dessous (centre détachable G3, **131** ; *c/ Diputació, 325, 08009* ; ☎ *93-467-52-79 ;* ● *reservas@hotelpraktikgarden.com* ● *hotelpraktikgarden.com* ● Ⓜ *Girona).* Ici, le décorateur a voulu recréer une ambiance de jardin méditerranéen tout en conservant les éléments originaux du bâtiment historique de l'Eixample. Toutes les chambres ont été rénovées en 2015 et les plus chères ont un balcon donnant sur le jardin-terrasse de l'hôtel. Et maintenant, faites votre choix !

– Ne négligez pas les locations de studios et d'appartements **Eric Vökel** dans l'Eixample. Voir plus haut dans la rubrique « Locations d'appartements ».

De plus chic à très chic (de 130 à plus de 160 €)

🏠 **Hotel Praktik Rambla** (centre détachable F3, **133**) : *rambla de Catalunya, 27, 08007.* ☎ *93-343-66-90.* ● *reservas@hotelpraktikrambla.com* ● *hotelpraktikrambla.com* ● Ⓜ *Passeig-de-Gràcia. Doubles 100-190 €.* 📶 Le *Praktik Rambla* s'est installé dans l'un des prestigieux hôtels particuliers de la rambla de Catalunya, la Casa Ciment Arola, construite au début du XXᵉ s par Francisco de Paula del Villar y Carmona et rénovée récemment par un designer à la mode. L'occasion donc de dormir dans un palais moderniste ! À l'image des autres hôtels *Praktik* (lire ci-dessus), les chambres affichent un style industrialo-design très épuré (quelques touches de noir sur fond blanc), de jolies salles de bains dotées de douches spacieuses (vertes, ici) et un très bon confort. Les plus petites donnent sur le patio, cour intérieure Art nouveau typique de l'Eixample barcelonais, par de grandes baies vitrées. Salon de lecture très agréable, avec son bow-window, par lequel on accède à la très grande terrasse, où fauteuils, canapés et chaises longues vous tendent les bras. Excellent rapport qualité-prix dans sa catégorie.

▲ *H10 Urquinaona Plaza* (centre détachable F4, 119) : pl. Urquinaona, 2, 08010. ☎ 93-238-20-40. • h10.urquinaona.plaza@h10hotels.com • Ⓜ Urquinaona. Doubles standard 120-200 € ; petit déj-buffet 15 €. 🖥 📶 Situation privilégiée, aux confins de l'Eixample, du Barri Gòtic et de la Ribera, pour cet hôtel chic et récent de la chaîne *H10*, plébiscité aussi pour son excellent niveau de confort et son style contemporain sobre et élégant. Une petite centaine de chambres à la blancheur immaculée, égayée de touches jaune citron. Certaines donnent sur l'originale cour intérieure chapeautée d'une verrière et les plus chères, plus spacieuses aussi, disposent d'une terrasse. Détail insolite : le lavabo dans la chambre, séparé de la salle de bains (on s'y fait). Au rez-de-chaussée, belle terrasse entourée de murs végétaux pour boire un verre le soir. Mais le vrai plus, c'est le rooftop avec transats, lits de repos, piscinette et coin lounge, idéal pour mixer visites culturelles et farniente !

▲ *The 5 Rooms* (centre détachable F4, 120) : c/ Pau Claris, 72, 08010. ☎ 93-342-78-80. • info@the5rooms.com • thefiverooms.com • Ⓜ Plaça-de-Catalunya. Au 1ᵉʳ étage. Résa impérative. Doubles 135-200 €, avec petit déj-buffet. 🖥 📶 Il s'agissait à l'origine d'un *B & B* élégant de 5 chambres. Il y en a désormais plus du double, avec de très belles parties communes, et par conséquent la maison se définit plus comme un boutique-hôtel de 1ᵉʳ ordre :

excellent accueil, confort irréprochable et du charme à revendre (volumes amples, chambres hautes de plafond, excellente literie et plein de détails de bon goût). Une bonne adresse pour fêter quelque chose en amoureux. Ne pas hésiter à demander conseil sur les itinéraires en ville, la patronne est une vraie mine d'infos !

▲ *Hotel Vueling By HC* (centre détachable E3, 134) : Gran Vía de les Corts Catalanes, 550, 08011. ☎ 902-301-078. • hotelvuelingbyhc.com • Ⓜ Urgell ou Universitat. Doubles min 150 € et jusqu'à 300 €, petit déj inclus. Promos fréquentes sur leur site. 📶 Encore un bel immeuble de l'Eixample transformé en un hôtel à la déco très contemporaine, et confort en adéquation. Chacune des 63 chambres vous transportera (en avion !) vers une destination différente, de Londres à Santorin, de Casablanca à Paris... Nous sommes chez *Vueling*, ne l'oublions pas ! La salle du petit déjeuner met tout de suite dans l'ambiance, avec sa piste d'atterrissage. Au 1ᵉʳ étage, la terrasse et la piscine sont bien agréables pour se délasser après une journée de visite.

Spécial coup de folie (plus de 200 €)

▲ *Margot House* (centre détachable, F3, 135) : passeig de Gràcia, 46, 08007. ☎ 93-272-00-76. • margothouse.es • Ⓜ Passeig-de-Gràcia. Pas d'enseigne, juste une discrète plaque de cuivre, réception et chambres au 1ᵉʳ étage. Doubles standard 200-220 €, jusqu'à 350 € pour la suite avec la plus belle vue... Petit déj inclus. 🖥 📶 Ce cocon de rêve pour happy few dans le coup (9 chambres seulement) a un privilège de taille : une vue unique depuis certaines de ses suites sur la Pomme de la Discorde, le plus bel ensemble de maisons modernistes du passeig de Gràcia. Attention, quelques chambres donnent sur une courette intérieure, moins glamour que la casa Battló (et plus sombre !), même si toutes sont décorées avec le même soin : tons clairs, béton ciré, bois blond, linge de toilette et produits catalans. Quant au salon-bibliothèque-cuisine, il évoque plus un loft de magazine de déco que le lobby d'un hôtel !

Du côté de Gràcia
(centre détachable F-H1-2 et plan d'ensemble)

Prix moyens (60-95 €)

🛏 **Blanc Guesthouse, chez Beatriz Planet** (centre détachable E1, **130**) : c/ Tuset, 27, 08006. ☎ 93-676-18-56. ● info@blancguesthouse.com ● blancguesthouse.com ● Ⓜ Diagonal. À la sortie du métro, remonter l'avda Diagonal vers la pl. Francesc Macià, c'est la 5ᵉ rue sur la droite. *Doubles sans ou avec sdb 63-95 €, petit déj inclus.* 🛜 Voici une *guesthouse* bien installée dans un quartier paisible, à deux pas de Gràcia, mais à l'ouest cette fois-ci. Une dizaine de chambres confortables avec salle de bains privée ou non, dans un ancien appartement cossu. Déco provençale, sans excès, et propreté impeccable. Un atout : la grande terrasse aménagée avec des tables, chaises et canapés à l'ombre de parasols, pour le petit déjeuner ou tout simplement pour se poser l'après-midi entre deux visites.
– Voir aussi les studios et appartements *Eric Vökel* à côté de l'hôpital de Sant Pau. Lire plus haut dans la rubrique « Locations d'appartements ».

Du côté de Sants
(centre détachable B2-3)

De chic à plus chic (95-160 €)

🛏 **The Urban Suites** (centre détachable B3, **125**) : c/ Sant Nicolau, 1-3, 08014. ☎ 93-201-51-64. ● info@theurbansuites.com ● theurbansuites.com ● Ⓜ Tarragona ou Espanya. *Réception tlj 9h-21h. Doubles 80-150 €, triples 100-180 € (20 €/pers supplémentaire). Parking payant.* 🛜 Ces appartements de standing pour 2 à 6 personnes ont tout pour plaire : une situation intéressante (proche du métro), une déco contemporaine de bon goût (du minimalisme réussi), un confort irréprochable (clim, chaîne hi-fi, cuisine équipée) et un solarium sur le toit pour lézarder (les familiales du rez-de-chaussée ont leur terrasse privée). Une bonne alternative à l'hôtel. Accueil légèrement blasé.

Où camper dans les environs ?

Voici quelques campings, mais rien d'extraordinaire, tous ont des défauts : bruit, accueil expéditif, sanitaires moyennement entretenus... Le *Masnou* reste un moindre mal, mais mieux vaut camper à Sitges (voir « Le littoral barcelonais »).

Au nord de Barcelone

⛺ 🛏 *Camping Masnou :* ctra nacional II, km 633, 08320 **El Masnou.** ☎ 93-555-15-03. ● info@campingmasnoubarcelona.com ● campingmasnoubarcelona.com ● À 11 km de Barcelone, face à la plage. En voiture, autoroute AP 7, sortie 13 à Granollers, ou autoroute C-32, sortie 86 à Alella. De Barcelone, train Rodalies R1 depuis la pl. de Catalunya, direction Mataró, jusqu'à El Masnou (env 25 mn de trajet, gare à 300 m) ; en bus, C10 depuis la pl. de Catalunya, 30 mn de trajet. Ouv tte l'année. Env 35 € pour 2 pers avec tente et voiture ; quelques doubles avec ou sans sdb 61-75 €. 🛜 Sur présentation de ce guide, réduc de 10 % sur les doubles oct-mars. Bien placé, verdoyant, avec un ombrage moyen. Blocs sanitaires juste corrects : les jours d'affluence, ils sont loin d'avoir le grand prix de la propreté. Les espaces de camping sont un peu en retrait de la nationale. Bar, resto, supérette (ouv juin-sept). Jeux pour enfants, billard et piscine. Très bon accueil en français.

⛺ *Camping El Vedado :* ctra Masnou-Granollers, km 7,2, 08188 **Vallromanes.** ☎ 93-572-90-26. ● info@campingelvedado.com ● campingelvedado.com ● 🍴 À env 18 km de Barcelone. En voiture, belle route à travers les vignes : de Barcelone, prendre l'AP 7 (sortie 13) ou la C-32 vers le *nord (sortie 86), puis 6 km jusqu'au camping (un peu avt Vallromanes). En bus (en hte saison, 2 bus/j. mat et soir), prendre le Barcelona Bus (départ ronda Sant Pere, 19, à 100 m de la pl. de Catalunya ; 2,50 € env, 40 mn de trajet) direction Vallromanes ; attention, seuls les billets T-10 sont valables, pas les passes 2-5 j. Le bus arrive dans le camping. En train : Masnou (7 km). Ouv mars-début nov. Selon saison 22-32 € pour 2 pers avec tente et voiture ; bungalows 4-6 pers 80-150 €.* 🖥 📶 *Tennis gratuit sur présentation de ce guide.* À 7 km de la côte, un camping populaire et à taille humaine (170 emplacements). Il est situé en pleine nature, au milieu des bois et donc très ombragé. Piscine, terrains de sport et resto. Aspects négatifs : l'été, les sanitaires souffrent clairement de la suroccupation de l'espace, et les bungalows et chalets manquent vraiment d'entretien. Accueil francophone adorable.

Au sud de Barcelone

Zone très urbanisée, ne vous attendez donc pas à un calme bucolique et champêtre !
– Il y a aussi 2 campings ombragés et bien équipés à *Sitges,* à 10 km au sud de Castelldefels (voir plus loin « Le littoral barcelonais »).

⛺ *Camping 3 Estrellas : autovía de Castelldefels, km 13,2 (ou km 186,2 de la C-31), 08850* **Gavà.** ☎ *93-633-06-37.* ● *info@camping3estrellas.com* ● *camping3estrellas.com* ● *À env 12 km du centre-ville. En bord de plage, le long de l'autovía de Castelldefels, en direction de Barcelone. De Barcelone et de la pl. d'Espanya (centre détachable B3), C-31 direction Castelldefels/aeropuerto et prendre la sortie 13 ; ensuite, faire demi-tour en passant sur le pont. Sinon, bus L95 ou L94 : ttes les 30 mn en saison 6h30-22h30 ; 20-30 mn de trajet (vérifier tt de même les horaires sur place). Ouv 15 mars-15 oct. Parcelle 24-28 € pour 2 pers avec tente et voiture ; bungalows 40-152 €.* 🖥 📶 Au milieu d'une pinède, en bord de plage. L'ensemble est bien entretenu (sanitaires impeccables). C'est un immense camping bien équipé : épicerie, snack-bar, resto, grande piscine, jeux pour enfants... avec la mer juste à côté. Un seul bémol, de taille, l'aéroport et ses nuisances sonores : il est tout proche. Au bout de 2 jours vous pourrez, les yeux fermés, faire la différence entre un biet un quadriréacteur... Chouette, non ?

OÙ MANGER ?

Barcelone est une ville-marmite toujours en ébullition, où chefs et cuistots rivalisent d'inventivité. Si la cuisine est un art, manger à Barcelone l'est aussi. Cette ville se laisse goûter du bout des lèvres, de tapa en tapa, ou à pleines bouchées. Ici, le tourisme culinaire a du sens, et vous n'êtes pas à la fin de vos surprises.
On vous met tout de suite au jus : « paella et sangria ! » reste le leitmotiv de la plupart des rabatteurs de restaurants – de restos touristiques, s'entend. Mais ni l'une ni l'autre ne sont catalanes. La paella, quoiqu'on en trouve de fort bonnes en ville, vient de València. Quant à la sangria, quasiment une institution nationale, on n'a rien contre ce breuvage lorsqu'il est élaboré dans les règles de l'art, mais c'est rare. Et il serait dommage de vous priver des bons crus catalans de la région du Penedès, d'un petit verre de vermouth artisanal et surtout d'une flûte de *cava,* ce délicieux vin pétillant typiquement régional.

Bars à tapas

On trouve *2 sortes de bars à tapas* : d'un côté, les vieux de la vieille, avec comptoir en bois patiné à souhait, poutres et tonneaux ; de l'autre, les petits jeunots au look design, qui jouent à fond la carte de la modernité. Côté assiette, la tendance, ce sont les **tapas** _« créatives »_ : plus élaborées que les tapas à l'ancienne et aussi plus chères, normal ! Comme souvent, vous pouvez opter pour des **rations** ou des **demi-rations** (raciones ou media raciones) et des assiettes de charcuterie ou de fromages. Barcelone étant une ville maritime, on vous conseille les **tapas de poissons et fruits de mer**. Avant de sortir, commencez par dévorer la rubrique consacrée aux tapas dans « Hommes, culture, environnement. Cuisine ».

Dans le Barri Gòtic et alentour _(zoom détachable)_

Assis ou debout

I●I Y La Pineda _(zoom détachable F5, **140**)_ : c/ del Pi, 16. ☎ 93-302-43-93. Ⓜ Liceu. Lun-sam 9h-15h, 18h-22h ; dim et fêtes 11h-15h. _Tapa env 5 €, assiette de charcuterie ou de fromages min 12 €._ Petite épicerie fine dans son jus, que vous aurez vite fait de repérer grâce à l'odeur des jambons qui pendent à l'entrée. À l'intérieur, au milieu des charcutailles, entourées de vitrines remplies de bonnes bouteilles, quelques tables accueillent les habitués, venus jouer aux dominos tout en savourant un vermouth maison. C'est l'un des rares endroits où l'on peut déguster la _butifarra d'ou_, un « saucisson d'œuf » typiquement catalan. Amusant… Remarquez la machine à couper le jambon mécanique et la vénérable caisse enregistreuse qui fait les additions depuis 1930. Une adresse authentique comme on les aime. Mais attention, les prix de la charcuterie sont au kilo, donc n'hésitez pas à fixer un budget, sinon l'addition peut vite monter ! Et c'est souvent bondé.

I●I Y Bodega de la Palma _(zoom détachable F5, **190**)_ : c/ la Palma de Sant Just, 7. ☎ 93-315-06-56. ● bodega@bodegalapalma.com ● _Lun-ven 13h30-17h, 19h-minuit ; sam 13h-minuit. En août, ouv le soir slt. Menu midi env 11 €, tapas 3-10 €._ Une bodega toute simple au détour de cette petite rue sinueuse. Ambiance et accueil authentiques, fréquentée plus par les gens du quartier que par les touristes, pourtant nombreux dans le Barri Gòtic.

Au comptoir

I●I Y Irati _(zoom détachable F5, **145**)_ : c/ Cardenal Casañas, 17. ☎ 93-302-30-84. ● reservas@sagardi.com ● Ⓜ Liceu. ♿ À deux pas de la Rambla, direction pl. del Pi. _Tlj : resto 13h-16h (17h w-e), 20h-23h ; bar 11h-0h30. Pintxo à prix unique 1,95 € ; plats un peu chérots 20-40 €._ Une taverne basque toujours bondée en soirée, fréquentée par une clientèle hétéroclite. Toutes ces rondelles de pain recouvertes de boudin grillé, anchois, fromage, thon à la tomate… sont savoureuses. Bonne ambiance. Resto au fond, plus cher.

I●I Y Formatgeria La Seu _(zoom détachable F5, **146**)_ : c/ Dagueria, 16. ☎ 93-412-65-48. ● formatgeslaseu@gmail.com ● Ⓜ Jaume-I. _Mar-sam 10h-14h (15h30 ven-sam), 18h-20h. Congés : août. Palette 2,80-4 € servie 12h-15h30 ven-sam ou sur rdv, avec assortiment de 2-3 fromages du cru, toast et vin ou vermouth._ Une drôle de petite adresse que nous classons dans la rubrique « Bar à tapas » bien qu'on n'y trouve pas de tapas ! Il s'agit en fait d'une fromagerie où madame la fromagère propose à certaines heures, sur de petites palettes, des lichettes de fromage accompagnées d'un dé de vin ou de vermouth. Attention, il s'agit plus d'une dégustation que d'une véritable collation. Également des glaces au fromage pour les curieux ; amusant et original !

I●I Y Sensi Tapas _(zoom détachable F5-6, **148**)_ : c/ Ample, 26. ☎ 93-295-65-88. ● contact@sensi.es ● _Tlj 19h-minuit. Tapas env 4-11 €, menu complet 19 € (1 verre de vin compris), plats 7-14 €, paella 6-12 €._ Bonne ambiance le soir dans ce petit resto de tapas, qui propose également de la paella et d'excellents raviolis frais. Pour les tapas, le chef navigue entre le classique et le créatif, via des incursions orientales. On peut se laisser guider par ses suggestions, si l'on est indécis ! À deux pas _(c/ Regomir, 4 ;_

tlj 18h30-minuit), son petit frère **Sensi Bistro,** très bien aussi. Attention, les deux sont vite complets, réserver ou venir tôt.

Dans la Ribera et El Born
(zoom détachable)

Assis ou debout

|●| ♀ *El Xampanyet (zoom détachable G5, 150)* : c/ Montcada, 22. ☎ 93-319-70-03. Ⓜ Jaume-I. Tlj sf dim soir, lun et le soir des j. fériés 12h-15h30, 19h-23h. Congés : août. Dans la rue du musée Picasso, une échoppe tenue en famille depuis 1929. On vient ici pour sa spécialité : les anchois, mais c'est le porte-monnaie qui en frétille. Au-dessus des quelques tables, azulejos et barriques tapissent les murs, gourdes en peau pendent du plafond. Bonnes tortillas, *manchego,* jambon de canard, ventrèche de thon... À déguster au comptoir pour limiter l'addition, qui grimpe d'autant plus vite que les prix ne sont pas affichés... Sympa mais architouristique.

|●| ♀ *Bar Pasajes (zoom détachable G4, 147)* : passadjes de les Manufactures ; entrée c/ Sant Pere Més Alt, 31-33. Lun-ven 9h-minuit, sam 19h-minuit. Tapas 2-6 €, raciones 6-9 €. Un petit bar alternatif fait de bric et de broc, niché dans un passage que l'on pourrait dire secret. Un lieu convivial, où l'on s'installe dans les diverses alcôves, au comptoir, ou une fesse sur l'escalier en marbre. Les tapas sont simples et préparées en fonction de l'approvisionnement. Ambiance tranquille et parfois festive quand des habitués sortent leur guitare.

|●| ♀ *Casa Lolea (zoom détachable G4, 153)* : c/ Sant Pere Mès Alt, 49. ☎ 93-624-10-16. ● info@casalolea.com ● Tlj 9h-minuit (1h30 ven-sam). Formule midi en sem env 10 €, tapas et raciones 3-12 €. Voici la *vermuteria* de papa revue et corrigée dans le style atelier, mais sans trahir la tradition : table en bois, jambons au plafond et service qui dépote. Dans l'assiette, très soignée, la cuisine s'amuse à parfaire des classiques ou à y introduire une pointe d'exotisme. Et côté boisson, toute une palette de sangrias artisanales élaborées in situ, que l'on peut aussi emporter dans de jolies bouteilles. Préférer la salle du fond, plus agréable. Une adresse dans l'air du temps, gentiment branchée.

|●| ♀ *La Vinya del Senyor (zoom détachable G5, 151)* : pl. Santa María, 5. ☎ 93-310-33-79. Ⓜ Jaume-I. Tlj 12h-1h. Tapas 3-15 €. Menus tapas à partager 19-23 € (pas donné tt de même). Petit bar à vins bourré de charme, où touristes et Barcelonais lèvent joyeusement le coude en picorant de bons morceaux de charcuterie et de fromage. Minuscule bar au rez-de-chaussée et salle de poche à l'étage, bondés le soir. Intéressant surtout pour la terrasse très agréable aux beaux jours, sur cette place charmante, stratégiquement située face à la superbe basilique Santa María del Mar. Pour poser une fesse, arriver très tôt... sinon c'est debout ! Accueil parfois froid en pleine saison, à la vôtre...

Au comptoir

|●| ♀ *Sagardi (zoom détachable G5, 152)* : c/ Argentería, 62. ☎ 93-319-99-93. ● reservas@sagardi.com ● Ⓜ Jaume-I. ♿ Tlj. Pintxo 2,35 €, plats 17-30 €. C'est l'un des bars basques du secteur (qui fait d'ailleurs partie d'une minichaîne locale), avec son long comptoir où, midi et soir, les assiettes classiques de *pintxos* se succèdent. Accompagnez-les donc d'un verre de cidre rafraîchissant, ou tout simplement d'un jus de fruits et profitez de sa terrasse agréable qui la distingue des autres adresses du coin. Au fond, une partie resto (nettement plus chère) où l'on sert d'excellentes viandes grillées. Une valeur sûre.

|●| ♀ *Euskal Etxea (zoom détachable G5, 154)* : placeta Montcada, 1-3. ☎ 93-310-21-85. ● barcelona@euskaletxeak.org ● Ⓜ Jaume-I. ♿ Tlj 10h-0h30 (1h w-e). Pintxo 1,80 € ; resto cher. Un bar à tapas basque à la belle déco et au grand comptoir recouvert de *pintxos*, pas facilement accessible aux heures de pointe, mais les serveurs se baladent le plateau à la main avec de nouvelles fournées. Tout est bon et frais, il suffit de se servir, le décompte

se fait à la fin, en fonction du nombre de piques !

|●| ⃰ Golfo de Bizkaia (zoom détachable G5, **155**) : c/ Vidriera, 12. ☎ 93-268-48-88. Ⓜ *Barceloneta. À l'angle avec la c/ de l'Esparteria. Tlj 9h-minuit. Pintxos 1,95 €, plats 8-15 €.* Une petite taverne basque au cadre moderne. Le soir, les *pintxos* remportent un grand succès, il est même parfois difficile de se faire une place au comptoir. Sert aussi des *raciones*. Bonne ambiance.

|●| ⃰ Can Paixano (zoom détachable G6, **184**) : c/ Reina Cristina, 7. ☎ 93-310-08-39. Ⓜ *Barceloneta. Tlj sf dim et j. fériés 9h-22h30. Pintxos 3-7 €.* Au beau milieu d'une rue discrète, pas d'indication, c'est sous le grand porche que ça se passe. Un bar, très pittoresque, où les innombrables touristes et habitués s'empiffrent de *pintxos* et de *bocadillos* au comptoir, en accompagnant le tout d'un genre de *cava* rosé. Avec les jambons et saucisses pendus au plafond, bonnes odeurs de charcutaille garanties ! D'ailleurs, au fond du bar, une mini-épicerie vend d'excellents produits du terroir. Super ambiance.

Dans la Barceloneta
(centre détachable E-H6-7)

Assis ou debout

|●| ⃰ La Cova Fumada (centre détachable G6-7, **181**) : c/ Baluard, 56. ☎ 93-221-40-61. Ⓜ *Barceloneta. Lun-sam 9h-15h20 (13h20 sam), plus jeu-ven 18h-20h20. Fermé dim et fêtes. Compter env 15-20 €.* Attendez-vous à un choc. Car ce bar sans enseigne (c'est inutile au vu de la foule qui patiente devant) est une relique dans son genre : passé les portes de guingois, on distingue un comptoir sans âge, la cuisine où grillent en direct des sardines, calamars et autres poulpes ultra-frais, et une poignée de tables bancales. L'atmosphère est aussi chaleureuse que bruyante, les serveurs écrivent l'addition directement sur le zinc, et les habitués se régalent de délicieuses tapas, le verre à la main. Plus authentique, y'a pas !

|●| ⃰ Jai-Ca (centre détachable G6, **195**) : c/ Ginebras, 13. ☎ 93-268-32-65. Ⓜ *Barceloneta. Tlj sf lun 9h-23h30. Tapas 1,50-13 €.* Une adresse familiale à l'ancienne, bien typique de la Barceloneta, avec sa petite terrasse stratégiquement posée à un angle de rue. On y sert (depuis 1955 !) des tapas traditionnelles simples mais fort bien cuisinées : petites gambas frites, fruits de mer à la plancha d'un excellent rapport qualité-prix... Mais la vraie spécialité, c'est *la anchoa con raspa*, un anchois mariné et son arête qu'on vous apporte dans un 2ᵉ temps, toute grillée. Annexe plus récente au 9 de la rue : même cuisine, mêmes tarifs, seul le jour de fermeture change (le mardi) !

|●| ⃰ Cal Chusco (centre détachable G7, **142**) : c/ Almirall Aixada, 5. ☎ 637-01-00-10. Ⓜ *Barceloneta. Tlj sf jeu 8h30-21h30. Menu déj en sem 9 €, tapas 3-18 €, menu paella 20 €. Digestif offert sur présentation de ce guide.* À deux pas du port, une petite taverne très populaire. Le patron affirme que la cuisine de sa femme est la meilleure du monde... sans conteste du pâté de maisons ! Quoi qu'il en soit, on y mange de bonnes tapas très classiques dans une ambiance conviviale. Paella sur commande. Une adresse haute en couleur.

Dans El Raval *(zoom et centre détachables D-F4-6)*

Assis ou debout

|●| ⃰ Centric (zoom détachable F4, **143**) : c/ Ramelleres, 27. ☎ 93-160-05-26. Ⓜ *Catalunya ou Universitat. Sem 8h-1h, w-e 9h-2h (petit déj servi jusqu'à 13h). Tapas 2-10 €.* À deux pas de l'effervescence touristique des Ramblas, voici le bar des copains, typique et fraternel, fréquenté par les locaux de tous âges. Plus on avance dans la soirée, plus c'est jeune et bruyant ! Configuration très conviviale avec le petit comptoir qui donne sur l'extérieur et cette longue banquette bien confortable pour observer l'animation. On sert ici des spécialités catalanes fort bien cuisinées (mitonnées même) et pas si fréquentes sur les tables des restos, comme ces *judias de Santa Pau* (petits haricots blancs locaux). Même la simple tortilla est excellente.

|●| ▼ *Bar Cañete* (zoom détachable E5, **157**) : *c/ de la Unió, 17. ☎ 93-270-34-58.* ● *reservas@bar canete.com* ● **Ⓜ** *Liceu. Lun-sam 13h-minuit. Tapas 8-15 €, raciones 15-26 €.* 🛜 Un bar à tapas chic, avec un staff en veste blanche et coiffé de toque. Beaucoup de créativité dans la conception des tapas, toutes préparées avec de bons produits sélectionnés avec soin. On s'assied le long d'un étroit comptoir qui favorise les rencontres ; car si le lieu est classe, la clientèle n'est pas bégueule. Beaucoup de fruits de mer et de poissons, mais aussi de surprenantes aubergines au miel finement ciselées, des œufs frits au foie gras... La carte, en français, est si longue qu'on a bien du mal à se décider ! Pour finir, beau plateau de fromages affinés à la perfection. Une bonne adresse.

|●| ▼ *Kasparo* (zoom détachable F4, **160**) : *pl. Vicenç Martorell, 4. ☎ 93-302-20-72.* **Ⓜ** *Catalunya. Mar-sam 9h-1h. Raciones 3-12,50 €, plats 5,50-9 €.* Sur une placette avec son square très vivant et populaire, cette petite adresse nichée sous des arcades modernes propose des tapas très fraîches affichées sur l'ardoise. Calme et ombre font que les Barcelonais s'y installent dès le café du matin. Service gentil et clientèle d'universitaires et de jeunes *currantes* (employés).

|●| ▼ *Bar Lobo* (zoom détachable F4, **161**) : *c/ Pintor Fortuny, 3. ☎ 93-481-53-46.* ● *barlobo@grupotragaluz.com* ● *Tlj 9h-minuit (2h30 jeu-sam). Tapas 4,50-16 € ; plats et raciones 8-19 € ; petits déj plutôt salés (jusqu'à 13h en sem et 14h le w-e) env 10 €.* Grand loft à la déco étudiée et à l'atmosphère très bobo avec sa cuisine ouverte et sa table d'hôtes. Certes les tapas sont un poil plus chères et moins copieuses que dans certaines bodegas, mais elles sont vraiment goûteuses tout en restant simples. Surtout, la terrasse, sur une placette piétonne, est tout ce qu'il y a de plus accueillant. Les places s'arrachent ! Service décontracté, efficace et souriant. Une bonne adresse qui a les faveurs des Barcelonais.

|●| ▼ *Iposa* (zoom détachable E4, **156**) : *c/ Floristes de la Rambla, 14. ☎ 93-318-60-86.* **Ⓜ** *Liceu. Tlj 13h-3h. Petit menu le midi 7 € ; tapas dès 19h 2-7 € ; plats servis dès 21h 6-12 €.* On vient ici un peu pour la déco joyeuse et bariolée mais surtout par curiosité pour ce bar qui a servi de décor au film *L'Auberge espagnole*. Il vit depuis sur sa réputation, et non plus la qualité des tapas proposées ! Bref, un pèlerinage à réserver aux fans du film de Cédric Klapisch.

Dans Poble Sec
(centre détachable C-E4-6)

Assis ou debout

|●| ▼ *Gran Bodega Saltó* (centre détachable D5, **176**) : *c/ Blesa, 36.* ● *info@bodegasalto.net* ● **Ⓜ** *Paral-lel. Fermé 15 j. en août. Lun-mer 7h-2h, jeu-sam 12h-3h, dim 12h-minuit. Tapas env 2-8 €.* Cette très ancienne bodega du vieux quartier de Poble Sec a échappé à l'abandon, quand en 2002 Lidia et José-Luis lui ont offert une seconde vie. Depuis, c'est un des lieux de rendez-vous du quartier, fréquenté essentiellement par la clientèle locale. C'est assis en terrasse, quand le temps s'y prête, ou debout à l'intérieur, que l'on partage un verre et des tapas avec la clientèle d'habitués, dans la joie et la bonne humeur.

|●| ▼ *Manga Rosa* (centre détachable D5, **177**) : *c/ Blai, 31. ☎ 93-007-58-26.* **Ⓜ** *Paral-lel. Lun-jeu 18h-1h (2h jeu) et ven-sam 19h-3h. Tapas et pintxos 2-12 €.* Un autre bar à tapas très convivial de Poble Sec, dans cette rue piétonne qui en regorge, et où il n'est donc pas facile de faire son choix. Terrasse aux beaux jours et tables à l'intérieur (arriver tôt si on tient à s'asseoir), sinon debout. Apprécié des gens du quartier ; très bon accueil.

Au comptoir

|●| ▼ *Quimet & Quimet* (centre détachable D5, **180**) : *c/ Poeta Cabanyes,*

25. ☎ 93-442-31-42. Ⓜ *Paral-lel. Tlj sf sam soir-dim 12h-16h, 19h-22h30. Congés : août. Tapas 3-10 €.* Tous les amateurs connaissent ce minuscule bar à tapas, dans la même famille depuis 4 générations ! Alors, bien sûr, c'est très touristique et il ne faut pas espérer s'asseoir (tout le monde reste debout), mais les tapas méritent l'effort et le détour. Tout est délicieux, jusqu'aux petites fantaisies sucrées. Murs boisés décorés d'une ribambelle de bouteilles de vin, belle sélection de bières internationales. Un lieu indémodable où il faut savoir jouer des coudes !

Dans l'Eixample, du côté de Sant Antoni
(centre détachable C-E4-5)

Assis ou debout

|●| ⓎCerveceria Moritz *(centre détachable E4, 141) :* ronda Sant Antoni, 39-41. ☎ 93-426-00-50. ● info@moritz. cat ● Ⓜ *Universitat. Tlj 6h-3h. Visite gratuite (pour les consommateurs) de la brasserie du sous-sol en anglais et en espagnol : 12h-minuit, départs ttes les 30 mn, expos temporaires également au sous-sol. Tapas 2-8 €, plats 7-30 €. Compter 17-25 €/repas avec 1 boisson.* 📶 Depuis sa fondation en 1856, *Moritz* fait mousser la bière pour les Barcelonais. Ici, dans l'ancienne usine réhabilitée par l'architecte Jean Nouvel, l'ambiance est plus SoHo que Barri Gòtic. La manufacture conserve son aspect brut de décoffrage d'antan, élégamment mis en lumière dans une tonalité ambrée, comme en hommage à la bière. On y sert de bonnes tapas et une cuisine bien préparée. Les serveurs sont vêtus des bleus de travail (noirs) que portait le personnel de la brasserie. Dans la cave voûtée, les cuves tournent à plein régime pour alimenter le comptoir et la salle en bière fraîche. Ne manquez pas au sous-sol la visite de la brasserie. On y voit aussi une installation de panneaux mobiles et de jeux de miroirs, qui donnent le sentiment de flotter dans une chopine. À l'entrée, à droite, petit bar à vins *(12h30-1h)*, même cuisine, mais, comme son nom l'indique on n'y sert que du vin. À gauche, boutique-librairie avec tous les produits dérivés de la marque !

|●| Ⓨ*Tickets Bar et 41° (centre détachable C4, 165) :* avda Paral-lel, 164. ☎ 93-292-42-53. ● info@ticketsbar. es ● Ⓜ *Poble-Sec. Mar-ven 19h-22h30 ; sam 13h-15h30, 19h-22h30. Attention : résa slt par Internet indispensable, très, très longtemps à l'avance (min 2 mois si vous pouvez programmer !). Repas env 50-60 €.* Voici l'une des folies de Ferran Adrià, qu'il a ouvert avec son frère, Albert. Au coin de la rue, le *Tickets*, un bar à tapas de haute volée où l'on sert les créations un peu folles du célèbre cuisinier d'avant-garde catalan. Le décor design est à la fois chic et cool, avec des chaises de jardin au comptoir et une cuisine ouverte à tous les regards (pour qui aimerait percer les secrets de fabrication !). La porte à côté, le bar à cocktails *41° (mar-sam 18h-2h ; résa obligatoire là aussi)* permet aux *happy few* de déguster des snacks inspirés de la cuisine du monde, plus abordables qu'au *Tickets* et accompagnés de cocktails assez classiques, le tout dans un décor industriel avec de gros tuyaux au plafond. Le gros problème, pour l'un comme pour l'autre, c'est d'obtenir une table : seul espoir, compter sur une annulation de dernière minute et se jeter dessus ! Bien peu auront cette chance, mais cela dit, on ne pouvait pas omettre de vous parler de ces adresses.

|●| Ⓨ*Lolita Taperia (centre détachable C4, 164) :* c/ Tamarit, 104. ☎ 93-424-52-31. Ⓜ *Poble-Sec. Mar-jeu 19h-minuit (2h jeu), ven-sam 13h-16h, 19h-2h30. Résa conseillée, sinon arriver tôt ! Tapas 2-10 €, repas 25-30 €.* L'ex-*Inopia* d'Albert Adrià et Joan Martinez a été rebaptisé *Lolita* par Joan, qui a repris seul le lieu, après le départ de son associé. Une vraie réussite dans le genre « gastrobar à tapas ». De l'ancienne carte, le chef a gardé quelques classiques, mais pour le reste ce n'est que générosité, création et innovation. Les produits sont frais, l'ambiance est décontractée et joyeuse, la musique sonne bien... Seulement quelques tables à l'intérieur et un peu plus en terrasse, prises d'assaut, mais ce qu'on préfère, ce

sont les places au comptoir ! Un beau lot de consolation (voire plus) si vous ne parvenez pas à vous imposer chez son voisin et ex-associé, plus haut !

Dans l'Eixample
(centre détachable C-H1-4)

Assis ou debout

IOI Y Cervecería Catalana *(centre détachable F2, **171**) : c/ de Mallorca, 236. ☎ 93-216-03-68.* **Ⓜ** *Diagonal ou Passeig-de-Gràcia. Angle rambla de Catalunya et c/ de Mallorca. Tlj 8h (9h w-e)-1h30. Tapas 4-12 €.* Même en ayant doublé sa capacité d'accueil et étendu ses horaires, ce bar à tapas contemporain à l'atmosphère effervescente ne désemplit pas de la journée. Son secret ? Des tapas toujours ultrafraîches, généreuses et appétissantes. Entre la rangée de tables sur le trottoir, prises d'assaut et le comptoir toujours bondé qui déborde largement dehors, pas facile de se frayer un chemin à l'intérieur et encore moins de dégoter une table !

IOI Y Paco Meralgo *(centre détachable E2, **167**) : c/ de Muntaner, 171. ☎ 93-430-90-27. ● info@pacomeralgo.com ●* **Ⓜ** *Hospital-Clínic. Tlj 13h-16h, 20h-0h30. Tapas 3-12 €, plats du jour 8,50-18 €.* L'un des représentants de la nouvelle vague des tapas gastronomiques, fréquenté par des meutes de jeunes loups très *corporate*. Raffinées et créatives, ces tapas ne souffrent d'aucun défaut, et par bonheur, les prix restent sages. La liste des délices est longue comme les deux bras ! Également de bons desserts.

IOI Y La Bodegueta *(centre détachable F2, **166**) : rambla de Catalunya, 100. ☎ 93-215-48-94.* **Ⓜ** *Diagonal. Lun-ven 7h (8h sam)-1h45 ; dim et j. fériés 18h30-1h45. Tapas 2-15 €.* Une taverne amicale doublée d'une belle terrasse sur la rambla de Catalunya. À l'intérieur, la salle est chaleureuse comme on les aime ; sur les rayonnages, conserves et bouteilles attendent de trouver preneurs. On vient ici en sympathique compagnie grignoter de bonnes tapas classiques et siroter un petit vin de la maison. Bémol, le service parfois un peu expéditif.

IOI Y Tapas,24 *(centre détachable F3, **170**) : c/ Diputació, 269. ☎ 93-488-09-77. ● tapas24@carlesabellan.com ●* **Ⓜ** *Passeig-de-Gràcia. Tlj sf dim, 8h-minuit. Tapas 5-12 €, raciones 10-18 €.* En contrebas de la rue, la petite salle est systématiquement bondée, comme la miniterrasse sur le trottoir. Tout autour de la cuisine ouverte sur le comptoir, les gourmands attendent leur tour pour s'attabler, reluquant les assiettes des chanceux qui se régalent, juchés sur leurs tabourets hauts. Il faut dire que ce bar à tapas appartient au chef Carles Abellan, formé dans les cuisines de Ferran Adrià. Le but : servir du matin au soir de bons produits traditionnels bien travaillés, rehaussés çà et là d'une touche de créativité. Cher, certes, mais globalement très bon. En dessert, ne passez pas à côté de la ganache au chocolat, huile d'olive, croûtes de pain et grains de sel, un must !

IOI Y Ciudad Condal *(centre détachable F3, **172**) : rambla de Catalunya, 18. ☎ 93-318-19-97.* **Ⓜ** *Universitat ou Passeig-de-Gràcia. À l'angle de la Gran Vía de les Corts Catalanes. Lun-ven 8h-minuit, w-e 9h-2h. Tapas 3-8 €.* La panoplie de tapas étalée le long du comptoir fait instantanément monter l'eau à la bouche ! Avec raison : c'est frais, bon et pas cher. Quant au cadre, il s'agit d'un bar traditionnel à peine modernisé, prolongé par une agréable terrasse ombragée au milieu de la Rambla (mais beaucoup moins d'ambiance, bien sûr). Service efficace et express.

IOI Y Bar Velódromo *(centre détachable E1, **174**) : c/ de Muntaner, 213. ☎ 93-430-60-22.* **Ⓜ** *Hospital-Clínic ou Diagonal. Tlj 6h-2h. Tapas 3-13 €, plats 7-20 €.* Historique ! Restauré avec soin par les héritiers Moritz, propriétaires de ce vaste bar d'avant-guerre qui joue à fond la carte rétro : on s'attable volontiers dans la grande salle, à deux pas du billard, et selon l'heure, on profite du petit déj, d'un sandwich, de tapas (les plats sont moins convaincants), ou bien on sirote un verre en bonne compagnie sur les quelques tables sur le trottoir. Typique et archiclassique, c'est la carte postale de la brasserie vintage, les Barcelonais adorent. On y va pour le cadre, mais pas pour l'accueil, totalement indifférent.

Iol ⌶ La Pepita (centre détachable F-G2, *175*) : c/ Còrsega, 343. ☎ 93-238-48-93. • lapepitabcn@gmail.com • Ⓜ Diagonal. Lun 20h-1h30 ; mar-sam 9h-1h30 (cuisine 13h-16h30, 19h30-minuit). Tapas 2-18 €, pepita 8,50 €, menu déj env 12 €, le soir compter 25-30 €. Bistrot simple et frais, aux murs entièrement taggués par les clients, avec une poignée de tables au fond. L'avenante patronne (qui parle le français) soigne sa clientèle, pendant que son chef de mari retravaille à sa manière les tapas classiques et les sandwichs, ce qui l'a conduit à accoucher de la *pepita* : un genre de double tartine grillée à base de pain maison, farcie de différentes choses. Un peu léger mais très fin. Accompagné d'un bon petit vin comme on saura vous le choisir, ça passe tout seul.

Iol ⌶ Txapela (centre détachable F3-4, *173*) : passeig de Gràcia, 8-10. ☎ 93-412-02-89. Ⓜ Catalunya. Tlj 8h-1h30 (2h ven-sam). Pintxos 2-2,50 €. Genre de brasserie moderne avec mezzanine, basque, dans la lignée des bars à tapas et *pintxos* des grandes artères espagnoles. Un lieu où les plus affamés se pressent dans la bonne humeur autour du comptoir ovale ou sur la grande terrasse. Pour parfaire votre vocabulaire, *txapela*, c'est le béret... basque. Un peu banal mais bon, rapide et pas cher.

Dans le quartier de Gràcia
(centre détachable F-H1-2 et plan d'ensemble)

Assis ou debout

Iol ⌶ La Trini (centre détachable G1, *182*) : c/ Verdi, 30. ☎ 93-237-03-35. Ⓜ Joanic. Tlj midi et soir. Menu midi 9,50 € en sem et 13,50 € le w-e, tapas 1,80-10,50 €. 📶 Un tout petit bar à tapas, resté dans son jus et repris par des jeunes très sympas. Super ambiance le soir. Ne manquez pas les délicieuses croquettes à l'encre !

Du côté de Sants
(centre détachable B1-3)

Assis ou debout

Iol ⌶ Lagunak (centre détachable B1, *183*) : c/ Berlin, 19. ☎ 93-490-95-65. • info@lagunakbcn.com • Ⓜ Plaça-del-Centre. Tlj sf dim et lun soir, service 13h30-16h, 20h30-23h. Pintxo env 2 €, raciones 5-7 €. Un resto de quartier, qui sert, entre autres, des *pintxos* délicieux et originaux. Fréquenté par les gens du coin. Le resto est beaucoup plus cher.

Restos

Évitez les restos de la Rambla, trop exposés au flux touristique, car la qualité est rarement au rendez-vous et les prix y sont bien plus élevés qu'ailleurs.
– *Horaires :* à Barcelone, comme ailleurs en Espagne, on mange tard. Pas la peine de s'amener dans un resto avant 13h-13h30 pour déjeuner, 20h-21h pour dîner. Toutefois, évitez de vous pointer trop tard comme une fleur, les cuisines commencent grosso modo à fermer à partir de 22h30. Et le soir pendant le week-end ou en période de vacances, il vaut mieux *réserver* pour les adresses les plus courues, sauf indication contraire dans le libellé.

Dans le Barri Gòtic et alentour *(zoom détachable)*

Bon marché (10-16 €)

Iol Cervantes (zoom détachable F5, *205*) : c/ Cervantes, 7. ☎ 93-317-33-84. Lun-mer 7h30-17h30, jeu-ven 7h30-23h45, sam 18h-23h45 ; fermé dim. Menu déj 11 € (boisson et café compris). Un vrai resto de quartier, typique comme on les aime, avec sa grande salle à l'ancienne. Tenu par des Barcelonais qui concoctent une excellente cuisine catalane de marché.

De plus, les menus sont copieux. Fréquenté essentiellement par les locaux.

|●| Mercè Vins (zoom détachable F4, **192**) : c/ Amargós, 1. ☎ 93-302-60-56. • mercevins@gmail.com • Lun-ven 8h-17h (minuit ven). Fermé 15 j. en août. Menu déj 13 €. Petit resto de poche sympathique et sans prétention, discret derrière sa vitrine. On y vient pour le menu du jour économique et tout à fait correct, un vrai challenge dans le quartier ! La maison est également réputée dans tout Barcelone pour son gazpacho. Quelques tables, ou des tabourets devant le comptoir. Service agréable.

|●| Pizzeria San Marino (zoom détachable F5, **193**) : c/ de la Ciutat, 12. ☎ 93-302-01-82. • joaquinberrada@yahoo.es • Ⓜ Jaume-I. Tlj 13h-16h, 20h-minuit. Pizzas 5-9 € (ttes les pizzas 5,50 € le midi en sem, sf 2 marquées d'une étoile rouge). Menu max 10 € (boisson ou café ou dessert compris). Très centrale, cette petite cantine sans prétention comblera les routards au portefeuille dégarni (et les autres). Dans une petite arrière-salle au cadre banal, le patron, discret et sympathique, propose des plats italiens simples mais très corrects pour le prix. Clientèle tranquille d'habitués.

|●| Mirilla (zoom détachable F5, **206**) : c/ del Regomir, 16. ☎ 93-176-57-47. • barmirilla@gmail.com • Ⓜ Jaume-I. Tlj sf dim et lun soir 12h30-16h, 19h-23h30. Menu midi 10,50 €, tapas 4,50-11 €, assiette de charcuterie ou de fromages min 8-15 €, plats du jour 8,50-14 €. Mirilla veut dire « judas », comme le tout petit qui perce la porte d'entrée de cet adorable resto. Salle en longueur devant le bar et une toute petite au fond, plus quelques tables en mezzanine, vite complet donc. Tenu par deux femmes, l'une catalane, au piano, l'autre française, en salle. Cuisine de bon aloi et vins bien choisis. Et pour ne rien gâcher, le personnel est très accueillant.

Prix moyens (16-25 €)

|●| Vinateria del Call (zoom détachable F5, **194**) : c/ Sant Domènec del Call, 9. ☎ 93-302-60-92. • lavinateriacall@telefonica.net • Ⓜ Liceu ou Jaume-I. ♿ Tt près de la pl. Sant Jaume. Tlj slt le soir 19h30-1h. Fermé pdt les fêtes de fin d'année. Résa conseillée (téléphoner dès 18h), ou venir tôt car, après 21h, c'est bondé et la salle est petite. Compter 15-25 €. La Catalogne traditionnelle et joviale se retrouve dans ce resto que l'on pourrait qualifier de « touristique ». Dès l'entrée, on est immédiatement saisi par une vapeur très tannique, et après quelques verres, on en ressort d'une humeur très tonique. Grand choix de vins et bonne cuisine locale, charcuterie, fromages et autres plats. Ici, on ne sert pas de tapas mais des *raciones,* froides pour la plupart. L'addition dépendra de votre appétit et de votre gourmandise (bons desserts maison !). Service affable.

|●| Cafè de l'Academia (zoom détachable F5, **195**) : c/ Lledó, 1. ☎ 93-319-82-53. • cafedelacademia@hotmail.com • Ⓜ Jaume-I ou Liceu. Près de la mairie, sur la jolie place de l'église Saint-Just. Lun-ven, sf j. fériés, 9h-minuit ; repas servis 13h-15h30, 20h-23h. Congés : 15 j. en août. Résa nécessaire le soir. Menus déj env 16 € à table, 12 € au bar ; repas complet 30-35 €. 📶 Un cadre rustique avec miniterrasse très agréable en été. À 10h, les gourmands qui travaillent à la mairie et à la Generalitat voisines apprécient les meilleurs sandwichs de Barcelone ou les omelettes aux épinards. Le midi, menus goûteux et simples. Bien aussi le soir, pour un repas plus intime à la lueur des bougies, autour de plats plus élaborés et plus chers aussi.

|●| Venus Delicatessen (zoom détachable F5, **201**) : c/ d'Avinyó, 25. ☎ 93-481-64-81. • venusdelicatessen@gmail.com • Ⓜ Jaume-I ou Drassanes. Tlj 8h30-2h. Plats 10-13 €. CB refusées. 📶 Une petite halte pendant la visite de la vieille ville, dans ce café tenu par des jeunes alternatifs à tendance végétariens. Plats simples mais bien préparés : salades, lasagnes vég', moussaka, chili con carne, etc. On y expose le travail de jeunes artistes. Voir la rubrique « Où prendre le petit déjeuner ?... Dans le Barri Gòtic ».

|●| La Fonda (zoom détachable F5, **197**) : c/ des Escudellers, 10. ☎ 93-301-75-15. Tlj 13h-15h45, 19h-23h30. Menu le midi en sem 10,50 € ;

autres menus 17-20 € ; plats 7-12 €. Cadre pseudo-colonial plutôt élégant et atypique. Si l'on ajoute à cela un service assuré par un personnel tout ce qu'il y a de plus asiatique, préparant une cuisine italo-espagnole, on pourrait craindre le pire. Pourtant, touristes et Barcelonais se pressent ici à égalité... tous ravis de profiter du cadre, à un prix raisonnable. Il faut voir cela comme une grande cantine familiale et populaire, et ne pas s'attendre à de la grande cuisine ; mais il faut avouer que c'est copieux et joliment présenté (un conseil tout de même, évitez tout ce qui est friture). Service certes rapide mais totalement confus et débordé.

|●| **Agut** *(zoom détachable F5, 198) : c/ d'En Gignàs, 16.* ☎ *93-315-17-09.* ● *restaurantagut@hotmail.com* ● Ⓜ *Jaume-I ou Barceloneta. Une ruelle entre c/ Avinyó et vía Laietana. Tlj sf dim soir et lun 13h30-16h, 20h30-23h30. Congés : 15 j. en août. Résa conseillée le soir. Menus midi 12 € au bar et env 15 € au resto ; repas complet 25-35 €.* 🛜 Depuis 1924, un resto fréquenté tant par les touristes que par les Barcelonais qui s'attablent souvent en famille. Vieille maison, très soignée à la fois dans le service et dans la déco : grande salle voûtée décorée de tableaux. Authentique cuisine barcelonaise, souffrant malheureusement d'irrégularité. Il faut avouer malgré tout que les fruits de mer et le poisson sont à un prix étonnant pour l'endroit.

|●| **El Salón** *(zoom détachable F5, 202) : c/ Hostal d'en Sol, 6-8.* ☎ *93-315-21-59.* ● *restaurantelsalon@gmail.com* ● *Tlj sf dim 18h-1h. Résa préférable le soir en fin de sem. Quelques tapas 3-7 €. Menu 25 €, carte 25-35 €. Digestif maison offert sur présentation de ce guide.* 🛜 Atmosphère chaleureuse et charmante pour ce resto servant une excellente cuisine méditerranéenne : à l'intérieur, on se croirait presque dans la salle à manger de copains, chez qui on serait venu passer le week-end ! Belle terrasse sur l'adorable petite place dels Traginers, à deux pas, pour les soirs d'été. Bref, vous l'aurez compris, on aime bien !

De chic à très chic (de 25 à plus de 40 €)

Dans cette catégorie, des restos presque abordables le midi et nettement plus onéreux le soir.

|●| **La Plass Ohla** *(zoom détachable F4, 203) : vía Laietana, 49.* ☎ *93-321-01-89.* ● *info@ohlahotel.com* ● Ⓜ *Urquinaona. Tlj 7h-16h et 19h30-minuit. Menu midi en sem 16 €, tapas 7,50-18 €, carte 32-40 €.* Au rez-de-chaussée de l'*Hotel Ohla*, un grand espace moderne entouré de baies vitrées accueille le *gastrobar* du chef étoilé Xavier Franco (son resto gastronomique se trouve à un jet de marches au-dessus). Dès l'arrivée, les cuisines ouvertes laissent imaginer la qualité et la créativité des mets et autres tapas... Et le menu du midi à petit prix est une formidable occasion de découvrir la cuisine d'un étoilé ! *Gaudir del seu menjar* (bon appétit, en français dans le texte) !

|●| **El Gran Café** *(zoom détachable F5, 199) : c/ d'Avinyó, 9.* ☎ *93-318-79-86.* Ⓜ *Liceu ou Jaume-I. Tlj 12h30-minuit (0h30 le w-e) dernier service à 23h30. Menu le midi env 12 €, menu sem 14-24 €. Carte 25-35 €.* Une brasserie qui a connu ses heures de gloire à la Belle Époque, dont elle a gardé le souvenir et le décor lustré par le temps : boiseries cirées, femmes sculptées en guise de lampadaires sur le bar, coin salon et belle cave. Piano-bar de belle qualité, si l'envie de dîner en musique vous prend !

|●| **Neri Restaurant** *(zoom détachable F5, 144) : c/ Sant Sever, 5.* ☎ *93-304-06-55.* ● *info@hotelneri.com* ● Ⓜ *Jaume-I. Service 13h30-16h, 20h30-23h. Menus midi en sem 22 €, soir et w-e 50 €. Plats 20-26 €.* Dans un recoin de la plaça Sant Felip Neri, voici sans doute la terrasse la plus intimiste, la plus romantique de Barcelone... avec sa fontaine qui glougloute. Idéal pour un déjeuner en amoureux. Un resto chic, où l'on peut se régaler d'une bonne cuisine dans une atmosphère design et tamisée, mais préférer indiscutablement la terrasse, quand c'est possible. Service un peu guindé, voire pincé. Mais c'est le restaurant de

l'*Hotel Neri, Relais & Château* !

IOI *Los Caracoles* *(zoom détachable F5, 200) : c/ dels Escudellers, 14. ☎ 93-301-20-41 ou 93-302-31-85. • loscaracoles@loscaracoles.es • Ⓜ Drassanes ou Liceu. ♿ Parking gratuit 2h au n° 22 sur la Rambla. Une rue perpendiculaire à la Rambla. Tlj 13h15-minuit. Résa conseillée. Menus env 24 € (midi)-60 €, carte 30-70 €. Apéro (cava) offert sur présentation de ce guide.* Un des restos historiques de la ville, fondé en 1835 et toujours dans la même famille. Belle cuisine ouverte, que l'on traverse pour aller dans la salle. Au passage, jetez un œil aux grandes rôtissoires où se dorent langoureusement chevreaux et cochons de lait (c'est la spécialité maison !). Splendide décoration rustico-catalane avec tonnelets peints, jambons au milieu des feuillages, photos des artistes ayant hanté les lieux. Superbe tireuse à bière en laiton sur le bar, en forme d'escargot. Très touristique, avec les inconvénients que cela implique... Désagréable habitude de prendre les touristes... pour des touristes et, par exemple, de les parquer dans les salles du haut et de réserver les plus belles aux habitués et aux Catalans. La cuisine et l'accueil sont à l'avenant, irréguliers, c'est le moins que l'on puisse dire ! Évitez la paella.

Dans la Ribera et El Born
(zoom et centre détachables)

On vous répète qu'on aime beaucoup ce quartier, et notamment ses bonnes tables.

Très bon marché (moins de 10 €)

IOI *Hamburgueseria Kiosko* *(zoom détachable G5-6, 204) : avda Marquès de l'Argentera, 1 bis. ☎ 93-488-08-97. Ⓜ Barceloneta. Tlj 13h-1h. Fermé 25 et 26 déc. Compter 8-12 €.* Barcelone a elle aussi cédé à la mode des burgers gourmet... Ici, on prend une fiche, et tout en faisant la queue, on coche ce qu'on veut, la serveuse encaisse et vous donne un numéro. On s'installe sur une des tables hautes, à la table commune ou au comptoir. Là, un peu d'attente, car les burgers sont préparés à la demande, avec d'excellents produits frais. Même le classique est déjà très copieux ! Une adresse qui séduira nos jeunes lecteurs ainsi que leurs bas de laine.

IOI *Pim Pam Burger* *(zoom détachable G5, 207) : c/ Rec, 18. ☎ 93-211-56-06. Ⓜ Jaume-I. À l'angle c/ de la Fusina. Tlj 11h-1h (1h30 ven-sam, 0h30 dim). Env 5-7 € burgers et plats.* Ce traiteur, chez qui l'on peut déguster de bons petits plats cuisinés, installé sur des tabourets et tables hautes, propose également d'excellents burgers nouvelle tendance, garnis d'excellents produits frais. Idéal pour les bourses légères...

IOI *Andreu* *(zoom détachable G5, 210) : c/ Gombau, 1-3. Entrée c/ d'En Giralt el Pellicer, 24-28. ☎ 93-295-50-72. • info@andreu.cat • Ⓜ Jaume-I. Lun-jeu 9h30-20h30, ven-sam 9h-21h. Sandwichs 4-9 €.* Ce sont les meilleurs sandwichs de la ville ! Bon, on exagère un peu, mais à peine. Car cette charcuterie contemporaine et très chic est l'une des succursales d'*Andreu*, connu pour ses jambons et autres charcuteries ibériques de 1er choix. On peut en acheter à la coupe, bien emballé, ou sous forme de sandwich qu'on déguste au comptoir sur un tabouret haut, avec un bon petit verre de vin. Pas donné mais délicieux.

IOI *Lilipep* *(zoom détachable G5, 211) : c/ Pou de la Cadena, 8. ☎ 93-310-66-97. • asensioguillen@hotmail.com • Ⓜ Jaume-I. Mar-dim 10h30-22h (0h30 jeu-sam). Tapas 5-9 €, repas 8-15 € le midi. 🛜 Café offert en fin de repas sur présentation de ce guide.* Bien caché dans une ruelle donnant sur la carrer de la Princesa, ce petit café bohème est sympa pour une pause : des bouquins et des œuvres d'art (à vendre) sur les rayonnages, quelques fauteuils et canapés pour se relaxer, et, à la carte, des quiches du jour, salades et autres sandwichs. Sans prétention et décontracté, comme l'accueil. Portions un peu chiches, quand même.

IOI *Mercat Princesa* *(zoom détachable G5, 208) : c/ Flassaders, 21. ☎ 93-268-15-18. Ⓜ Jaume-I. Tlj 9h-minuit. Repas 8-15 €.* Un marché gastronomique installé dans un palais du XIVe s ! Plusieurs petits comptoirs qui proposent chacun leurs spécialités. Tapas, charcuteries, *bocadillos*, huîtres, *patatas* sous toutes les formes, pâtisseries, glaces... On commande au comptoir, on paie, puis on choisit l'un des espaces pour se poser sur de grandes tables d'hôtes. Du petit déj au dîner, on peut manger à toute heure de la journée, et ce sont de bons produits. Expos photos temporaires à regarder en attendant votre tour.

Prix moyens (16-25 €)

|●| *Restaurant Petra* (zoom détachable G5, **217**) : c/ dels Sombrerers, 13. ☎ 93-319-99-99. ● info@restaurantpetra.com ● Ⓜ Jaume-I. Tlj sf dim en été et dim soir en hiver, 13h-16h, 20h30-23h. Menu midi en sem env 13 €, plats env 8-12 €, repas 18-22 €. À côté de l'église Santa María del Mar, une bonne petite adresse pour un repas en amoureux. Ce resto est d'emblée charmant. Ses murs couverts de céramique du siècle dernier enchantent le regard, tout autant que les lustres faits avec de vieux couverts. La bonne surprise est surtout dans l'assiette, une cuisine inventive et savoureuse autour de thèmes méditerranéens et catalans. Portions toutefois un peu justes pour les gros appétits. Service aimable.

|●| *Cuines Santa Caterina* (zoom détachable G5, **212**) : mercat Santa Caterina, avda Francesc Cambó, 16. ☎ 93-268-99-18. ● cuinessantacaterina@grupotragaluz.com ● Ⓜ Jaume-I. Tlj 13h (un peu plus tôt au bar)-16h, 20h-23h30. Carte 15-25 €. Dans l'une des ailes du marché, ce vaste resto aménagé de manière rustique propose une carte à la manière d'un tableau à double entrée. En haut, les matières premières (légumes, riz, viandes, œufs) ; à gauche, le mode de cuisson (à la méditerranéenne, à l'orientale...). Puis quelques plats du jour. Tout est de bonne facture et frais. Comme c'est souvent bondé, le service a tendance à être rapide et efficace (ça dépote !). On partage de grandes tablées qui permettent d'engager facilement la conversation. Les plus pressés s'accouderont au comptoir en U pour partager quelques tapas préparées sous leurs yeux.

|●| *El Atril* (zoom détachable G5, **213**) : c/ Carders, 23. ☎ 93-310-12-20. ● elatril@chef.net ● Ⓜ Jaume-I. Lun 18h-minuit, mar-dim 12h-minuit. Tapas 3-10 €, menu midi 11,50 €, plats 14-16 €. Brunch w-e env 13 € tt compris, 11h45-17h. Petit supplément en terrasse. Idéalement situé à l'angle d'une jolie place (on vous laisse découvrir l'agréable terrasse !), ce petit resto convivial a vite conquis son public grâce à des plats bien ficelés, copieux et qui sortent parfois de l'ordinaire. Entre les classiques assiettes de (bon) jambon ibérique et de (goûteuses) tortillas se glissent quelques intrus, comme cet excellent *ceviche*. Accueil sympa et atmosphère chaleureuse, surtout les soirs de concert (guitare classique, mercredi et jeudi).

|●| *El Foro* (zoom détachable G5, **209**) : c/ Princesa, 53. ☎ 93-310-10-20. ● elforo@ctv.es ● Ⓜ Jaume-I. Tlj sf lun 9h-23h, menu midi 13-18 €, soir 26-39 €. Resto d'inspiration argentine, dans une grande salle aérée avec sa cuisine ouverte. Terrasse très agréable. Bonnes viandes argentines. Excellent accueil. Très intéressant surtout pour ses menus complets, midi et soir.

|●| *Mundial Bar* (zoom détachable G5, **214**) : pl. Sant Agustí Vell, 1. ☎ 93-319-90-56. Ⓜ Jaume-I. Tlj sf dim midi et soir 13h-16h, 21h-23h30. Carte env 20-25 €. C'est un troquet vieillot, dont la déco n'a pas connu de grands bouleversements depuis son inauguration en 1925. Pittoresque donc. Le grand-père du patron a fondé un club de boxe local, d'où la grande fresque avec des boxeurs catalans et espagnols. Pas de gaffe : malgré la ressemblance, le boxeur à côté du lion n'est pas Marcel Cerdan. Mais on vient surtout pour les bons poissons et fruits de mer proposés en plats ou en tapas (le reste vaut moins le coup, et c'est cher pour ce que c'est), à picorer dans une joyeuse atmosphère dans la petite salle du fond, ou à l'une des tables bistrot alignées face au comptoir. Fréquenté par les locaux, peu de touristes.

|●| *Pla de la Garsa* (zoom détachable G5, **215**) : c/ Assaonadors, 13.

☎ 93-315-24-13. ● info@pladelagarsa.com ● Ⓜ Jaume-I. Entre les c/ Montcada et Comerç. Tlj 20h-1h. Congés : 10 j. en juin. Carte 12-25 €. Adorable bar-*formatgeria* servant des vins et des fromages dans une toute petite salle aux tables de marbre et banquettes en pierre, avec un bel escalier en colimaçon en fer forgé. Notez la belle affiche des « dévaliseurs nocturnes ». On dit que cet endroit fut fondé par les anarchistes catalans. Spécialités de plats régionaux, charcuterie en tout genre, entrées froides, parfois un peu chichement servies.

|●| *La Paradeta Born* (zoom détachable G5, **216**) : c/ Comercial, 7. ☎ 93-268-19-39. ● info@laparadeta.com ● Ⓜ Barceloneta. Le long de El Born Centre Cultural. Ouv mar-dim 13h-16h, 20h-23h (minuit ven-sam). Compter 13-40 €/kg selon produit. Le concept est simple : en fonction de l'arrivage, on choisit à l'étal la quantité de couteaux, langoustines, gambas et autres calamars que l'on souhaite déguster. Puis on se prononce sur l'accompagnement et le mode de cuisson : *a la plancha* ou *frito*. On s'attable alors dans la vaste salle colorée, façon cantine, et on vous appelle dès que c'est prêt. Et on se régale ! Comme l'air est frais à l'intérieur (*mariscos* obligent), prévoyez une petite laine. Des succursales à Sants et à la Sagrada Família.

|●| *Cal Pep* (zoom détachable G5, **218**) : pl. de les Olles, 8. ☎ 93-310-79-61. ● calpep@calpep.com ● Ⓜ Barceloneta. Tlj sf sam soir, dim, lun midi et j. fériés 13h-15h45, 19h30-23h30. Congés : août. Résa obligatoire. Plats 7-18 €, carte 20-25 € (avec dessert et boisson). Ce bistrot de quartier au cadre basique est devenu une institution. Le succès est tel qu'il y a 2 rangées face à l'unique comptoir, l'une attablée et, derrière, ceux qui attendent et matent les assiettes des heureux clients déjà servis pour passer le temps. Quoi qu'il en soit, on se régale de fruits de mer et poisson frais préparés sous nos yeux. Le plaisir est autant visuel que gustatif ! Attention à la salière dans l'addition : les prix sont affichés, mais pas forcément très clairement. Dispose aussi d'une salle dans le fond, mais franchement, on trouve ça moins sympa et bien plus cher.

De chic à très chic (de 25 à plus de 40 €)

|●| *Comerç 24* (zoom détachable G5, **219**) : c/ Comerç, 24. ☎ 93-319-21-02. ● comerc24@carlesabellan.com ● Ⓜ Arc-de-Triomf. Mar-sam 13h30-15h30, 20h30-23h. Résa conseillée par Internet. Repas min 60 €. Voici l'un des restos gastronomiques du Born, réputé pour servir dans un cadre élégant les tapas les plus inventives de la ville. Disciple du célèbre Ferran Adrià, le chef Carles Abellan manie avec talent et imagination la tradition des tapas, qu'il réinvente en les mêlant aux influences « fusion ». Des tapas sophistiquées comme des œuvres d'art miniatures ! Un régal pour la vue et pour les papilles. Les porte-monnaie plus fragiles se rabattront sur *Tapas,24*, l'adresse tout tapas du même chef, pas donnée mais plus accessible quand même (voir « Bars à tapas » plus haut dans l'Eixample).

|●| *Carballeira* (zoom détachable F6, **220**) : c/ Reina Cristina, 3. ☎ 93-310-10-06. ● reservas@carballeira.com ● Ⓜ Barceloneta. Tlj sf lun, dim soir et j. fériés 13h-minuit. Plats 15-44 €, carte 40-50 €. 🛜 Dans une salle placée sous le signe du grand large : maquettes de bateaux, crustacés, hublots. Spécialiste des fruits de mer et du poisson de Galice, comme le *pulpo gallego* ou la *tortilla de Betanzos*. Également des langoustes et du homard au poids. Le tout de bonne qualité et bien préparé.

|●| *7 Portes* (zoom détachable G6, **221**) : passeig d'Isabel II, 14. ☎ 93-319-30-33. ● reservas@7portes.com ● Ⓜ Barceloneta. ♿ *Entrée sous les arcades. Service continu tlj 13h-1h. Plats 12-35 €.* Ouvert au XIXe s, c'est l'un des grands classiques de Barcelone. Avec tout ce que cela implique : des queues pas possibles et une cuisine sujette, régulièrement, à une petite baisse de régime. Quant au cadre, il est dans un esprit très brasserie 1900, avec ses tableaux, ses poutres vernies et ses plaques de cuivre indiquant les places des célébrités qui honorèrent les lieux de leur présence : Miró, Dalí, Picasso, la Callas, Juan Carlos... et pourquoi pas vous !

I●I Espai Sucre (zoom détachable G5, **222**) : c/ Princesa, 53. ☎ 93-268-16-30. ● restaurant@espaisucre.com ● Ⓜ Arc-de-Triomf. Ouv slt le soir : mar-jeu 21h-23h30 ; ven-sam, services à 20h30 puis 22h30. Congés : 15 j. en août et 15 j. à Noël. Résa impérative par mail. Menus 39-61 €. Un resto au cadre sobre et design, dont on ne sait si c'est un laboratoire d'idées ou une auberge surréaliste. Jordi Butrón est passé par les cuisines de Ferran Adrià, et ça se sent. Son ambition : faire du sucre son ingrédient fétiche, et, dans ce domaine de saveurs, il fourmille d'idées. Son amour du sucre pourrait lui valoir le titre de roi des fourmis (c'est d'ailleurs son emblème). Foie gras au sucre, viande au sucre, poisson au sucre, menu tout chocolat (on est juste derrière le musée du Chocolat) ou tout fromage... Une expérience très originale. On aime ou pas. Pour les rétifs, quelques plats salés non sucrés !

I●I Senyor Parellada (zoom détachable F-G5, **94**) : c/ Argentería, 37. ☎ 93-310-50-94. ● parellada@senyorparellada.com ● Ⓜ Jaume-I. Tlj 13h-15h45, 20h30-23h30. Plats 7,50-20 €. L'hôtel où les compagnies maritimes logeaient autrefois leurs voyageurs renferme un resto séduisant, au cadre soigné à la fois chic et moderne (tons gris perle, beaux volumes, longues banquettes de bois évoquant les bateaux et peintures). Mais pas de confusion : la cuisine reste catalane traditionnelle, et la clientèle détendue. Bon accueil.

Sur le port
(centre détachable G6)

Face au port Vell, le palau de Mar, ancien entrepôt des douanes, rénové avec goût, abrite entre ses arcades quelques restos chicos.

Très chic (plus de 40 €)

I●I La Gavina (centre détachable G6, **265**) : pl. Pau Vila, 1. ☎ 93-221-05-95. ● reservas@lagavina.es ● Ⓜ Barceloneta. ♿ Au pied du palau del Mar, sous les arcades. Tlj 12h-23h30. Repas ou menu du jour env 30 €. La Gavina est un classique du port. La présentation et le service justifient les prix, d'autant que la vaste terrasse face au port, à l'écart de la circulation, est franchement très agréable. Entrées fraîches, poissons de la Méditerranée bien préparés, et bonnes paellas, dont la recette originale de la « casserole ».

I●I Merendero de la Mari (centre détachable G6, **266**) : pl. Pau Vila, 1. ☎ 93-221-31-41. ● restaurant@merenderodelamari.com ● Ⓜ Barceloneta. ♿ Tlj midi et soir. Plats 23-59 €, repas 40-60 €. Installé dans les anciens entrepôts de douane en face de la marina, le Merendero possède aussi sa belle terrasse, immense, et une jolie salle intérieure design et feutrée. Cuisine classique et honnête : paellas, fideuà, arròs negre... Service pro.

Dans la Barceloneta
(centre détachable E-H6-7)

Entre la ville et la plage, on aime bien ce quartier un peu à part pour son atmosphère encore populaire. Dommage toutefois que la plupart des adresses chic et prétendument « mythiques » abusent sur les prix, d'autant que la cuisine n'est pas toujours à la hauteur... Mais on y dégote encore des restos très honnêtes.

De bon marché
à prix moyens (10-25 €)

I●I Can Maño (centre détachable G6, **271**) : c/ Baluard, 12. ☎ 93-319-30-82. Ⓜ Barceloneta. Mar-sam 8h15-11h, 12h15-16h, 20h-23h (sam slt midi). Congés : août. Repas env 10 €. Voici la fonda de quartier comme on les aime ; 2 salles minuscules baignées de lueurs de néon, où s'entassent le comptoir, des tables en Formica et la cuisine dans l'arrière-boutique. Patrons avenants et affairés, cuisine sans chichis, fraîche et savoureuse. À la carte : liste de platos combinados, des poissons du jour que l'on vous détaillera oralement, des salades et des légumes frais ou grillés. Avec des prix pareils, c'est vite bondé, donc s'y pointer tôt.

I●I La Bombeta (centre détachable G6, **232**) : c/ de la Maquinista, 3. ☎ 93-319-94-45. Tlj sf mer 10h-minuit.

Tapas 4-10 €, plats 6,50-16 €. Même si nombre de voyageurs de passage viennent s'y encanailler, ce vieux bistrot n'a pas perdu de son cachet. Pas de wifi, une inscription suggère : « nous n'avons pas de wifi, parlez entre vous » ! Le comptoir n'est pratiquement plus accessible à cause des tables qui le bordent. On y mange une cuisine simple, honnêtement préparée. Même si les matelots d'antan l'ont déserté depuis longtemps, on aime bien ce vieux bistrot de la Barceloneta.

|●| ***Santa Marta*** *(centre détachable G7, 270) :* c/ de Grau i Torras, 59. 691-23-68-02. Barceloneta. À l'angle de c/ Almirall Aixada. *Tlj 9h30-minuit. En-cas et petits plats 3-12 €.* En comparant tous les établissements alignés face à la plage, ce bar très coloré et gentiment bohème fait figure d'exception : on peut enfin profiter d'une belle terrasse face à la grande bleue sans se ruiner ! Au menu, des sandwichs italiens bien bons et copieux, des salades fraîches, quelques pizzas et le plat du jour. Assortiment de cocktails et shooter. Le soir, c'est plus festif, à l'image des DJs qui font pulser les décibels à l'occasion. Cela dit, le service se ressent ici aussi de l'emplacement très touristique...

|●| ***Cal Papi*** *(centre détachable G7, 239) :* c/ Atlantida, 65. ☎ 93-221-85-64. Barceloneta. *Tlj sf dim dîn, lun et mar, 12h-16h, 20h-22h30 ; service continu sam 12h-22h30. Plats 10-20 €.* Ambiance très locale. Les gens du quartier ou les Barcelonais d'autres *barri* viennent ici pour déguster, entre autres, les meilleurs beignets de morue et de poulpe de la ville... un régal ! Déco kitsch, dans son jus, et patronne fort avenante. Une bonne adresse comme on les aime.

|●| Si vraiment vous souhaitez dîner sur le passeig Joan de Borbò, on vous conseille ***El Suquet de l'Almirall*** *(centre détachable F7, 240) :* au n° 65. ☎ 93-221-62-33. suquet@suquetdelalmirall.com *Tlj. Plats 19-29 €, wok et cocottes 12-18 €. Menu 36 € le soir, très copieux avec tapas et paella, servi pour 2 pers. Et des petites salades dès 8 €.* Terrasse et salle intérieure bleu grec, facile à repérer. Bons poissons frais que l'on vous présente avant de les faire cuire. Le plus authentique des restos du *passeig*.

De chic à très chic (de 25 à plus de 40 €)

|●| ***Xup-Xup*** *(centre détachable G7, 238) :* passeig Marítim de la Barceloneta, s/n. ☎ 93-224-03-53. info@xupxuprestaurant.com *Accès par la promenade, sous les arcades.* Ciutadella ou Barceloneta. *Tlj sf lun 12h-minuit, hors saison fermé le soir pdt le w-e et lun. Menus midi lun-ven 13 € (15 € en terrasse), puis 20-26 € (10 % de plus en terrasse !), soir 51 € (2 pers min) ; plats 15-40 €.* Un vrai resto de plage les pieds dans le sable. On paie bien sûr le décor et la vue sur la mer. La cuisine, très classique, tient cependant bien la route. Nous indiquons cette adresse uniquement pour sa terrasse sur la plage, car la salle, sous les arcades, manque de charme. Service aimable, couverture pour les soirs venteux.

|●| ***Cal Pinxo*** *(centre détachable G7, 275) :* c/ Baluard, 124. ☎ 93-221-50-28. restaurant@pinxoplatja.com *Arrêt Barceloneta (le terminus) du bus n° 17. Face à la mer. Tlj 12h30-16h, 20h30-23h. Congés : 2ᵈᵉ quinzaine de janv. Plats 12-28 €, repas 30-35 €. Digestif offert sur présentation de ce guide.* C'est l'une des plus vieilles enseignes du coin, entièrement rénovée. En saison, grande terrasse très prisée, sinon 2 salles aux 1ᵉʳ et 2ᵉ étages. Cuisine méditerranéenne très correcte. Vous êtes devant la plage, prix en conséquence. Bon accueil.

Dans El Raval
(zoom et centre détachables D-F4-6)

Très bon marché (max 5 €)

|●| ***Menja Futur*** *(centre détachable E4, 244) :* c/ Tallers, 47. Universitat. *Lun-sam 12h-18h. Menus entrée, plat et dessert 4-8 €.* Le concept ? Une entreprise sociale qui a comme objectif que chacun puisse manger au moins un repas de qualité par jour. Les employés sont des personnes en

réinsertion. Les bénéfices leur permettent de servir des repas aux personnes en difficulté ! En revanche, impossible de manger sur place, pas de tables, mais il y a une petite place avec des bancs un peu plus loin dans la rue. Une aubaine pour les budgets très serrés.

Bon marché (10-16 €)

|●| Woki Organic Market (centre détachable F4, **228**) : ronda Universitat, 20. ☎ 93-302-52-06. • info@tribuwoki.com • Ⓜ Universitat. Lun-sam 8h-minuit (1h ven-sam), dim 12h-minuit. Repas max 15 €. Apéritif, digestif ou café offert sur présentation de ce guide. Petit marché couvert, dans le style fermier urbain très en vogue aujourd'hui, vendant uniquement des produits bio. À l'intérieur, 5-6 comptoirs qui proposent un éventail varié. Des tapas aux sandwichs en passant par le wok, les burgers ou pizzas, salades, jus de fruits frais, pâtes... le choix est vaste ! Les prix sont démocratiques et l'ambiance plutôt sympathique, sans compter que l'endroit est joli, décoré avec des matériaux... écolos ! Toute petite terrasse sur la rue l'été.

|●| Xaica (centre détachable E-F4, **229**) : c/ de Jovellanos, 5-7. ☎ 93-317-85-43. • bar@xaica.com • Lun-jeu 8h-23h30 (minuit ven, 1h sam), dim 9h-23h30. Menu tapas 14 € tt compris. Tapas 2-6 €, bocadillos 2-5 € et petit déj 3,50 €. Accueil chaleureux pour ce petit resto de quartier qui propose des repas aussi simples que bons. Nous le recommandons pour son menu boisson comprise.

|●| Can Lluis (centre détachable D4, **230**) : c/ Cera, 49. ☎ 93-441-11-87. Ⓜ Liceu ou Paral-lel. Tlj sf dim 13h30-23h30. Congés : août. Menus déj en sem env 10 €, puis 30-45 €. Ce petit resto, aujourd'hui si pittoresque et rétro, était l'endroit préféré de l'écrivain Vásquez Montalbán, et sa réputation a depuis longtemps dépassé les frontières du Raval. Sur les coups de 14h, une clientèle fidèle de bons vivants remplit en un clin d'œil les 2 petites salles intimes et agréables, décorées de vieilles réclames et de caricatures du patron. Le menu du midi est une aubaine : plats catalans classiques et bien préparés. Le vino de la casa, à prix d'ami, permet de garder une addition raisonnable ; le soir, en revanche, c'est plus cher mais plus copieux... et il y a même un menu « Montalbán » ! Une valeur sûre, très appréciée des habitants du coin. Accueil qui se déride vite.

De prix moyens à chic (16-40 €)

|●| Cera 23 (centre détachable E4, **233**) : c/ de la Cera, 23. ☎ 93-342-08-08. • reservas@cera23.com • Tlj 19h-23h30 (minuit ven-dim). Plats 8,50-19 €, repas 15-25 €. CB refusées. À l'avant, le bar avec quelques sièges et tables, surplombés par un écran géant diffusant des vidéos ; à l'arrière, salle plus intime avec cuisine ouverte. La cuisine mélange habilement la Méditerranée et la Galice, et c'est délicieux, comme ce riz noir avec fruits de mer, parmesan et sauce safran ! Bons vins du pays et service très attentionné.

|●| Organic (zoom détachable E5, **103**) : c/ Junta de Comerç, 11. ☎ 93-301-09-02. • masorganicrestaurant@yahoo.com • Ⓜ Liceu. Tlj 12h30 (dès 7h en été)-minuit. Menu complet en self-service 15 €. Plat env 10 €. Un resto végétarien très tendance, installé dans un ancien entrepôt industriel. Organic is orgasmic : telle est la devise du chef, qui ne mégote pas avec les sensations et les bienfaits de la cuisine végétarienne, mijotée sans sectarisme macrobiotique. Sélection stricte des produits, tous d'origine bio, pain fait maison. Présentation soignée et ambiance décontractée.

|●| Teresa Carles (centre détachable E-F4, **241**) : c/ de Jovellanos, 2. ☎ 93-317-18-29. • info@teresacarles.com • Tlj 9h-minuit, brunch et petit déj 9h-12h. Tapas 7,50-10,50 €, plats du jour (lun-ven) 10,50-13,50 €, menu degustación 30 €. Un autre bon plan, installé également dans un grand espace où les 2 salles ont été restaurées façon loft : gros paniers remplis de légumes et fruits frais. Une cuisine franchement délicieuse, prisée des locaux. Lasagnes, houmous, risotto à l'encre et pignons...

|●| Bar Central (zoom détachable E5, **235**) : marché de la Boquería, stand 494 (tt au fond de l'allée centrale). ☎ 93-301-10-98. Ⓜ Liceu. Tlj sf dim jusqu'à 20h. Congés : 15 j. en janv et 15 j. en juil. Plats 5-27 €. Un des bons comptoirs de la Boquería. Les maraîchers y viennent dès 11h pour liquider un petit blanc accompagné de coquillages, de gambas ou autres fruits de mer... C'est une adresse où il faut venir tôt (ou tard, bien qu'il y ait moins de choix), par exemple le jour de votre arrivée, quand votre estomac n'est pas encore calé sur l'heure espagnole. Manger une *parrillada* à la Boquería (et avec les doigts !) fait partie des grands bonheurs qu'offre Barcelone.

|●| Bar Pinotxo (zoom détachable E5, **235**) : le marché de la Boquería, stand 466-470, 1ʳᵉ allée à droite de l'allée principale en venant de la Rambla. ☎ 93-317-17-31. Ⓜ Liceu. ♨ Lun-sam 6h30-16h. Congés : août. Raciones 7-12 €, repas 20-25 €. 🛜 Archi touristique, mieux vaut le savoir ! Mais l'atmosphère et la qualité sont au rendez-vous, alors essayez d'avoir une place sur les quelques grands tabourets au coude à coude autour du comptoir. Excellente cuisine catalane entre terre et mer ; mais même ici, les coquillages ne sont franchement pas donnés ! Un incontournable de la Boquería. Toujours bondé.

|●| Antic Forn (zoom détachable E4, **224**) : c/ del Pintor Fortuny, 28 (angle c/ Doctor Dou). ☎ 93-412-02-86. ● info@lanticforn.com ● Tlj 13h-17h et 20h-minuit. Plats et pizzas env 7-15 €, carte 20-25 €, menu soir 14,50 € (entrée + plat ou plat + dessert). Légèrement en retrait de l'animation touristique, dans une ruelle calme. Restaurant de quartier où il fait bon se poser à midi comme le soir. Spécialités de viandes à la braise. Cuisine simple (parfois des ratés dans le menu), service rapide et attentionné.

|●| Suculent (Casa de Menjars ; centre détachable E5, **242**) : rambla del Raval, 43. ☎ 93-443-65-79. ● info@suculent.com ● Mer-dim 13h-16h, 20h-23h30. Carte 20-40 €. Voilà une adresse de chef qui a bien du succès dans ce coin de Barcelone (pensez à réserver). Jolie petite salle dans l'air du temps avec son comptoir et ses quelques tables en mezzanine plus une terrasse sur la Rambla. Cuisine méditerranéenne et espagnole classique, travaillée avec des produits frais et de saison et revisitée avec talent. De quoi ravir les papilles ! Juste à côté, au n° 39, la maison a ouvert **La Taverna del Suculent** mais les tapas nous ont paru minuscules et à un prix exorbitant pour des recettes pas révolutionnaires.

Très chic (min 35 €)

|●| Casa Leopoldo (centre détachable E5, **237**) : c/ Sant Rafael, 24. ☎ 93-441-30-14. ● info@casaleopoldo.com ● Ⓜ Liceu. Petite rue du Barri Xino. De la Rambla, emprunter les c/ de Hospital ou de Sant Pau jusqu'à la c/ Robador, dans laquelle donne la c/ Sant Rafael. Mar-sam 13h30-15h30 (16h sam), 20h30-23h ; dim 13h30-16h (sf 4 sept-15 sept). Congés : Semaine sainte et août. Menus 35 € le midi en sem, 45 € le soir (servi pour min 2 pers) ; carte 50-65 €. La famille Gil tient ce resto depuis 1929, et toujours avec autant de succès. C'est d'ailleurs le rendez-vous des écrivains barcelonais, comme feu Montalbán et Mendoza. Grandes salles claires et agréables. Jolie déco d'azulejos avec scènes paysannes et de corrida, et tableaux évoquant le vieux Barcelone et... la corrida. À table, une bonne cuisine catalane et des recettes plus ou moins populaires, plus ou moins raffinées, mais toujours savoureuses, à accompagner comme il se doit du succulent *pa torrat amb tomàquet*. Accueil en français, parfois inégal.

Dans Poble Sec
(centre détachable C-E4-6)

Un quartier populaire qui mérite vraiment le détour, et une halte gastronomique en chemin vers les musées de Montjuïc (ou en en revenant)...

De prix moyens à chic (16-40 €)

|●| Taverna Can Margarit *(centre détachable C4-5,* **245***) : c/ de la Concòrdia, 21.* ☎ *93-441-67-23.* ● *tavernacanmargarit@hotmail.com* ● Ⓜ *Poble-Sec.* ✗ *Tlj sf dim et j. fériés 20h30-23h30. Congés : Semaine sainte et août. Repas 20-28 €.* 🛜 *Apéritif maison ou digestif offert sur présentation de ce guide.* Attenante à une placette, cette ancienne bodega devenue taverne attire une clientèle de quartier. Les serveurs virevoltent entre tonneaux, tables rustiques et ustensiles agricoles. Le ton est donné : des plats traditionnels bien exécutés, du vin maison et un service avec du caractère ! Carte simple, donc, sur laquelle il faudra lorgner, entre autres, du côté du lapin *(conil)* sur lit d'oignons et d'ail, la vraie spécialité du lieu. Belle ambiance.

|●| Xemei *(centre détachable C5,* **246***) : passeig de l'Exposició, 85.* ☎ *93-553-51-40.* ● *info@xemei.es* ● Ⓜ *Poble-Sec. Tlj 13h30-16h, 21h-minuit. Congés : août. Plats 15-22 €, repas env 30-35 €.* Ancien troquet de quartier avec son grand auvent sur rue, devenu un resto italien réputé, vénitien plus exactement. Les deux frères proprios (l'un en cuisine, l'autre en salle) ont composé le joli décor intérieur dans des tons chauds agrémentés de belles peintures. Tout est à base de produits frais. Excellents *antipasti* de la mer (par définition, peu copieux toutefois), spaghettis aux palourdes et à l'encre de seiche, délicieux tiramisù. Service souriant mais vite débordé. Faites-vous bien confirmer les prix, qui grimpent vite.

|●| Carmesi *(centre détachable D5,* **251***) : c/ Blai, 32 (à l'angle avec c/ Tapioles).* 📱 *659-04-83-94. En principe, tlj 10h-minuit. Tapas 4-9,50 €. Repas 15-20 €.* Bonne et originale, la cuisine méditerranéenne élaborée par le chef ! La petite salle tout en rose, avec sa déco moderne, est charmante. On peut aussi profiter de la grande terrasse sur la rue piétonne. Personnel très souriant, ambiance calme et reposante.

Dans l'Eixample, du côté de Sant Antoni
(centre détachable C-E4-5)

De bon marché à prix moyens (10-25 €)

|●| Rekons *(centre détachable D4,* **252***) : c/ del Comte d'Urgell, 32.* ☎ *93-424-63-83.* ● *rekons.urgell@gmail.com* ● *Tlj sf mar 10h-minuit. Tapas, bocadillos et empanadas 2-12 €. Repas 8-15 €.* Un petit resto de cuisine « argentino-catalane », où l'on trouve les meilleurs *empanadas* de la ville. À emporter ou à consommer sur place dans la petite salle du bas, du haut ou encore en terrasse (s'il y a de la place !), une petite adresse bien sympathique et bon marché, avec en prime un très bon accueil. Également des *bocadillos* délicieux, petits déj et super jus de fruits frais. En plus, c'est copieux !

Dans l'Eixample
(centre détachable C-H1-4 et plan d'ensemble)

De bon marché à prix moyens (10-25 €)

|●| L'Aram *(centre détachable, E3,* **223***) : c/ Aribau, 47.* ☎ *93-269-28-87.* ● *aramrestaurant@gmail.com* ● Ⓜ *Universitat. Ouv midi lun-sam, soir jeu-sam ; fermé dim. Menus complets 12 € midi, 18 € dîner.* Ce discret petit bistrot à la déco sans esbroufe mise tout sur la qualité de sa cuisine et de son service. Pari réussi, les recettes traditionnelles catalanes sont revisitées avec légèreté et fantaisie, les produits sont ultra-frais et les assiettes soignées. Pas de carte mais un menu qui change régulièrement, d'un remarquable rapport qualité-prix (quelques plats avec supplément). Bref, une très bonne petite table à quelques enjambées des maisons modernistes du passeig de Gràcia.

|●| Morryssom *(centre détachable G2,* **249***) : c/ de Girona, 162.*

☎ 93-458-40-17. ● info@morryssom.com ● Ⓜ Verdaguer. Lun-ven 7h-1h, sam 8h-18h. Tapas 3-6 €, repas env 15-20 €. Un établissement familial sans prétention mais bien connu des gens du quartier. Les enfants ont succédé aux parents, tout en conservant une vraie cuisine catalane de tradition. On y dîne de tapas, des portions familiales à partager avec sa tablée pour se plonger dans une ambiance typiquement locale et goûter aux bonnes recettes de la maison.

|●| *La Cúpula Hispanos Siete Suiza* (centre détachable H2, 258) : c/ Sicilia, 255. ☎ 93-208-20-61. ● info@lacupularestaurant.com ● Ⓜ Sagrada-Família. Tlj sf dim soir. Menus midi en sem 12 €, ven soir et w-e 18 € ; plats 16-25 €. 🛜 Ce restaurant gastronomique très sélect a la particularité d'exposer parmi les tables des Hispano Suiza, ces belles voitures du siècle dernier. On y sert un très bon et copieux menu du jour. À la carte, les plats sont moins généreux mais la cuisine est soignée et le service attentif. Bref, une bonne étape avant ou après la visite de la Sagrada Família. En partant, demandez poliment au maître d'hôtel s'il est possible de voir le reste de la collection de voitures, à l'abri non loin de là.

|●| *Etapes* (centre détachable E3, 253) : c/ d'Enric Granados, 10. ☎ 93-323-69-14. ● restaurantetapes@gmail.com ● Ⓜ Passeig-de-Gràcia. Ouv lun-ven. Menus midi (lun-ven) en 16 €, soir 35-60 €. Plats 19-30 €. 🛜 Ce petit resto au cadre contemporain élégant mérite qu'on s'y attarde : on y déguste une cuisine du jour simple, goûteuse et joliment présentée (qu'il s'agisse de la *fideu*, des cannellonis rôtis ou du hamburger... sans pain !). Soigné donc, à l'image des beaux verres à vin ou du pain posé sur de jolies ardoises. Mais pas donné si on se lâche sur les extras !

|●| *Watatsumi* (centre détachable C3, 257) : Gran Vía de les Corts Catalanes, 373-385. ☎ 93-228-92-24. ● reservas@watatsumi.es ● Ⓜ Espanya. Sur le toit-terrasse du centre commercial installé dans les anciennes arènes, 5e étage. Tlj 12h-23h, service déj 13h-16h et dîner 19h-23h. Menus 18-24 €. On vient ici surtout pour la vue sur Montjuïc et ses palais ! Cuisine japonaise sans mauvaise surprise (rien de bien typique donc), avec un menu du midi d'un bon rapport qualité-prix.

De chic à très chic (de 25 à plus de 40 €)

|●| *Semproniana* (centre détachable E2, 255) : c/ Rosselló, 148. ☎ 93-453-18-20. ● semproniana@semproniana.net ● Ⓜ Hospital-Clínic. Entre les c/ Aribau et Muntaner. Tlj sf dim soir et lun 13h30-16h, 21h-23h30. Menus midi 16 €, soir 22-33 €. Au fond d'un couloir, après un petit salon, on accède à un vaste espace à la déco soignée et originale, qui évoque un ancien atelier restauré et aménagé en resto tendance. Le tout magnifié par des détails originaux et un éclairage intimiste. On y est bien assis, il y a de l'espace entre les tables... et le menu est collé sur des bouteilles. Branché, donc, mais pas superficiel, car on y sert une cuisine méditerranéenne de chef, élaborée et goûteuse.

|●| *L'Olivé* (centre détachable E-F3, 256) : c/ Balmes, 47. ☎ 93-452-19-90. Ⓜ Universitat ou Passeig-de-Gràcia. Tlj sf dim soir 13h-16h, 20h-minuit. Résa conseillée. Plats 12-30 €, repas 35-55 €. Resto barcelonais renommé pour sa délicieuse cuisine. Service prévenant, clientèle chic tirée à quatre épingles, déco moderne, sobre et élégante. Carte bien fournie : saumon, chevreau, foie et morue à toutes les sauces, *escalivada*, crevettes et saucisses du pays. Une adresse de qualité.

|●| *Cinc Sentits* (centre détachable E3, 259) : c/ Aribau, 58. ☎ 93-323-94-90. ● info@cincsentits.com ● Ⓜ Universitat. À l'angle de c/ d'Aragó. Mar-sam 13h30-15h, 20h30-22h. Congés : 15 j. en août. Résa obligatoire (plusieurs j. avt pour le soir, car la salle n'est pas bien grande). Menus midi 55 €, soir 100 et 120 €. Nouvelle cuisine qui a su s'inspirer avec intelligence de la cuisine moléculaire de Ferran Adrià. Le chef s'est associé à des producteurs catalans qui font dans l'excellence. Le menu du midi est déjà fort cher, mais s'avère une vraie découverte gastronomique. Déco branchée.

|●| Puerto Madero (centre détachable E1, **260**) : c/ de París, 175. ☎ 93-519-35-23. Ⓜ Diagonal ou Hospital-Clínic. Lun-mar 8h-17h, mer-ven 8h-minuit ; w-e 12h-16h et 20h-minuit. Menus midi 8,50-13 €, carte le soir env 30 €. Très bon restaurant argentin à la déco design, où le blanc domine, réchauffé par le parquet en bois blond. Salle tout en longueur, séparée de la cuisine par une grande vitre derrière laquelle on aperçoit les chefs au travail, coiffés de leur béret. Excellente viande comme il se doit, et très belle carte des vins. Les tapas pour l'apéro ne sont pas en reste. Une excellente adresse pour les carnivores !

|●| Cachitos (centre détachable F3, **243**) : rambla de Catalunya, 33. ☎ 93-215-27-18. ● info@cachitosbcn.com ● Ⓜ Passeig-de-Gràcia. Tlj 10h-3h. Tapas 2-15 €, plats du jour 13-25 €, paellas 10-28 €. Repas 25-35 €. Genre de grande brasserie avec plusieurs bars et comptoir à l'intérieur. Grande salle en mezzanine avec son bar central et son jardin intérieur. Confortables banquettes et grandes tables, ou petit coin plus cosy avec canapés moelleux et fauteuil, sans compter la grande terrasse sur la Rambla. Bref, on a le choix ! Très bonne cuisine élaborée avec des produits frais et de saison. Les tapas et les plats sont très réussis. Service prévenant et élégant.

Dans le quartier de Gràcia
(centre détachable F-H1-2 et plan d'ensemble)

Un de nos quartiers fétiches... ses placettes sans fanfaronnade, son atmosphère préservée et authentique. Rien de bien spectaculaire, mais ce vieux village a gardé toute son âme. Et de très bonnes adresses !

De bon marché à prix moyens (10-30 €)

|●| Pepa Tomate (centre détachable G1, **276**) : pl. de la Revolució de Septiembre de 1968, 17. ☎ 93-210-46-98. ● reserva@pepatomate.com ● Ⓜ Joanic. Ouv lun 20h-1h, mar-ven 9h-1h, w-e 10h-1h. Menus midi dès 12,50 €, boisson comprise. Plats 6-14 €. 🛜 Beignet d'épinards offert sur présentation de ce guide. À l'intérieur, une petite salle toute de brique vêtue, avec sa cuisine ouverte où tout le monde s'active. Mais surtout agréable pour sa grande terrasse, sur cette place qui vit au rythme des sorties d'école et de l'activité des gens du quartier. Excellent aussi pour sa paella (délicieuse) qui, en plus, est parfois proposée au menu. Plats copieux, prix attractifs et bon accueil.

|●| Taverna La Llesca (centre détachable G1, **291**) : c/ Terol, 6. ☎ 93-285-02-46. Ⓜ Fontana. Tlj sf dim 12h-16h, 20h30-minuit. Congés : 15 j. en juil. Menu midi en sem max 12 €, repas 15-20 €. Petite taverne aux microsalles en enfilade, carrelées d'azulejos et décorées de vieux transistors jaunis par le temps. De belles tablées joyeuses, où se mêlent en bonne entente touristes et habitués. On est là pour se faire plaisir et prendre du bon temps, notamment autour du menu du jour, bon et copieux. En soirée, arriver tôt ou patienter un peu ! Une des valeurs sûres du quartier. Sûr, vous y reviendrez.

|●| 🍷 Nou Candanchú (centre détachable F-G1, **296**) : pl. de la Vila de Gràcia, 9. ☎ 93-237-73-62. ● candanpedro@hotmail.com ● Ⓜ Diagonal ou Fontana. Tlj sf mar 9h-minuit (2h ven-sam). Congés : de mi-août à début sept. Tapas 3,50-7,50 €, plats 7,80-16 €. Un petit resto de quartier tout simple sur une placette. En fin de journée, les jours d'école, les gamins prennent possession de la place et la transforment en cour de récré, sous l'œil attentif des parents qui sirotent en terrasse. On y mange bien tranquillement des snacks ou une paella sans génie, absorbé par l'effervescence de la place.

|●| Le Bilbao (centre détachable G2, **290**) : c/ del Perill, 33. ☎ 93-458-96-24. ● restaurantbilbaobcn@gmail.com ● Ⓜ Diagonal. 🍴 Tlj sf dim et j. fériés 13h-15h45, 20h-22h45. Congés : août. Plats env 18-28 €, repas env 30-45 €. CB refusées. 🛜 Un resto de quartier comme on les aime, chaleureux et plein de vie. Côte à côte, hommes d'affaires, copines en virée et petits couples branchés, tous unis pour apprécier la très bonne cuisine basco-catalane du patron. Goûtez au filet de taureau, spécialité du lieu.

I●I Gut *(centre détachable G2, 294) : c/ del Perill, 13.* ☎ *93-186-63-60. ● restaurantgut@gmail.com ●* Ⓜ *Diagonal. Tlj sf dim 13h-16h, 20h-23h30. Menu midi 11,50 €, plats 10-16 €, repas env 20 €.* 🛜 Un resto de quartier à la déco contemporaine. Cuisine méditerranéenne et végétarienne, avec une large gamme de plats sans gluten. Le tout à déguster dans une charmante petite salle. Bonne petite adresse.

I●I Can Punyetes *(plan d'ensemble, 292) : c/ de Marià Cubí, 187-189.* ☎ *93-200-91-59. ● info@canpunyetes.com ● Depuis l'avda Diagonal, remonter la c/ de Muntaner, puis c'est la 3ᵉ à gauche. Tlj 12h-15h45, 20h-minuit (les fourneaux s'arrêtent un peu plus tôt). Congés : Noël et Nouvel An. Carte 20-30 €.* Gentille taverne rustique, facilement identifiable grâce à ses portes vitrées en arabesque. Petite salle chaleureuse aux murs couleur jaune de Naples. On y sert des plats catalans à prix doux (genre tapas et tranches de pain grillées) et des viandes cuites à la braise. Incontestablement l'endroit le plus sympa de ce quartier excentré plutôt avare en (bonnes) adresses. Il faut parfois patienter au bar avant de décrocher une table. Mais on n'attend jamais bien longtemps. Clientèle plutôt étudiante, mais les moins jeunes semblent tout aussi ravis de l'aubaine.

I●I Envalira *(centre détachable G1, 293) : pl. del Sol, 13.* ☎ *93-218-58-13.* Ⓜ *Fontana. Mar-sam 13h30-17h, 21h-minuit (sf mar soir) ; dim et j. fériés 13h30-17h. Fermé sem de Pâques, août et sem de Noël. Plats 10-20 €, paella 14 €, repas env 25-30 €.* 🛜 Une institution familiale, bien cachée derrière sa minuscule vitrine de verre sablée. L'accent n'est pas mis sur la déco, inchangée depuis l'ouverture, mais bien sur les paellas. Accueil et service aimables.

I●I La Gavina *(centre détachable F1, 297) : c/ Ros de Olano, 17.* ☎ *93-415-74-50.* Ⓜ *Fontana. À deux pas de la pl. del Sol. Lun-mar 20h-1h ; mer-dim 13h-16h, 20h-1h. Congés : Semaine sainte et 1ʳᵉ quinzaine d'août. Pizza min 6,50 €, mais la plupart 10-14 €, pas donné donc ! CB refusées.* C'est, paraît-il, la pizzeria la plus connue de Gràcia. Rien de bien extraordinaire, mais une atmosphère tranquille, familiale et agréable, et des pizzas reconstituantes.

Très chic (plus de 40 €)

I●I Botafumeiro *(centre détachable F1, 298) : c/ Gran de Gràcia, 81.* ☎ *93-218-42-30. ● info@botafumeiro.es ●* Ⓜ *Fontana ou Diagonal. Service continu tlj 13h-1h. Plateau de fruits de mer, assortiments de viandes ou de poissons a la plancha 87-122 € pour 2 pers ; carte 27-81 €.* Un des meilleurs restos de poissons et crustacés de Barcelone. De grandes salles décorées en bois clair, une atmosphère tamisée et agréable, un service impeccable. Cuisine ouverte, où l'on peut voir la brigade à l'œuvre. Si vous ne tenez pas particulièrement à votre intimité, on vous conseille le long comptoir au bar... sympa et plus informel ! Superbe *gran mariscada a la plancha* pour les gloutons fortunés.

Dans le Poblenou
(plan d'ensemble)

Très bon marché (moins de 10 €)

I●I 🥪 Enrique Tomas *(plan d'ensemble, 282) : rambla de Poblenou, 36.* ☎ *93-106-95-22.* Ⓜ *Poblenou. Tlj 10h-22h (23h ven-sam). Menu 4,25 €, repas max 10 €.* Le produit de base, c'est le jambon, de toutes les tailles et à tous les prix. Les *bellota, ibérico* et *gran reserva* pendent au plafond. Toutes les déclinaisons, sur place ou à emporter, en sandwich ou à picorer... il y a même du jambon light ! Salades également et café-croissant pour le matin. Petite halte sympa pour une petite faim au cours d'une balade dans le quartier.

I●I Restaurante Tovar *(plan d'ensemble, 283) : c/ Bolivia, 11-13.* ☎ *93-300-58-16. ● bcnbartovar@hotmail.com ●*

Tlj sf dim. Menu midi 10 €. Un bon resto de quartier, avec son menu du déjeuner très apprécié des ouvriers et cols blancs du quartier. Du fait maison, simple et sans chichis, catalan pour l'essentiel, servi avec gentillesse. Pratique, car à quelques pas du DHUB, du mercat dels Encants et de la torre Agbar.

De chic à très chic (de 25 à plus de 40 €)

|●| **Escriba** (Xiringuito ; plan d'ensemble, **280**) : ronda Littoral Mar, 42. ☎ 93-221-07-29. *Sur la plage del Bogatell, en plein air. Mai-oct, tlj midi et soir, hors saison, slt ven-sam soir. Plats 15-27 €, paellas 18-32 €.* Parmi les nombreux restos alignés le long de cette plage, *Escriba* est de loin le plus connu et le plus fréquenté. Assez touristique cependant. Pas donné, mais la vue depuis la terrasse est tellement sympa...

|●| **Els Pescadors** (plan d'ensemble, **281**) : pl. de Prim, 1. ☎ 93-225-20-18. • contacte@elspescadors.com • Ⓜ Poblenou. Depuis le bord de mer, remonter c/ de la Jonquera et tourner à gauche dans c/ de Perelló, puis à droite c/ de Topete vers la placette. *Tlj 13h-16h, 20h-23h30. Fermé Semaine sainte et vac de Noël. Plats 15-44 €, repas 45-60 €.* 🛜 C'était autrefois une taverne, c'est aujourd'hui le meilleur resto de poisson du quartier. Le service est attentif, la cuisine soignée (voire inventive côté desserts) et le cadre vraiment charmant. Car la terrasse se déploie sur la célèbre, tranquille et ô combien pittoresque plaça de Prim, à l'ombre des arbres tortueux et dociles qui se laissent escalader par les enfants. Pas étonnant que ce soit le resto préféré des Rolling Stones (ils s'y connaissent, les papis rockers). On ne travaille que les produits de saison. Leur spécialité : la morue.

Sur la colline du Tibidabo (plan d'ensemble)

De prix moyens à très chic (de 16 à plus de 40 €)

|●| **Cherpi** (plan d'ensemble, **300**) : c/ Moragas, 21. ☎ 93-417-30-77. Ⓜ Avinguda-del-Tibidabo. *Du métro, descendre Balmes puis 1re à droite. Lun-sam jusqu'à 16h. Menu du jour en sem 11 €, sam 18 € ; carte env 20-25 €.* Le vrai bistrot de quartier : pas compliqué, bourré d'habitués et proposant des menus bon marché (tarifs plus classiques à la carte). C'est tout petit (un bout de terrasse, une salle en longueur donnant sur la cuisine et quelques tables sur la mezzanine surplombant le bar), mais comme le service est efficace, on n'attend pas longtemps avant de goûter les plats du jour. Simple, copieux et bon. Accueil sincère et sympathique.

|●| **Restaurante La Venta** (plan d'ensemble, **301**) : pl. Doctor Andreu. ☎ 93-212-64-55. • laventa@laventa restaurant.com • *Sur l'avda Tibidabo, au pied du funiculaire. Pour s'y rendre, emprunter le vénérable Tranvía Blau ou le bus n° 196 jusqu'au terminus. Lun-sam 13h30-15h30, 20h30-23h ; dim 13h30-15h30. Fermé 1er janv, 25 déc et dim en août. Résa conseillée en été. Menu 45 € (tt compris) ; plats env 15-25 €.* 🛜 Une belle adresse : service impeccable, cadre soigné (salles joliment décorées de céramiques et de dessins ou véranda cosy) et surtout une cuisine élaborée et savoureuse à déguster sur une terrasse dominant la ville. Prix encore raisonnables pour la qualité proposée.

Où prendre le petit déjeuner ? Où manger une pâtisserie ? Où déguster une glace ? Où boire une *orxata* ?

Ah ! le petit déj à Barcelone ! Il est temps d'oublier le croissant et d'adopter la coutume du *pa amb tomàquet*, une délicieuse tranche de pain grillé, badigeonnée de tomate avec un filet d'huile d'olive et une pincée de sel. Un régal ! Sans oublier d'autres délices que vous réservent nos adresses...

Dans le Barri Gòtic
(zoom détachable)

🍴 **Granja Dulcinea** *(zoom détachable F5, 310)* : *c/ de Petritxol, 2.* ☎ *93-302-68-24.* • *granjadulcinea@gmail.com* • *Tlj 9h-13h, 17h-21h. Congés : 24 juin, août, 25 et 26 déc.* 📶 Dans une jolie rue du Barri Gòtic, une adresse réputée pour son chocolat chaud. C'est l'un des plus anciens salons de thé de la ville. Difficile de faire plus traditionnel. Beaucoup le considèrent comme le meilleur...

🍴 **La Granja** *(zoom détachable F5, 311)* : *c/ Banys Nous, 4.* ☎ *93-302-69-75. Lun-sam 9h30-13h30, 17h-21h30 ; dim et j. fériés 17h-21h30.* Encore une très jolie *granja catalana* (ces fameuses crémeries) plus que centenaire (1872), au décor coquet et campagnard : tables de bistrot, boiseries et murs en antique brique rouge apparente, objets de brocante... Et le mur, au fond de la dernière salle, n'est rien d'autre qu'une partie des anciennes murailles de la ville. Bonnes pâtisseries et, surtout, excellent chocolat. Et si vous voulez l'accompagner de *churros*, passez d'abord en acheter une portion, dans un cornet en papier, à la **Xurrería** voisine *(au n° 8 ; tlj 8h-13h, 17h-20h)* : une minuscule échoppe de quartier qui fait de la friture, et rien que de la friture ! Authenticité, fraîcheur et délice garantis... les *churros* sont un régal.

🍴 ✡ **Caelum** *(zoom détachable F5, 312)* : *c/ de la Palla, 8.* ☎ *93-302-69-93.* • *conxitamont@yahoo.es* • Ⓜ *Liceu. Lun-jeu 11h-20h30, ven-sam 11h-23h, dim 11h30-21h. Congés : pont du 15 août.* Une jolie boutique qui s'avère être aussi un adorable salon de thé. On y vend gâteaux, biscuits et autres douceurs concoctés exclusivement dans une quarantaine de monastères espagnols. Ambiance recueillie devant ces délices que l'on savoure... religieusement. Qui a dit que la gourmandise était un péché ? Les amateurs de vieilles pierres iront faire un tour au sous-sol pour admirer les vestiges des vieux bains juifs de la ville (XIIe s) : comme quoi l'empreinte religieuse, ça dure...

🍴 **Sweet Dreams** *(zoom détachable F5, 314)* : *c/ Regomir, 4 bis.* ☎ *93-007-39-95. Tlj 9h30-21h.* 📶 *(gratuit pour les clients qui consomment sur place pour plus de 3,50 €).* Adorable pâtisserie-salon de thé, décoré à l'ancienne et dans les tons pastel. Délicieux gâteaux, dont certains sans gluten.

🍦 **Mannà Gelats** *(zoom détachable F5, 324)* : *c/ dels Banys Nous, 22.* ☎ *93-342-73-12. Tlj 11h-23h.* Un très bon glacier artisanal, aux produits sans conservateurs ni colorants élaborés sur place. Uniquement des fruits de saison, qui viennent pour la plupart du tout proche marché de la Boquería. Quant au chocolat, il évoque le goût des chocolats chauds pris au coin du feux l'hiver, mais version glacée. Crémeux et parfumé à souhait !

🍴 Voir aussi le **Café d'Estiu** *(zoom détachable F5, 350 ; pl. Sant Lu, 5-6).* Se reporter à la rubrique « Où sortir ? Où boire un verre ? Dans le Barri Gòtic et alentour ».

🍴 **Venus Delicatessen** *(zoom détachable F5, 201)* : *c/ d'Avinyó, 25.* ☎ *93-481-64-81.* • *montsecasalarcau@yahoo.es* • Ⓜ *Jaume-I ou Drassanes. Tlj 8h30-2h. Petit déj continental 3-6 €. CB refusées.* 📶 Voir « Où manger ? Restos. Dans le Barri Gòtic et alentour ».

Dans la Ribera et El Born
(zoom détachable)

🍴 🍽 **Bubò Born et Bubò Bar** *(zoom détachable G5, 313)* : *c/ Caputxès, 6-10.* ☎ *93-268-72-24 ou 93-310-57-73.* • *info@bubo.es* • Ⓜ *Barceloneta. Tlj 10h-22h (minuit ven-sam) pour Bubò Born (rouge) et 8h-1h pour le Bubò Bar (bleu).* 2 adresses en 1, côté sucré pour la rouge et salé pour la bleue. Bien entendu, de très bons chocolats chauds, mais surtout des pâtisseries à se damner, avis aux gourmands ! Côté salé, des tapas délicieuses. Le tout à consommer sur place, sur l'agréable terrasse plaça Maria del Mar, ou à emporter.

🍽 Pour les gourmands, au café du **museu de la Xocolata** *(zoom détachable G5 ; c/ Comerç, 36 ; lun-sam 10h-19h, dim et j. fériés 10h-15h ; lire aussi la rubrique « À voir »).* Évidemment, d'excellents chocolats chauds (sans *churros* !), ainsi que diverses pâtisseries et grignoteries déclinées de la fée cacao... Le cadre est en revanche tout à fait quelconque.

¶ Shanti Gelato *(zoom détachable G5, 315)* **:** *c/ Canvis Vells, 2.* ☎ *93-268-07-29.* Ⓜ *Barceloneta. Tlj 12h-1h l'été ; 14h-23h l'hiver.* Le nom fait penser à un dieu hindou... qui serait tombé amoureux d'une glacière italienne ? Une chose est sûre, les Italiens et la glace, c'est une histoire d'amour ! Elles sont bonnes.

¶ Gocce di Latte *(zoom détachable G5, 317)* **:** *pl. de Palau, 4.* Ⓜ *Barceloneta. Tlj 12h-minuit. Compter 3 €.* Glaces artisanales aux parfums originaux et délicats : datte-cardamome-orange, chocolat-huile d'olive et fleur de sel... 2 tables pour se poser le temps de déguster, ou sur le petit banc dehors. Juste derrière *(c/ Espasería, 14),* une petite annexe spécialisée dans les glaces sans gluten ni lactose.

¶ Refresca Tea *(zoom détachable G5, 316)* **:** *c/ Escudellers, 56. Juste à côté du resto El Atril. Compter 2,95-3,45 €.* Dans un minuscule espace moderne, avec seulement 2 sièges, un bar à thés glacés. Beau choix de parfums aux saveurs fruitées (passion, pêche, mangue, orange, fraise, citron...) hyper rafraîchissants.

Dans la Barceloneta
(centre détachable E-H6-7)

☛ **Baluard** *(centre détachable G6, 326)* **:** *c/ Baluard, 38-40.* ☎ *93-221-12-08.* ● *info@baluardbarceloneta.com* ● Ⓜ *Barceloneta. Tlj sf dim et j. fériés 8h-21h.* Avec ce fournil bien visible derrière les baies vitrées, on n'a aucun doute sur la provenance du pain : préparé sur place avec principalement des produits bio ! Aux céréales, aux olives... il n'y a que l'embarras du choix si l'on projette un pique-nique à la plage. Pour le quatre-heures, optez sans hésiter pour les bons pains au chocolat !

Dans El Raval
(zoom détachable)

☛ **Granja M. Viader** *(zoom détachable F4, 318)* **:** *c/ d'En Xuclà, 4-6.* ☎ *93-318-34-86.* ● *granjaviader@yahoo.es* ● Ⓜ *Catalunya ou Liceu. Lun-sam 9h-13h15, 17h-21h15. Congés : Semaine sainte. Chocolat env 4 €, pâtisseries 1,50-4 €.* 🛜 Tout près de la Rambla, une authentique *granja catalana* (crèmerie-salon de thé) ouverte depuis 1870. La plus vieille laiterie de Barcelone. Les murs sont tapissés de photos de la famille et de vieilles affiches publicitaires commémorant le 125ᵉ anniversaire ! Vers 17h, étudiants gourmands, artistes, vieilles dames et vieux messieurs du quartier se retrouvent entre ses murs sans âge et pleins de cachet : chocolat crémeux, assiettes de fromage frais nappé de miel *(mel i mató),* madeleines, crèmes catalanes... Tout est fait maison avec des produits de la ferme. Régalez-vous absolument de *leche mallorquina* (du lait de la ferme avec du citron et de la cannelle), excellent et très rafraîchissant. En partant, vous pouvez faire quelques emplettes : chantilly, yaourts, fromages, charcuterie de fabrication artisanale.

☛ **Christian Escribà** *(zoom détachable E5, 319)* **:** *la Rambla, 83.* ☎ *93-301-60-27.* ● *rambla@escriba.es* ● Ⓜ *Liceu. Tlj 9h-21h. Autre adresse : Gran Vía, 546.* ☎ *93-454-75-35. En fait, la maison mère !* À côté de la Boquería, la meilleure pâtisserie du coin, pas donnée mais excellente. Sa façade de mosaïques, sculptures, fer forgé, cristallerie Art nouveau, est remarquable et vaut à elle seule le coup d'œil. Au fond, un minisalon de thé pour savourer de bonnes tartes, des brioches et des croissants moelleux, des petits-fours, accompagnés d'un délicieux chocolat. En saison, ne ratez sous aucun prétexte les *bunyols de Quaresma* (beignets de Carême). Quelques tables en terrasse dans le passage aux beaux jours.

🍽 Pensez également au **marché de la Boquería** *(zoom détachable E4-5).* Rien de mieux pour commencer la journée qu'une barquette de fruits frais... Pour un en-cas plus consistant, plusieurs comptoirs proposent tortillas et autres tartines garnies délicieuses dès potron-minet.

Dans Poble Sec et Sant Antoni
(centre détachable C-E4-6)

☛ **Le Panier** *(centre détachable D5, 320)* **:** *c/ Tapioles, 53.* ☎ *93-329-22-38.* Ⓜ *Paral·lel. Lun-sam 6h30-minuit. Compter 3-5 € pour un bon petit déj.* Petits sandwichs, viennoiseries, muffins... Service accueillant. Terrasse sur l'avenue et salle agréable.

Orxateria Torroneria Sirvent *(centre détachable D4, 321)* : *c/ Parlament, 56.* ☎ *93-441-27-20.* Ⓜ *Sant-Antoni. Tlj avr-oct, 8h30-22h (minuit sam). Fermé le reste de l'année. Compter 1,50-2,70 €.* Voici un endroit incontournable pour goûter cette fameuse boisson fabriquée avec le suc des tubercules et des tiges d'une sorte de papyrus qui pousse dans les marais du Guadalquivir. Rafraîchissante à souhait.

Dans l'Eixample
(centre détachable C-H1-4)

Cremería Toscana Muntaner *(centre détachable E2, 322)* : *c/ Muntaner, 161-165.* ☎ *93-539-38-25.* Ⓜ *Hospital-Clínic. À l'angle de la c/ Corsega, 208-201. Mar-sam 13h-21h (23h ven-sam) et 12h-23h dim.* Si la succursale de cette excellente *gelatería* est plus connue (car située dans El Born), la maison mère a pour elle une adorable petite salle avec une mezzanine, à moins que vous ne préfériez, comme les habitués, poser une fesse sur les rondins dans la rue. Impeccable pour une pause autour d'une glace artisanale savoureuse.

DelaCrem *(centre détachable E3, 323)* : *c/ Enric Granados, 15.* ☎ *93-004-10-93.* ● *massimo@delacrem.cat* ● *Tlj 9h30-21h30 (minuit jeu-sam). Compter 2,40-6,50 € selon gourmandise.* Quelques tables posées sur la petite place ombragée. Produits 100 % naturels et artisanaux, juste succulents. Également de très bons chocolats chauds.

Voir aussi dans la rubrique « Où manger ? » **Rekons** *(centre détachable D4, 252), c/ del Comte d'Urgell, 32 ;* ☎ *93-424-63-83. Tlj sf mer 10h-minuit.* De bons petits déj et d'excellents jus de fruits frais.

Dans le quartier de Gràcia
(centre détachable F-H1-2 et plan d'ensemble)

La Mia Gelateria *(hors centre détachable par G1, 330)* : *c/ d'Astúries, 93.* ☎ *605-22-74-27. Au pied de l'église Sant Joan, à l'angle avec la pl. Virreina. Tlj 15h-23h. Compter 1,80-5 €.* Cannelle, pignon, amande, *crema catalana*, banane, brugnon... Ici, c'est l'*Italia vera* (la vraie Italie)... d'ailleurs, on se prend à siffloter *Lasciatemi Cantare* de Toto Cutugno... drôle d'effet ! Parmi les meilleures glaces de Barcelone et pas moins de 24 parfums différents.

Gelateria *(centre détachable G1, 329)* : *pl. de la Revolució, 2.* ☎ *93-210-23-39. Tlj 9h30-0h30 (1h30 w-e). Compter 1,90-3,50 € selon taille.* Très bonnes glaces italiennes, à emporter ou à déguster sur la terrasse de la place, pour faire une pause.

Dans le Poblenou
(plan d'ensemble)

Enrique Tomas *(plan d'ensemble, 282)* : *rambla de Poblenou, 36.* ☎ *93-106-95-22.* Ⓜ *Poblenou. Tlj 10h-22h (23h ven-sam). Voir plus haut « Où manger ? ».*

Orxateria el Tío Ché *(plan d'ensemble, 328)* : *rambla del Poblenou, 44-46.* ☎ *93-309-18-72.* ● *horchateria@eltioche.es* ● Ⓜ *Poblenou. Tlj sf mer 10h-22h (en été 1h dim-jeu et 2h ven-sam).* Fondé en 1912, c'est le glacier du Poblenou. Pas pour son aspect historique, mais parce que ses glaces artisanales sont vraiment onctueuses ! Délicieuse *horchata* également, y compris sous forme de crème glacée.

OÙ SORTIR ?

Où boire un verre ?

Barcelone fonctionne au coup de cœur. Quand un type d'établissement plaît, il y a aussitôt multiplication. La mode étant par définition volatile, elle passe à autre chose très vite. Après les cafés d'inspiration new-yorkaise (pierres et tuyaux d'aération apparents, carte écrite sur l'ardoise, etc.), les cafés-bars minimalistes (tout blancs, murs nus et musique électronique), et l'arrivée du design, bien malin qui pourrait dire quel nouveau style va faire chavirer la jeunesse barcelonaise. Voici en tout cas quelques adresses qu'on aime bien, mélange de vieux comptoirs historiques, de modes passées et de tendances actuelles. Il y en a beaucoup d'autres, éphémères, que nous ne citons pas. Il en est ainsi de cette ville qui consomme les lieux de façon gloutonne et en crée d'autres encore plus vite... la plupart du temps dans un esprit de surenchère. Parmi les bars dernier cri, c'est un peu à celui qui saura trouver l'innovation qui collera le mieux à l'esprit du moment.

Les endroits étant innombrables et les intérêts divers, vous trouverez dans cette rubrique *des adresses de jour et de soir* (certaines étant d'ailleurs aussi fréquentées la journée qu'à la nuit tombée), des lieux où boire seulement et d'autres où manger aussi, des endroits où siroter un café, des bars branchés... Bref, face à l'embarras du choix, n'hésitez pas non plus à vous fier à votre intuition, selon vos goûts et vos envies festives. Pour vous aider à y voir un peu plus clair dans la nuit barcelonaise, nous avons classé les adresses par quartiers géographiques (eh oui, on finit par avaler des kilomètres lorsqu'on se déplace à pied) et par tranches horaires. *Ah oui ! dernier conseil :* à partir de 2h30-3h du mat', évitez de faire un remake de *L'Auberge espagnole* (le film de Cédric Klapisch) dans les rues de la vieille ville ; sinon, des mamies exaspérées pourraient bien vous rafraîchir avec un seau d'eau ou vous couvrir de jaune d'œuf ! Vous voilà prévenu ! Pour les amateurs de discothèque, rendez-vous sur le site • barcelonaparties.com • afin de consulter les offres gratuites pour la soirée et éviter les arnaques dans la rue.

Dans le Barri Gòtic et alentour *(zoom détachable)*

Drôle de centre historique, cette Ciutat Vella, où le plus beau pavé se transforme le soir venu en cour des Miracles, où le badaud émerveillé partage son bout de trottoir avec le fêtard éméché qui finira sa nuit échoué sur un pas de porte. Pas étonnant alors que la Rambla (en particulier à hauteur de la carrer dels Escudellers) devienne, à la sortie des bars, le lieu de tous les possibles, « coupe-gorge » pour certains, dépaysement ibérique pour d'autres. Du côté de la plaça Reial, haute en couleur (« Pral » pour les intimes), on trouve aussi bien une vie diurne que nocturne. Le jour, les terrasses des restaurants font le plein de touristes et de Barcelonais venus prendre le soleil. La nuit, jusqu'à 2h30 (voire 3h le weekend), la place draine nombre de noctambules. L'animation est intense. La police est d'ailleurs très présente. Mais, attention, il y a aussi bon nombre de pickpockets à l'affût de l'insouciant et dès que les bars ferment, le quartier se vide et devient moins accueillant et un peu moins sûr.

Plutôt dans la journée

Un peu partout en ville, des devantures plus ou moins discrètes, plus ou moins vitaminées, où l'on peut acheter des jus de fruits ou de légumes fraîchement pressés. Parfait pour se désaltérer et faire le plein de vitamines !

▼ *Café d'Estiu (zoom détachable F5, 350) :* pl. Sant Lu, 5-6, dans la cour intérieure du museu Frédéric-Marès. ☎ 93-310-10-30-14. Ⓜ Jaume-I. *À deux pas de la cathédrale. Ouv mars-nov, mar-dim 10h-22h. Fermé 1ᵉʳ mai et 24 juin.* Tel un secret bien gardé, lové dans les remparts, ce « café d'été » avec fontaine et orangers est idéal pour un petit déjeuner tardif. Quelques petits plats également. Parfois des concerts.

▼ *Bon Mercat (zoom détachable F5, 351) :* baixada de la Llibretería, 1-3. ☎ 93-315-29-08. Ⓜ Jaume-I. *Lun-sam 8h-20h. Fermé pdt les fêtes.* Près de la cathédrale et du musée de la Ville, ce torréfacteur a ouvert une petite boutique doublée d'un espace de dégustation. À toute heure, l'arôme puissant vous guidera. Sélection de bons cafés de Java, Sumatra, Kenya, Jamaïque,

que l'on déguste sur les tabourets hauts du comptoir en raison de l'exiguïté du lieu : seulement 2 tables. Thés agréables.

Caj Chai *(zoom détachable F5, 365) :* c/ Sant Domènec del Call, 12. ☎ 93-301-95-92. • info@cajchai.com • Ⓜ *Jaume-I. Lun 15h-22h, mar-dim 10h30-22h.* Pour changer du *chocolate con churros,* voici une belle adresse spécialisée dans le thé ! La carte est aussi ambitieuse que pléthorique, avec des dizaines de variétés présentées en fonction des styles et des provenances. Et comme cette bonne maison ne fait pas les choses à moitié, elle propose même aux amateurs la cérémonie complète (sur résa). Vraiment sympa, d'autant que la petite salle cosy, au mobilier hétéroclite et agrémentée de calligraphies, se prête bien à ce genre d'expérience zen. Fait aussi boutique.

Bar Jardí *(zoom détachable F4, 352) :* c/ Portaferrissa, 17. Ⓜ *Liceu. Lun-sam 11h-21h. Salades et bocadillos 3-8 €.* 🛜 Le repère : le chameau de papier mâché, grand comme un cheval, qui rumine à l'entrée. Après, il suffit de traverser une boutique de fringues et de grimper quelques marches pour découvrir une oasis de paix et de tranquillité inespérée dans ce quartier épuisant. La cour intérieure, avec arbres touffus et gravier au sol, invite à prendre une bonne bouffée d'air frais. Une vraie surprise !

La Tete *(zoom détachable F5, 353) :* c/ Comtessa de Sobradiel, 4. Ⓜ *Drassanes ou Jaume-I. Tlj 9h (15h dim)-23h.* Une jeune équipe sympa tient ce petit café-salon de thé engageant, à la déco colorée et chaleureuse. Mezzanine intime meublée de chaises disparates. Bien pour une étape en journée autour de belles salades, d'appétissants sandwichs et de bons jus de fruits frais.

Café Babel *(zoom détachable F5, 354) :* c/ Correu Vell, 14. ☎ 93-315-23-09. • cafebabelbcn@gmail.com • *Tlj 13h-2h. Congés : janv.* Joli café grand comme un mouchoir de poche, qui dispose d'une magnifique terrasse au calme, au pied des remparts et sous les arbres. Tapas et en-cas pour les petits creux. Sympa le soir, quand les remparts s'illuminent.

Tôt ou tard

Oviso *(zoom détachable F5, 356) :* c/ d'Arai, 5. ☎ 93-304-37-26. Ⓜ *Jaume-I. Tlj 10h-2h30.* À la fois vintage et *roots,* ce bar très populaire draine une clientèle jeune attirée par l'atmosphère relax, la déco (fresques maison, pubs hors d'âge et innombrables tags dans les w-c), et la terrasse géniale sur une place qui a conservé un brin d'authenticité. Petite carte de tapas et de sandwichs pour éponger.

Bliss *(zoom détachable F5, 357) :* pl. Sant Just, 4. ☎ 93-268-10-22. Ⓜ *Jaume-I. Entrée par la c/ Dagueria. Tlj 9h (10h w-e)-minuit.* Un petit salon de thé cosy à la déco chaleureuse qui inspire la béatitude. Idéal pour se reposer après quelques heures de randonnée urbaine. Des tables en bois, un coin salon avec divan et sofa pour feuilleter les magazines, et quelques tables en terrasse sur l'adorable petite place Sant Just. Sélection de pâtisseries et longue carte de thés. En revanche, les tapas ne sont pas à la hauteur.

Quatre Gats *(zoom détachable F4, 358) :* c/ Montsió, 3 bis. ☎ 93-302-41-40. • 4gats@4gats.com • Ⓜ *Catalunya. Ruelle donnant dans l'avda del Portal de l'Ángel. Tlj 10h-1h.* Ce vénérable établissement (il a fêté ses 115 ans en 2012 !), dont Picasso illustrait les menus à l'extrême fin du XIXe s, est l'un des bars emblématiques de Barcelone. La décoration n'a guère changé depuis : beaux carrelages, boiseries et vitraux multicolores. Ceux qui aiment l'atmosphère des lieux chargés d'histoire y feront une petite halte devant un café, les autres passeront pour la photo ! Éminemment touristique, on s'en doute.

Bar del Pi *(zoom détachable F5, 359) :* pl. Sant Josep Oriol, 1. ☎ 93-302-21-23. • info@bardelpi.com • Ⓜ *Liceu. Face à la cathédrale del Pi, sur l'une de nos places préférées. Mar-sam 9h (10h sam)-23h, dim 10h-22h.* Ce bar historique minuscule avec mezzanine est le rendez-vous des artistes du quartier. Également des tapas, mais on préfère s'y contenter d'un verre. Terrasse où les peintres (généralement le samedi après-midi) déballent leurs chevalets pour vendre

🍷 **Cafè de l'Òpera** (zoom détachable E-F5, 361) : *la Rambla, 74.* ☎ *93-317-75-85.* • *info@cafeoperabcn.com* • Ⓜ *Liceu. Tlj 8h30-2h30. CB refusées.* 📶 Bien que les tapas ne soient pas exceptionnelles, on aime beaucoup ce bistrot pour y boire un verre. Fondé à la fin du XVIIIe s, il fut redécoré dans le style moderniste dans les années 1930. Toujours bondé, en particulier l'été. La terrasse (un peu plus chère) au milieu de la Rambla, face au théâtre, est idéale pour en observer le mouvement incessant. Service aimable.

🍷 **El Bosc de les Fades** (zoom détachable E6, 362) : *passeig de la Banca, 7.* ☎ *93-317-26-49.* Ⓜ *Drassanes. Tlj 10h (11h w-e)-1h30 (2h ven-sam).* Le musée de la Cire *(museu de la Cera)* abrite ce café au style fantasmagorique. C'est une véritable institution, et pour beaucoup de routards, il incarne le premier voyage à Barcelone. Le lieu n'a pas pris une ride, et l'atmosphère y est toujours magique. Cela peut être une bonne idée d'y passer avec des enfants dans l'après-midi. Ils adoreront venir rendre visite aux fées qui, dit-on, habitent la chambre au lustre tournant, ou celles qui se mirent dans la vasque de la fontaine. Le soir, l'ambiance est plutôt jeune et électrique. La forêt devient inquiétante comme une nuit noire, quand s'y pressent une flopée d'étudiants en mal d'émotions. Une adresse féerique et bon enfant.

Plutôt le soir

🍷 **Polaroid** (zoom détachable F5, 366) : *c/ Codols, 29.* ☎ *93-186-66-69.* • *polaroidbar@gmail.com.* • Ⓜ *Drassanes. Tlj 19h-2h30 (3h ven-sam).* Back to the eighties dans ce bar fraternel avec de vieilles affiches de ciné genre *ghostbuster* sur les murs, des pages de B.D. pour décorer les tables hautes, des vitrines bourrées de jouets vintage et des écrans pour les clips. Jeune, bruyant et très festif. Et il y a bien sûr une collection de Polaroid !

🍷 **El Rabipelao** (zoom détachable F6, 367) : *c/ de la Mercè, 26.* 📞 *677-80-71-76.* Ⓜ *Jaume-I ou Drassanes. Tlj 19h30-2h30 (3h ven-sam).* 📶 *Chupito de la casa offert sur présentation de ce guide.* Microbar latino fier d'avoir survécu depuis 160 ans aux soubresauts de l'histoire espagnole. Aujourd'hui, on y vient plutôt pour ses mojitos et autres cocktails à prix très attractifs en *happy hour (avt minuit, ou 23h ven-sam)* et pour son animation digne des meilleures soirées Erasmus. Un autre morceau de bravoure...

🍷 🎵 **Margarita Blue** (zoom détachable F6, 364) : *c/ Josep Anselm Clavé, 6.* ☎ *93-412-54-89.* Ⓜ *Drassanes. Tlj 18h-2h (3h ven-sam). Plats env 10-20 €.* Vaste bar à l'ambiance latino, qui sert aussi une cuisine tex-mex copieuse et correcte. Déco chaleureuse et théâtrale, comptoir qui n'en finit plus, plein de miroirs et de couleurs. De temps en temps, des spectacles sur la petite scène au fond du bar, des lectures de poésie au défilé de drag-queens en passant par des shows de magie, pendant qu'un DJ maintient l'ambiance à la platine.

🍷 🎵 **Bar Mariatchi** (zoom détachable F5, 368) : *c/ Codols, 14.* • *mariatchibcn@gmail.com* • *mariatchi.com* • Ⓜ *Drassanes. Tlj 19h-2h30 (3h ven-sam).* *Chupito d'hidromiel offert sur présentation de ce guide.* Très coloré et chaleureux, voici le tout petit bar de Manu Chao et associés, rempli de musiciens et d'artistes de tout poil. L'empreinte du chanteur est très nette ! Ambiance assurée grâce à cette clientèle festive et très cosmopolite, qui parle musique, art et altermondialisme en buvant des verres... Un incontournable pour les amateurs de véritable ambiance de *música del barrio*.

🍷 🍽 🎵 **Ocaña** (zoom détachable F5, 373) : *pl. Reial, 13-15.* ☎ *93-676-48-14.* • *info@ocana.cat* • Ⓜ *Liceu. Bar mar-sam 21h-2h30, boîte jeu-sam slt (resto mexicain D.F. mer-dim slt dès 20h, café tlj dès midi).* L'adresse tout-en-un à la mode, à la fois café, resto, bar et boîte, le tout dans un décor sophistiqué et branché assez détonnant, au mobilier années 1960-1970 intégré dans un style antiquo-designo-industriel ! Au rez-de-chaussée, donnant et débordant même largement en terrasse sur la plaça Reial, deux restos au décor flamboyant mais pas inoubliables côté cuisine (un Mexicain, *D.F.,* et un de tapas, *Café*) puis au sous-sol, un bar feutré à l'esprit speakeasy *(Apotheke),* sorte de vieux laboratoire arabisant mâtiné de touches indus' où l'on sirote à la lueur des bougies un cocktail original (mais chérot) élaboré par des mixologistes. Dernière escale à l'étage du dessous, avec un club dans la cave voûtée. À partir de 21h, c'est Fernanda la drag-queen et ses amies qui accueillent. ¡ *Olé !*

▼ ♪ *La Fianna (zoom détachable F5, 369) : c/ Manresa, 4.* ☎ *93-315-18-10.* ● *info@lafianna.com* ● Ⓜ *Jaume-I. Ts les soirs dès 18h, resto dès 20h30.* Grand bar à cocktails et restaurant lounge avec différents espaces, offrant plusieurs possibilités de confort. Arriver tôt si on veut pouvoir s'affaler sur les gros coussins, ou s'asseoir sur les banquettes autour d'une table. Déco chaude, ambiance cosy et lumières tamisées. Mojito parmi les meilleurs de la ville et cocktails délicieux. On peut aussi y manger, surtout si on a abusé des boissons !

▼ ♪ *Barcelona Pipa Club (zoom détachable E-F5, 370) : pl. Reial, 3.* ☎ *93-302-47-32.* ● *bpipaclub@gmail. com* ● *bpipaclub.com* ● Ⓜ *Liceu. Tlj 23h-5h (6h ven-sam).* Ce discret club de fumeurs de pipe se cache derrière la petite porte du nº 3. Il faut sonner à l'Interphone pour entrer. À l'étage, un grand appartement au charme d'antan où l'on déambule d'une pièce à l'autre un verre à la main, en contemplant les vitrines qui abritent la collection de pipes du club. Et les fumeurs de pipe dans tout ça ? Eh bien, les membres ont leur salon privé, où ils s'entraînent en journée des heures durant, la pipe au bec, à la bouffée lente. Une affaire sérieuse ! Le soir, le club ferme et devient un bar… non-fumeur ! Mais les non-membres profitent d'un environnement insolite, entre la salle de billard, le bar, et le salon où trône un piano. Une de nos très bonnes adresses pour boire un verre.

▼ ♪ *Glaciar (zoom détachable E-F5, 370) : pl. Reial, 3.* ☎ *93-302-11-63.* ● *glaciarbcn@gmail.com* ● Ⓜ *Liceu. Tlj 12h (11h dim)-2h30 (3h ven-sam).* Un de nos bars préférés sur la place, et un des moins chers, en plus. Belle déco intérieure, bois, poutres au plafond, photos de musiciens aux murs. Ambiance musicale de bon goût (jazz, reggae, funk...). Pour manger : gâteaux, tapas et bons sandwichs. Pour boire : un large choix de bières. Locaux, étudiants, touristes s'y retrouvent avant d'aller en boîte. Agréable terrasse en partie abritée.

▼ ♪ ♫ *Jamboree-Tarantos (zoom détachable E5, 371) : pl. Reial, 17.* ☎ *93-319-17-89.* ● *info-jamboree@ masimas.com* ● *masimas.com* ● Ⓜ *Liceu. Concerts à 20h et 22h ; entrée : 12-20 € sans conso selon j. et artistes. Entrée boîte : 5-10 €.* Un lieu dont la réputation n'est plus à faire. Les meilleurs jazzmen se produisent en début de soirée sous les 3 petites caves voûtées accolées du *Jamboree,* le *Tarantos* à l'étage programmant des spectacles de flamenco (à 20h30, 21h30 et 22h30). Plus tard dans la nuit (de minuit à 5h), les 2 clubs se métamorphosent en discothèques. Au choix : plutôt funk, disco et R'n'B au *Jamboree,* pop-rock et *eighties* au *Tarantos.* Excellente programmation, surtout au *Jamboree,* et bonne ambiance cosmopolite.

▼ ♪ ♫ L'autre côté de la place est plus rock. À l'angle de la carrer Vidre et de la carrer Heure, au nº 7 de la place, la terrasse du bar *Sidecar (zoom détachable F5, 372).* ☎ *93-317-76-66.* ● *info@sidecar.es* ● *sidecarfactoryclub. com* ● *Lun-sam 19h-5h (6h ven-sam). Concerts (sf août) ven-sam à partir de 22h30-23h. Entrée concert : 5-22 € selon programmation. Entrée boîte : 5-10 €, avec conso.* Rock énervé ou variétés espagnoles commerciales *(horteradas* en argot), tout se passe dans la petite cave en sous-sol, avec scène de poche et bar. Une fois que les musiciens ont plié bagage, place à un DJ (électro, indie funk & soul, etc.), et l'endroit se transforme en boîte de nuit. D'une manière générale, l'ambiance est très rock alternatif, et une chatte n'y retrouverait pas ses petits. Pour souffler, on peut retourner boire un verre au bar du rez-de-chaussée, plus peinard avec son écran pour les clips et sa terrasse.

Dans la Ribera et El Born (zoom détachable)

Ce petit quartier qui fait bloc autour de l'église Santa María del Mar *(zoom* détachable G5) est devenu l'un des principaux spots pour sortir le soir. Entre le passeig del Born, délicieusement ombragé, et les ruelles alentour, ce sont plusieurs dizaines de bars qui se partagent les faveurs des noctambules.

Plutôt dans la journée

¶ ✝ *Bar del Convent* (zoom détachable G5, **376**) : pl. de l'Acadèmia (autre entrée par la c/ de Comerç, 36). ☎ 93-256-50-17. • elbardelconvent@gmail.com • Ⓜ Jaume-I. Tlj sf dim-lun 9h-21h. Congés : août. CB refusées. 🛜 Un ancien couvent du XIVe s, reconverti en centre culturel. Le joli cloître mérite le coup d'œil et on y trouve un café très agréable, proposant aussi quelques snacks, à consommer sous les belles arcades dotées de rosaces délicates. Il y a même un espace de jeux pour les petits bien sécurisé à l'intérieur du café. Très paisible et décontracté en journée. Le soir, parfois des lectures, des concerts...

Tôt ou tard

¶ *L'Antic Teatre* (zoom détachable G4, **380**) : c/ Verdaguer i Callís, 12. ☎ 93-315-23-54. • anticteatre@anticteatre.com • Ⓜ Urquinaona. À 20 m du palau de la Música. Tlj 16h-23h (23h30 ven-sam). Fermé août. De la rue, on ne devine pas cette oasis. Passé la petite porte, on découvre une grande terrasse surplombant une cour intérieure en terre battue, avec un bel arbre qui procure une ombre salutaire aux heures les plus chaudes. C'est également un espace culturel dynamique (théâtre, marionnettes, concerts). Clientèle jeune de tous horizons, tendance cool.

¶ ♪ *Pitin Bar* (zoom détachable G5, **381**) : passeig del Born, 34. 📱 609-77-98-53. • pitinbar@gmail.com • Tlj 10h-2h (3h ven-dim). 🛜 Une des terrasses agréables, donc très courues, au centre du passeig del Born. Petite salle sympa au plafond constellé d'étoiles et comptoir, pour voir œuvrer les barmen à la réalisation des excellents cocktails.

Plutôt le soir

¶ ♪ *Miramelindo* (zoom détachable G5, **383**) : passeig del Born, 15. ☎ 93-310-37-27. • info@barmiramelindobcn.com • Tlj 20h-2h30 (3h ven-sam). Grande salle chaleureuse assez classe avec parquet, mezzanine, éclairage tamisé, chaises moelleuses et comptoir convivial, où l'on sert toutes les variétés de cocktails classiques. Musique jazzy, salsa ou soul, et beaucoup, beaucoup de monde, principalement entre 25 et 40 ans.

¶ ♪ *El Copetín* (zoom détachable G5, **383**) : passeig del Born, 19. Tlj 18h-2h (3h ven-sam). Lumière tamisée, tables et chaises de bistrot, musique latino-américaine (principalement cubaine). Dans ce petit bar à cocktails chaleureux et tout en longueur, tout le monde se connaît et l'ambiance est résolument décontractée. Goûtez un des 2 cocktails vedettes de la maison : le mojito et le *pisco*. Il y a plein de bonnes choses dedans, et ça facilite le contact !

¶ ♪ *Palau Dalmases* (zoom détachable G5, **355**) : c/ Montcada, 20. ☎ 93-310-06-73. • paaudalmases.com • Ⓜ Jaume-I. Tlj 19h-2h (3h w-e). Show de flamenco tlj à 19h30 (et 21h30 ven-dim) ; opéra jeu à 23h ; jazz ven à 23h. Entrée : 25 € avec 1 conso. Entrée gratuite pour le jazz. Une curiosité ! Comme au théâtre, les lourdes et imposantes portes s'entrouvrent pour laisser place à un décor unique : un authentique palais du XVIIe s, où l'on organise chaque jour dans une salle pleine de cachet des spectacles intimistes de flamenco, ainsi que des opéras et des concerts de jazz. Quant à la cour intérieure, somptueuse, elle est idéale pour un verre romantique après les shows. Très touristique, mais hors normes.

Dans la Barceloneta
(centre détachable E-H6-7)

Tôt ou tard

¶ *Ké* (centre détachable G6-7, **397**) : c/ del Baluard, 54. ☎ 93-224-15-88. Ⓜ Barceloneta. Tlj 11h (12h w-e)-2h30. Stratégiquement situé sur la pittoresque place du marché, c'est le genre de bar qui remplit son office à n'importe quelle heure. En journée, on profite de l'animation en terrasse, en soirée, on fraternise dans les 2 petites salles colorées et chaleureuses décorées de dessins maison. Très sympa.

Absenta (centre détachable G7, 403) : c/ de Sant Carles, 36. ☎ 93-221-36-38. M Barceloneta. Tlj 11h-2h (3h ven-sam). Photogénique à souhait, ce minuscule bar à l'ancienne, meublé de bric et de broc, se distingue par son amour de la fée verte ! Des vitrines présentent tout le matériel nécessaire à la préparation de l'absinthe, les rayonnages sont garnis de bouteilles, et les amateurs peuvent même acheter la production maison ! Cela dit, la plupart des visiteurs préfèrent des cocktails très classiques, qu'ils savourent dans l'atmosphère bruyante et festive autour du bar central, assis sur un tonneau, ou accoudés au vieux poêle. Super ambiance.

Le Bar du W (hors plan centre détachable par E7, 378) : pl. de la Rosa dels Vents, 1. Tlj 13h-2h30 (3h w-e). C'est le bar lounge de l'hôtel W, situé à la pointe de la Barceloneta, tout au bout. Un immense bar hyper design et tendance, dont les larges baies vitrées ouvrent sur une vaste terrasse et la piscine. En surplomb de la plage, la vue est exceptionnelle ! Dès que la nuit tombe, le lieu prend des allures d'immense boîte de nuit à ciel ouvert, où il est difficile de se frayer un chemin tellement il y a de monde... Nombreux shows et soirées thématiques.

Dans El Raval
(zoom détachable)

Attention : à partir du moment où vous quittez la Rambla vers le Raval, surtout si vous êtes une fille, n'y allez pas seul(e) après 22h ou 23h. Ce n'est pas le Bronx non plus (quoiqu'il s'améliore, lui aussi !), loin de là, donc pas de parano. En revanche, la partie nord (au nord de la carrer Hospital) est moins craignos. D'ailleurs, le long de la carrer Joaquim Costa, plusieurs bars très tendance ont ouvert leurs portes : on en cite certains.

Tôt ou tard

El Jardí (zoom détachable E5, 388) : c/ Hospital, 56. ☎ 93-329-15-50. ● catering@eljardibarcelona.es ● M Liceu. Tlj 10h (12h w-e)-minuit. Formule déj 10 €, menu dégustation 30 €. Le cloître et le jardin de l'ancien hôpital de Santa Creu accueillent en leur sein une magnifique terrasse protégée du soleil et des intempéries (et chauffée l'hiver). On ne peut rêver cadre plus enchanteur pour boire un verre que cette cour, où s'épanouissent les jacarandas et où embaument les roses et les orangers... On peut aussi y grignoter quelques tapas ou des plats plus consistants, mais ça peut être décevant. Le soir, aux bougies, c'est carrément magique !

Carmelitas Vermuteria (zoom détachable E4, 389) : c/ del Carme, 42. ☎ 93-461-58-11. ● info@tribuwoki.com ● M Catalunya. Tlj 12h-1h. Formule déj 10 €. Plats 10-15 €. 2 grandes salles modernes et épurées (le dépouillement propre aux carmélites ?), aux épaisses tables blanches et aux fauteuils moelleux. Petite terrasse agréable. Pas mal de snacks, tartes et salades, et quelques bons petits plats. Clientèle mélangée, plutôt du beau monde quand même.

La Confitería (centre détachable D5, 391) : c/ Sant Pau, 128. ☎ 93-443-04-58. ● info.laconfiteria@gmail.com ● M Paral-lel. Tlj 19h (13h ven-dim)-3h. Ce bar photogénique a eu la riche idée de conserver la déco héritée de l'ancienne pâtisserie-confiserie. Quelques tables et un comptoir de bois occupent la boutique d'origine, lambrissée et coiffée d'une fresque passée de mode. Seuls les gâteaux ont disparu, remplacés par les bouteilles alignées comme à la parade. Au fond, une 2ᵉ salle plus grande, où l'on sert tapas, tartares, et quelques spécialités de plats confits. Une belle adresse.

33/45 Bar (centre détachable E4, 392) : c/ de Joaquín Costa, 4. ☎ 93-187-41-38. M Universitat ou Liceu. Tlj 11h-1h30 (3h ven-sam et minuit dim). Un bar trendy, où se retrouve le gratin arty-bohème de Barcelone, qui vient siroter ici un cocktail raccord à sa tenue... gin tonic, bien sûr ! La déco va fouiller dans le vintage des années 1970-1980, pour se faire un no-look très travaillé. Régulières expo-ventes d'artistes de qualité et DJ derrière les platines pour maintenir la pression. Une bonne adresse, juste ce qu'il faut de branché.

Plutôt le soir

▼ ♪ *London Bar* (zoom détachable E5, **393**) : *c/ Nou de la Rambla, 34.* ☎ *93-318-52-61.* Ⓜ *Drassanes. Mar-dim 19h30-4h30. Entrée gratuite, mais conso obligatoire.* C'est l'un des incontournables du circuit moderniste, qu'Hemigway et Picasso avaient l'habitude d'écumer en voisins. Jean Genet venait lui aussi y boire son café-cognac. Et ce beau monde ne serait sans doute pas dépaysé s'il lui prenait l'envie de revenir y faire un tour. Il faut dire que le cadre Art nouveau d'origine a été judicieusement préservé. La salle du fond possède une petite scène, où musiciens de jazz et de blues donnent le meilleur d'eux-mêmes après minuit. Atmosphère jeune et chaleureuse.

▼ *Casa Almirall* (centre détachable E4, **394**) : *c/ de Joaquín Costa, 33.* ☎ *93-318-99-17.* Ⓜ *Universitat. Tlj sf lun 12h-1h (3h30 ven-sam).* Fondé en 1860, ce bistrot bourré de charme est l'un des plus vieux estaminets de Barcelone et a conservé intacte sa superbe déco Art nouveau. On imagine volontiers artistes et intellectuels y refaisant le monde au début du XXe s à la lueur de bougies faiblardes. Si les chandelles ont disparu, la lumière reste tamisée. Les artistes y viennent encore, tout comme une clientèle jeune et décontractée qui en a fait un de ses repaires dans le quartier.

▼ ♪ *Nevermind* (centre détachable E4, **400**) : *c/ Tallers, 68.* ● *nevermindbarcelona@gmail.com* ● Ⓜ *Universitat. Tlj 16h-2h30.* Un bar alternatif génial, avec une longue salle hyper caverneuse tendance grunge entièrement recouverte de graffitis... et une rampe de skate au fond ! Les moins casse-cou préféreront le baby-foot, mais tout le monde se retrouve au comptoir à siroter des verres pas chers aux sons du rock et du métal. Jeune, cool et festif.

▼ *Madame Jasmine* (centre détachable E5, **395**) : *rambla del Raval, 22.* Ⓜ *Paral-lel. Sur les ramblas canailles, en face de la statue du Chat de Botero. Tlj 18h-2h30 (3h ven-sam).* La petite devanture ne paie pas de mine, mais l'intérieur haut en couleur vaut le coup d'œil avec ses meubles hétéroclites et ses bibelots improbables (des collages, un mannequin, et même un hibou !). Clientèle jeune, musique orientale bien choisie, et quelques tables en terrasse sur le terre-plein central, bien agréables. Un endroit *de arranque* (pour démarrer la soirée...) avant de partir à l'assaut des folles nuits du Raval.

▼ *Ultramarinos* (centre détachable D5, **396**) : *c/ Sant Pau, 126.* ☎ *653-58-24-24.* Ⓜ *Paral-lel. Tlj sf dim 20h-2h30 (3h ven-sam).* 🛜 « Enfin » un bar du Raval qui ne joue pas sur les codes ethniques ni sur le vintage. Passé le long zinc, juste une petite salle et une mezzanine à la déco très sobre. Mais la chaleur et le soleil sont dans les excellents cocktails, qui ne manquent pas d'originalité ! Bonne ambiance et beaucoup de monde le week-end.

▼ ♪ *La Concha* (zoom détachable E5, **398**) : *c/ Guardia, 14.* Ⓜ *Drassanes ou Liceu. Tlj 17h-3h.* Bar à cocktails et à chichas très sympa, tenu par une équipe souriante pas avare en bons conseils. Beau décor avec éclairage tamisé par la fumée.

▼ ♪ *Café Pastis* (zoom détachable E5, **399**) : *c/ Santa Mònica, 4.* ☎ *634-93-84-22.* ● *barpastis@yahoo.es* ● *barpastis.com* ● Ⓜ *Drassanes. Mar-dim 19h30-2h (3h le w-e).* Depuis 1947, un bar emblématique du quartier où l'on peut goûter à l'atmosphère franchouillarde, désuète et décadente du Barri Xino. La petite salle est noircie par le temps, tableaux et objets se confondent avec les murs dans cet ancien caboulot à marins, où passent Brel et Édith Piaf en boucle... Fort touristique, d'où l'addition qui s'en ressent. Nombreux concerts de musique française, catalane, etc.

Dans l'Eixample, du côté de Sant Antoni
(centre détachable C-E4-5)

Tôt ou tard

Bar Olimpia *(centre détachable D5, 402)* : c/ Aldana, 11. ☎ 606-20-08-00. • barolimpiabarcelona@gmail.com • Ⓜ Paral-lel. Mer-sam 18h-1h (2h30 ven-sam), dim 12h-23h. Petit bar à l'intérieur tout coloré, très sympa pour boire un verre en terrasse. On peut aussi y goûter quelques tapas ou de la cuisine méditerranéenne. Concerts à l'occasion.

Jonny Aldana *(centre détachable D5, 401)* : c/ Aldana, 9. ☎ 93-174-20-83. • jonnyaldana@gmail.com • Ⓜ Paral-lel. Lun-sam 12h30-0h30 (2h ven-sam), dim 12h30-23h. Fermé en janv. Formule déj en sem 8 €. Atmosphère jeune et décontractée, dans ce petit bar chaleureux très apprécié pour son accueil souriant et sa cuisine. En plus des tapas, quelques plats, dont certains sans gluten. Terrasse de poche sympa également, sur la rue relativement calme.

Plutôt le soir

Xixbar *(centre détachable C4, 402)* : c/ Rocafort, 19. ☎ 93-423-43-14. Ⓜ Poble-Sec. Mar-sam 17h-2h30 (3h ven-sam). Juste en face du restaurant *Lolita Taperia*, un joli petit bar à cocktails tenu par une équipe jeune et sympathique. L'atmosphère décontractée donne envie de prolonger la soirée si on est dans le quartier. Cocktails un peu plus chers que la moyenne, mais bien faits et parfois très originaux. Minuscule terrasse.

Dans l'Eixample
(centre détachable C-H1-4)

Tôt ou tard

El Nacional *(centre détachable F3, 404)* : passeig de Gràcia, 24 bis. ☎ 93-518-50-53. • elnacionalbcn.com • Ⓜ Passeig-de-Gràcia. Tlj 12h-1h (bars 2h dim-mer, 3h jeu-sam). Légèrement en retrait du passeig de Gràcia (au bout d'un passage), ce monumental bâtiment des années 1930-1940 abrite un nouveau et spectaculaire complexe gourmand divisé en plusieurs restos, bars à tapas, à vins, bières... Difficile d'imaginer que c'était un ancien garage ! Magnifique réhabilitation mêlant éléments d'origine et d'autres plus contemporains, sur fond de cascades de plantes vertes, dans le pur style Belle Époque. Les restos sont un peu chérots, on conseille plutôt de venir boire un verre, histoire de profiter du décor et de l'atmosphère, bourdonnante et joyeuse.

Plutôt dans la journée

Laie *(centre détachable F4, 405)* : c/ Pau Claris, 85. ☎ 93-318-17-39. • cafe@laie.es • Ⓜ Urquinaona ou Catalunya. Lun-ven 9h-21h, sam 10h-21h. Menus le midi en sem 12,75-14,80 € ; sam 16,25 €. Un peu de calme dans ce monde de bruit, car il s'agit d'une *llibreria-cafè*, dont le rez-de-chaussée est réservé à la boutique et l'étage, très vaste, au salon de thé. Passé le bar, on découvre une belle salle moderne décorée de photos, prolongée par une véranda tout en boiseries dont les portes ouvrent sur une cour intérieure. Impeccable pour une pause en terrasse à toute heure (menus déj bons et bien présentés).

Plutôt le soir

S'il n'y a pas de quartier exclusivement gay à Barcelone, en revanche, un noyau autour du croisement des carrers Consell de Cent et Casanova est communément appelé le « Gay-Xemple ». Des bars, des boîtes et des boutiques ultra-spécialisées, hétéro-*friendly* pour la plupart.

Premier *(centre détachable E2, 407)* : c/ Provença, 236. ☎ 93-532-16-50. • info@barpremier.com • Ⓜ Diagonal. À l'angle de la c/ d'Enric Granados. Mar-jeu 18h-2h30 ; jeu-sam 19h-3h. Congés : août. Bar lounge cosy à l'ambiance chic, avec son bar convivial et sa mezzanine intimiste. Pour le cocktail élégant après le bureau ou un verre en soirée en bonne compagnie, car bon choix d'apéritifs et d'alcools. Tapas originales. DJ le week-end. Belle terrasse aux beaux jours.

▼ ♪ ♫ **Dietrich Cafe** (centre détachable E3, 409) : c/ Consell de Cent, 255. Ⓜ Universitat. Tlj 22h30-2h30 (3h ven-sam). Entrée libre. C'est LE bar incontournable du circuit gay, façon cabaret, où les habitués et les clubbers de passage à Barcelone se rendent quasi obligatoirement en before pour connaître les actus de la soirée en ville. Et, donc, clientèle internationale. Il faut dire que les shows de drag-queens, à partir de 1h (seulement l'été), bénéficient aussi d'une certaine notoriété. Piste pour danser. De toute façon, passé 23h, vous ne pourrez plus vous asseoir.

Dans le quartier de Gràcia
(centre détachable F-H1-2 et plan d'ensemble)

Un petit village devenu, au cours du XIXᵉ s, un quartier à part entière de Barcelone. Pas de grands monuments à voir, simplement une atmosphère à savourer, une ambiance à sentir ; car Gràcia a conservé une âme de village avec ses placettes, ses églises qui sonnent les heures, sa mairie, son marché couvert, sa population d'étudiants et d'ouvriers. Beaucoup d'animation sur les places publiques à la sortie des écoles, puis, dans un registre plus festif et étudiant, le soir autour de la plaça del Sol et de la carrer de Verdi. Le temps fort étant bien sûr les fêtes du quartier, à la mi-août.

Tôt ou tard

▼ ♪ **Café del Sol** (centre détachable G1, 415) : pl. del Sol, 16. ☎ 93-237-14-48. • cafedelsoldenit@gmail.com • Ⓜ Fontana ou Diagonal. Tlj 13h-2h30 (3h w-e) ; la terrasse ferme à minuit. Tapas 3-10 €. 🛜 Thé offert en fin de repas sur présentation de ce guide. Sur une des places incontournables de Gràcia, il règne dans ce café une douce bohème qui se mêle à une vie de quartier populaire. C'est pourquoi on aime fainéanter à cette terrasse ; à l'intérieur, le décor patiné lui donne vaguement des allures de café 1900. Mais dès la fin de l'après-midi, bien sûr, c'est archibondé.

▼ **Virreina** (centre détachable G1, 416) : pl. de la Virreina, 1. ☎ 93-237-98-80. • correu@virreinabar.com • Ⓜ Fontana. Tlj 10h-1h (1h30 w-e). Pour prendre un café sur la vaste terrasse avec les habitants du quartier, en observant le mouvement. Dominée par la belle église Sant Joan, la place de la Virreina est un peu le centre symbolique de Gràcia. Le soir, changement de registre, le bar est alors bondé d'étudiants et de jeunes gens du quartier, et ça ne désemplit plus. Bons sandwichs et tapas servis le midi.

▼ **Bodega E. Marin** (centre détachable G1, 418) : c/ de Milà i Fontanals, 72. ☎ 93-213-30-79. Ⓜ Fontana ou Joanic. Tlj sf sam soir et dim 8h-15h, 17h-23h. Toute petite échoppe dans son jus, mi-caviste, mi-bodega. Les murs sont couverts du sol au plafond de rayonnages de bouteilles mais on peut aussi acheter ou commander du vin ou du vermouth « au robinet ». Une rangée de tabourets à l'intérieur et deux gros tonneaux dehors pour se poser. Du typique ! Rien à grignoter par contre.

Plutôt le soir

▼ **Raïm** (centre détachable G1, 419) : c/ del Progrés, 48. Ⓜ Diagonal ou Joanic. Tlj 20h-2h30. Un vol direct pour La Havane au prix d'un mojito ? Le son des cuivres cubains vous mènera très certainement au Raïm (« raisin » en catalan). Cette ancienne cantine ouvrière aux murs patinés par le temps, meublée d'époque et envahie de bibelots usés, vibre chaque soir au rythme de la salsa dans une atmosphère fraternelle. Et, de mémoire catalane, on n'aurait jamais servi de meilleurs mojitos à Barcelone.

▼ **Le Châtelet** (centre détachable G1, 417) : c/ de Torrijos, 54. ☎ 93-284-95-90. Ⓜ Joanic. Ouv 18h (12h w-e)-2h30 (3h ven-sam). 🛜 L'enseigne façon damier donne le ton : déco colorée et chaleureuse dans ce bar fraternel toujours bondé, où les caisses en bois pleines de bouquins et les chaussures collées aux murs côtoient quelques

LA TOURNÉE DES BOÎTES | 147

photos de Paname pour la *French touch* ! Atmosphère résolument barcelonaise, jeune, et internationale. Impeccable pour siroter un cocktail dans un fauteuil moelleux, avaler un bon panini, et observer la foule à travers les grandes baies vitrées.

🍸 **Le Journal** *(centre détachable F-G1, 377)* : *c/ de Francisco Giner, 36.* ☎ *93-368-41-37.* Ⓜ *Diagonal. Tlj 18h-3h.* Des feuilles de journaux en guise de papier peint, des meubles hétéroclites envahissant la petite salle ou la mezzanine, une bande-son tendance rock et des cocktails pas chers : ce bar festif a trouvé la bonne recette pour séduire les étudiants !

Dans le Poblenou
(plan d'ensemble)

Le soir

🍸 🎵 *Los Chiringuitos de la plage del Bogatell (plan d'ensemble,* **411**) : *sur la plage du Bogatell, en plein air. À 10 mn à pied du Port olympique en longeant la mer vers le nord.* Ⓜ *Llacuna. Plusieurs bars-kiosques* (chiringuitos) *s'alignent face au large, notamment le* **Vai Moana**. *Tlj en hte saison jusqu'à 1h (2-3h w-e).* Le soir, musique et ambiance dansante. Quelques tapas et sandwichs pour combler un petit creux. Idéal pour humer l'air du soir en toute tranquillité.

Où écouter de la musique live ?

Aucun problème pour trouver, chaque soir, un bar ou une boîte de nuit où écouter un concert ! On en donne la liste dans la plupart des petits agendas culturels distribués dans les bars. Quelques sites également bien complets :
● infoconcerts.cat ● barcelonarocks.com ● Les amateurs de jazz pourront dégoter de bons bœufs sur le site ● urbaanjazz.com ● ou plus classiquement sur celui du festival international de Jazz de Barcelona *(fin sept-oct ;* ● barcelonajazzfestival.com ●*)*, et les autres sur ● maumaunderground.com ● Par ailleurs, les ruelles du Barri Gòtic autour de la cathédrale ont une acoustique époustouflante, et il n'est pas rare qu'aux beaux jours, des musiciens confirmés viennent y faire un set *(jusqu'à env 23h).* Violoncelliste, guitare classique, *bandonéon...* C'est un peu la loterie, certes, mais parfois d'excellente qualité.

🍸 🎵 **Harlem Jazz Club** *(zoom détachable F5,* **425**) : *c/ Comtessa de Sobradiel, 8.* ☎ *93-310-07-55.* ● *zingariaproduccions@yahoo.es* ● *harlemjazzclub.es* ● Ⓜ *Drassanes ou Jaume-I. Marsam jusqu'à 4h (ouv parfois lun : consulter le site). En général, 1ᵉʳ set vers 22h ou 23h, 2ᵉ set vers 0h30-1h. Entrée : env 6-8 € (conso incluse).* Dans ce tout petit café-concert, l'ambiance est informelle et décontractée, ni sélecte ni élitiste comme c'est parfois le cas dans les clubs de jazz. Programmation de grande qualité à dominante jazz évidemment, blues, mais aussi musiques du monde (latino-américaine, Balkans, tango, rock acoustique, reggae, etc.).

🍸 🎵 **Razzmatazz** *(plan d'ensemble,* **427**) : *c/ Almogàvers, 122.* ☎ *93-320-81-67.* ● *inforazz@salarazzmatazz.com* ● *sala razzmatazz.com* ● Ⓜ *Bogatell ou Marina. Entrée : env 15 € (avec 1 conso) selon programme, réduc si achat à l'avance sur Internet.* C'est la salle de concerts la plus grande de Barcelone, où se produisent les pointures espagnoles et internationales. Abrite aussi une immense boîte de nuit au look industriel avec 5 salles aux ambiances différentes : indie rock, house, techno, electro pop et électro rock.

– Se reporter aussi à la rubrique « Où boire un verre ? Dans le Barri Gòtic et alentour » (Ⓜ *Liceu).* Également le *Palau Dalmases* et le *London Bar,* dans la même rubrique, « Dans la Ribera et El Born » et « Dans El Raval » *(respectivement* Ⓜ *Jaume-I et Drassanes).*
– Voir ci-après la rubrique « La tournée des boîtes » *(Luz de Gas, Antilla BCN Latin Club).*

La tournée des boîtes

Ce n'est un mystère pour personne que la capitale catalane ne reste pas les deux pieds dans le même sabot quand la nuit tombe !

Des dizaines de lieux hyper branchés sont nés sur la lancée des années *movida* (mouvement créatif espagnol, à la suite des années Franco). C'est à un rythme effréné que s'ouvrent et se referment les bars postmodernes, les pubs « néofroids » où la musique industriello-funky bat son plein, là où les belles gens se donnent rendez-vous. 3 mouvances principales : la zone B.C.B.G. *(pijo)* au-dessus de Diagonal et le long de Muntaner, où se rendent surtout les Barcelonais (clientèle 30 ans et plus) ; les scènes techno et groove, et les endroits gays ; enfin, le Port olympique, plus jeune (touristes et Espagnols) et débraillé. Voici un petit tour du propriétaire. Attention, certains de ces clubs auront peut-être déjà déménagé quand vous lirez ces lignes.
– *Tarifs d'entrée et astuces :* la plupart des discothèques sont payantes, mais en se débrouillant bien, on paie rarement plein tarif. On trouve des invitations et des coupons de réduction *(flyers)* sur les comptoirs de nombreux bars, boutiques de fringues, de disques, ou même dans la rue, où l'on vous en distribuera. Mieux, si vous restez quelques jours, préinscrivez-vous sur les listes d'entrée des boîtes via Internet (surtout le week-end). Plus simple, via Facebook, introduisez-vous dans un groupe qui vous donnera accès au piston souvent indispensable pour faire partie des *happy few* de la soirée à ne pas rater. Pour bien choisir votre boîte, plus efficace est de repérer le look de la file d'attente. Attention, en fonction des soirs, l'ambiance peut changer.

Dans le Barri Gòtic
(zoom détachable)

On vous prévient, les boîtes de la Rambla, c'est un peu l'usine, et les videurs sont de vrais contremaîtres.

🎵 *Marula Café* (zoom détachable F5, **430**) : c/ dels Escudellers, 49. ☎ 93-318-76-90. • info@marulacafe.com • Ⓜ Drassanes. Tlj 23h-5h. Entrée gratuite jusqu'à 2h. Soul, funk, R'n'B, mais aussi latin music, tout ce qui groove bien a sa place dans cette excellente boîte un brin rétro à l'atmosphère très cool. L'espace n'est pas grand, avec une petite piste coincée entre deux bars, mais on se sent aussitôt à l'aise et prêt pour une nuit de danse ! Bons concerts à l'occasion.

🎵 🍷 *El Cangrejo* (zoom détachable E5, **431**) : c/ de Montserrat, 9. Ⓜ Drassanes. Jeu-sam 23h-3h. Entrée gratuite, mais conso obligatoire. Voici un endroit de fête canaille pour les fanas d'Almodóvar ! Le kitsch est à son comble avec une déco pas possible et des tubes des années 1980, qui laissent la place (vers 23h30) à des spectacles de travestis chantant en play-back ou faisant un show humoristique. C'est toujours très bon enfant, mais mieux vaut maîtriser l'espagnol.

🎵 Également le *Jamboree-Tarantos* (zoom détachable E5, **371**) et, encore mieux, le *Sidecar* (zoom détachable F5, **372**), qui se métamorphosent en boîtes de nuit à la fin des concerts. Voir plus haut « Où boire un verre ? Dans le Barri Gòtic et alentour ».

Dans l'Eixample et autour de Diagonal
(centre détachable C-H1-4)

Petit rappel : c'est dans l'Eixample que se trouvent aussi la majorité des boîtes gays et *gay-friendly*.

🎵 🍷 *Luz de Gas* (centre détachable E1, **435**) : c/ Muntaner, 244-246. ☎ 93-209-77-11. • luzdegas.com • Ⓜ Diagonal. Mer-sam (et parfois mar) minuit-5h30 (pas de musique live en août). Entrée : 20 € avec 1 conso. Un ex-cabaret reconverti en disco-salle de concerts. La déco n'a pas bougé : lourdes tentures de velours grenat, plafond peint, balcons, énormes lustres étincelants. La clientèle, chic et très VIP, majoritairement dans les 35-45 ans, s'agglutine autour des divers comptoirs et de la scène. À l'étage, bar à cocktails et petite piste dédiée à la musique espagnole. Du mercredi au samedi (et parfois mardi), très bons concerts d'artistes de jazz, pop-rock, blues. Enfin, mieux vaut avoir le look beautiful people pour pouvoir entrer.

🎵 🍷 *La Fira* (centre détachable E2, **436**) : c/ de Provença, 171.

LA TOURNÉE DES BOÎTES

Ⓜ *Provença. Entre les c/ Aribau et Muntaner, au cœur de l'Eixample. Ven-sam 23h-5h. Entrée : 5-10 € selon soirs avec conso.* Un club atypique ! Car passé le couloir aux miroirs déformants, on découvre une déco délirante réalisée avec des automates et des manèges provenant des foires d'attractions du début du XXe s. Génial ! « La Foire » a tout pour plaire, et fait le plein d'étudiants qui se déhanchent sur des rythmes électro, house, et les tubes espagnols.

♪ **Otto Zutz Club** *(plan d'ensemble, 437) : c/ Lincoln, 15.* ☎ *93-238-07-22.* • *ottozutz.com* • **Ⓜ** *Fontana ou Passeig-de-Gràcia. Lun-sam minuit-4h30 (5h jeu et 6h ven-sam). Entrée : env 10-18 € avec 1 boisson.* Un des bars-discothèques les plus fréquentés de la ville. Attention les yeux ! En fin de semaine, 4 salles sur 3 niveaux et autant de styles: en bas, c'est généralement hip-hop et R'n'B, au milieu, commercial, house et pop-rock à tendance *eighties*, et en haut funk et soul. Clientèle jeune dans les 2 premiers niveaux, où l'on passe d'une piste de danse à l'autre par l'escalier vitré, alors que le 3e niveau est plus sélect avec son coin lounge (mieux vaut être bien sapé et avoir plus de 25 ans pour y être admis !). Dans tous les cas, les salles ne sont pas trop immenses, les bars accessibles, et l'atmosphère festive ! Les mardi et mercredi, on se contentera du petit bar-boîte qui permet tout de même de bien s'échauffer.

♪ **L'Universal** *(plan d'ensemble, 438) : c/ de Marià Cubí, 182 bis.* • *universalbcn.com* • *Ferrocarril : arrêt Gràcia. Dans une rue parallèle à l'avda Diagonal, au nord. Ven-sam minuit-5h30. Entrée payante slt certains soirs : compter alors 10-15 €.* Un endroit, là encore, fréquenté par une clientèle bien propre sur elle. Atmosphère lounge dans un décor très épuré agrémenté de dés suspendus et d'encadrements de fenêtres géants. Bonne atmosphère et taille raisonnable : on a parfois l'impression d'être invité à une fête chez des copains qui auraient un méga appart ! Musique électro et house. Très prisée par les étudiants durant l'année.

♪ **Antilla BCN Latin Club** *(centre détachable D3, 439) : c/ d'Aragó, 141.* ☎ *93-451-45-64.* • *info@antillasalsa.com* • *antillasalsa.com* • **Ⓜ** *Urgell ou Hospital-Clínic. Mer 22h-5h, jeu-sam 23h-6h, dim 19h-3h. Entrée : 10 € avec 1 conso.* Pour vibrer sur des rythmes de salsa avec des groupes tous les soirs (sauf en août : la platine prend alors le relais), dans un cadre coloré et chaleureux, comme l'atmosphère. Tantôt assez démonstratif, tantôt plus décontracté. Du mercredi au vendredi, en début de soirée, place aux *masterclasses* avec des cours gratuits de tango, salsa et rumba.

♪ **Arena** *(centre détachable F3, 440) : c/ Balmes, 32.* ☎ *93-487-83-42.* • *arenadisco.com* • *Au croisement des c/ Diputació et Balmes. Tlj 0h30-5h. Entrée : 6-12 €.* L'une des boîtes gay les plus connues de la ville, archifréquentée par un public jeune, où les éphèbes profitent des shows proposés chaque soir à l'*Arena Madre* avant d'investir les pistes au rythme de l'électro, de la house et de la dance. La salle *Classic (entrée au 233, c/ Diputació ; ouv slt ven-sam)* accueille exclusivement les hommes. En bas des escaliers, une grande salle s'articule autour de plusieurs pistes de danse et de recoins tamisés où l'on peut se détendre sur des canapés. Un conseil, n'y allez pas avant 1h, il n'y a personne.

♪ **Aire** *(centre détachable F3, 441) : c/ de la c/ Diputació, 233.* ☎ *93-451-84-62.* • *arenadisco.com* • *Jeu-sam et veilles de fêtes 23h-2h30. Entrée : 5-10 €.* L'équivalent de l'*Arena* (même groupe), version filles. Le public reste toutefois assez mixte (mais pour les garçons, c'est entrée sur invitation !). Là encore, ne pas venir avant 1h.

♪ **Métro Disco** *(centre détachable E3-4, 442) : c/ de Sepúlveda, 185.* ☎ *93-323-52-27.* • *metrodiscobcn.com* • **Ⓜ** *Universitat. Sur la pl. Goya. Ouv minuit-5h (6h ven-sam), mais pas la peine d'y aller avt 2h30. Entrée : 18 €, 1re boisson comprise.* Avec ses 2 salles pleines de gogo boys, cette boîte gay célèbre, plutôt *middle age*, est connue pour son ambiance parfois trash et électrique qui requiert un certain entraînement. Les filles sont tolérées et, les jours de fiesta, en général le jeudi, seuls les plus résistants survivent.

À Montjuïc, dans le Poble Espanyol
(centre détachable A-D4-6)

L'atmosphère bon enfant de la journée laisse étonnamment place la nuit à l'un des hauts lieux de la fiesta barcelonaise. L'endroit abrite ainsi l'une des discothèques les plus branchées de la ville, qui profite du décor atypique du Poble (rubrique « À voir. Montjuïc » plus loin). Comme le billet d'entrée de la boîte permet de pénétrer dans le village, ça peut être une bonne idée de faire la visite de nuit, car le public est alors beaucoup plus percutant et l'ambiance assez magique. En juin et juillet, la plaza Mayor accueille également d'excellents concerts d'artistes internationaux (payants).

♪ *La Terrrazza* (centre détachable A4, 445) : *ouv l'été slt, jeu-sam 0h30-6h ; vérifier avt, parfois ouv slt pour les soirées spéciales.* ● *laterrrazza.com* ● *Entrée : 15-20 € selon DJ. La Terrrazza,* c'est la référence des clubs de plein air de la ville, avec une terrasse géniale en surplomb du Poble. Mais il doit surtout sa solide réputation à sa programmation, qui séduit un public de noctambules invétérés et branchés (de 20 à 35 ans). House et techno de qualité, shows artistiques, ambiance *muy caliente...* les clubbers avertis se régaleront.

Sur le Port olympique
(centre détachable H6)

➢ *Pour s'y rendre,* Ⓜ *Ciutadella-Vila-Olímpica.*
Le paradis des clubbers ! On aime ou pas, mais on peut y aller rien que pour le spectacle : une bonne vingtaine de bars d'envergure s'alignent comme la parade sur le *mol del Mestral*. Chacun de ces bars (tous les jours jusqu'à 5h) est une boîte de nuit à lui seul, et il y en a pour tous les goûts : rock, rap, techno, salsa... Avec une telle concentration d'endroits, de couleurs, de bruits différents et une ambiance saturée, c'est un des lieux où la drague est reine. Chacun de ces bars possède une terrasse où l'on peut prendre un verre plus tranquillement, face à la plage ou au port, tout en continuant d'observer le flot continu des fêtards de tout poil, qui ne s'arrête qu'au petit jour. Là encore, pas de parano, mais la zone étant très touristique, il vaut mieux faire attention la nuit autour de la plaça dels Voluntaris : quelques vols et agressions ont été signalés.

♪ *Club Danzatoria* (centre détachable H6, 448) : *c/ Ramón Trias Fargas, 2-4.* ☎ *93-224-07-40.* ● *info@clubdanzatoria.com* ● *clubdanzatoria.com* ● *Entrée au niveau de la baleine. Mer-dim 23h-6h. Entrée : 15-20 €.* Grande boîte sur 2 niveaux où les *beats* entraînent une foule hétéroclite en quête de *bump it up*. Clientèle jeune et internationale, tenue soignée mais courte de rigueur ; bref, l'archétype de la boîte commerciale, mais ça marche ! Super terrasse pour reprendre son souffle entre deux sessions de house ou de R'n'B en fonction de la salle choisie.

♪ Juste à côté *(centre détachable H6-7, 449),* un peu plus sélects et à la programmation plus recherchée, l'*Opium Mar* (*passeig Marítim, 34 ;* ● *info@opiummar.com* ● *opiummar.com* ●) et le *CDLC* (*passeig Marítim, 32 ;* ● *info@cdlcbarcelona.com* ● *cdlcbarcelona.com* ●). *Tlj 20h-3h (6h pour Opium Mar).* 2 vastes clubs aux intérieurs soignés (l'un très design, l'autre plus ethnique), avec de très grandes pistes et qui drainent une foule de clubbers. Des valeurs sûres. On peut encore préférer l'atmosphère asiatique hyper branchée du *Shôko* (*passeig Marítim, 36 ;* ● *shoko@shoko.biz* ● *shoko.biz* ●), dont l'électro japonaise rend fébrile les aficionados, à moins de tenter l'expérience marrante du *Ice Bar* (*passeig Marítim, 38 ;* ● *icebarcelona.com* ●). Pour ce dernier, même concept que ses homologues, comme celui de Londres par exemple : on enfile une doudoune et des gants, et on entre dans une glacière à - 5 °C le temps d'avaler une vodka et de se dire qu'on va vite retourner danser au chaud ! À faire une fois.

Dans le quartier du Tibidabo *(plan d'ensemble)*

➢ *Assez excentré. Pour s'y rendre, descendre à la station de métro*

OÙ VOIR UN SPECTACLE (OPÉRAS, CONCERTS CLASSIQUES...) ?

Avinguda-del-Tibidabo et prendre le bus « Plaça-Kennedy-Funicular » (dernier départ : 22h ou 23h l'été, mais consulter les horaires, qui changent souvent). Sinon, en taxi.

♪ ⛾ *Mirablau (hors plan d'ensemble, 450) :* c/ Manuel Arnús, 2 ; en fait, pl. Doctor Ancheu. ☎ 93-434-00-35. ● mirablaubcn.com ● Tlj 11h-4h30 (5h ven-sam). Entrée libre. Bar musical panoramique, le *Mirablau* a un atout considérable qu'aucune mode ne pourra détrôner : des baies vitrées sur 2 étages pour contempler Barcelone qui, la nuit, scintille de mille feux. Une vue féerique ! L'été, c'est sur la petite terrasse du jardin planquée en contrebas de la structure qu'on s'attarde. Clientèle de jeunes gens de toutes les catégories, venus goûter ces délices dans un décor postmoderne. Sympa également le midi pour avaler un sandwich ou une salade à prix corrects en profitant de la vue.

La scène électronique et groove

– La 2e ou 3e semaine de juin (en 2016, du 16 au 18 juin), le festival **Sónar** (qui a fêté ses 20 ans en 2013) est l'événement de l'année pour toute l'Espagne électronique : 3 jours de fièvre musicale avec les plus grands noms de la scène internationale. Allez, emmenez vos fringues les plus terribles et lâchez-vous avec les raveurs de toute l'Europe, ça vous fera de super souvenirs. Lives et mixes de Carl Cox à Death in Vegas en passant par un certain DJamon de Estrasburgo, alias Laurent Garnier. Festival créé en 1994, il attire chaque année des dizaines de milliers de spectateurs, sans compter le festival off. Autant vous dire qu'il faut s'y prendre à l'avance. Site très bien fait qui permet d'acheter des places, d'avoir le programme complet et de trouver un logement selon ses moyens : ● sonar.es ● Sur place, on peut aussi se procurer les places au CCCB ou au MACBA (*Sónar* de jour).

– *Tarifs : pass 3 j. env 195 €. Préventes sur le site dès juil pour l'année suivante, à tarif très préférentiel.*

– Plus encore que Madrid, Barcelone est une scène de réputation internationale des musiques d'avant-garde. On ne compte plus les DJs du monde entier qui viennent se produire dans les nombreux bars et boîtes underground de la ville ; pour choisir, prenez les *flyers* dans les magasins de sapes de la carrer Portaferissa, ou les journaux gratuits genre *AB*. Généralement, le *Moog*, le *Nitsa Club* et le *Bikini* présentent les meilleurs DJs et groupes live.

♪ *Moog (zoom détachable E5, 451) :* c/ Arc del Teatre, 3. ☎ 93-319-17-89. ● info-moog@masimas.com ● masimas.com ● Ⓜ Drassanes. Situé dans une ruelle perpendiculaire à la Rambla, en bas à droite. Tlj minuit-5h. Entrée : 10 €. Petite boîte très sympa, appréciée des clubbers pour son excellente programmation d'électro dans la salle principale. L'autre est plus branchée indie.

♪ *Nitsa Club et La 2 (centre détachable D5, 452) :* c/ Nou de la Rambla, 113. ● nitsa.com ● Ⓜ Paral-lel. Ouv ven-sam (et parfois dim) 1h-6h. Entrée : 15 €. Les vendredi et samedi, la célèbre salle *Apolo* accueille les soirées mythiques du *Nitsa Club*. C'est LE rendez-vous électro de la ville, le plus classique, le plus connu, et sans aucun doute le meilleur. Les plus grands DJs s'y produisent. Un vrai must ! Quant à *La 2*, l'autre salle de l'*Apolo*, elle est plus orientée indie mais tout aussi performante dans la qualité des prestations.

Où voir un spectacle (opéras, concerts classiques...) ?

Pour vous informer sur les concerts de musique classique, procurez-vous le mensuel *Informatiu Mùsical*. On le trouve aussi aux offices de tourisme.

∞ *Palau de la Música catalana (zoom détachable F-G4) :* se reporter à la rubrique « À voir ». Rens : ☎ 93-295-72-00.

∞ *Grand Théâtre Liceu (zoom détachable E5) :* sur la Rambla. ☎ 93-485-99-00. ● liceubarcelona.com ● Ⓜ Liceu. Pour les passionnés d'opéra. Il se visite aussi à heures fixes, sous la conduite d'un guide (rens : ☎ 93-485-99-14).

∞ **Auditorium** (plan d'ensemble) : c/ Lepant, 150. ☎ 93-247-93-00. ● auditori.cat ● Ⓜ Glòries ou Marina. Inauguré en grande pompe en mars 1999 par l'orchestre symphonique de Barcelone et l'orchestre national de Catalogne, cet auditorium accueille la plupart du temps des concerts classiques. Il ouvre également certaines salles au jazz, au flamenco, au rock et même au Sónar !

🍷 🎵 **Palau Dalmases** (zoom détachable G5, **355**) : voir « Où boire un verre ? Dans la Ribera et El Born ».

∞ **Las Fonts de Montjuïc** (centre détachable B3-4) : pl. Carles Buïgas, 1. Ⓜ Espanya. Le long de l'avda Reina María Cristina et des escaliers qui montent jusqu'au Palau nacional. Mai-sept, jeu-dim 21h-23h30, 5 spectacles, d'une durée de 15 mn env, ttes les 30 mn ; le reste de l'année, slt ven-sam 19h-21h. Gratuit. Conçu pour l'Exposition universelle de 1929, ce spectacle son et lumière est très réussi. Les jets d'eau jaillissent d'une multitude de fontaines, petites ou très grandes, au rythme des symphonies classiques, morceaux de rock, valses... le tout avec panorama sur Barcelone.

∞ **Sala Montjuïc** (centre détachable B-C6) : ts les étés début juil-début août, ciné en plein air dans la cour du château de Montjuïc à 20h30. ● salamontjuic.org ● Entrée modique : 6 €. En général, l'ambiance commence à monter dès le début, avec des p'tits concerts ou des apéros, avant la séance cinoche de 22h ! Impec pour finir en beauté une journée de visites !

ACHATS

Dans le Barri Gòtic, l'avigunda Portal de l'Ángel et la carrer Portaferrissa sont les plus commerciales. Le samedi : bain de foule. Dans l'Eixample, le passeig de Gràcia et les rues perpendiculaires en allant vers la rambla de Catalunya regorgent aussi de boutiques. El Born et sa prolongation la Ribera sont des quartiers un peu moins touristiques et par conséquent pleins de charme. Il faut s'y promener au hasard pour découvrir ateliers de créateurs, galeries d'art, brocanteurs installés dans le secret d'une de ses ruelles. Le Raval, quant à lui, est le coin des friperies et des collectionneurs de vinyles. Pour dénicher les petites boutiques de jeunes créateurs, il faut se balader dans Gràcia, où ils s'installent de plus en plus. Mais également du côté de Sants, au sud du métro Plaça-del-Centre, dans les rues qui descendent vers la gare de Sants.

Alimentation

⊛ **La Boquería** (ou **mercado San Josep** ; zoom détachable E4-5) : lun-sam 8h-20h. Se reporter plus loin à la rubrique « À voir. Le quartier de la Rambla... ». Un des plus beaux marchés que l'on connaisse, même si c'est aussi le plus touristique. Fraîcheur garantie, mais les prix ont tendance à s'envoler. Poissons à l'œil brillant et crustacés vivants, fruits parfumés et colorés (vendus aussi en barquettes, déjà découpés), olives en veux-tu en voilà, charcuteries variées à base de porc ibérique (ce qui explique en partie les prix) ; on vous recommande plus particulièrement tout ce qui est jamón, llomo et chorizo ibéricos, dont le fameux pata negra andalou. Ne pas hésiter à s'enfoncer dans le marché ; à l'entrée, les prix sont souvent plus chers. Pratique, ça voyage bien, et vous pouvez tout faire emballer sous vide. Et ça sera toujours un peu moins cher qu'en France !

⊛ **La Botifarrería de Santa María** (zoom détachable G5, **460**) : c/ Santa María, 4. ☎ 93-319-91-23. Ⓜ Jaume-I ou Barceloneta. Lun-sam 8h30-14h30, 17h-20h30. Fermé en août. Une charcuterie artisanale à l'enseigne de la saucisse. On y trouve tous les classiques les plus alléchants de la cochonnaille catalane ou espagnole, et une impressionnante diversité de saucisses et boudins (blancs ou noirs) : aux oignons nouveaux, aux champignons, au fromage, épinards-pignons... à pocher, à griller, etc. Mis sous vide pour remporter à la maison. Excellente adresse.

🏵 *Casa Colomina* (zoom détachable F4, **461**) : c/ Cucurulla, 2 ; c/ Portaferrissa, 8 ; et c/ Gran de Gràcia, 57. ☎ 93-317-46-81, 93-412-25-11 ou 93-218-05-29. Ⓜ Liceu. Lun-sam 10h-20h30, dim 12h30-20h30. Vieux pâtissier barcelonais, qui affiche 3 adresses à Barcelone, spécialisées dans la fabrication de *turrón* (celle de la carrer Cucurulla est miniscule et se limite à un comptoir), probablement le meilleur de la ville. En Espagne, il s'offre à Noël comme les chocolats en France. De la famille du nougat, à base de sucre et d'amandes, celui dit *de Jijona (Xixona)* a le grain fin ; celui d'Alicante contient de plus gros morceaux d'amandes. Goûtez aussi le *mazapán* (pâte d'amandes aux parfums divers). Meilleur choix en hiver, mais, en été, bonnes glaces au *turrón*.

🏵 *La Vila Viniteca* (zoom détachable F5, **462**) : c/ Agullers, 9. ☎ 93-310-19-56. • teca@vilaviniteca.es • Ⓜ Jaume-I ou Barceloneta. Lun-sam (sf j. fériés) 8h30-20h30. Voici une double adresse pour amateurs de vins et d'alcools. Au n° 7, le magasin de prestige, le plus récent, où s'entassent crus nationaux et internationaux de très haute volée. Les plus grands sommeliers espagnols s'y rendent quand ils sont de passage à Barcelone. La cave regorge de trésors vinicoles. Au n° 9, c'est l'épicerie familiale (fondée en 1932) entièrement rénovée au goût du jour, c'est superbe, on a envie de tout acheter (excellentes charcuteries et nombreuses conserves). N'oubliez pas de jeter un œil à la cave à fromages, une merveille. Tous les produits ici sont de 1er choix !

🏵 *El Magnífico* (zoom détachable G5, **463**) : c/ Argentería, 64. ☎ 93-310-33-61. • elmagnifico@cafeselmagnifico.com • Ⓜ Jaume-I. À deux pas de la pl. María del Mar. Lun-sam 10h-20h. Petite maison qui a fait du café sa spécialité depuis 1919. Comme on peut acheter des *espressos* à emporter, imaginez les doux effluves qui s'échappent de cette jolie boutique très chic. Possède juste en face une autre officine, entièrement dévolue au thé : *Sans & Sans* (c/ Argentería, 59).

🏵 *Gispert* (zoom détachable G5, **464**) : c/ Sombrerers, 23. ☎ 93-319-75-35. • info@casagispert.com • Ⓜ Jaume-I. Rue qui longe la pl. Santa María del Mar. Lun-sam 10h-14h, 16h-20h. Avec ses rayonnages patinés et son comptoir hors d'âge, cette boutique fidèle au poste depuis 1851 vaut le coup d'œil. D'autant qu'on y vend de bonnes choses : du café torréfié sur place et de l'épicerie fine, principalement des produits locaux, de label bio pour certains (huile d'olive, confitures, fruits secs, herbes...).

🏵 *Herboristería del Rei* (zoom détachable F5, **465**) : c/ Vidre, 1. ☎ 93-318-05-12. • trinitats@yahoo.com • Ⓜ Liceu. En venant de la Rambla par la c/ Ferran, c'est la 2e ruelle à droite, qui rejoint la pl. Reial. Mar-ven 16h-20h, sam 10h-20h. Un vénérable magasin fondé en 1823, au décor intérieur remarquable : vieilles vitrines remplies de bocaux et de pots anciens, boiseries patinées par le temps, meubles à tiroirs bourrés d'herbes médicinales, de tisanes et d'épices. Notez ce buste haut perché de Linné, 1er grand classificateur universel des plantes. Autrefois fournisseurs de la cour royale, les propriétaires mettent l'accent sur la qualité et la provenance des 220 variétés de plantes séchées qu'ils vendent avec passion et jovialité dans leur beau magasin.

🏵 Voir aussi plus haut *Caelum* (zoom détachable F5, **312** ; c/ de la Palla, 8) dans la rubrique « Où prendre le petit déjeuner ? Où manger une pâtisserie ?... Dans le Barri Gòtic ». Tout plein de douceurs, essentiellement sucrées, en provenance de divers monastères et ordres religieux du pays.

🏵 *Woki Organic Market* (centre détachable F4, **228**) : ronda Universitat, 20. ☎ 93-302-52-06. • wokiorganicmarket.com • Ⓜ Universitat. Tlj 8h (12h dim)-minuit (1h ven-sam). Voir plus haut dans la rubrique « Où manger ? Restos. Dans El Raval » Marché alimentaire de produits bio, qui fait aussi resto. Une autre adresse à Gràcia (hors plan centre détachable par F1), c/ Asturies, 22. ☎ 932-92-03-99. Tlj 11h-23h. En plus de l'alimentation, on y trouve également des produits cosmétiques, 100 % bio bien entendu.

☸ **Mauri 1929** (centre détachable F2, **467**) : c/ Provença, 241. ☎ 93-215-09-98. • mauri@pasteleriasmauri.com • Ⓜ Diagonal. Lun-sam 8h-21h, dim 9h-15h. Immense pâtisserie-salon de thé-restaurant-traiteur, où se précipitent à l'heure du déj ceux qui travaillent dans le quartier. Excellentes pâtisseries maison, turrón, chocolat... c'est le moment de faire vos provisions !

Antiquités, brocante

Une ribambelle de petites boutiques ou de vastes cavernes aux trésors se côtoient dans la minuscule carrer de la Palla (zoom détachable F4), qui donne sur la place de la Cathédrale. Bourrées d'antiquités pour les unes, plutôt version brocante pour les autres.

☸ **Llibreria Selvaggio** (zoom détachable F5, **468**) : c/ Freneria, 12. ☎ 93-315-15-56. • selvaggiolibros@movistar.es • Ⓜ Jaume-I. Tlj sf dim 10h-13h30, 16h30-19h30. Une minuscule boutique qui embaume le vieux papier et le cigare, où l'on peut dénicher des cartes postales anciennes de Barcelone, des plans, des revues, des livres parcheminés... Certains ouvrages sont en français.

☸ **Puces « Els Encants »** (plan d'ensemble, **469**) : pl. de les Glòries Catalanes. Ⓜ Glòries, Encants ou Monumental. Lun, mer, ven et sam 9h-20h. Sous une nouvelle et vaste halle moderne, imaginée par l'architecte comme d'immenses voilures de verre, dans lesquelles se reflètent les couleurs du marché. Rien que pour l'architecture, vaut le coup d'œil. Sinon, quelques bonnes affaires à réaliser, au sous-sol. Au rez-de-chaussée, c'est sans grand intérêt. Au 1er niveau, des petites gargotes derrière un immense wagon de train.

☸ **Marché aux timbres et pièces de monnaie** (zoom détachable E-F5) : pl. Reial. Tte l'année, dim 10h-14h.

☸ **Foire aux livres** (centre détachable D4) : au mercat Sant Antoni, à l'intersection de ronda Sant Pau et Tamarit. Dim 8h-15h. Notez la magnifique structure métallique du bâtiment. Pendant les travaux de rénovation du marché, qui devrait, en principe, rouvrir en 2016, la foire se tient le long de la ronda de Sant Antoni, sous une halle provisoire.

☸ **Foire aux antiquités** (zoom détachable F5) : pl. Nova. En face de la cathédrale. Ts les jeu.

Déco, design et vaisselle

☸ **Vinçon** (centre détachable F2, **472**) : passeig de Gràcia, 96. ☎ 93-215-60-50. • info@vincon.com • Lun-ven 10h-20h30, sam 10h30-21h. Les amateurs de design feront une halte dans cette maison typique du passeig dont l'intérieur a été aménagé par Mariscal (le père de la mascotte des J.O.). Ce vaste supermarché de l'objet branché renferme plein de gadgets superbes et de babioles de la vie quotidienne, très mignonnes et pas forcément chères, ainsi que du matériel de bureau, objets de cuisine, mobilier, lampes, etc.

☸ **Ganiveteria Roca** (zoom détachable F5, **473**) : pl. del Pi, 3. ☎ 93-302-12-41. • info@ganiveteriaroca.cat • Lun-ven 10h-13h30, 16h30-20h ; sam 10h-14h, 17h-20h. Depuis 1911, une magnifique coutellerie, dont la vitrine attire systématiquement tous les badauds. Plus de 9 000 références de couteaux, lames, ciseaux, rasoirs... Les amateurs apprécieront. La boutique attire tellement de monde qu'il y a des tickets, comme chez le boucher !

☸ **ACC – Associació Ceramistes de Catalunya** (zoom détachable E4, **474**) : c/ Doctor Dou, 7. ☎ 93-317-69-06. • ceramistescat.org • Tlj sf dim 10h-13h, 17h-20h. Ce lieu associatif permet aux jeunes céramistes barcelonais et de toute la Catalogne de s'exposer... et de se vendre. Si vous n'avez pas les moyens de vous offrir ces pièces uniques, venez au moins jeter un œil à ce joli lieu artistique et inspiré.

Mode

La majorité des boutiques de vêtements et chaussures sont concentrées entre le passeig de Gràcia, la rambla de Catalunya et l'av. Portal de l'Angel (Barri Gòtic). Difficile d'échapper à *Mango* ni aux rejetons du poids-lourd du textile, *Inditex* : *Zara, Berschka, Stradivarius, Pull & Bear, Oysho*... Ni très original ni moins cher qu'en France, mais bon, au moins c'est national... Sinon, de nombreuses petites boutiques de créateurs commencent à s'installer également du côté de Gràcia.

 Custo (zoom détachable F5, 481) : c/ de Ferrán, 36. ☎ 93-342-66-98. ● sales@custo-barcelona-shop.com ● Liceu. Lun-sam 10h-22h, dim et j. fériés 12h-20h. Enfants terribles de la mode barcelonaise, les frères Custo sont célèbres dans le monde entier pour leurs T-shirts colorés et graphiques tendance ethnique-psychédélique. Pas donné-donné et mieux vaut aimer le bariolé ! Les cabines d'essayage sont plutôt marrantes.
 Desigual : marque de fringues au style assez marqué et très coloré, pour les deux sexes. On en croise à peu près partout dans la ville, entre autres : *c/ Capellans, 5-7 (zoom détachable F4, 478* ; *à deux pas de la cathédrale)* ; *c/ Ferrán, 51-53 (zoom détachable F5* ; *tt près de la pl. Sant Jaume)* ; *c/ Comtal, 9 (zoom détachable F4)* ; *également un Outlet (stock des collections anciennes, moins cher) sur la Rambla, 136-140 (tt près de la pl. de Catalunya) et un autre c/ Diputació, 323 (centre détachable G3 ; tt près de Backpackers BCN Diputació) ; d'autres boutiques dans l'Eixample : passeig de Gràcia, 47 (angle c/ d'Aragó), etc.*
 La Manual Alpargatera (zoom détachable F5, 483) : c/ Avinyó, 7. ☎ 93-301-01-72. Liceu ou Jaume-I. *Presque à l'angle de la c/ de Ferran. Lun-sam (sf sam oct-nov) 9h30 (10h sam)-13h30, 16h30-20h.* Une boutique et fabrique artisanale d'espadrilles pour petits et grands. Les indémodables souliers en corde sont confectionnés sous les yeux des clients, puis rangés sur les étagères qui courent du sol au plafond. Vendeurs à l'ancienne, avec les petits tabourets d'essayage. Qualité et solidité garanties. Si vous souhaitez investir dans une vraie paire d'espadrilles, c'est ici qu'il faut venir.

Musique

 Wah-Wah (centre détachable E4, 487) : *c/ de la Riera Baixa, 14H.* ☎ *93-442-37-03.* ● *info@wah-wah supersonic.com* ● *Liceu. Lun-sam 11h-14h, 17h-20h30.* On peut trouver des enregistrements originaux, provenant des quatre coins du monde, de tous les grands noms du rock.
 Pour les *disques d'occasion,* cette même carrer de la Riera Baixa, ou alors prenez la carrer Tallers *(1ʳᵉ à droite en descendant la Rambla)* et la carrer Sitges *(1ʳᵉ à gauche une fois sur la c/ Tallers).* Une sorte de petit musée du vinyle à ciel ouvert.
 Casa Beethoven (zoom détachable E-F4-5, 488) : *la Rambla, 97.* ☎ *93-301-48-26.* *Liceu. Lun-sam 9h-14h, 16h-20h.* Adossé au palau de la Virreina, un discret magasin de partitions très ancien. Dans les grands cartons grenat, des chansons traditionnelles et des berceuses catalanes, des sardanes, de la musique classique. Avis aux farfouilleurs...

Divers

 Botiga Barça (centre détachable F4, 491) : *ronda Universitat, 37.* ☎ *93-318-64-77.* *Universitat. À l'angle de la rambla de Catalunya. Lun-sam 10h-22h.* La boutique officielle du Barça... avec tout ce qu'il faut pour ressembler à un vrai supporter !

À VOIR

En général, les musées sont fermés le lundi ou le mardi, ainsi que le dimanche après-midi ! Lors de certaines fêtes ou jours fériés, les musées et sites adoptent des horaires différents : l'office de tourisme édite alors une fiche spéciale.

– Pour les accros, les *passes* et tickets groupés permettent de faire des économies. Voir la rubrique « Musées et sites » dans « Barcelone utile ».

LE BARRI GÒTIC
(BARRIO GÓTICO ; zoom détachable F4-5)

Le cœur historique de la ville fut dessiné par les Romains, qui ont fondé les premières colonies sur le mont Taber (en l'an 12 av. J.-C.). Un quartier à parcourir à pied, à la découverte de la cathédrale, des précieux monuments médiévaux, mais aussi des vestiges romains, moins apparents, complètement intégrés dans les pierres ocre des palais et des demeures seigneuriales.

Le Barri Gòtic, délimité par l'avinguda de la Catedral, la plaça Ramon Berenguer III, la plaça de Sant Just et la carrer de Sant Honorat, présente une remarquable homogénéité architecturale (tout au moins en apparence, comme nous le verrons plus loin). Cela n'avait pourtant rien d'évident ! À la fin du XIXᵉ s, le quartier médiéval s'est dégradé à la suite de la migration des familles aisées pour les nouveaux quartiers de l'Eixample. Sa rénovation est donc très récente, du moins au regard de l'histoire de la cité. Surtout que 1 an de siège avait déjà détruit les deux tiers de la ville en 1714 pendant la guerre contre l'Espagne. Par la suite, c'est le percement du métro sur la vía Laietana qui finit de saccager le vieux centre (1908-1936). Sans oublier les 2 ans de bombardements qui s'ensuivirent pendant la guerre civile ! La Barcelone médiévale reste malgré tout l'une des villes médiévales les mieux préservées. Le quartier est, certes, ultra-touristique, mais au détour des ruelles et venelles, on surprend des instants magiques, des tranches de vie d'une Espagne encore authentique : un prêtre endormi dans son confessionnal, un concierge tassé dans sa guérite, au fond d'un sombre hall d'immeuble, des enfants en uniforme jouant au ballon autour de la fontaine de la plaça de Sant Felip Neri, un antiquaire dans sa boutique, caressant affectueusement une Vierge polychrome du XIVᵉ s... Il faudra savoir vous perdre pour capturer vos propres instantanés, fabriquer vos propres souvenirs...

🌟🌟🌟 ***Catedral*** *(zoom détachable F5) :* pl. de la Seu, s/n. ☎ 93-342-82-62. ● catedralbcn.org ● *Entrée gratuite : lun-sam 8h-12h45, 17h45-19h30 (20h sam) ; dim 8h-13h45, 17h15-20h. Entrée payante (7 € ; gratuit - de 10 ans) : lun-sam 13h-17h30 (17h sam), dim 14h-17h. Le billet payant donne accès au chœur, au cloître, au musée et aux toits. Aux horaires d'accès gratuit, il faut payer individuellement le chœur et les toits. Accès aux toits (terrats) : lun-ven 10h-12h, 17h15-18h30 ; sam 10h-12h (s'il n'y a pas de célébration) ; entrée : 3 €. Accès au chœur : 3 €. Les visites payantes offrent l'avantage de voir la cathédrale un peu plus au calme, avec les éclairages de la crypte et du chœur allumés. Pas de visite touristique à Noël, 1ᵉʳ janv et Pâques. Épaules nues interdites (à fortiori torse nu), pas de short ni casquette, et portables éteints !*

Bâtie au XIIIᵉ s à l'emplacement d'une église romano-wisigothique, c'est en fait la troisième église (et la deuxième cathédrale) construite sur ce site. Des travaux d'excavation ont dévoilé l'existence d'une basilique paléochrétienne. L'invasion arabe ne laissa rien de la construction d'origine, mais la cathédrale connut une nouvelle vie au XIᵉ s, avant d'être élevée au rang de cathédrale-basilique à la fin du XIIIᵉ s. La construction dura plus de 150 ans. Les deux tours octogonales datent du XIVᵉ s. La façade n'était pas encore réalisée ! C'est pourquoi un riche industriel barcelonais du XIXᵉ s proposa de terminer cette façade d'après les plans et selon le style gothique. La dernière touche fut mise en 1913, avec l'installation de la lanterne et de la flèche. L'intérieur de la cathédrale est un exemple parfait du gothique catalan, composé de trois nefs voûtées, sombres et élégantes, une abside et un faux transept. C'est sur les bras des transepts que s'appuient les tours octogonales. Admirez les énormes piliers, les arcs saillants, les arcs-boutants

LE BARRI GÒTIC | 157

d'une évidente simplicité. Tout, dans cette grandiose réalisation, est d'une pureté conceptuelle rarement égalée.

Prenez le temps de monter (ascenseur) sur les **toits.** Même si la vue est un peu décevante, on découvre un aspect unique du magnifique clocher, au-dessus de la lanterne centrale.

La cathédrale possède sur son pourtour une série de chapelles secondaires, de joyaux architecturaux dont les stalles du chœur, la chaire, les fonts baptismaux, la lanterne centrale et le Christ de Lépante ne sont que des exemples. Passons en revue ces quelques merveilles.

– **Le chœur :** situé au centre de l'édifice, c'est l'un des chefs-d'œuvre qu'abrite la cathédrale. Il fut réalisé à la fin du XIVe s sur demande de l'évêque Ramon d'Escales. La clôture latérale est en marbre blanc. Le chœur est en bois finement ciselé, d'une époustouflante richesse. C'est le travail du père Sanglada, qui sculpta la chaire ainsi que les 61 stalles du chœur. Notez bien les riches blasons qui les ornent : ce sont ceux des chevaliers de la Toison d'or, réunis ici par l'empereur Charles Quint en présence des rois de France, du Portugal, de Hongrie... L'arrière du chœur est d'une composition un peu lourde. On y voit notamment sainte Eulalie défendant la foi chrétienne, ainsi que saint Sévère (début du XVIe s).

– **La crypte :** située devant le chœur, sous la nef centrale, elle n'est visible que de derrière la grille. C'est ici que sainte Eulalie repose en paix depuis 1939. Cette crypte, dessinée par Jaime Fabré, constitue un réel chef-d'œuvre d'équilibre architectural. Remarquez tout d'abord l'entrée en forme d'arc. En découvrant la voûte presque plate qui coiffe le tombeau de la sainte, on reste ébahi. On a le sentiment que la lourdeur de l'ensemble a comme écrasé la voûte, pourtant soutenue par 12 arcs gracieux. L'énorme clé de voûte centrale représente la Vierge et sainte Eulalie. Une merveille. Sous la clé de voûte repose le sarcophage en albâtre de la sainte, qui date du début du XIVe s.

– **Les chapelles latérales :** sur la gauche, à l'entrée de la cathédrale, superbes fonts baptismaux. Énorme coupe aux arêtes hélicoïdales en marbre de Carrare (XVe s). Sur la droite, une chapelle (réservée à la prière) renferme le célèbre **Christ de Lépante.** La tradition orale du XVIe s indique que ce crucifix figurait à la proue du navire-amiral de la flotte chrétienne qui combattit la flotte musulmane dans le golfe de Lépante au XVIe s. Un peu plus loin, en revenant vers la crypte, les tombeaux du comte de Barcelone et de son épouse, fondateurs de la cathédrale romane en 1058.

– **Le cloître et le musée :** à droite du transept, on parvient au cloître par la *puerta de Sant Sever,* de style roman-lombard. Ce cloître dégage un impressionnant sentiment de sérénité, peut-être grâce à l'abondante lumière qui contraste avec l'obscurité de la cathédrale. Il fut achevé au milieu du XVe s. Deux portes superbes donnant sur l'extérieur sont à signaler : celle de la Pietà (tout de suite à gauche en venant de la cathédrale), agrémentée d'une sculpture en bois polychrome, et celle de Santa Eulàlia (qui donne sur la carrer del Bisbe), du plus pur style gothique flamboyant. Au centre, un adorable petit jardin planté de palmiers et de magnolias, et peuplé de 13 oies (régulièrement renouvelées, les « pôvres », l'afflux de touristes les stressant !). Pourquoi 13 ? En mémoire, dit-on, de santa Eulàlia, qui avait 13 ans lors de son martyre. C'est ici que, chaque année lors de la Fête-Dieu (ou *Corpus Christi,* 60 jours après Pâques), se déroule une manifestation originale, celle dite de « l'œuf qui danse » *(l'Ou com Balla)* : on place au sommet de la fontaine Sant Jordi une coquille d'œuf, entière mais vide, qui reste en équilibre au sommet du jet d'eau.

Au bout du cloître, une autre chapelle intéressante : celle de *Santa Llúcia.* C'est la seule partie romane de la cathédrale, du XIIIe s, encore conservée (même si elle fut rapportée au XIXe s).

Le *musée* et la *salle capitulaire* se trouvent à côté *(tlj 13h-16h30 ; entrée comprise dans le prix d'entrée de la cathédrale).* On peut y admirer une belle série de tableaux, notamment la *Pietà* de Bartolomé Bermejo, datant de la fin du XVe s, ainsi qu'une belle Vierge à l'Enfant. Et puis aussi le beau retable de saint Bernardin et l'ange gardien de Jaume Huguet (XVe s).

À VOIR

Itinéraire gothique (ou presque !)

Le Barri Gòtic se distingue par sa grande homogénéité. Pourtant, au risque d'en décevoir certains, cette homogénéité est relativement factice... Ce Gòtic est à bien des égards un décor d'opérette ! Ce qui n'enlève rien à son charme, au contraire... Le but était à l'époque de rendre la ville idéale, tout en sauvant un maximum d'authentiques bâtiments... Nous vous proposons donc un petit itinéraire dans ce Barri Gòtic qui vous aidera à démêler le faux du vrai... Partons donc de la **cathédrale,** authentique joyau gothique... à l'exception de sa façade principale, de la flèche et de la lanterne, érigées au début du XXe s.

Face à la cathédrale, la **place du parvis** (officiellement appelée **plaça Nova**), à l'origine bien plus petite. En 1956, on décida de reconstruire une partie de l'aqueduc romain et de rendre visibles 3 des 78 tours que comptait autrefois la ville. Les bombes avaient éventré Barcelone pendant la guerre civile et on profita du chantier pour faire des fouilles et des aménagements. Il ne faut jamais oublier que le quartier médiéval est une inextricable imbrication romaine et gothique (si les murailles furent renforcées au IVe s, elles ont gardé le même tracé) et que le quartier fut fortement rénové par les évêques au XVIIIe s. Heureusement, il reste une infinité d'éléments gothiques... certains très cachés ! Approchez-vous donc de la **porta romana** (porte romaine) à droite de la cathédrale ; c'est la mieux conservée des quatre portes (il n'en reste plus que deux). On y voit encore le passage (aujourd'hui grillagé) réservé aux piétons. Cette entrée de la ville était placée sous la protection de saint Roch, censé éloigner la peste.

De part et d'autre de la muraille, le **palau episcopal** (palais épiscopal, à droite) et la **casa de l'Ardiaca** (maison de l'Archidiacre, à gauche). Le palais épiscopal conserve, de la construction primitive romane, une spacieuse cour intérieure à arcades. La maison de l'Archidiacre est une intéressante construction, plusieurs fois remaniée, et qui mélange allègrement les styles gothique et Renaissance (XIe-XVIe s). Très jolie cour intérieure avec une fontaine et un palmier (une galerie tranquille où il fait bon lire et ne rien faire !). Juste à côté, la petite **església Santa Llúcia,** datant des XIIe-XIIIe s. Voisine de la cathédrale romane mais devenue trop petite, elle fut agrandie et se trouve donc accolée à celle-ci. On peut admirer le petit porche roman à quatre voussures décorées de motifs végétaux ; l'intérieur fut détruit pendant les guerres civiles.

Continuez **carrer del Bisbe Irurita,** qui cristallise tout le charme et l'authenticité du quartier ; dans une niche, un agneau pascal avec le symbole de l'évêque. En chemin, on croise les **cases dels Canonges** (maisons des Chanoines) – bel édifice Renaissance relié au palau de la Generalitat par un pont gothique datant de... 1928 ! (assez réussi, il faut le dire) –, des renfoncements et placettes où s'installent bateleurs et autres baladins des rues, ajoutant parfois encore au charme de l'ensemble. Tournez **carrer de Montjuïc del Bisbe,** jusqu'à la ravissante **plaça Sant Felip Neri,** où fut tourné le film *Le Parfum* (réalisé par Tom Tykwer). Petite fontaine devant l'église dédiée au saint. Le palais jouxtant l'église provient de la vía Laietana et fut reconstruit ici pierre par pierre après la guerre civile par le même architecte que celui qui reconstruisit l'aqueduc. Dans un coin, à côté du resto, l'une des maisons médiévales, rapportée elle aussi, est dédiée à saint Marc, patron des cordonniers, comme en témoigne la chaussure sculptée sur la façade. La belle église baroque du XVIIIe s, elle, est à son emplacement originel ; remarquez les impacts de bombes... tristes souvenirs de la guerre civile et de l'aviation fasciste... On est ici aux portes de la *judería,* le **Call Mayor,** c'est-à-dire le quartier juif médiéval qui constitue une enclave (voir les détails un peu plus loin).

De retour dans la carrer del Bisbe Irurita, longez la belle façade gothique du **palau de la Generalitat** ; remarquez le petit percepteur sculpté sur le porche, indiquant que c'est là que l'on collectait les impôts. On débouche sur la **plaça Sant Jaume** avec, juste en face, l'**ajuntament** (hôtel de ville). La grande façade date du XIXe s, mais le bâtiment est bien antérieur, comme en témoigne la façade originale en

LE BARRI GÒTIC | 159

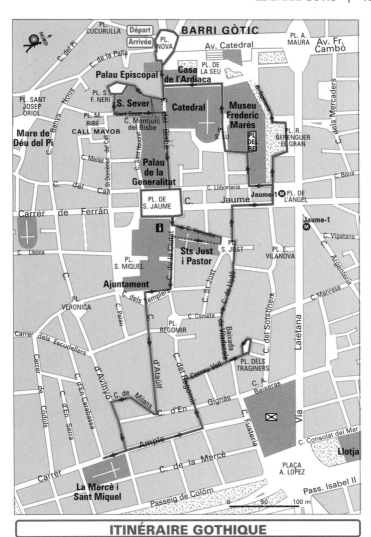

ITINÉRAIRE GOTHIQUE

gothique flamboyant (1399) qui se trouve sur la gauche, dans la ***carrer de la Ciutat.*** L'agrandissement de l'hôtel de ville médiéval a détruit pas moins de deux bâtiments, dont une église templière reconstruite, là encore, pierre par pierre, un peu plus loin (tandis que son cloître fut remonté dans l'Eixample). Empruntez sur votre gauche l'étroite ***carrer de Hèrcules,*** pour atteindre la ***plaça Sant Just,*** flanquée de l'église gothique ***Sants Just i Pastor.*** Sa façade est restée inachevée du fait de la peste noire (mi-XIVe s) et d'un cruel manque d'argent. L'intérieur et ses chapelles baroques sont en revanche parfaitement préservés. Ces trois derniers monuments sont détaillés un peu plus loin dans la rubrique « Autour de la cathédrale ».

En sortant de l'église par le fond, vous retrouvez la carrer de la Ciutat ; tournez **carrer dels Templers** (rue des Templiers, qui possédaient cette partie de la ville), puis **carrer d'Ataülf**. Là, au n° 4, il reste un chapiteau roman, seul vestige d'une église qui brûla par deux fois. Un peu plus loin sur la droite, on croise la **carrer del Timó**, une minuscule ruelle en impasse. C'était, dit-on, un passage secret qui menait au Temple.

Tournez encore **carrer de Milans** avec cette place à la curieuse configuration. Ici, on fait une petite incursion dans le XVIIIe s : au fond d'une boutique, on aperçoit un balcon qui permettait au propriétaire de surveiller son magasin de chez lui... Typiquement barcelonais ! Vous verrez beaucoup d'installations de ce genre dans la vieille ville. On tombe ensuite sur la célèbre **carrer d'Avinyó,** que l'on descend à main gauche ; au n° 52, juste à gauche, un petit porche cache un patio avec un escalier typique des immeubles médiévaux de l'époque (bien que remanié au XVIIIe s, il a gardé sa structure d'origine).

Au débouché d'Avinyó, sur la **carrer Ample,** vous tombez sur une petite façade en gothique tardif. Il s'agit de l'**església de la Mercè,** la fameuse église déplacée (sans son cloître) depuis la place de la mairie ! Accolée depuis à cette église baroque.

Faire demi-tour dans la carrer Ample (en tournant le dos à la Mercè) pour attraper à gauche la carrer del Regomir, puis à droite la carrer Correu Vell : vous débouchez sur la jolie **plaça dels Traginers** (où l'on débarquait autrefois les marchandises arrivées par bateau !) ; sur votre gauche, remontez par la **baixada de Viladecols,** qui devient **carrer de Lledó,** l'une des rues médiévales les mieux préservées (avec la carrer Montcada, dans la Ribera). Au bout, la carrer Sant Jaume, et sur la droite, jouxtant la vía Laietana, la **plaça de l'Ángel,** autrefois porte romaine. S'enfoncer alors dans l'une des ruelles qui en partent, parallèlement à la vía Laietana, c'est faire un saut dans le temps puisqu'on longe les remparts de la ville ! À droite (en tournant le dos à Laietana), en suivant la **carrer de la Tapinería,** l'ancienne rue des Cordonniers (*tapins* : chaussures), c'est la muraille romaine qui surgit, sur laquelle est encore adossée l'église royale... le tout imbriqué de restes de palais médiévaux (vous êtes juste derrière la plaça del Rei). Les demeures plus récentes ont été dégagées pour mieux mettre en valeur les murailles. Ce qui est chose faite lorsque l'on atteint la **plaça Berenguer el Gran** (oui, oui, c'est bien la statue équestre du comte-roi Ramón Berenguer III que vous voyez là). Bel ensemble de constructions gothiques assises sur les murailles romaines (joliment éclairées le soir, d'ailleurs).

Revenir vers la plaça de l'Ángel pour suivre sur quelques mètres la **carrer de la Llibretería** (l'antique **cardo maximus,** donc la voie romaine principale), puis très vite à droite la carrer Veguer.

Arrivée, enfin, au palais du Roi, sur la **plaça del Rei.** Ce palais fut amélioré au XVIe s avec notamment une tour de guet. Mais c'est là que les urbanistes modernes firent leurs plus grandes prouesses ! Cette place médiévale, plus vraie que nature, n'est en réalité qu'une reconstitution... Il ne subsiste que quelques éléments d'origine, comme une partie du palau del Virrei (le vice-roi, représentant du roi en son absence), l'église royale et quelques arcs. Les autres demeures, tel le musée d'Histoire de la ville, furent rapportées en 1930 pour fermer la place et la rendre plus pittoresque. C'est d'ailleurs à l'occasion de ces travaux que l'on découvrit la ville romaine souterraine.

Pour revenir vers la cathédrale, la carrer dels Comtes longe le **museu Frédéric-Marès** (se visite, voir plus bas) : sa porte d'entrée est encore un ajout, datant cette fois-ci de la guerre civile. Pratiquement en face, sur la façade de la cathédrale, vous remarquerez une porte qui donne dans le vide : il s'agit d'un ancien passage qui menait au Palais royal. Tout autour, de belles sculptures, quelques gargouilles et des anges musiciens. Quand vous aurez fini de les admirer, vous vous retrouverez à votre point de départ !

La plaça del Rei et ses musées
(zoom détachable F5)

¶¶ *Plaça del Rei :* une des plus élégantes places intérieures de Barcelone. Un bel ensemble architectural dominé par le mirador del Rei Marti, véritable gratte-ciel du XVIe s, à cinq étages et à arcades, qui offre un très beau panorama. On y trouve également la *chapelle Santa Agueda,* par laquelle il faut passer pour accéder au mirador, la *maison Padellás,* superbe demeure de style gothique catalan, qui abrite le Musée historique, ainsi que les anciennes *archivo de la Corona de Aragón* (archives de la Couronne d'Aragon), noble demeure avec fontaine glougloutante et patio (on peut d'ailleurs le traverser en journée – fermé le soir – pour gagner la carrer dels Comtes puis la plaça Sant Lu ; admirez au passage le plafond qui surplombe l'escalier).

¶¶ *Museu d'Història de la Ciutat (MUHBA* ; *Musée historique de la Ville et galerie des fouilles ; zoom détachable F5,* **501***) :* pl. del Rei, c/ del Veguer, 2. ☎ 93-256-21-00. ● museuhistoria.bcn.cat ● Ⓜ Jaume-I. ☙ Mar-sam 10h-19h, dim 10h-20h, j. fériés 10h-14h. Fermé lun et 1er janv, 1er mai, 24 juin et 25 déc. Entrée : 7 € (audioguide compris) ; réduc (entre autres, sur présentation du ticket du park Güell) ; gratuit - de 16 ans et pour le dim après 15h ainsi que tte la journée le 1er dim du mois. Inclus dans l'Arqueoticket.*
Après une présentation de l'évolution du peuplement du site actuel de Barcelone depuis la préhistoire (avec un audiovisuel intéressant), un ascenseur descend le visiteur vers la partie la plus captivante de la visite : la galerie des fouilles (les fondations de l'ancienne ville romaine) située au sous-sol. L'aménagement de ce lieu a ingénieusement conservé l'esprit du site grâce à des allées qui permettent de déambuler au-dessus des ruines d'époque romaine. De quoi prendre la mesure de l'ampleur de la ville romaine à travers les vestiges des maisons : atrium, péristyle, *cubicula,* murs et dédale des ruelles, autant de vieilles pierres qui furent réutilisées jusqu'au bas Moyen Âge. Plus saisissants encore, les vestiges des boutiques où l'activité semble s'être arrêtée la veille : laveries, teintureries, piscicultures, salaisons, etc., dont on voit toujours parfaitement les bassins ou l'emplacement des jarres et amphores. Notez les thermes romains et l'ensemble de sculptures récupérées de l'ancienne muraille de Barcelone. La visite se poursuit à l'étage avec une expo thématique consacrée à la Barcelone médiévale. Jeu-circuit pour les familles, malheureusement en catalan uniquement.
On remonte ensuite et l'on accède à la chapelle, où l'on peut admirer le remarquable retable de l'Épiphanie (1464), et au *salò del Tinell.* Ce salon, avec ses immenses arcs en plein cintre, est l'ancienne salle de banquet du Palais royal et mérite une visite pour ses belles fresques romanes.

¶¶ *Museu Frédéric-Marès* (*zoom détachable F5,* **350***) :* pl. Sant Lu, 5-6. ☎ 93-256-35-00. ● museumares.bcn.cat ● Ⓜ Jaume-I. ☙ Mar-sam 10h-19h, dim et fêtes 11h-20h. Fermé lun et 1er janv, 1er mai, 24 juin et 25 déc. Entrée : 4,20 € (inclus expos temporaires ; valide pour une 2e visite dans les 6 mois) ; réduc ; gratuit - de 16 ans, et pour ts le 1er dim du mois et ts les dim après 15h. Audioguide : 1 €.*
L'ancien palau Reial Major, résidence barcelonaise des monarques de la couronne de Catalogne et d'Aragon du Xe au XVe s, abrite l'étonnante et très riche collection de Frédéric Marès. Sculpteur de métier, cet artiste a commencé très tôt à réunir toutes sortes d'objets et d'œuvres d'art provenant de ses voyages. Il en fit don en 1944 à la Ville, qui, reconnaissante, choisit ce superbe bâtiment pour les abriter, et autorisa Marès à y habiter jusqu'à sa mort. Le musée comprend deux parties, le musée d'Art religieux et le Musée sentimental.
– Le musée d'Art religieux : *situé pour moitié au rdc et au 1er étage, dans le patio.*
En guise d'introduction, une petite collection antique permet de découvrir des sculptures ibériques, grecques et puniques, ainsi que quelques objets classiques (fibules, lampes à huile). Cependant, les plus belles pièces sont exposées dans

les salles suivantes, entièrement consacrées à l'art médiéval. Très belle série de Vierges polychromes du XIIe au XIVe s et de christs en croix de la même époque. Quelques statues très expressives, notamment *Saint Jean et la Vierge* (salle 7). Après un détour par une salle dédiée à de superbes émaux de Limoges, place à une vaste collection de Vierges à l'Enfant et de saints. Puis descente dans la crypte où sont exposées des sculptures sur pierre du IVe au XVIe s : sarcophages, gisants, colonnes, chapiteaux et un beau tympan figurant la Sainte Famille, plus tardif (XVIe s). Le 1er étage abrite des sculptures et des peintures datant du XVe au XIXe s, dédiées à la Vierge et à la Sainte Famille. Retables peints d'une grande fraîcheur et, salle 14, une belle représentation du Christ par la star catalane Jaume Huguet (XVe s). Salle 22, de beaux reliefs en marbre blanc figurant l'Annonciation, la Visitation, l'Adoration des bergers et la Présentation au temple. La visite s'achève par une riche section baroque (salles 25 à 27).

– Aux 2e et 3e étages, on accède au *Museu sentimental.* Ce musée original regroupe une impressionnante série d'objets usuels utilisés du XVIIe au XIXe s à travers le monde. Vraiment intéressant, ne le manquez pas. Ce rassemblement d'objets merveilleux de tous pays et en telle quantité est rare. En vrac, des jougs ouvragés, de superbes armures, des épées, mousquets et autres armes létales, une vaste collection de heurtoirs, du matériel de mesure et de pesage, des centaines de pipes et de tabatières, des horloges, des cannes, des bénitiers, des jouets... Quelle profusion ! Quant à l'ancien bureau et bibliothèque de Marès, il renferme ses propres œuvres. Les amateurs d'antiquités seront aux anges.

Autour de la cathédrale (zoom détachable F4-5)

Si vous visitez la cathédrale un samedi vers 18h, un dimanche ou un jour férié vers 11h15, vous assisterez aux **sardanes** qui sont jouées et dansées sur le parvis. Un orchestre vient spécialement, et les habitants laissent tomber leurs paniers de courses et le bébé du landau pour participer à cette joyeuse fête populaire.
Face à la cathédrale, on découvre plusieurs bâtiments civils intéressants. C'est sur cette place Neuve (la **plaça Nova**) que se tenait, au XIIIe s, un grand marché où les esclaves étaient vendus.

✱✱ **Museu Diocesà – Gaudí Exhibition Center** (Musée diocésain – Atelier Gaudí ; zoom détachable F5, 502) : *pl. de la Seu, 7.* ☎ 93-315-22-13. ● *cultura. arqbcn.cat* ● *gaudiexhibitioncenter.com* ● Ⓜ *Jaume-I.* ⚒ *Devant la cathédrale. Tlj 10h-20h (18h nov-mars). Entrée : 15 € (cher !), audioguide inclus ; réduc ; gratuit - de 8 ans.*
Ce musée d'art religieux est intégré dans la casa de Pía Almoina, une ancienne résidence de chanoines du XIe s qui fut détruite 4 siècles plus tard, puis reconstruite dans la foulée et reconvertie en soupe populaire. L'édifice fut en réalité bâti sur des fondations bien plus anciennes : celles d'une tour octogonale romaine, vestige de remparts du Ier s, dont on voit encore les soubassements à l'entrée. Le bâtiment est donc tout aussi intéressant que son contenu. À noter, la très belle porte d'accès au musée. C'est d'ailleurs lorsque le musée est fermé que l'on peut profiter pleinement des lignes voluptueuses de cette œuvre du sculpteur contemporain catalan Josep Plandiura. La collection s'étale sur plusieurs étages, avec tout en haut des expos temporaires souvent passionnantes (et incluses dans le prix de la visite). Belles fresques du XIIe s représentent divers moments de la vie du Christ et l'Agnus Dei. Quelques très beaux retables, notamment celui de *Sainte Agnès* où l'on voit un démon arracher la langue d'un malheureux, ou encore une *Vierge de l'Humilité* très élégante malgré son teint verdâtre. Amusant retable relatant avec moult détails grotesques le martyre de saint Barthélemy, et qui se lit comme une B.D. : après avoir été battu et crucifié la tête en bas, il est écorché vif (et avec le sourire, encore !) puis décapité. Bref, des œuvres de qualité à destination des amateurs d'art religieux qui n'auraient pas été rassasiés par le museu Frédéric-Marès (voir plus haut).

LE BARRI GÒTIC | 163

– Récemment remodelé et modernisé (d'où le prix de l'entrée !), réparti sur 3 étages, *Paseando con Gaudí* évoque l'univers de l'artiste à travers ses outils, des documents personnels, ses sources d'inspiration et ses œuvres majeures, le tout illustré par de nombreux supports interactifs. Incontournable pour entrer dans son univers, et pour comprendre l'enjeu structurel des constructions de l'architecte catalan. Plusieurs maquettes de belle taille, illustrant le projet inabouti de l'église de la Colònia Güell (voir plus loin « Les environs de Barcelone »). Ce modèle réduit est idéal pour visualiser toute l'ampleur du projet qui servit d'ébauche à la Sagrada Família.

🍴🎨 ***Salvador Dalí Escultor*** *(zoom détachable F4, 500)* **:** *Real Círculo Artístico, c/ Arcs, 5.* ☎ *93-318-17-74.* Ⓜ *Catalunya.* ♿ *Tlj 10h-22h. Entrée : 10 € (un peu cher) ; réduc.* Issue de la rencontre de collectionneurs passionnés réunis en fondation, cette exposition permanente ne présente pas moins de 700 œuvres du génial Dalí. Pas de tableaux, surtout des dessins, des sculptures, des verreries, des gravures, des lithos et pas mal de photos. Pas de chef-d'œuvre monumental et mondialement connu, mais pour une fois, on pénètre l'univers fantasque du peintre sans trop de difficultés. Au sous-sol, dans la 1re salle, n'hésitez pas à passer de l'autre côté du lourd rideau de velours rouge... À signaler tout de même, pour protéger la pudeur de nos chères têtes blondes, le caractère érotique d'un bon nombre de dessins. Et encore, le mot est faible, Dalí oblige ! Petit bémol, manque total d'explications et quasi aucune légende pour les photos et objets... il faut laisser libre cours à son imagination !

🎨 Un entrelacs de ruelles médiévales et commerçantes. Et ce qui fut autrefois une ville dans la ville, le ***quartier juif*** (voir un peu plus loin le Call Mayor). Quelques rues emblématiques permettent de comprendre l'histoire du quartier : la ***carrer dels Banys Nous*** *(zoom détachable F5)* et son prolongement la carrer de la Palla, dont le tracé épouse celui de l'ancien rempart (on en voit encore un p'tit bout, d'ailleurs), et la ***carrer de la Boquería*** *(zoom détachable F5),* dont le nom rappelle son ancienne activité bouchère.

🎨 ***Plaça del Pi*** *(zoom détachable F5) :* l'une des places les plus agréables de Barcelone. Son église gothique, la ***Mare de Déu,*** fut brûlée pendant la guerre entre l'Espagne et la France. Une plaque commémore le drame. L'intérieur est assez décevant. On y donne en revanche de bons concerts d'orgue et de musique classique.

🎨 ***Carrer de Petritxol*** *(zoom détachable F4-5) :* encore une rue jolie et pittoresque ; au n° 5, la ***Sala Parès, Galeriatrama,*** la première galerie où exposa Picasso en 1901 ; l'une des plus anciennes de la ville.

🎨 ***Palau de la Generalitat*** *(zoom détachable F5) :* ☎ *93-402-46-00.* • *president. cat* • *En principe, visite slt le jour de la Sant Jordi (23 avr), 11 et 24 sept, et sur résa sur le site internet les 2e et 4e dim du mois 10h-13h30. GRATUIT.* Siège de l'assemblée provinciale de la région de Catalogne et de son gouvernement. La Catalogne dispose d'une large autonomie : elle a un président, des conseillers, sa propre police, son budget et sa langue. Le palais présente deux façades très différentes. Côté Bisbe Irurita, de style gothique avec de nombreuses gargouilles ; côté plaça Sant Jaume, de style classique gréco-romain d'une grande sobriété. À l'intérieur, admirez le superbe escalier gothique, entièrement sculpté, et sa galerie supérieure ornée d'élégantes et fines arcades. Remarquez également la façade de la *capella Sant Jordi* (chapelle Saint-Georges), d'un très pur gothique flamboyant. Plus haut, on trouve le curieux *patio dels Tarongers* (cour des Orangers), l'un des coins les plus tranquilles de Barcelone. Bel exemple de transition du gothique à la Renaissance. On accède ensuite au *salón del Consistori Major,* aux beaux murs décorés. Plafonds à caissons peints.

🎨 Au ***10, carrer del Paradis*** (ruelle donnant sur la plaça Sant Jaume), on trouve le Centre excursionniste de Catalogne. Entrez pour dénicher les quatre grosses *colonnes romaines,* stupéfiants vestiges de l'ancien temple d'Auguste. Enfin apparaît la *plaça Sant Jaume,* ancien forum romain, encadrée par le palais de la Generalitat et l'hôtel de ville.

🍴 *Ajuntament (hôtel de ville ; zoom détachable F5) :* pl. Sant Jaume. Ouv slt dim 10h-13h30, 23 avr 10h-20h, et le jour du Corpus Christi (26 mai 2016) 10h-20h. Visite guidée en anglais à 11h. GRATUIT. Sa vraie façade n'est pas celle plantée sur la place, d'un style néoclassique du XIXe s assez lourd, mais celle donnant sur la carrer de la Ciutat, à gauche. Splendide façade en gothique catalan. À l'intérieur, le *salon des Cent,* grande salle voûtée qui abrita en 1373 le premier gouvernement de la ville. Splendide plafond à caissons. Noble simplicité de la décoration. *Salón de las Crónicas,* décoré de fresques évoquant les expéditions lointaines menées par les Catalans.

🍴 *Església de Sants Just i Pastor (zoom détachable F5) :* c/ Hèrcules. Non loin de l'hôtel de ville. Ce serait la plus ancienne de la ville. Elle fut longtemps la paroisse des rois. De récents travaux de restauration ont mis au jour des vestiges d'une ancienne basilique du VIe s et de fonts baptismaux construits à partir de restes de monuments romains. Notez la curieuse façade : la tour de gauche, prévue sur les plans, ne fut jamais édifiée.

CROIX DE BOIS, CROIX DE FER !

Derrière l'autel de l'església de Sants Just i Pastor, la chapelle Saint-Félix renferme un beau retable du XVIe s. Si une personne avait fait verbalement son testament devant deux témoins, lesdits témoins n'avaient qu'à prêter serment devant l'autel de cette chapelle pour que ce testament oral soit authentifié et légal ! Une coutume ancestrale unique, qui resta en vigueur jusqu'à la fin du XXe s. Vous connaissez la suite : si tu mens, tu vas en enfer !

🍴 🚶 *Museu d'Idees i Invents de Barcelona (MIBA ; musée des Inventions ; zoom détachable F5,* **507)** *:* c/ de la Ciutat, 7. ☎ 93-332-79-30. ● mibamuseum. com ● Ⓜ *Jaume-I. Mar-ven 10h-14h, 16h-19h ; sam 10h-20h ; dim 10h-14h. Fermé lun, 1er et 6 janv, et 25-26 déc. Entrée : 8 € ; réduc - de 12 ans ; gratuit - de 4 ans ; réduc avec la Barcelona Card, entre autres. Aussi un tarif/mn, pour les rapides : 0,20 €/mn !*
Un rêve de gamins, celui de Pep Torres ! Après une formation de psychologue, ce zébulon du chapeau ouvre le musée des Inventions. Lui-même inventeur, on lui doit le balai qui reste toujours propre et le torchon auto-aimanté. Blague à part, ce musée stimule l'imagination. D'ailleurs, un atelier est réservé aux enfants, qui peuvent soumettre leurs idées les plus farfelues, et le vendredi est réservé à ceux qui veulent présenter leurs créations.
Allez, tous en piste ! On accède au musée par un toboggan qui propulse dans un monde où les méninges s'agitent. Les inventions sont classées par thèmes. D'un côté, les plus absurdes (car qui sait ? de l'absurdité peut naître l'inspiration). De l'autre, les plus utiles et remarquables, comme cette paire de lunettes à foyer modulable adaptable à pratiquement toutes les visions, ainsi qu'une pompe personnelle permettant de filtrer les eaux souillées. Dis tonton Routard, on se fait un petit thé à l'eau du Gange ? Commençons maintenant un inventaire qui n'aurait pas déplu à Prévert : les semelles adhésives pour pieds nus (on aime), la machine à éplucher les œufs, la chaise antibascule, le mouchoir stop radio réception (qui permet d'emballer votre téléphone et de le mettre automatiquement hors ligne),... Mais pas de trace de la tourniquette pour faire la vinaigrette, et du bel aérateur pour bouffer les odeurs, ni du pistolet à gaufres si cher à Boris Vian. Une visite ludique qui donne des idées !

Le Call Mayor *(zoom détachable F5)*

À quelques pas de la cathédrale, en suivant les carrer de Sant Sever et de Sant Domènec del Call, les ruelles se font plus étroites encore, les bâtisses plus vénérables... vous voilà au cœur de la *judería* (quartier juif) de la Barcelone médiévale, le **Call Mayor** (*call* signifie d'ailleurs « petite rue »). L'art médiéval catalan diffère beaucoup de celui du reste de l'Espagne, car il fut peu influencé par l'art islamique (la Catalogne ne compte que 80 ans de présence arabe). Inversement, le rôle des juifs fut beaucoup plus important sur le plan culturel, intellectuel et philosophique mais aussi économique et financier. Toujours est-il que l'on peut parler de ghetto, car on a trouvé trace de portes en fer qui fermaient le quartier chaque soir. Et les juifs, après avoir connu bien des persécutions (à leur paroxysme en 1391), furent définitivement expulsés en 1492. Chicaneries perpétrées dans le dessein inavoué d'opérations immobilières très juteuses, comme la construction au XIVᵉ s du palais de la Generalitat de Catalunya qui nécessita la destruction de plusieurs immeubles du Call Mayor. Parallèlement (et paradoxalement, oserait-on dire), le sud de la carrer de Ferrán, vers la plaça Reial, vit l'émergence d'un nouveau quartier, le *Call Menor*, qui se développa afin d'accueillir les juifs chassés de France. C'est ainsi que l'on trouve carrer de Ferrán une synagogue du XIVᵉ s, surnommée d'ailleurs la Synagogue des Français et englobée depuis dans l'église Sant Jaume (on peut entrevoir le petit sanctuaire en soulevant un rideau à l'entrée de l'église).

🍴 Pour en apprendre plus, le **MUHBA El Call** (zoom détachable F5, **503**) : *placeta Manuel Ribé. Lun, mer et ven 11h-14h, w-e et j. fériés 11h-19h (14h 6 janv, 9 juin, 15 août, 12 oct, 1ᵉʳ nov, 6 et 26 déc). Fermé 1ᵉʳ janv, 1ᵉʳ mai, 24 juin et 25 déc. Entrée : 2,20 € ; gratuit le 1ᵉʳ dim du mois, et ts les dim après 15h.* Installé dans une maison du XIVᵉ s. Panneaux explicatifs sur l'histoire du quartier juif et l'emplacement du Call Mayor à l'intérieur de l'enceinte, puis son extension vers la carrer dels Banys Nous (toujours ainsi nommée en référence aux « bains neufs » des ablutions rituelles), avant la création au XIIIᵉ s, hors les murs, du *Call Menor*. Le centre présente une collection d'objets du XIIIᵉ s trouvés lors de fouilles archéologiques locales. Sinon, carrer de Sant Honorat, boutique sur l'histoire et l'art juif, *Call Barcelona*.

🍴 Pour compléter la découverte de ce microquartier, voir aussi la minuscule **synagoga** (zoom détachable F5, **504**) : *c/ Marlet, 5.* ☎ *93-317-07-90.* ● *calldebarcelona.org* ● *Lun-ven 10h30-18h30 (11h-17h30 en hiver), w-e 10h30 (11h en hiver)-14h30 (15h en hiver). Donation d'entrée : min 2,50 €.* Redécouverte au XXᵉ s – une boutique a longtemps occupé l'endroit –, elle fut probablement en activité jusqu'à l'expulsion des juifs de Catalogne au XVᵉ s (un document atteste de sa rénovation par le roi au XIVᵉ s). Les fouilles archéologiques ont même révélé des vestiges de muraille romaine du IIIᵉ s. Un tout petit lieu, touchant de simplicité.

LE QUARTIER DE LA RIBERA *(zoom détachable G4-5)*

C'est tout le quartier situé au nord-est de la vía Laietana. Grosso modo, il est délimité au nord-ouest par la carrer de Trafalgar et au nord-est par le passeig Picasso (qui longe le parc de la Ciutadella). Né de l'expansion maritime et commerciale de la ville au XIVᵉ s, c'est un vieux quartier populaire, séparé du Barri Gòtic par la percée « haussmannienne » de la vía Laietana. Même lacis de ruelles
médiévales, mêmes maisons hyper patinées, mêmes passages mille fois usés et voûtés, avec des détours, des coudes, des rebonds. La Ribera, c'est la Barcelone des petits métiers et des artisans, dont vous croiserez encore les échoppes, et également celle des jeunes créateurs de vêtements, sacs dingues et autres accessoires de mode, des boutiques alternatives et des ateliers d'artistes perdus dans les affres de la création. Le soir, dans le halo des réverbères, le quartier prend des

teintes étranges, un aspect expressionniste. Population souriante et sympathique aussi, étalant parfois ses coups de gueule, ses scènes de ménage dans la rue. La vie, quoi !

On trouve de tout à la Ribera : des petits restos, des boîtes d'avant-garde, des galeries d'art, de superbes musées... Mais ne vous cantonnez pas, comme la plupart des promeneurs, au sud de la carrer Princesa, autour de la basilique Santa María del Mar et du musée Picasso, dans ce qu'on appelle aujourd'hui *El Born*. Ce coin-là, certes très séduisant et incontournable, attire désormais les foules. Le soir, le secteur est envahi par les jeunes Barcelonais qui prennent d'assaut les terrasses des bars branchés. N'hésitez pas à franchir la carrer Princesa vers le nord. La carrer Cordes et ses alentours sont peut-être moins jolis que le bas du quartier, mais l'ambiance y est colorée et a moins sacrifié au tourisme ou à une quelconque mode. Tout y est nature, l'atmosphère et les gens. Ceux-là aiment d'ailleurs bien se retrouver en fin de semaine aux terrasses sans prétention de la plaça Sant Agustí Vell ou des autres placettes voisines. C'est aussi dans ce quartier que les Catalans ont résisté le plus longtemps à Philippe V. La résistance continue, car les habitants protestent contre la multiplication des bars nocturnes et des nuisances qui vont avec.

⊙ ✯✯✯ *Palau de la Música catalana* (palais de la Musique catalane ; zoom détachable F-G4) : c/ palau de la Música, 4-6. ☎ 902-475-485 ou 93-295-72-00. ● palaumusica.cat ● Ⓜ Urquinaona. *Depuis le haut de la vía Laietana, 2ᵉ à gauche en descendant vers la mer. Visites guidées en français, tlj ttes les 30 mn 10h-15h30 (18h Semaine sainte et juil, 9h-18h août), visite supplémentaire à 17h ou 18h ts les ven ainsi que pdt la Semaine sainte et en août ; en catalan (1-2/j.), en castillan (à la demie ttes les heures en été, ttes les 2h hors saison) ou en anglais (à l'heure pile ttes les heures). Résa conseillée. Durée : 55 mn. Achat des places via leur site internet, par tél (lun-ven 9h30-14h30, pas de résas pour le j. même) ou sur place à la billetterie : 9h30-15h30 (18h Semaine sainte et juil-août). Tarif : 18 € ; réduc. Pour les concerts et spectacles, rens et résas par tél ou sur le site internet. Tarifs : env 15-60 €.*

> *Pour éviter les files d'attente* en haute saison (dès les premiers week-ends fériés, pendant les vacances scolaires et l'été), *réservez en ligne sur le site officiel* ! Supplément de 1 €/transaction, et non en fonction du nombre de billets.

Dès le coin de la rue, ce bâtiment est un émerveillement architectural ! Déclaré Patrimoine de l'humanité par l'Unesco en 1997, ce chef-d'œuvre construit entre 1905 et 1908 par Lluís Domènech i Montaner à la demande de l'Orfeó Català (le chœur catalan) est un résumé fou des délires architecturaux du début du XXᵉ s. Brique, céramiques polychromes, entrelacs de fer forgé et verres aux douces teintes... absolument surréaliste. D'ailleurs, lorsque la mode du modernisme s'estompa peu à peu au profit du plus sérieux noucentisme, il ne manqua pas de détracteurs pour dénoncer son extravagance. Certains s'efforcèrent même d'obtenir sa destruction ! La visite, malheureusement un peu faiblarde compte tenu du tarif, n'a d'autre intérêt que de pénétrer dans la formidable salle de concerts. Après avoir emprunté un bel escalier décoré avec verre et marbre, c'est le choc. Au plafond, belles décorations végétales composées de roses blanches et roses (évoquant la rose de saint Georges, patron de la Catalogne, bis repetita). Superbe verrière en forme de coupole inversée représentant soleil et gouttes d'eau. De chaque côté de la scène, deux piliers : celui de gauche représente Anselm Clavé, grand compositeur catalan (et fondateur de plus de 100 chœurs !), avec, au-dessus, une allégorie de son œuvre *Les Flors de Maig*. À droite, on reconnaît l'ami Ludwig et *La Chevauchée des Walkyries* de Wagner. Comme quoi, les genres musicaux peuvent cohabiter sans bémol ! D'ailleurs, la vocation du *palau* est de présenter tous les types de musique, du symphonique au jazz en passant par la pop, le flamenco, la variété et même les musiques de films.

LE QUARTIER DE LA RIBERA | 167

Autour de la scène, sculptures de muses représentant la musique de différents pays. Cependant, si la composition architecturale correspondait bien aux goûts de l'époque, le malheureux architecte avait doté la salle de concerts d'une bien mauvaise acoustique. Aujourd'hui, après de nombreux aménagements discrets et efficaces, les mélomanes peuvent apprécier pleinement les prouesses musicales tout en profitant du décor.

▼ Très agréable café *(Cafetería Palau Música)* dans le hall pour prolonger le plaisir du lieu et profiter de la terrasse.

⚞⚞ ***Mercat de Santa Caterina*** *(zoom détachable G5) : c/ Francesc Cambó. • mercatsantacaterina.com • Non loin de la cathédrale et du palau de la Música. Lun, mar-mer et sam 7h30-15h30 ; jeu-ven 7h30-20h30.* Inauguré en 1848, après de longues années de service et une non moins longue période de rénovation, il fut enfin rouvert en 2005. Santa Caterina était le premier marché couvert de Barcelone consacré à la vente en gros, notamment de viande. Enric Miralles, l'architecte chargé de la rénovation, s'est attaché à récupérer les poutres anciennes et les volumes donnés par les voûtes, ainsi qu'une partie des façades d'origine. Pour donner du relief à l'extérieur un peu plat, Miralles imagina un dôme polychrome, sorte de toit ondulé reproduisant les carrelages hexagonaux (de type tomettes) propres à la décoration catalane. Mais sa mort, survenue en 2000, mit le projet entre parenthèses. Sa femme, l'architecte italienne Benedetta Tagliabue, décida alors de reprendre tous ses travaux en cours et le finalisa en 2005. Il abrite aujourd'hui un marché d'alimentation plutôt agréable, un supermarché *(pratique car très central ; lun-sam 9h-21h),* un resto et différentes boutiques.

⚞ ***Museu europeu d'Art modern*** *(MEAM ; zoom détachable G5,* **505***) : Barra de Ferro, 5.* ☎ *93-319-56-93. • meam.es • Tlj sf lun 10h-20h. Fermé 1ᵉʳ janv et 25-26 déc. Entrée : 9 € ; réduc ; gratuit - de 10 ans, avec la Barcelona Card. Concerts : ven à 18h (14 € ; jazz-blues) et sam à 18h (19 € ; classique ou vocal), entrée pour le musée incluse.* Installé dans un palais du XVIIIᵉ s, ce musée-fondation présente un panorama de la peinture et de la sculpture figurative espagnole et internationale. Cette collection privée a la particularité de présenter des artistes vivants, tous nés entre 1960 et 1995, artistes contemporains issus du mouvement du nouveau réalisme, voire de l'hyperréalisme. Chaque année, la collection s'agrandit grâce au concours international que le MEAM organise.

⚞ ***Museu de Cultures del Món*** *(zoom détachable G5) : c/ Montcada, 12.* ☎ *93-256-23-00. • museuculturesmon.bcn.cat •* Ⓜ *Jaume-I.* ♿ *Mar-sam 10h-19h, dim et j. fériés 10h-20h. Fermé lun, 1ᵉʳ janv, 1ᵉʳ mai, 24 juin et 25 déc. Entrée : 5 € ; réduc ; gratuit - de 16 ans, pour ts le 1ᵉʳ dim du mois et à partir de 15h ts les dim.* Ce nouveau musée, qui bénéficie d'un emplacement de choix (face au musée Picasso, dans une rue historique bordée de demeures seigneuriales), est dédié aux cultures du monde, plus exactement aux arts premiers (Afrique, Asie, Océanie, Amériques). Deux élégants palais médiévaux (Nadal et Marquès de Llió) servent d'écrin à ses riches collections provenant de différents fonds. Présentation épurée mettant aussi en valeur la beauté des lieux, comme cette spectaculaire section des masques africains dans une pièce voûtée ou encore, dans la partie Inde, ce plafond peint datant des XIVᵉ-XVᵉ s, même époque que les pièces exposées. Dans chaque section, une borne interactive avec explications en français permet de se plonger intelligemment dans ces cultures à la lecture pas forcément évidente sans support. Un musée pointu qui passionnera les spécialistes.

⚞⚞⚞ ***Museu Picasso*** *(zoom détachable G5) : c/ Montcada, 15-23.* ☎ *93-256-30-00. • museupicasso.bcn.cat •* Ⓜ *Jaume-I.* ♿ *Mar-dim (et lun fériés) 9h-19h (21h30 jeu). Fermeture à 14h les 24 et 31 déc. Fermé 1ᵉʳ janv, 1ᵉʳ mai, 24 juin et 25 déc. Entrée musée + expo temporaire : 14 € ; collection permanente seule : 11 € ; expo temporaire seule : 4,50-6,50 € ; réduc ; gratuit - de 18 ans et pour ts* *le 1ᵉʳ dim du mois, ainsi que ts les dim dès 15h, et certains j. fériés (dont 24 sept). Audioguide : 5 €. Inclus dans Articket.*

> ***Pour éviter les files d'attente*** démentielles en haute saison (dès les premiers week-ends fériés et pendant les vacances scolaires), ***réservez sur le site internet officiel*** : c'est le même tarif.

Installé dans un superbe ensemble de cinq palais médiévaux mitoyens communiquant entre eux (une réussite !), ce musée présente une collection fabuleuse retraçant une bonne partie de la carrière de Picasso, qui offrit pour l'occasion un millier d'œuvres, 3 ans avant sa mort en 1973. Un incontournable pour comprendre l'évolution de son travail.

« L'art est un mensonge qui nous permet de nous approcher de la vérité », disait Picasso. Ce qui est vrai, c'est qu'il est né à Málaga (Andalousie) le 25 octobre 1881 et que, tout petit déjà, il connut un destin extraordinaire : à sa naissance, on le crut mort-né. La sage-femme commençait même à se rhabiller, quand son oncle souffla dans le nez du bébé une bouffée de son infâme cigare, ce qui le fit tousser et pleurer ! Le père de Picasso, professeur de dessin à l'académie et peintre lui-même, lui apprit évidemment à dessiner. Une anecdote : durant le séjour de la famille à La Corogne (en Galice), peu avant Barcelone, constatant que l'adolescent peignait déjà mieux que lui, il lui offrit son chevalet, ses couleurs, ses pinceaux et sa palette... et ne toucha plus jamais à la peinture. À 14 ans, Picasso, génie précoce, entrait à l'école des beaux-arts. Deux ans plus tard, il peignait son premier chef-d'œuvre, *Science et Charité...*

La visite commence par une biographie et par une exposition de ses œuvres de jeunesse. On y trouve notamment la *Corrida,* un dessin exécuté à l'âge de 9 ans, mais aussi des croquis, esquisses, sanguines, lavis, carnets de voyage. Où l'on s'aperçoit que Picasso savait rudement bien dessiner (comme quoi il faut maîtriser les règles pour pouvoir mieux les transgresser !). Plus loin, une étonnante *Première communion,* d'un classicisme à la limite du style pompier, qui surprend après les tableaux consacrés au large et aux horizons.

Évidemment, on s'attardera devant le célèbre *Science et Charité,* une œuvre d'un grand réalisme. Dans les salles suivantes, plusieurs chefs-d'œuvre de la période bleue, suivie de la période rose avec, notamment, le splendide *Portrait de la Senyora Canals.*

Salles 12, 13 et 14, on ne manquera pas les extraordinaires variations et études sur *Les Ménines* de Velázquez (58 tableaux !). Ni le célèbre *Portrait de Jaume Sabartés,* l'ami de toujours de Picasso (et initiateur du musée), déguisé en grand d'Espagne. Sans oublier la très riche collection de céramiques, offerte par la veuve de l'artiste en 1982. Enfin, pensez à lever les yeux pour admirer les plafonds des salons ou les délicates arcades des cours intérieures. Car, tout de même, vous vous baladez dans certains des plus beaux palais de la ville.

DES DEMOISELLES BIEN LÉGÈRES

Contrairement à ce que tout le monde imagine, le célèbre tableau des Demoiselles d'Avignon *(que l'on peut voir au MoMA à New York) n'a rien à voir avec la ville française. La toile cubiste qui révolutionna la peinture est en fait un vibrant hommage aux filles de joie de Barcelone qui travaillaient à l'époque dans la* carrer d'Avinyó *(Avignon en catalan), vieille rue du Barri Gòtic toute proche de l'un des ateliers du jeune Picasso...*

➢ ***Carrer de Montcada :*** cette rue historique aligne de merveilleuses demeures seigneuriales, vestiges bien conservés du XIIIᵉ au XVIIIᵉ s, époques où elle était

l'une des rues les plus huppées de la ville. Ainsi, au n° 20, le *palais Dalmases* présente un splendide escalier d'honneur sculpté de style baroque et héberge un café au décor naturaliste (ouvert le soir). Au n° 25, la *maison de Cervelló,* avec sa façade gothique, qui abrite la fondation Maeght. Un peu plus loin, celle des *Comtes de Santa Coloma* avec une magnifique cour à galerie ogivale du XVe s, etc.
À pied, vous ferez de délicieuses découvertes architecturales et noterez mille petits détails amusants. Comme la **carrer de l'Arc dels Tamborets,** tout en voûtes et mystérieuse, celle **des Ases,** meurtrière pour les hauts talons, le séduisant **passeig del Born,** avec ses agréables terrasses en journée (qui se « branchisent » la nuit) et ses bars de nuit. Sur ce *passeig* se déroulaient les tournois de chevaliers au Moyen Âge. Au n° 17, une superbe demeure du XIVe s.

¶¶¶ **El Born Centre Cultural** *(zoom détachable G5)* : *pl. Comercial, 12.* ☎ 93-256-68-51 ou 50. • elborncentrecultural.bcn.cat • ♿ *Mar-dim 10h-20h (oct-fév mar-sam 19h, dim 20h). Fermé 1er janv, 1er mai, 24 juin et 25 déc. Entrée : gratuit pour le centre ; site archéologique et expo permanente : 6 € (audioguide inclus en français), réduc, gratuit - de 16 ans. Visites guidées thématiques (certaines slt en juil-août, voir site internet pour la programmation), mais slt en catalan.* Inspiré du Mémorial de Caen, le nouveau Born Centre Culturel a pris place dans cette superbe halle toute de fer, de brique rouge et de verre (et de bois pour les pare-soleil), élevée en 1876 sur l'emplacement du marché central de la ville qui existait depuis l'époque médiévale. Une nouvelle vie après plusieurs décennies de fermeture. Il faut dire que la rénovation a mis au jour de sacrés vestiges archéologiques, qui ont d'une part retardé les travaux, d'autre part amené les autorités (et les gens du quartier, très impliqués dans sa sauvegarde) à repenser complètement son utilisation !
Le résultat ? Un centre culturel ouvert sur la ville, conçu comme une rue semi-couverte, qui a conservé sa belle structure XIXe s, sous laquelle se trouve la Barcelone du XVIIe s. Une ville prospère qui souffrit de 11 mois de siège en 1714, au tournant du XVIIe et du XVIIIe s, contre Philippe V d'Espagne, secondé par la France, qui remporte la ville et met ainsi fin à la guerre de Succession d'Espagne. Les vestiges dégagés par les fouilles mettent au grand jour les fondations de plus de 55 maisons, dont une taverne, un *hostal,* et de nombreuses boutiques d'artisans, incluant les rues, le tout parfaitement visible. La qualité de préservation des maisons est due au fait qu'après la guerre, tout le quartier a été détruit à coups de canon, puis enseveli sous le sable par les vainqueurs, ce qui a permis aux vestiges de rester en l'état. Le rez-de-chaussée accueille des salles d'exposition modernes. L'expo permanente, « *Barcelona 1700. De les pedres à les personnes* » (« Barcelone en 1700. Des pierres aux hommes »), évoque le quotidien des Barcelonais d'alors à travers plus de 1 800 objets issus des fouilles, et complète le parcours en galerie organisé au-dessus des vestiges. Les autres espaces sont dédiés aux expositions temporaires, et de grandes salles ont été prévues pour accueillir conférences, concerts, petits spectacles...

🍴 ❘●❘ Un restaurant et une librairie complètent le tout. **L'Espai Gastronòmic Moritz** *(☎ 93-310-24-28 ; mar-dim 10h-minuit)* propose tapas et plats plus gastronomiques, mais également des plats « historiques » présentés avec de petits textes explicatifs. La **Llibreria-botiga Bestiari** est ouverte aux mêmes horaires que le centre culturel.

¶¶¶ **Basílica Santa María del Mar** *(zoom détachable G5)* : *pl. Santa María. Au bout de la c/ de Montcada.* • santamariadelmarbarcelona.org • *Tlj 13h-17h, dim et j. fériés 14h-17h. Entrée : 5 €. Accès libre pdt les offices religieux, bien sûr, mais en silence (9h-13h et 17h-20h30 en sem ; dim et j. fériés 10h-14h et 17h-20h). Visite guidée des terrasses : 10 € (gratuit jusqu'à 8 ans), ttes les heures 11h-19h.*
Un des plus beaux exemples du style gothique catalan (XIVe s). C'est d'ailleurs le seul, à Barcelone, à afficher une unité de style si remarquable. Une prouesse technique rendue possible par la courte durée du chantier, à peine 55 ans, financé par les commerçants du quartier et les marins. C'est en quelque sorte leur église... et leur fierté. Elle est bâtie sur une ancienne église paroissiale du Xe s. La pureté

de l'architecture étonne. Lignes simplifiées, les surfaces planes de la façade donnent de la grandeur à l'édifice, de la sérénité. Façade ouest, porche magnifique qu'encadrent de gracieuses tours octogonales dont les parties hautes sont ciselées comme de la dentelle. Admirable rosace gothique flamboyant.

À l'intérieur, même unité de style, même sentiment d'absolu. Seules quelques colonnes très espacées sont là pour soutenir l'immense voûte. Notez les beaux vitraux du *Jugement dernier* et ceux du *Couronnement de la Vierge* dans la rosace. En face de la basilique, une fontaine du XVIe s. Une de nos églises préférées.

LE *FÚTBALL*, C'EST SACRÉ !
En cherchant bien, les fans de foot trouveront un miniblason du FC Barcelona caché au bas d'un vitrail. Une façon de remercier le président du club, qui subventionna la restauration de l'église dans les années 1960.

Museu de la Xocolata (musée du Chocolat ; zoom détachable G5) : c/ Comerç, 36. ☎ 93-268-78-78. • museuxocolata.cat • Lun-sam 10h-19h, dim et j. fériés 10h-15h. Fermé 1er et 6 janv, 25 et 26 déc. Entrée : 5 € (le billet est en chocolat) ; réduc ; gratuit - de 7 ans. Un petit musée qui dépend d'une école de pâtisserie ! Plutôt de bon augure. Pour tout savoir sur le chocolat, depuis les fèves de cacao mayas et aztèques jusqu'à nos tablettes actuelles... On y apprend, par exemple, que les Mayas utilisaient les fèves comme monnaie d'échange, et que si un lapin valait autant qu'une passe avec une prostituée, un esclave coûtait... 10 fois plus cher ! Et si les moines cisterciens ont une vieille tradition de chocolatiers, c'est que les premières fèves (accompagnées de la recette de fabrication) envoyées par bateau vers le Vieux Continent furent adressées par le frère Jerónimo de Aguilar, compagnon du conquistador Hernán Cortés, au monastère cistercien de Piedra, en Aragón. Nombreux panneaux explicatifs (la plupart en français) et bornes interactives, ainsi que quelques diaporamas. Et, ce qui ravira les plus jeunes, de nombreuses maquettes tout chocolat, résultat de concours nationaux et internationaux, certaines assez géniales : don Quijotte, la pietà de Michel-Ange, mais aussi des scènes d'*Astérix*, de *Lucky Luke* ou de *Tintin* ! Pour les enfants, mais aussi pour les adultes, des ateliers ludiques et culturels autour du chocolat, et également des stages de 1 à 3 semaines (se renseigner sur place).

Également une **boutique-cafétéria** (mêmes horaires que le musée) où se repaître de... chocolat, bien sûr ! D'ailleurs, qui consomme le plus de chocolat au monde ? Les Belges, avec plus de 11 kg par an. Gourmands !

LE PARC DE LA CIUTADELLA
(centre détachable G-H5-6)

Situé au nord-est de la Ribera, frontière de la Ciutat Vella. Ⓜ Arc-de-Triomf, Barceloneta ou Ciutadella. Tlj de 10h au coucher du soleil. Un des plus grands parcs de la ville, créé à l'occasion de l'Exposition universelle de 1888 et lieu de promenade des familles barcelonaises. Plusieurs bâtiments d'exposition ont été réaménagés en musées. On y trouve un arc de triomphe, une belle cascade monumentale conçue entre autres par Gaudí (alors jeune étudiant), le Musée zoologique, un jardin d'enfants avec une ludothèque, un zoo et un petit lac pour faire du canotage. Le parc est orné de belles allées plantées de palmiers, de bosquets soigneusement taillés, d'espaces verts et de parterres fleuris, le tout agencé d'une manière très conformiste. La fonction initiale de la citadelle était, pour Philippe V, de punir les Barcelonais de s'être rangés aux côtés de ses ennemis, au début du XVIIIe s, et de les surveiller. Elle fut détruite au milieu du XIXe s. C'est l'endroit rêvé pour une sieste ou un pique-nique.

🚶 🚶 *Le zoo* (centre détachable H6) : ☎ 902-457-545. ● zoo barcelona.cat ● Ⓜ Ciutadella. Tlj : de mi-mai à mi-sept, 10h-20h ; d'avr à mi-mai et de mi-sept à fin oct, 10h-19h ; nov-mars, 10h-17h30. Fermeture des caisses 1h avt (30 mn nov-mars). Tlj, spectacles de dauphins (inclus dans l'entrée) à 11h30, 13h30 et 16h30 ; durée : 20 mn. Entrée : 19,90 € ; 11,95 € 3-12 ans ; 10,05 € + de 65 ans ; réduc ; gratuit - de 3 ans. Moins cher sur leur site internet. Cher mais immense. Il faut plusieurs heures pour faire le tour de cet espace vert très ombragé, émaillé de plans d'eau,

LE PANDA EST UN COSSARD

Il appartient à la famille des ours et était donc autrefois carnivore. À la période glaciaire, beaucoup d'animaux disparurent et il dut se mettre à grignoter du bambou, très peu énergétique. Depuis, il passe un temps fou à se nourrir et quand il rentre à la maison, le soir, il est crevé et n'a que trop rarement le courage d'honorer sa compagne. Pour ne rien améliorer, la femelle panda n'est fertile que 1 ou 2 jours par an. Un zoo chinois semble avoir trouvé la solution : le panda mâle a droit à 15 mn de film porno pour pandas chaque jour !

de vraies-fausses montagnes et de volières. Quant aux animaux, ils y sont tous, ou presque : beaucoup d'espèces originaires d'Amérique latine (condor, *ñandú*, guanaco, *capibará*, jaguar...), une vaste section des singes (celle des gorilles fait toujours l'unanimité !), des éléphants, des girafes, des tigres, et même, beaucoup plus rares, des dragons de Komodo (sortes de varans, rares en Europe) et un panda rouge. Bonne signalétique en catalan, en castillan et en anglais, et partout des cafés et autres snacks.

SUR LE PORT

Le port est à l'image de Barcelone, en constante transformation. Après l'aménagement du moll d'Espanya, avec la construction du *Maremagnum*, de l'aquarium, du complexe *ciné Imax* (programmation de films en 3D...), l'installation du musée d'Histoire de la Catalogne et la création d'un *World Trade Center*, à la fois centre d'affaires et gare maritime pour les Baléares. L'aménagement du port laisse une large place aux piétons : zones piétonnes ombragées de palmiers, promenades aménagées agrémentées de sculptures (dont la *Cap de Barcelona* – « Visage de Barcelone » – de Roy Lichtenstein, commandée pour les J.O. de 1992) et larges passerelles vers le moll d'Espanya.

⛴ *Las Golondrinas* (bateau touristique ; centre détachable E6) : sur le port, au portal de la Pau, au niveau de la colonne de Christophe Colomb. ☎ 93-442-31-06. ● lasgolondrinas. com ● Ⓜ Drassanes. Tlj 10h-17h l'hiver et jusqu'à 20h l'été. Fermé déc-fin janv. 2 circuits au choix : le port en 40 mn (10-15 départs/j. l'été ; 7,20 €, réduc) ; le port et le littoral en 1h30 (6-7 départs/j. l'été, un peu moins hors saison ; 15 €). Le tour sur le port est inclus dans la Barcelona Card et réduc pour le tour du littoral. Cette compagnie de vedettes organise des sorties dans le port de Barcelone.

🏛 🚶 *Museu d'Història de Catalunya* (musée d'Histoire de la Catalogne ; centre détachable G6) : pl. Pau Vila, 3. ☎ 93-225-47-00. ● mhcat.cat ● Ⓜ Barceloneta. Mar-sam 10h-19h (me et mêm 22h juil-août) ; dim et j. fériés 10h-14h30. Fermé lun (sf j. fériés), 1er et 6 janv, et 25-26 déc. Entrée : 4,50 € ; expo temporaire : 4 € ; billet expo permanente + temporaire : 6,50 € ; réduc - de 25 ans et + de 65 ans ; gratuit - de 8 ans, et pour ts le dernier mar du mois oct-juin, ainsi que 12 fév, 23 avr, 18 mai, 11 et 24 sept. À l'entrée, un livret explicatif en français.

Cet excellent musée occupe depuis 1996 un ancien entrepôt construit en 1901. C'est d'ailleurs un superbe exemple d'architecture portuaire. L'objectif du musée : rien moins que de raconter toute l'histoire de la Catalogne, de la préhistoire à l'après-Franco, en passant par la romanisation, la période médiévale riche en rebondissements, l'apparition d'une nouvelle bourgeoisie liée à l'industrialisation et la construction de l'Eixample. La visite aborde tous les aspects de l'histoire, géologique, technologique, sociale, économique, politique... Elle démontre de manière précise le particularisme catalan (culturel, politique...) et explique clairement les relations de rapprochement et d'éloignement au pouvoir espagnol selon les époques. C'est un pari réussi, grâce à une muséographie intelligente particulièrement ludique et interactive : documents audiovisuels et multimédia, reconstitutions grandeur nature (habitat de l'âge du bronze, chapelle, abri contre les bombardements...), maquettes, et toutes sortes d'activités marrantes comme tout. Chaque salle réserve une surprise : on peut moudre du grain comme le faisaient les Celtibères, monter à cheval comme les chevaliers, manipuler un mousquet ou revêtir une armure complète (ne pas essayer de le faire seul, conseil d'un malheureux qui parle d'expérience). Cela aussi fait partie du plaisir de la visite. C'est en résumé une excellente introduction à la découverte de ce pays, donc une visite à faire en famille en début de séjour.

– Également une **médiathèque,** un auditorium, des expos temporaires d'excellente facture, une boutique-librairie, et un resto, tout en haut sur la terrasse, avec une superbe vue sur le port et la ville (☎ 93-221-17-46 ; mar-dim 13h-16h).

Aquárium (centre détachable F6) **:** moll d'Espanya. ☎ 93-221-74-74. ● aquariumbcn.com ● Ⓜ Drassanes ou Barceloneta. Tte l'année, tlj 9h30-21h ; jusqu'à 21h30 les w-e, ainsi que jeu et ven en juin et sept ; tlj jusqu'à 23h juil-août ; fermeture du guichet 1h avt. Entrée : 20 € ; 7 € 3-4 ans ; 15 € 5-10 ans ; résa sur leur site internet conseillée (billet famille avec réduc). Ce vaste aquarium, surtout connu pour sa section méditerranéenne (la plus complète du monde), propose la panoplie classique d'espèces provenant des quatre coins du globe : Bassin méditerranéen donc, mais aussi Australie, Caraïbes, mers tropicales... Mais les murènes, rascasses et autres poissons-clowns ont beau frétiller de la nageoire, ce sont les requins qui attirent les foules. Regroupés dans un immense bassin de 36 m de diamètre, ils se baladent à leur aise au-dessus de deux tunnels vitrés où se recroquevillent les visiteurs. Impressionnant. L'autre attraction majeure, c'est Planeta Aqua, où l'on évoque la variété des milieux (mers chaudes, mers froides, l'obscurité des grandes profondeurs) en s'appuyant sur une muséographie ludique : un cachalot qui abrite dans ses entrailles des aquariums bourrés de méduses, un vaste bassin où s'ébattent des raies, un espace dédié aux manchots... Enfin, Explora est une section interactive très sympa destinée aux enfants. Également un auditorium.

LA BARCELONETA (centre détachable F-G-H6-7)

Au sud du parc de la Ciutadella, un quartier construit au XVIIIe s par le génie militaire, ce qui explique le plan rigoureux des rues et l'uniformité des immeubles. Longtemps habitée exclusivement par les marins et les pêcheurs, la Barceloneta est aujourd'hui considérée comme un secteur privilégié, un morceau de choix pour ceux qui recherchent la proximité à la fois des transports et de la plage.

La population s'est par conséquent panachée, embourgeoisée... sans perdre complètement son caractère populaire. Même si les prix au mètre carré atteignent désormais des sommets et en font l'un des quartiers les plus chers de la ville, on trouve toujours de bons vieux petits bistrots et des magasins d'articles de pêche, le long d'étroites ruelles très méditerranéennes où le linge pend aux fenêtres.

Après avoir parcouru le passeig Joan de Borbó, se diriger vers le **moll dels Pescadors** (marché de poisson en gros). La carrer de l'Almirall Aixada mène ensuite à la **plage** *de la Barceloneta (centre détachable H7)*, où s'étirent de nombreux restos de fruits de mer, avec des terrasses presque sur le sable. Signe des temps et du renouveau du quartier, la pointe de la plage de *San Sebastià* est désormais occupée par l'énorme hôtel de luxe *W* aux intérieurs dessinés par Starck, et dont la silhouette étincelante se dresse comme un aileron (ou une voile ?) sur l'horizon (et en face du siège de *Desigual*).

> **SOUS LES PAVÉS, LA PLAGE !**
>
> *Tout l'est du quartier de la Barceloneta, après avoir été réaménagé en Village olympique, a été converti en résidences... les pieds dans l'eau. À l'entrée, c'est le port de plaisance : une preuve supplémentaire de la réussite totale des rénovations olympiques. Ensuite, une longue promenade maritime le long des plages (baignades). On se croirait sur la Riviera !*

– Au retour, possibilité de regagner le portal de la Pau ou le moll de la Fusta en *golondrina* (bateau-mouche).
– **Transbordador aeri** *(téléphérique à destination de Montjuïc)* : départ de la tour de San Sebastià (centre détachable F7), sur le port. Voir plus bas « Comment aller à Montjuïc ? ».

LE QUARTIER DE LA RAMBLA (centre et zoom détachables E-F4-5) *ET EL RAVAL* (centre détachable D-E4-5)

¶¶¶ **La Rambla :** l'avenue la plus connue de Barcelone. Elle marque une limite historique, car la ville médiévale s'arrêtait là. Incroyablement animée de jour comme de nuit. En arabe, *rambla* signifie « torrent », ce qui nous rappelle qu'un cours d'eau coulait à cet endroit. Aujourd'hui, c'est un flot incessant de touristes qui dévalent quasiment 24h/24 la Rambla. Quant à certains Barcelonais un peu las de l'agitation, ils n'hésitent pas à la contourner. Quoi qu'il en soit, la Rambla est LA colonne vertébrale du centre historique, elle permet de rayonner facilement entre les différents quartiers. Pour prendre de la hauteur et admirer le fleuve des passants sur la Rambla, nous vous conseillons la visite du mirador de Colom (voir plus loin). Pour les Barcelonais, de manière traditionnelle, la Rambla se descend par le milieu de l'allée centrale, d'un train de sénateur. Une fois sur le port, il est d'usage de faire demi-tour et de remonter.

Tout à la fois agora, marché, lieu de rencontre, gigantesque théâtre où les gens viennent se voir, la Rambla cristallise toutes les contradictions de la ville : bonheur de vivre et tensions, visages rieurs ou inquiétants, farniente aux terrasses de cafés et difficultés de circulation. Oiseaux et fleurs en rajoutent dans le bruit et la couleur.
Attention ! Ne jamais oublier qu'il s'agit du terrain de jeux préféré des pickpockets, et les badauds sont nombreux à se faire délester de leur appareil photo ou de leur portefeuille tandis qu'ils admirent, subjugués, les statues humaines, l'attraction emblématique de la Rambla.
Et puis, de part et d'autre, des quartiers qui vous aspirent

> **MIRÓ-BOLANT**
>
> *Sur le sol de la Rambla, au niveau de la station de métro Liceu, se cache une mosaïque originale de Joan Miró installée de son vivant, en 1976. L'idée que son œuvre puisse être piétinée ne le dérangeait pas. Et c'est bien ce que font quotidiennement les flots de badauds sans lui accorder la moindre attention. Parfois, les fillettes la prennent pour terrain de jeux, le temps d'une marelle improvisée entre les formes géométriques, et des garçons y font des chasses-poursuites, s'imaginant peut-être sauter de planète en planète sur une carte du cosmos grandeur nature. Cette vision enfantine n'aurait probablement pas déplu à Miró.*

immédiatement dans leur atmosphère moite, étouffante l'été... Avis aux amateurs de légendes : la *font de Canaletes,* la première fontaine après la plaça de Catalunya, sur la droite, est magique. Qui boit de son eau reviendra à Barcelone. Essayez ! Nous, nous revenons souvent, il faut croire que cela marche !

🍴🍴 Mirador de Colom (tour de Christophe Colomb ; centre détachable E6) **:** *sur la pl. Portal de la Pau. Tlj 8h30-20h30 (19h30 oct-fév). Fermé 1er janv et 25 déc. Billet : 6 € ; réduc.* Restauré, le mirador de Colom offre au cours de sa visite un panorama exceptionnel sur le port, les collines, la Rambla et la topographie générale de la ville. Un ascenseur à trois places permet de monter jusqu'à une terrasse vitrée au sommet de cette colonne de bronze et acier, coiffée d'une sculpture de Christophe Colomb, trônant à 60 m de hauteur. Le célèbre navigateur indique de façon vigoureuse la route des Indes de sa main droite, et tient une carte de navigation de sa main gauche. Après son premier voyage au cours duquel il découvrit un nouveau continent (l'Amérique), « l'amiral de la mer Océane » revint en Espagne en 1493 et se déplaça jusqu'à Barcelone pour faire son rapport aux souverains – Isabelle de Castille et Ferdinand d'Aragon – qui avaient financé son voyage. Les routards sujets au vertige se contenteront de faire le tour de la colonne. Les bas-reliefs représentent différentes scènes de la vie du navigateur. Les statues, quant à elles, représentent les personnages catalans qui ont un rapport direct – ou indirect – avec la découverte et la colonisation de l'Amérique. Enfin, les médaillons en bronze, pendus par des chaînes, sont les effigies de profil des principaux hauts personnages de la découverte. On aperçoit donc, entre autres, le roi Ferdinand II, Isabelle de Castille, le frère Antonio de Marchena du couvent de La Rabida (en Andalousie)... Pour ceux qui souhaitent en savoir plus sur Christophe Colomb, **visite guidée** à travers un itinéraire pédestre qui retrace la Barcelone du XVe s. Le point de rencontre se trouve au kiosque de l'office de tourisme au n° 115 de la Rambla. Se renseigner sur place pour les horaires (en anglais et en castillan). Durée 3h30, prix 21 €. Le circuit s'achève au mirador de Colomb.

🍴🍴🍴 La Boquería (ou **mercado San Josep** ; zoom détachable E5) **:** *entrée au n° 91 de la Rambla. ● boqueria.info ● Lun-sam 8h-20h. Plan du marché à droite avt le porche en venant de la Rambla.* Ce marché couvert est une vénérable institution et un véritable spectacle pour les yeux. Les étals rivalisent de beauté, et bien que le marché soit devenu une attraction touristique majeure, ça reste un vrai marché et il serait dommage de ne pas y passer, ne serait-ce que pour déguster une salade de fruits ou un *bocadillo.* Sa structure de fer et de verre très Art nouveau vaut, elle aussi, le coup d'œil. Les commerçants ont une gouaille toute catalane et les poissonnières et les bouchères arborent de magnifiques tabliers bordés de dentelle. Vous y prendrez sans doute vos plus belles photos, sans oublier le porche surmonté de sa chauve-souris, qui fait une des plus belles cartes postales photographiques du quartier.

🍽 Plusieurs **petits comptoirs pour se restaurer** dès le matin (voir plus haut la rubrique « Où manger ? ») : fruits en jus ou en salade, fruits de mer, tapas et sandwichs divers ; ou tout simplement en achetant, d'une part de la charcuterie, d'autre part du pain, pour se concocter un *bocadillo.*

🍴🍴 Palau de la Virreina – Centre de la Imatge (zoom détachable E-F4) **:** *la Rambla, 99. ☎ 93-316-10-00. ● lavirreina.bcn.cat ● Tlj sf lun 12h-20h. Fermé 1er janv, 1er mai et 25-26 déc. GRATUIT.*
Un des hauts lieux de la photographie internationale en Catalogne. Plusieurs expositions temporaires sont organisées chaque année, autour de thématiques aussi diverses que le photojournalisme (l'anse ce domaine, certaines expos proviennent de festivals comme « Visa pour l'image », de Perpignan). Une bonne occasion pour découvrir le travail de reporter-photographe. Mais aussi des thématiques plastiques, expressives et expérimentales. Une sélection très pointue de la photographie contemporaine.

Pour la petite histoire, le palau de la Virreina fut construit en 1777 comme résidence secondaire pour Manuel d'Amat, vice-roi du Pérou. Cet homme richissime était en définitive la main du roi pour extraire le minerai au Pérou : on comprend mieux la magnificence du lieu.

🚶 *Museu de l'Eròtica* (musée de l'Érotisme ; zoom détachable F5, 506) : *la Rambla, 96 bis. ☎ 93-318-98-65. • erotica-museum.com • ♿ Tlj 10h-minuit. Fermé 25 déc. Entrée : 9 € (réduc en achetant le billet en ligne). 📶 et coupe de cava inclus, histoire de se griser un peu en admirant les collections coquines.* L'un des musées insolites de Barcelone. Rien de bien trash, l'intérêt de cette collection vaut pour ses gravures XIXᵉ s et ses estampes de la période Meji. Ainsi que différentes représentations du *Kama Sutra,* une microsection sado-maso, une collection de couvertures de magazines érotiques, d'affiches de cinéma, des photographies, quelques petites sculptures... Entrée un peu chère quand même au regard du petit nombre d'œuvres exposées.

🚶🚶 *Museu d'Art contemporani de Barcelona* (MACBA – musée d'Art contemporain de Barcelone ; centre détachable E4) : *pl. dels Àngels, 1. ☎ 93-412-08-10. • macba.cat • Ⓜ Catalunya ou Universitat. ♿ Fermé mar (sf vac scol), ainsi que 1ᵉʳ janv et 25 déc. Lun et mer-ven 11h-19h30, sam 10h-21h, dim 10h-15h ; dernières admissions 30 mn avt fermeture. Entrée musée : 10 € (valide 1 mois) ; réduc étudiants et + de 65 ans ; gratuit - de 14 ans. Pass entrées illimitées valable 1 an : 15 €. Inclus dans Articket.*
En raison de sa blancheur éclatante, les intimes et les habitants du quartier l'appellent « the White House ». Sa composition est une œuvre architecturale en soi, que l'on doit à Richard Meier. D'avant-garde, l'ouvrage laisse entrer un maximum de lumière avec élégance, et permet au spectateur de circuler avec une grande commodité. L'association de lignes courbes et rectilignes donne beaucoup de légèreté à l'édifice. Le contraste entre le bâtiment et les ruelles qu'il faut emprunter pour y accéder fait l'objet de toutes les critiques comme de tous les éloges (dont le nôtre) ; et dans tous les cas, le bâtiment mérite autant d'être vu que d'être visité pour ce qu'il abrite.
En général, exposition « permanente » au 1ᵉʳ étage et expos temporaires (souvent détonantes) dans les autres niveaux. Mais la disposition de la section « permanente » changeant très souvent, les œuvres sont visibles par roulement en fonction de la thématique du moment (renseignez-vous avant d'entrer pour éviter toute déception). Sachez au moins que le fonds du musée contient une sélection de peintures, photos, sculptures et vidéos des 50 dernières années. Très international, même si beaucoup d'artistes représentés sont espagnols (pour la plupart des Catalans). Minimalisme, expressionnisme abstrait et figuratif contemporain, tout est mélangé.
À l'entrée du musée, un immense sommier métallique donne le ton. Il symbolise une invitation à la réflexion et à la contemplation ainsi qu'un plaidoyer contre la violence.
🍽 🍷 Belle salle de lecture au 1ᵉʳ étage et, en été, petite **cafétéria** sur la terrasse du 1ᵉʳ étage.

🚶 *Centre de Cultura contemporània de Barcelona* (CCCB ; centre détachable E4) : *c/ de Montalegre, 5. ☎ 93-306-41-00. • cccb.org • ♿ Juste derrière le musée d'Art contemporain. Mar-dim et j. fériés 11h-20h. Fermé lun, ainsi qu'après 15h les 24, 26 et 31 déc, puis 5 et 6 janv et tte la journée 25 déc et 1ᵉʳ janv. Entrée : 6 € pour 1 expo, 8 € pour 2 expos ; réduc ; gratuit - de 12 ans, et pour ts le dim 15h-20h. Inclus dans Articket.* Ce centre a ouvert ses portes en 1994 dans les murs d'un ancien hospice du XVIIIᵉ s. Il présente des expos sur le concept de la ville en général (l'histoire, la société, la culture, l'urbanisme, l'architecture, etc.), sur Barcelone, ainsi que des expos temporaires très variées et interdisciplinaires. Organise aussi des conférences, des concerts, etc. Au passage, notez le beau

mur de verre qui ferme un des côtés de la grande cour. Là-haut *(accès possible le 1er dim du mois slt)* vous attend une magnifique vue sur la mer et sur la vieille ville.
I●I ♥ **Belle cafétéria,** en prime, sur une terrasse ouverte et calme.

➢ La **vieille ville** (une partie de la *Ciutat Vella*), entre la Rambla et le Barri Gòtic, est un réseau inextricable de ruelles pittoresques où les gargotes rivalisent pour produire l'odeur de graillon la plus forte. Les cafés s'efforcent de posséder la clientèle la plus remuante ou le juke-box le plus gueulard. Refuge des margeos, punkies de tout poil, on y parle aussi toutes les langues de la Méditerranée. Axe de ce Tanger bis, la *carrer dels Escudellers*

> **BIG BROTHER !**
>
> *Il existe à Barcelone une plaça George Orwell, en hommage à son livre sur la* guerre civile, Hommage à la Catalogne. *Mais l'auteur de 1984 (roman sur un régime totalitaire) serait pour le moins décontenancé de voir que la place qui porte son nom détient le record de caméras de vidéosurveillance en ville ! Ironique, mais il faut avouer que la place est plutôt craignos.*

(zoom détachable F5) devient folle le soir venu. Point de rencontre de noctambules solitaires, de groupes de jeunes en goguette, de quelques margeos et... de patrouilles de police. Peut-être prendrez-vous le temps de vous y balader à la recherche de nouvelles couleurs ou de sons inédits. Le meilleur moment est, selon nous, entre 20h et 22h, lorsque les honnêtes commerçants baissent leur rideau de fer pour laisser la rue aux clients des bars.

🍴🍴 **Plaça Reial** *(zoom détachable F5)* **:** un épicentre animé du quartier. Située au milieu d'un labyrinthe de rues grouillantes et étroites, cette grande place accueille le soleil toute la journée (parfois aussi les pickpockets le soir). De sévères palais exhibent leurs belles arcades classiques. Au centre, quelques palmiers ajoutent une note exotique à l'ensemble. Les réverbères furent dessinés par Gaudí (l'une de ses premières œuvres).
Tout autour, les centaines de chaises en fer, des terrasses, des bars-restos scintillent au soleil et invitent à s'asseoir. Le dimanche matin, grosse animation grâce au marché aux timbres et aux monnaies qui s'abrite sous les arcades.

🍴 **Setba-Zona d'Art** *(zoom détachable F5, 508)* **:** pl. Reial, 10. ☎ 93-481-36-96. ● setba.net ● Ⓜ Liceu ou Drassanes. Lun-ven 10h-14h, 16h30-20h ; sam 10h-14h. Fermé dim et en août. Entrée : 2 € *(sonner à l'interphone et se présenter).*
Dans un appartement de Barcelone. Encore un de ces espaces culturels et polyvalents dont Barcelone a le secret ! Expositions temporaires d'artistes catalans, espagnols et internationaux. C'est aussi une des rares possibilités de pouvoir admirer la plaça Reial depuis un 1er étage. L'appartement ne compte pas moins de sept balcons ! Plus encore, il a gardé sa décoration et son agencement d'origine. Une pépite qui ravira les amateurs d'architecture. Les fans de Lluis Llach pourront venir eux aussi s'y recueillir, puisque le célèbre chanteur catalan engagé vécut ici de longues années.

➢ **El Raval :** encore considéré comme partie intégrante de la *Ciutat Vella,* c'était autrefois le quartier chaud, aux prostituées felliniennes, le secteur des petites gouapes, le rendez-vous des marins en goguette en quête d'un peu de plaisir terrestre. Immortalisé par les romans de Francis Carco et de Pierre Mac Orlan.
Aujourd'hui, ce quartier nourrit toujours les fantasmes des voyageurs atterrissant sur la planète Barcelone. Mais attention, vous risquez de n'y croiser que des ombres et des fantômes. À l'image du très beau musée d'Art contemporain (MACBA), le quartier se modernise tout doucement : bars et cafés-concerts fleurissent, des magasins de disques vaguement alternatifs ouvrent leurs portes, des cabinets d'architecture remplacent les vieilles boutiques. Bref, tout un nouveau quartier très tendance se dessine aujourd'hui, juxtaposé à un univers de logements crasseux, aux couleurs criardes, aux néons assassins et à la pénombre

moite... C'est la rencontre en un même espace de deux styles, de deux mondes : celui de la précarité et celui du progrès galopant. Au sud de la **carrer de l'Hospital**, il reste néanmoins des bouts de rues qui rappellent cette fiévreuse époque, et dans lesquelles se balader la nuit (soyez particulièrement vigilant !) procure encore son pesant d'émotions urbaines. Mais dans sa partie nord (El Raval), le quartier est entré dans un processus de réhabilitation, grand chantier étalé sur plusieurs années. Ce vaste programme indispensable bouleverse peu à peu le caractère et la physionomie du Raval.

TORERO, PRENDS GARDE !

Les toreros désargentés venant aux corridas de Barcelone descendaient toujours au même hôtel dans le Barri Xino : le Comercio. Même lorsque le quartier et l'hôtel commencèrent à se dégrader, ils continuèrent à y descendre par superstition. En effet, une petite chapelle y était installée, afin qu'ils s'y recueillent avant l'affrontement. C'est ainsi que des toreros devenus célèbres et millionnaires s'obstinaient, dans les années 1960, à vouloir dormir au Comercio, tombé au rang d'hôtel de passe sordide. Il a fallu qu'il soit démoli pour qu'ils consentent enfin à descendre au Ritz.

Un à un, les pâtés de maisons sont gagnés par la modernité, les immeubles les plus insalubres sont détruits pour être reconstruits. Ainsi a été ouverte et aménagée la **rambla del Raval**, qui aligne désormais ses terrasses de cafés sous l'ombre encore frêle de jeunes palmiers. Le **Chat** pachydermique du peintre et sculpteur Botero y a aussi trouvé refuge. Après avoir fréquenté le parc de la Ciutadella, non loin de ses congénères du zoo, les abords du stade olympique, puis les Drassanes, le voici installé dans un quartier où tout le monde l'aime... même les petits chiens qui viennent mesquinement se délester d'un pipi sur ses pattes ! Les enfants l'adorent et le prennent volontiers pour terrain de jeux. C'est un incontournable pour qui veut une photo souvenir en compagnie de la star incontestée de la rambla del Raval.

Un marché animé s'y tient le samedi. La population du Raval, en majorité des immigrés pakistanais, indiens, maghrébins, pourra-t-elle continuer à y vivre quand les prix de l'immobilier auront flambé ?

🎭 Au bout de la carrer Sant Pau, près de l'avenida del Paral·lel, l'**església Sant Pau del Camp** *(centre détachable D-E5)* : *lun-sam 10h-13h, 16h-19h ; dim 11h-12h (sf s'il y a des baptêmes), 16h-18h30 (sf s'il y a des mariages). Entrée : 3 €.* Un peu anachronique au milieu de la rénovation. Son nom provient des champs qui séparaient la ville ancienne de la colline de Montjuïc. Elle date du XIIe s. Le presbytère et la salle du chapitre furent édifiés un siècle plus tard. Charmant cloître à l'intérieur, agrémenté d'arcades originales polylobées.

⊚ 🎭🎭🎭 **Palau Güell** *(zoom détachable E5)* : *c/ Nou de la Rambla, 5.* ☎ *93-472-57-75.* • *palauguell.cat* • *Tlj sf lun non fériés : avr-oct, 10h-20h ; nov-mars, 10h-17h30 (dernière entrée 1h avt fermeture). Fermé 1er janv, 18-24 janv et 25-26 déc. Entrée : 12 € (audioguide compris) ; réduc ; gratuit - de 10 ans et pour ts le dim avr-oct 16h45-19h ; nov-mars ts les dim 14h15-16h15 dans la limite des entrées disponibles.*

Incontournable ! Güell était un riche industriel, célèbre pour ses tissus en velours. Ce palais, qui porte décidément bien son nom, est la première grande création gaudienne, et a rouvert en 2011 après de longues années de restauration. On y retrouve tous les

UNE TECHNIQUE EN BÉTON

Gaudí a été le 1er architecte de son époque à utiliser le béton armé. C'est grâce à son fidèle client et ami, Eusebi Güell, industriel dans le textile et fondateur de la 1re usine de ciment de Catalogne, qu'il put d'ailleurs expérimenter très tôt ce matériau.

fastes hallucinés et l'inspiration gothique et musulmane de l'architecte. Avant de commencer la visite, il est important de comprendre les raisons de l'implantation du palau Güell dans le quartier d'El Raval, alors que la bourgeoisie de l'époque préférait les larges avenues de l'Eixample autour du passeig de Gràcia. Pour Güell, c'est une volonté délibérée d'installer son business au cœur de la cité catalane, lieu de contact historique des échanges commerciaux. Tout en y habitant, il recevait ici ses clients et fournisseurs. Mais la raison majeure est familiale, car le père d'Eusebi Güell résidait dans le palais voisin. D'ailleurs, un corridor relie toujours les deux résidences (visible dans le patio du 1er étage).

La façade, avec ses proportions imposantes et son ornementation en fer forgé, affirme d'emblée la puissance économique de son résident. Au-dessus des deux portes cochères paraboliques, on est immédiatement frappé par la rangée de fenêtres qui évoquent celles d'un atelier d'artisan. Là encore, on ressent bien le caractère mixte, à la fois familial et commercial de la construction de Gaudí. Le hall d'entrée a une conception très pratique, il permettait aux voitures à cheval de pénétrer dans le palais et de déposer les convives et la famille directement au pied de l'escalier central. Dans le fond, ne manquez pas la visite des écuries qui se trouvent au sous-sol, ce qui permet de constater l'exiguïté du terrain sur lequel est bâti le palais.

Gaudí mit son génie bâtisseur au service de la famille Güell et de leurs habitudes sociales et culturelles. La musique et l'acoustique sont au cœur de leurs préoccupations quotidiennes : en effet, Eusebi Güell est un fin mélomane, et sa fille sera compositrice. Dans le salon, pièce maîtresse du bâtiment, se cache une église escamotable : portes ouvertes, elle permettait des offices familiaux ; portes fermées, des veillées culturelles et des concerts pouvaient avoir lieu dans le salon. Notez la présence d'un orgue, dont les tuyaux s'échappent à la lisière de la coupole, permettant ainsi une propagation du son de haut en bas. Faut-il y voir une présence divine ? Pour parfaire la perfection musicale, la partie haute du salon, sur la galerie en mezzanine, était réservée aux musiciens et aux chœurs. La musique pouvait alors venir de toutes parts baigner l'auditoire dans une perfection acoustique. De nos jours, l'orgue joue en automatique, avec toutes les 30 mn une programmation différente.

Pour la petite histoire, la salle d'attente, passage obligé de tout visiteur avant d'être reçu, cache une astuce, elle aussi acoustique. En effet, le plafond est ajouré de jalousies qui transmettent les confidences des invités jusqu'aux oreilles attentives à l'étage supérieur. À l'inverse, les combles, où vivaient les domestiques, ont été conçus dans un souci de parfaite isolation phonique, afin que nul bruit ne vienne perturber les fines feuilles de la famille Güell.

À partir du salon, on accède aux appartements familiaux. Le salon-fumoir est remarquable pour ses persiennes qui permettent de régler la bonne quantité de lumière tout en préservant des regards indiscrets du voisinage. Partout dans le palais, on s'attarde à la contemplation des plafonds à caissons.

Clou du spectacle, le toit-terrasse ! Gaudí a laissé là libre cours à son inspiration. Chacune des 18 cheminées est un pied de nez à la rigueur du bâtiment, une euphorie de formes et de couleurs. La flèche centrale, surplombant le salon, est recouverte de matériaux de récupération en provenance des anciens fours à chaux de la famille Güell. Elle est surplombée par une chauve-souris, qui, selon la légende, avertissait le souverain Jaume Ier de toute attaque nocturne impromptue. Une visite à ne pas manquer : un magnifique spectacle architectural où s'exprime toute la force constructive de Gaudí.

🗽 De jour, traverser l'**ancien hospital de la Santa Creu** (*zoom détachable E4-5*) : **entrée c/ del Carme, 47, ou par la c/ Hospital, 56.** Havre de paix très agréable où ne parviennent plus les rumeurs de la ville (agréable café *El Jardí* également, voir plus haut « Où boire un verre ? Dans El Raval »). C'est à l'hôpital de la Santa Creu que Gaudí fut transporté et décéda le 10 juin 1926, après avoir été renversé par un tramway. Aujourd'hui transformé en jardin où l'on peut à loisir détailler l'architecture des vieux bâtiments du XVe au XVIIe s, aménagés pour accueillir la bibliothèque de Catalogne. Dans la petite salle, très jolies voûtes gothiques. Dans la grande, patio à galerie : superbes azulejos à l'entrée. C'est tout le quartier qui était autrefois couvert de couvents, et les religieuses y côtoyaient (déjà) les prostituées... Voir l'ancien couvent de la Misericordia, où l'on abandonnait les orphelins ; on peut encore observer le petit trou pour l'offrande sur le mur du couvent (près du bar *Kasparo*, voir plus haut « Où manger ? Bars à tapas. Dans El Raval »), et même, juste à côté, le tourniquet où l'on abandonnait les enfants.

🛴 *La Capella* (zoom détachable E4, **509**) : c/ Hospital, 56. ☎ 93-442-71-71. ● lacapella.bcn.cat ● *Mar-sam 12h-14h, 16h-20h ; dim 11h-14h. GRATUIT.* La chapelle de l'ancien hôpital de la Santa Creu, datant du XVe s, a été réhabilitée et accueille ce centre d'art contemporain étonnant et détonnant. Si vous ne craquez pas pour l'expo en cours, vous serez sans doute envoûté par la magie et l'étrange solennité des lieux.

🛴 Au n° 83 de la Rambla, l'**Antiga Casa Figueras** (*zoom détachable E5, **319**). L'ancienne épicerie à la superbe façade de mosaïques et de sculptures est aujourd'hui une pâtisserie de renom (*Christian Escribà* – voir plus haut « Où prendre le petit déjeuner ?... Dans El Raval »).

➤ *Barri Sant Antoni* (*quartier Saint-Antoine ; centre détachable D4*) : pour les marcheurs urbains, autour de la ronda de Sant Antoni s'étend un quartier populaire assez animé, possédant une vie et un caractère propres. Notez l'architecture moderniste du *mercat de Sant Antoni* (angle Tamarit et ronda de Sant Pau), fermé pour travaux jusqu'en 2016. Marché aux livres le dimanche matin. Pendant la rénovation du bâtiment, un marché provisoire se tient sur la toute proche ronda de Sant Antoni.

🛴🛴 *Museu marítim* (*MMB* – Musée maritime ; centre et zoom détachables E6) : avda Drassanes. ☎ 93-342-99-20. ● mmb.cat ● Ⓜ *Drassanes. Au pied de la tour de Colomb. Tlj 10h-20h (dernière entrée à 19h30). Fermé 1er et 6 janv, et 25-26 déc. Entrée : 7 € (goélette Santa Eulàlia inclus) ; réduc étudiants de - de 25 ans, + de 65 ans, etc. ; gratuit - de 17 ans, et pour ts le dim à partir de 15h (sf j. fériés), ainsi que 18 mai et 24 sept. ATTENTION, en rénovation : travaux jusqu'à début 2016.*

Musée installé dans les anciens chantiers navals de Barcelone, qui ont réussi à traverser le temps depuis le XIIIe s sans dommages (les seuls en Europe). À la fin du XIXe s, les autorités de l'époque voulurent détruire ces merveilles d'architecture. Heureusement, une forte mobilisation le sauva, et le musée fut inauguré en 1941. C'est l'un des plus intéressants qu'on connaisse (avec celui d'Amsterdam), et dans un cadre évidemment unique. En travaux depuis plusieurs années, on peut

> **LA CARAVELLE, UN BATEAU MAL FICHU**
>
> *Cette coquille de noix était lourde, trapue et bien peu maniable. Son tonnage faible ne lui permettait d'emporter que peu de marchandises. Petite (à peine 20 m de long), elle ne transportait qu'une vingtaine de marins. Haute sur l'eau, elle était instable et sensible aux tempêtes. Et pourtant, elle permit les plus grandes découvertes !*

déjà admirer la superbe restauration de ce lieu. Quelques très belles pièces y ont déjà pris place, comme cette immense goélette, une *jangada du Brésil* tout en bois, ces *pirogues des Philippines et de Guinée équatoriale*. Un drôle de bateau *canot de passeig*, tout en bois, utilisé par les Vikings, remarquez l'empreinte dans le bois, qui marque l'endroit où ils posaient leurs pieds pour ramer : vu la taille, ils devaient être sacrément grands ! Quelques bateaux beaucoup plus récents, comme ce joli catamaran de 1920. Et enfin la restauration de cette petite frégate modèle Barcelona, de la seconde moitié du XIXe s, un vrai travail d'orfèvre. Un petit

film montre la reconstruction et restauration d'un bateau ancien. Une expo permanente moderne, organisée autour de 7 bateaux très divers (pêche locale, croisière, navires marchands ancien et contemporain, etc.), permet d'aborder les différents métiers qui gravitent autour de la marine, ainsi que leur histoire et leur évolution. À chaque fois, quelques vidéos (sous-titrées) racontent l'histoire d'un travailleur de la mer. Et toujours une ou deux expos temporaires plus modestes.
|●| 🍴 À la sortie, **boutique** et **bar-resto** agréables dans l'un des bâtiments. Quelques tables dehors sous les orangers.

🍴 👣 *La goélette Santa Eulàlia (centre détachable E6) :* ce fier trois-mâts est ancré à deux pas du Musée maritime, au pied du mirador de Colom. Mar-ven et dim 10h-20h30, sam 14h-20h30 ; fermeture à 17h30 nov-mars. Fermé lun, 1er et 6 janv, et 25-26 déc. Billet inclus dans l'entrée du Museu marítim, ou entrée seule : 3 €. À noter : il arrive que le bateau parte en navigation en juil. Possibilité d'embarquer sam à 10h sur résa (☎ 93-342-99-29 ; ● reserves@mmb.cat ●) ; jusqu'à 3-4 mois de liste d'attente. Construite en 1918 à Torrevieja, la *Santa Eulàlia* mérite une visite lors d'un passage au Museu marítim. Après avoir été une goélette de soutien aux travaux sous-marins, elle a été superbement restaurée par le Musée maritime, pour le plaisir des plus petits et des plus grands.

🍴 *La Paral-lel (centre détachable C3-4, D-E5-6) :* l'une des plus importantes avenues de la ville. Longée sur la droite à partir du port par un morceau des dernières murailles de la ville du XIVe s. Vers le n° 60, on trouve, un peu à l'écart, le « Montmartre barcelonais » avec le funiculaire Montjuïc, et le « Pigalle barcelonais » avec les boîtes de nuit classiques, strips, shows divers. Même s'il a beaucoup perdu de son lustre, le quartier reste animé et bien des lampions sont encore allumés. C'est souvent par cette avenue que passent les manifestations telles que la Gay Pride.

MONTJUÏC *(plan d'ensemble et centre détachable A-D4-6)*

Une communauté juive aurait habité à la fin du XIVe s au pied de ce qui devint « la montagne des Juifs ». Plus tard, cette colline servit de citadelle avant que l'Exposition universelle de 1929 ne lui donnât son aspect actuel. De nombreux édifices furent alors construits, ou transformés, pour accueillir de merveilleux musées. On y trouve le musée national d'Art de Catalogne, le Musée archéologique, un village espagnol reconstitué (le *Poble Espanyol*), la fondation Miró, ainsi qu'un splendide jardin botanique (entrée payante ; pratiquement toutes les essences d'Espagne y sont plantées). Suffisamment d'activités pour meubler une journée entière, voire deux ! Et puis la vue sur la ville est vraiment prodigieuse.
Le site de Montjuïc était le centre névralgique des Jeux olympiques de 1992 (stade, piscines, terrains divers, etc.). La ville en a profité pour aménager des aires de promenade agréables : parc del Migdia (versant sud), jardin botanique (entre le stade et le château), place de l'Europe et château d'eau (sur la voie d'accès à l'Anneau olympique)...
– *Sala Montjuïc (centre détachable B-C6) :* ts les étés, début juil-début août, ciné en plein air dans la cour du château de Montjuïc à 20h30. ● salamontjuic.org ● Entrée : 6-9 €. Lire plus haut la rubrique « Où voir un spectacle... ? ».
– *Las Fonts de Montjuïc (centre détachable B3-4) :* pl. Carles Buïgas, 1. Ⓜ Espanya. Le long de l'avda Reina María Cristina et des escaliers qui montent jusqu'au Palau nacional. Mai-sept, jeu-dim 21h-23h30, 5 spectacles, d'une durée de 15 mn env, ttes les 30 mn ; le reste de l'année, slt ven-sam 19h-21h. GRATUIT. Conçu pour l'Exposition universelle de 1929, un spectacle son et lumière très réussi. Lire aussi plus haut la rubrique « Où voir un spectacle... ? ».

Comment aller à Montjuïc ?

➤ **À pied :** 2 solutions. La plus facile et rapide consiste à gagner la station de métro Espanya et à grimper les marches ou à utiliser les escalators qui mènent au MNAC. Compter 10 mn à peine. La plus sportive est de suivre les différents circuits fléchés depuis le Poble Sec (Ⓜ *Paral-lel ou Poble-Sec*) ; ils empruntent de beaux jardins paysagers et odorants. Par beau temps, la balade est très agréable.

➤ **Par la route :** le long du port, suivre le passeig de Colom, puis la route qui grimpe à travers les jardins Costa i Llobera (plantés de cactus) jusqu'au mirador de l'Alcalde (point de vue époustouflant ; *centre détachable C6*). Vous noterez là-haut les pavements artistiques des allées de promenade.

➤ **Le funiculaire :** départs ttes les 10 mn, lun-ven 7h30-22h et le w-e 9h-22h ; accessible avec un ticket de métro normal ou la carte *T-10*. Il part depuis l'intérieur de la station de métro Paral-lel et monte jusqu'à mi-hauteur de la colline. De là, on peut gagner rapidement la **fondation Miró** puis traverser les jardins jusqu'au MNAC. Sinon, un **téléphérique** (en sortant à droite du funiculaire) conduit jusqu'au château de Montjuïc : juin-sept, 10h-21h ; avr-mai et oct, 10h-19h ; nov-mars, 10h-18h ; tarif : 7,80 € l'aller ou 11,50 € l'A/R (trop cher !) ; réduc - de 12 ans.

➤ **Transbordador aeri** (*téléphérique à destination de Montjuïc au départ du port*) : départ de la tour de San Sebastià (*centre détachable F7*), avec arrêt à la tour de Jaume I (accès fermé pour rénovation). ☎ 93-441-48-20. • telefericodebarcelona.com • *Juin-début sept, tlj 11h-20h ; mars-mai et début sept-oct, tlj 11h-19h ; nov-fin fév, tlj 11h-17h30*. Billets (chers) : 11 € l'aller simple, 16,50 € l'A/R. On peut aussi se contenter de grimper dans la tour de San Sebastià pour 5 €. Service suspendu si le vent est trop fort ou la météo trop mauvaise ! À éviter si vous avez le vertige (c'est une antiquité !), mais la vue est très belle.

➤ **En bus :** prendre le bus n° 55 qui passe par la pl. d'Espanya et traverse Montjuïc jusqu'au téléphérique, s'arrêtant au Poble Espanyol, au Parc olympique et à la fondation Miró (mais pas au MNAC, dont il faudra gagner à pied en 5-10 mn)... *Ttes les infos sur • tmb. net •* La **ligne rouge du bus touristique** est une autre bonne solution, vous déposant au pied de chacun des sites.

À voir à Montjuïc

🎯🎯🎯 **Fundació Miró** (*fondation Miró ; centre détachable C5*) : *passeig Miramar.* ☎ 93-443-94-70. • fmirobcn.org • ♿ *Pour s'y rendre : bus n° 50 ou 55 au départ de la pl. d'Espanya, ou funiculaire (voir plus haut). Mar-sam 10h-19h (21h jeu, 20h juil-sept) ; dim et j. fériés 10h-14h30. Fermé lun sf j. fériés et 1ᵉʳ janv. Entrée : 11 € (inclus dans l'Articket) ; expos temporaires : 7 € ; Espai 13 : 2,50 € ; réduc (dont 2 places pour le prix d'1 seule, jeu 18h-22h) ; gratuit - de 15 ans. Audioguide en français : 5 €.*

Sis au milieu de beaux jardins, les bâtiments à l'architecture moderne, lumineux et blancs, accueillent une superbe collection, unique au monde, d'œuvres de Joan Miró, dont il a fait don lui-même. Le fonds permanent est donc d'une grande richesse. Expos temporaires d'un excellent niveau. On peut y voir la série de trois tableaux *L'Espoir du condamné à mort*, quelques sculptures, des tapis, une série de dessins d'inspiration enfantine, pleins d'humour, destinés à illustrer l'*Ubu roi* d'Alfred Jarry. La présentation plutôt chronologique permet de retracer la carrière de Miró et de se faire une bonne idée de son immense talent. Les œuvres réalisées entre 1915 et 1930 sont particulièrement fortes.

Au 2ᵉ étage, toiles de réaction contre la guerre civile. On trouve aussi au sous-sol une collection permanente d'art contemporain (Tanguy, Léger, Ernst...), en hommage à Miró, et une intéressante série de dessins préparatoires et cahiers d'études. Une vidéo de 15 mn relate la vie et l'œuvre de l'artiste.

N'oubliez pas de faire un petit tour sur la terrasse. Sculptures colorées et pleines d'humour, comme la *Caresse d'un oiseau* ou *Jeune fille s'évadant,* et la vue sur la ville de là-haut. La salle *Espai 13* (supplément) permet également de découvrir de jeunes artistes, couvrant de nombreux aspects de l'art contemporain, comme la vidéo.

|●| 🍴 Agréable **cafétéria** sur place.

– En sortant de l'édifice, ne pas manquer, sur la gauche, le petit *jardin de sculptures* (fermé en cas de pluie), décoré de sculptures et de mobiles originaux dus à de jeunes créateurs. Étonnantes plumes d'oie métalliques plantées dans un carré de graviers, jeu d'ombres et de reflets proche d'un art en cinq dimensions !

🎥🎥🎥 *Museu nacional d'Art de Catalunya (MNAC – musée national d'Art de Catalogne ; centre détachable B4-5) :* dans le Palais national. ☎ 93-622-03-76. ● museunacional.cat ● Ⓜ Espanya. ♿ Accès : voir plus haut. Mar-sam 10h-20h (18h oct-avr) ; dim et j. fériés 10h-15h. Fermé 1ᵉʳ janv, 1ᵉʳ mai et 25 déc. Prévoir 4-5h pour tt voir (on conseille donc de finir la visite le lendemain, puisque le billet est valable 2 j. !). Entrée (valable 2 j. pdt 1 mois) : 12 € (inclus dans Articket), expos temporaires 6 € ; audioguide 3,50 € ; réduc étudiants ; gratuit - de 16 ans et + de 65 ans, et pour ts le sam à partir de 15h, le 1ᵉʳ dim du mois, et 18 mai. Billet combiné MNAC + Poble Espanyol : 18 €.

Le MNAC est l'un des plus prestigieux musées du monde, couvrant 1 000 ans d'art en Catalogne, du Xᵉ au XXᵉ s. C'est déjà, en tout cas, **le plus beau musée d'art roman** au monde et l'un des tout premiers pour le gothique. De la terrasse située devant le musée, point de vue sur les bâtiments de l'Exposition universelle et sur les fontaines lumineuses (plus de 50 combinaisons de jets d'eau). Pour les horaires de ce spectacle gratuit et féerique, se reporter à la rubrique « Où voir un spectacle (opéras, concerts classiques...) ? *Las Fonts de Montjuïc* ».

Rez-de-chaussée
➢ **Section romane**
Exceptionnelle ! Elle comprend essentiellement de très nombreuses fresques romanes provenant d'une trentaine d'églises catalanes en ruine. Décollées avec précaution, restaurées avec soin, elles ont été déposées au musée tandis que des copies prenaient leur place sur les murs des églises, la plupart situées dans un petit terroir des Pyrénées catalanes (vallées de la Noguera, de la Valira et du Segre, non loin des sources de la Garonne ; et val de Boí, dont les minuscules églises romanes sont inscrites par l'Unesco sur la liste du Patrimoine mondial).

On est tout d'abord frappé par la présentation claire et remarquable, dans un cadre à chaque fois approprié : reconstitutions grandeur nature d'absides, de voûtes et même de chapelles complètes pour mettre en valeur les fresques. Au fil des salles, on suit l'évolution iconographique des grandes représentations médiévales : l'Apocalypse, la *Madre de Deus,* le Christ Roi, l'Enfant Roi... Notez particulièrement, salle 1, la qualité des couleurs de l'absidiole de **Pedret** et, salle 4, le **Pantocrator** (Christ en majesté) provenant de l'*église Saint-Clément-de-Taüll.* Chaque salle est également agrémentée d'une fantastique statuaire en bois : Christ, Vierges polychromes, et des devants d'autels richement décorés. Au gré de la visite, on découvre encore des collections de bénitiers en céramique, des chemins de croix, et des sculptures monumentales : chapiteaux ouvragés, entre autres. Remarquez les statues en marbre blanc, le travail des drapés notamment. Salle 9, fabuleux Jugement dernier, en provenance de l'église *Santa Maria de Taüll.* Dans la salle 10 : une très énigmatique statue de la Vierge, de style orientalisant (yeux clos, peau de couleur miel). La visite de la section romane se termine par un chef-d'œuvre, *Las Pinturas de la sala capitular de Sigena,* qui constitue le plus beau des écrins pour une remarquable collection d'émaux de Limoges.

➢ **Sections gothique, Renaissance et baroque**
Les salles se succèdent avec deux logiques qui se confrontent et parfois s'opposent. Cette tentative de présentation chronologique, avec quelques salles plus thématiques qui mettent en avant un artiste, un style, peut déconcerter, mais

finalement, peu importe. La beauté des œuvres exposées, la puissance des couleurs, la douceur des visages, l'ironie de certains détails, la cruauté de certaines scènes font que l'on se laisse entraîner, ébloui, surpris, envoûté... Et tant pis si certaines explications (uniquement en catalan, en castillan et en anglais, mais surtout très succinctes) nous laissent sur notre faim. Vous en prendrez de toute façon plein les yeux !

– *Salle 17 :* grandes peintures murales illustrant la conquête de Majorque (1285-1290) par l'armée d'Espagne du roi Jaume Ier.

– *Salle 18 :* séduisant groupe de statues de 1300 provenant de l'atelier de Saint-Bertrand-de-Comminges (sud de la Haute-Garonne).

– *Salle 19 :* d'un anonyme castillan, une œuvre à l'étonnante modernité, quasi moderniste (1295) !

– *Salle 21 :* saisissante Tête de Christ, sculpture réalisée par *Jaume Cascalls* vers 1352, l'un des artistes les plus talentueux de Catalogne au XIVe s.

– *Salles 23 et 24 :* salles consacrées aux retables ; une succession de chefs-d'œuvre, comme celui de Santa Bárbara.

– *Salles 25 et 26 :* admirez les œuvres de **Jaume Huguet** (1412-1492), éclatantes de couleur et de réalisme. Sans doute le plus grand peintre catalan du Moyen Âge ; pour preuve, le très étonnant Consécration de saint Augustin. Tout aussi fascinants, les martyres de Bernat Martorell (début XVe s), passé maître dans l'art du supplice ! Remarquez comme les visages de certains méchants ont été griffonnés... Autre chef-d'œuvre, le retable Mare de Déu Dels Consellers, de Lluís Dalmau.

Il faut noter qu'à partir de la salle 27, l'influence de la Renaissance italienne se fait fortement sentir.

– L'orfèvrerie religieuse **(salle 29)**, l'art funéraire avec des sépultures remarquablement ouvragées **(salle 30)**. Salle très intéressante **(salle 31)** sur la représentation de la Vierge dans la sculpture européenne des XIVe et XVe s : rare en France, la « sainte Génération » (ou « l'Anne Trinitaire ») fait l'objet, en Espagne, d'une dévotion toute particulière, extrêmement populaire. Très touchante, elle représente Anne, Marie et Jésus, tendrement empilés les uns sur les autres. Pour finir, l'art flamand et hispano-flamand **(salle 32)**.

– *Salle 34,* changement de registre avec les maîtres espagnols du Siècle d'or, comme Zurbarán et son Saint François d'Assise ou son Immaculada, ou encore Velázquez et son San Pablo.

– *Salle 35,* la **collection Cambó** (Llegat Cambó). Située entre la section Renaissance et baroque et la collection Thyssen-Bornemisza. Elle présente des œuvres de la peinture européenne du XIVe au XIXe s, provenant du legs de Francesc Cambó (1876-1947). Ce riche mécène argentin (d'origine catalane) consacra une partie de sa vie et de sa fortune à acquérir des œuvres de la Renaissance et du baroque. Cette splendide collection compte, entre autres, des tableaux signés Sebastiano del Piombo, El Greco, Cranach, Metsys, Titien, Rubens, Zurbarán, Goya, le Tintoret, Véronèse, Quentin de La Tour ou Fragonard. Excusez du peu !

– *Salle 36 :* consacrée entre autres aux fresques d'Annibal Carrache et aux natures mortes de Zurbarán.

– **La collection Thyssen-Bornemisza :** la puissante famille Thyssen-Bornemisza a fait don au musée d'une série d'œuvres (peintures et sculptures européennes), allant de la période gothique au rococo du XVIIIe s. La section des peintures italiennes du Quattrocento révèle l'influence de Giotto sur la peinture catalane. Parmi les maîtres exposés, ne pas rater Bernardo Daddi, ou le génial Fra Angelico avec son exceptionnelle Mare de Déu de la Humilitat. Tableaux d'artistes vénitiens du Settecento, Canaletto et Tiepolo, ainsi que des œuvres de l'école flamande : Rubens et Ruysdaël.

1er étage : art moderne
L'autre grande affaire du musée, qui occupe l'intégralité de l'étage. Là encore, la collection est considérable (plus de 1 200 œuvres pour près de 260 artistes !). Elle tire son origine de l'Exposition universelle de 1888 à Barcelone. Plutôt que de se

contenter d'une fastidieuse succession chronologique d'œuvres et d'artistes, on a opté pour une présentation thématique permettant d'inclure toutes les formes d'art des XIXe et XXe s, qu'il s'agisse de la peinture, de la sculpture ou du dessin, mais aussi de la gravure, de la photographie, du cinéma, de l'architecture et des arts décoratifs. Les différentes sections s'intéressent d'abord à l'apparition d'un nouveau genre d'artiste, plus bohème et dandy, le moderniste, avant d'aborder le **modernisme** en général. La visite se poursuit avec le **noucentisme**, enchaîne avec **l'art pendant la guerre civile**, et s'achève avec **l'avant-garde d'après-guerre**.

Y sont représentés les grands mouvements que sont le néoclassicisme ou le romantisme, sans oublier Fortuny, l'école de Rome ou encore le réalisme catalan. Le clou de la visite reste évidemment la section dédiée au modernisme.

La **1re section** permet d'aborder différents thèmes comme l'art du portrait (voir salle 2 le petit autoportrait du barcelonais **Ramon Casas**, et le réjouissant buste de Picasso par **Pablo Gargallo**), le nu (photos ou encore, salle 4, des compositions pleines d'audace comme celle de **Fortuny**), la vie de bohème (bien illustrée salle 6, notamment avec Carles Mani i Pere Duran par **Rusiñol**), la représentation de la bourgeoisie (modus vivendi de l'artiste) avec une Colette facilement reconnaissable et un original portrait de jeune fille par **Joan Brull**, les portraits mortuaires, l'orientalisme (langoureuse Odalisca, salle 9, par **Fortuny**)... Parmi les œuvres les plus impressionnantes, citons, dans la partie historique, l'énorme tableau représentant la Bataille de Tetuan, signé **Marià Fortuny** (1838-1874).

La **2e section** évoque le modernisme à Paris (salle 14, scènes de Montmartre par **Ramon Casas** et quelques affiches de **Toulouse-Lautrec**) et bien sûr à Barcelone. Ne pas rater salle 15 Sitges d'**Utrillo**, et surtout le célèbre et très comique El Tàndem de **Ramon Casas** (qui se trouvait à l'origine au café des Quatre Gats), montrant Ramon Casas et Pere Romeu juchés sur un tandem, avec son pendant en vis-à-vis, représentant les deux compères en voiture et roulant dans la direction opposée ! Place maintenant aux arts décoratifs, avec les paravents-vitraux de **Frederic Vidal**, salle 17 et annexes. La section se poursuit ensuite de l'autre côté du hall, dans une 2e aile. Les fans de modernisme se réjouiront à la vue des fabuleuses marqueteries de **Gaspar Homar**, des miroirs, lustres, bijoux, céramiques... Quelques pièces assez extraordinaires venant notamment du Park Güell, de la Casa Milà et de la Casa Lleó i Morera, comme ces scènes champêtres en céramique (trencadís) avec visages et mains sculptés en porcelaine par **Antoni Serra**. Salle 18, créations souvent délirantes de **Josep Maria Jujol** et de **Gaudí**, dont on remarquera aussi le joli Banc Litúrgic aux lignes simples et élégantes. Dans la partie dédiée au misérabilisme, on ne reste pas insensible à la force qui se dégage du saisissant buste de **Pablo Gargallo**, La Bèstia de l'Home, salle 21, et à la mystérieuse Gitana de perfil d'**Isidre Nonell**.

Puis vient le **noucentisme (3e section)**. Ce courant est une réaction à l'art visionnaire et exalté de Gaudí, un retour vers la terre et la réalité quand Gaudí aspirait à la légèreté et à la transcendance. Voilà un courant artistique local qui marqua les deux premières décennies du XXe s. Il s'inspire de Cézanne et du classicisme méditerranéen, de Puvis de Chavannes aussi, tout en restant fidèle au réalisme de l'entre-deux-guerres. Salle 23, de remarquables tableaux de **Joaquím Torres Garcia** et de **Joaquím Sunyer**, comme Tres nus al bosc. Salle 24, le travail de **Xavier Nogués** pour les Galeries Laietanes ne manque pas d'humour, tandis que les sections sur l'avant-garde (salle 25) mettent en avant l'éclectisme des travaux. Salle 27, remarquables illustrations publicitaires, avant d'aborder le surréalisme salle 28 (et l'incontournable **Joan Miró** avec son collage-peinture).

Quant aux salles sur **l'art pendant la guerre civile**, elles rassemblent des œuvres fortes qui mêlent propagande et faits historiques (photos de **Agustí Centelles**, le Robert Capa catalan, lithos originales de **Ramón Puyol**, encres et gouaches de **José García Narezo**)...

Impossible de tout citer tant l'offre est vaste, mais les chefs-d'œuvre ne manquent pas. En fonction des accrochages et de ses goûts, on peut s'attarder encore devant les belles sculptures de **Joan Llimona** (dont les fameuses *Désolation* et *Lecture*), les œuvres de **Josep Puig i Cadafalch**, de **Salvador Dalí** ou de **Picasso**.

IOI Òleum : *au 1er étage du musée.* ☎ 93-289-06-79. *Mar-sam 12h30-16h, 19h30-23h30 ; dim et j. fériés 12h-16h. Parfois fermé pour des événements privés. Résa conseillée. Menu midi env 29 € ; carte 25-40 €.* Très agréable resto aménagé dans l'une des grandes salles d'apparat du palais, avec vue panoramique sur la ville. Les marbres à l'antique côtoient les œuvres de Tàpies dans un jeu subtil de miroirs. Carte courte mais assiettes savoureuses et joliment dressées. 🍷 Aussi un *bar* aménagé sur le toit-terrasse. *Mar-sam 12h-20h (15h dim et j. fériés) et jeu-sam 20h-minuit.*

🎯 Castell de Montjuïc (centre détachable B-C6) : *ctra de Montjuïc, 66.* ☎ 93-256-44-45 *ou* 93-329-86-53 (Association des amis du château). • castillomontjuic.com • *Au sommet de la butte. Tlj : avr-oct 10h-20h, nov-mars 10h-18h. Entrée : 5 € ; réduc ; gratuit - de 16 ans et pour ts le dim après 15h.* Surtout intéressant pour le panorama exceptionnel sur la ville. Longtemps propriété de l'État, le *castell* faisait partie, à l'instar de la *Ciutadella* au nord, du dispositif qui permettait de surveiller la turbulente Barcelone. La municipalité de la ville l'a récupéré en 2009, un vrai symbole pour les Catalans ! Il accueille un musée et un centre d'interprétation du Montjuïc. Un autre projet vise à réhabiliter le Musée militaire qui occupait le bâtiment depuis 1963, fermé à la demande des Catalans, car c'était un musée militaire espagnol.

🎯 Pavelló Mies Van Der Rohe (centre détachable B4) : *avda Francesc Ferrer i Guardia, 7.* ☎ 93-423-40-16. • miesbcn.com • *Tlj 10h-20h. Entrée : 5 € ; réduc ; gratuit - de 16 ans. Visite guidée sam à 11h et 12h (langue variable).* Encore un bâtiment rescapé de la grande Expo universelle de 1929 ! Rescapé ? Enfin presque… Comme la plupart de ses voisins, il fut démonté en 1930. C'est à l'instigation de la mairie que le pavillon fut reconstruit à l'identique, à son emplacement d'origine. Même s'il s'agit d'une copie, l'architecture épurée du pavillon allemand tranche par sa modernité avec les bâtiments environnants, datant pourtant tous de la même année. Le pavillon abrite une fondation chargée de promouvoir l'architecture contemporaine. À réserver aux inconditionnels, et ce d'autant plus que l'espace est vide, et l'entrée chère pour ce qu'il y a à voir à l'intérieur, le bâtiment peut tout aussi bien être vu de l'extérieur. Hormis les deux magnifiques chaises « Barcelone » dont le design a, depuis, fait le tour du monde… mais sur lesquelles il est interdit de s'asseoir !

🎯 Caixa Forum (centre détachable B3-4) : *avda Marquès de Comillas, 6-8.* ☎ 93-476-86-00. • fundacio.lacaixa.es • Ⓜ *Espanya.* ♿ *Tlj 10h-20h (23h mer en juil-août). Fermé 1er et 6 janv, et 25 déc. Entrée : 4 €.* 📶 Entre la fondation *La Caixa* et Barcelone, il s'agit décidément d'une folle passion… Ce mécénat a permis la restauration de l'ancienne usine *Casaromana*. Ce chef-d'œuvre moderniste en brique de l'architecte Cadafalch s'est converti en centre d'art contemporain : remarquables expositions d'art de différentes époques, qu'il s'agisse de photos, de peintures ou de sculptures. Il y a toujours trois ou quatre expos en cours. Ça fait donc plusieurs bonnes raisons de venir. Et il y a parfois des concerts.

🎯🎯 👫 Poble Espanyol (village espagnol ; centre détachable A-B4) : ☎ 93-508-63-00. • poble-espanyol.com • Ⓜ *Espanya. Lun 9h-20h ; mar-jeu et dim 9h-minuit ; ven 9h-3h ; sam 9h-4h ; horaires spéciaux autour de Noël (et lun-jeu en janv). Entrée : 12 € ; 7 € 4-12 ans ; réduc ; forfait familles (2 adultes + 2 enfants 4-12 ans) : 33 €. Audioguide : 3,50 €, vidéoguide : 4,50 €. Billet MNAC + Poble Espanyol : 18 €. Entrée de nuit : 7 €. Réduc sur leur site internet. Plan gratuit. Certains restos fermés lun. Boutiques ouv 10h-20h l'été (18h l'hiver ; 19h printemps et automne). Activités enfants (jeux de piste…) en français. Fêtes, spectacles et ateliers divers le dim.*

Cette réplique fidèle de différents monuments espagnols et des principales architectures régionales est un héritage de l'Exposition universelle de 1929.

L'idée du célèbre et talentueux architecte Josep Puig i Cadafalch était de créer un modèle idéal de village, dans lequel seraient représentés des échantillons de l'architecture populaire espagnole. Le résultat fut un village fortifié de 49 000 m², à l'intérieur duquel se trouvent une mairie, un monastère, 117 bâtiments, rues et places.

On se croirait un peu chez Mickey, compte tenu des innombrables boutiques et des foules de touristes qui y déambulent en journée, mais l'ensemble s'est bien patiné avec le temps et ne manque pas d'allure. Le visiteur est invité à louvoyer des *plazas mayores* castillanes aux ruelles des villages andalous, ou encore à musarder parmi les palais et autres églises... La porte d'entrée est une reproduction de celle des remparts d'Ávila. Les maisons, qui s'ordonnent autour d'une agréable place centrale, abritent une quarantaine d'artisans, de grande qualité, travaillant sous les yeux des visiteurs. Possibilité d'acheter leur production. Ne manquez pas notamment l'extraordinaire habileté des souffleurs de verre *(forn de vidre)*.

On y trouve aussi un **musée d'art contemporain** avec des œuvres de Miró, de Tàpies ou encore de Dalí, et on peut y voir des manifestations culturelles. Et puis des **restos** proposant des soirées « folkloriques », avec menus « typiques » et flamenco, des discothèques, un théâtre... Hyper touristique, évidemment, surtout l'été. Le soir, en revanche, lorsque la majorité des visiteurs ont regagné le centre-ville, la balade ne manque pas de charme.

🏃 À l'angle de la plaça d'Espanya et de la Gran Vía de les Corts Catalanes, les anciennes **arènes** de Barcelone *(centre détachable C3),* habillées de brique et d'azulejos. Construites en 1916, elles voyaient agoniser plus de 200 taureaux annuellement. Désormais, ce sont les portefeuilles qui se font déplumer, puisqu'elles ont été réaménagées en un vaste complexe commercial ! Nombreuses boutiques, 12 salles de ciné, spa et salle de gym... L'architecte n'est autre que Richard Rogers, coauteur du Centre Pompidou, à Paris. Il a greffé une structure ultramoderne dans le corps de l'arène, et modifié l'extérieur juste ce qu'il faut pour donner à l'ensemble une allure décalée. La coupole qui coiffe le tout est particulièrement impressionnante. Du fort beau travail ! Depuis le toit, panorama sur la ville ; emprunter les escalators (gratuits), plutôt que l'ascenseur qui n'apporte rien de plus et est payant.

ITINÉRAIRE MODERNISTE

Barcelone sans le modernisme, c'est comme une coupe sans champagne ! Gaudí, Domènech i Montaner, Puig i Cadafalch et quelques autres architectes talentueux ont offert à la belle la plus somptueuse des parures, qui a métamorphosé la vieille capitale catalane en une cité moderne, élégante... et irrésistible ! L'engouement pour cet incroyable style architectural était tel qu'on recense aujourd'hui encore des centaines de sites éparpillés aux quatre coins de la ville. Impossible de tous les visiter, à moins d'être un stakhanoviste du genre. Pour une approche sérieuse, se procurer le kit **La Ruta del modernisme** (voir la rubrique « Budget. Musées et sites » dans « Barcelone utile »), qui détaille les plus importants. Sinon, on vous propose un **itinéraire de 4h** environ, qui a le mérite d'être faisable à pied et de passer en revue les sites principaux (pour plus de détails, se référer aux textes qui leur sont consacrés plus loin). Prévoyez évidemment plus de temps si vous envisagez de pénétrer dans l'un ou l'autre des monuments.

– Commençons par le maître. Gaudí n'avait que 34 ans lorsqu'on lui confia la réalisation du **palau Güell** (*zoom détachable E5* ; voir plus haut aussi), situé au 5, carrer Nou de la Rambla. Construit entre 1895 et 1899 en plein Raval (et non dans l'Eixample, car le propriétaire souhaitait rester à proximité de la maison de famille

ITINÉRAIRE MODERNISTE | 187

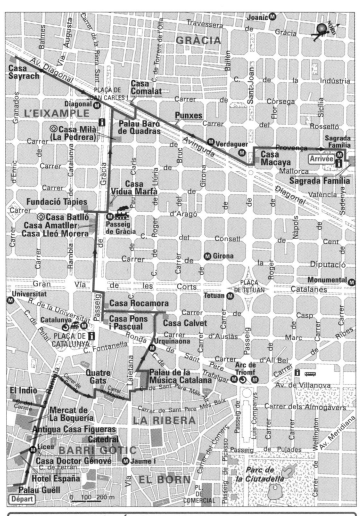

ITINÉRAIRE MODERNISTE

située juste à côté), c'est un étonnant palais à la façade austère, avec des portes en arc parabolique. Sa visite se révèle d'une grande richesse.
– Puis on remontera la Rambla pour rattraper la carrer Sant Pau jusqu'aux n°s 9-11, où se situe l'***Hotel España,*** dont les salons ont été décorés par Lluís Domènech en 1902.
– Retour sur la Rambla pour admirer au n° 77 la ***casa Doctor Génové*** (elle abrite la pâtisserie *Escribà,* voir plus haut « Où prendre le petit déjeuner ? Où manger une

pâtisserie ? », une pause sympa en cours de balade), d'Enric Sagnier i Villavecchia (1911), et au n° 83 l'**Antiga Casa Figueras,** d'Antoni Ris i Güell (1902 ; *zoom détachable E5, 319*) : les deux arborent une belle décoration moderniste composée de mosaïques colorées et de sculptures. Un peu plus haut, le **mercat de la Boqueria** *(zoom détachable E4)* se distingue par son fameux toit métallique installé en 1914 sur une structure antérieure. Tout proche, au 24, carrer del Carme, on découvre la charmante boutique **El Indio,** dont les décorations extérieures caractéristiques datent de 1922.
– Traverser ensuite le Barri Gòtic pour rejoindre l'avinguda Portal de l'Ángel et la carrer Montsió *(zoom détachable F4),* et faire une pause bien méritée au célèbre **Quatre Gats** *(zoom détachable F4, 358).* Dessiné par Puig i Cadafalch en 1895, ce bâtiment orné de fer forgé et de fenêtres aux vitraux polychromes accueillait les agapes du gratin culturel de la fin du XIXe s et du début du XXe s (à l'intérieur, la fameuse toile du tandem de Ramon Casas est une copie : l'originale est au MNAC).
– Traverser la vía Laietana pour se repaître de la façade géniale et grandiose du **palau de la Música catalana** *(zoom détachable F-G4),* réalisé entre 1905 et 1908 par Domènech i Montaner. C'est un festival de sculptures et de mosaïques polychromes délirantes. Remarquer les deux grosses colonnes percées de petites fenêtres au rez-de-chaussée : il s'agit des caisses d'origine !
– D'ici, direction plein nord pour pénétrer dans le saint des saints, l'Eixample. Il rassemble la plus forte concentration d'édifices modernistes, dont la **casa Calvet** *(centre détachable G4 ; c/ Casp, 48),* le premier immeuble conçu par Gaudí dans l'Eixample (1898), remarquable pour sa façade baroque et ses reliefs évoquant des champignons (clin d'œil au propriétaire, passionné de mycologie). Essayer de jeter un œil à l'intérieur du resto très chic du même nom *(tlj sf dim 13h-15h30, 20h30-23h),* décoré lui aussi par Gaudí. Magnifiques boxes en bois et vitraux.
– Mais c'est à deux pas, sur le passeig de Gràcia *(centre détachable F2-3-4),* que s'alignent comme à la parade les chefs-d'œuvre les plus emblématiques. Pour se mettre l'eau à la bouche, arrêt aux n°s 2-4 devant la **casa Pons i Pascual** (bâtiment d'inspiration gothique d'Enric Sagnier i Villavecchia, 1891) et au n° 6 devant la **casa Rocamora** (de Joaquin Bassegoda, 1917), reconnaissable à ses toitures colorées.
– Puis on parvient au trio magnifique, plus connu sous le nom de **Manzana de la Discordia** (Pomme de Discorde ; *centre détachable F3*), pour éclairer les différentes sensibilités architecturales, et même les oppositions théoriques à l'intérieur d'un courant jugé pourtant relativement homogène. Au n° 35 (à l'angle de c/ del Consell de Cent), la **casa Lleó i Morera** (1902-1906), de Lluís Domènech i Montaner. Juste au-dessus, au n° 41, la **casa Amatller** (1898-1900). Et à côté, l'incontournable **casa Batlló** (1904-1907), dessinée par Gaudí. Voir plus loin les descriptifs de ces maisons qui se visitent toutes les 3.
– En remontant le passeig de Gràcia, petit crochet au 255, carrer Aragó pour découvrir la **fondació Tàpies** *(centre détachable F3 ; voir le texte plus loin),* construite par Domènech i Montaner en 1886 afin d'abriter la maison d'édition familiale.
– Retour passeig de Gràcia, avec une halte au n° 66 pour apprécier les influences médiévales de la **casa Vidua Marfà** (Manuel Comas i Thos, 1905), avant de s'enthousiasmer devant la façade fascinante de la **casa Milà** (la **Pedrera,** *centre détachable F2* ; voir le texte plus loin), sans doute l'immeuble le plus connu de Gaudí (1906-1912). Cette falaise aux formes ondulées rappelle une forteresse, impression renforcée par les cheminées coiffées par des heaumes de chevaliers.
– On débouche alors sur **Diagonal,** émaillée de plusieurs édifices dignes d'intérêt. La **casa Sayrach** aux n°s 423-425 (à gauche ; *centre détachable E1*) est une sublime folie signée par... Sayrach en 1918. Jetez un coup d'œil à travers la porte vitrée : la fantaisie naturaliste est ici poussée à son paroxysme. C'est simple, on se croirait dans le ventre d'une baleine, murs et colonnes rappellent l'ossature de l'animal... Au n° 373, le **palau Baró de Quadras** (Josep Puig i Cadafalch, 1904). GRATUIT *(lun-sam 10h-20h, dim 10h-14h).* Ce monument abrite un centre d'échanges culturels avec l'Asie et le Pacifique, proposant des expos temporaires d'art contemporain. Réjouissant palais orné de gargouilles, à l'intérieur duquel on découvre un hall, un escalier somptueux et une terrasse sur le toit

pour observer plus à son aise la façade de la proche casa Comalat. Au n° 442, en face justement, la **casa Comalat** (*centre détachable F-G2* ; Salvador Valeri i Popurull, 1909) avec une façade arrière délirante, carrer de Còrsega, 316 (essayer d'entrer discrètement dans le hall, sur Diagonal, digne du palais de Dame Tartine). Au n° 416, occupant tout un pâté de maisons, les **Punxes** (ou *casa Terrades*, 1903-1905 ; *centre détachable G2*), dont les plans ont été projetés par Josep Puig i Cadafalch. Aspect massif de château fort baroque avec ses tourelles surmontées de cônes pointus.

UN STYLE ARCHITECTURAL TOUJOURS VIVANT

L'un des aspects les plus étonnants du modernisme est que sa production, loin d'être enfermée dans les musées, est encore utilisée tous les jours. À côté des logements commandés par de riches industriels barcelonais, il y a presque un siècle déjà, on trouve de nombreux commerces qui ont conservé leur caractère et leur architecture moderniste, depuis la pharmacie jusqu'au boulanger... Et le plus insolite est que ces lieux pratiquent toujours, pour la plupart, l'activité pour laquelle ils ont été conçus !

– Enfin, sur le chemin de la **Sagrada Família,** terminus de notre balade, jetez un œil sur la **casa Macaya** (1901 ; *centre détachable H2*), passeig Sant Joan, 106, également l'œuvre de Josep Puig i Cadafalch.

L'EIXAMPLE (*L'ENSANCHE ; centre détachable C-H1-4*)

Comme n'importe quelle ville d'origine médiévale, Barcelone était entourée de puissants remparts. En 1854, lorsqu'on décida de les abattre, les vastes zones de sécurité militaires qui s'étendaient au-delà perdirent du coup leur vocation. Du pain bénit pour les urbanistes ! C'est Ildefons Cerdà qui décrocha le gros lot en 1859, et conçut le quadrillage caractéristique de l'Eixample. La nouvelle ville devait compter 550 blocs, organisés le long de rues et d'avenues tirées au cordeau, et coupés à chaque angle. Cela n'avait rien à voir avec une quelconque démarche esthétique : il s'agissait de dégager la vue aux véhicules à une époque où les feux rouges n'existaient pas. Visionnaire ! Quatre artères constituent l'épine dorsale de l'ensemble. D'abord, la Gran Vía de les Corts Catalanes : grande saignée parallèle à la mer, la plus longue voie de la ville. Ensuite, le passeig de Gràcia : le principal axe vertical. Lieu de promenade favori des bourgeois au début du XXᵉ s. Bordé d'immeubles cossus, banques, ambassades, sièges sociaux. Notez ses intéressants bancs-réverbères de pierre et de fer, et ses pavés dessinés par Gaudí. Parallèle au passeig de Gràcia, la rambla de Catalunya et ses restos chic, ses terrasses à l'ombre des tilleuls. Enfin, rompant de façon provocatrice l'ordonnancement régulier de l'Eixample, la Diagonal, comme son nom l'indique, fend le quartier en alignant nombre de bâtiments modernistes, boutiques élégantes, couturiers, boîtes, cafés à la mode...
– **Petite combine pour se repérer dans l'Eixample :** la numérotation des rues part de la mer pour les artères orientées nord-ouest (verticales sur notre plan) ; pour les autres, orientées nord-est (horizontales sur notre plan), elle se fait dans le sens de l'écriture. Logique !

◎ ✱✱✱ **Casa Batlló** (*centre détachable F3*) **:** *passeig de Gràcia, 43.* ☎ *93-216-03-06.* ● *casabatllo.cat* ● Ⓜ *Passeig-de-Gràcia.* ⚒ *Tlj 9h-21h (dernière admission à 20h). Entrée (chère) : 21,50 € (audioguide interactif sur tablette tactile compris) ; réduc ; gratuit - de 7 ans. Attention, louée de temps en temps pour des événements, donc parfois fermée (planning des fermetures sur leur site).*

> *Pour éviter les files d'attente* en haute saison (dès les premiers week-ends fériés) et pendant les vacances scolaires, *réservez sur le site internet officiel* : c'est le même tarif ; 5 € de plus pour l'option *fastpass* qui permet d'entrer encore plus rapidement.

La casa Batlló est, pour certains, le plus beau, le plus abouti des projets de Gaudí. Construite entre 1904 et 1906 pour un industriel du textile (au 3e étage, les héritiers y ont toujours une résidence), c'est un véritable symbole de Barcelone. Ici, c'est un Gaudí plus onirique qui s'exprimerait, en principe, sans faire référence à ses croyances religieuses (ou plus discrètement, car on retrouve tout de même les initiales « IMJ » pour Jésus, « M » pour « Marie » et « J » pour Josef sur la tourelle-échauguette de la façade).

Les interprétations au sujet de la façade extérieure de la casa Batlló ont toujours fait couler beaucoup d'encre. Certains n'y voient que des os (balcons figurant des crânes avec les orifices pour les yeux et le nez). D'autres donnent la priorité aux éléments naturels : les colonnes en bas de l'édifice rappellent des troncs d'arbres, les ondulations des mosaïques en verre et céramique le mouvement de l'océan. Ces vagues, aperçues comme dans un songe, évoqueraient aussi un étang de couleur bleu-vert habité par le dragon (d'où les arêtes et les nageoires) qui sera enfin tué par saint Georges (sant Jordi, le patron de la ville). D'ailleurs, le sommet de la maison se termine par une sorte de casque hérissé d'écailles qui rappelle la carcasse d'un monstre marin.

Surréaliste, inspirée par la mer et le monde aquatique, cette maison étonnante captivait Salvador Dalí, qui y voyait des affinités secrètes avec son univers artistique.

La visite de l'intérieur commence par l'étage noble : l'ancien bureau de Batlló, agrémenté d'une cheminée géniale (encastrée dans une alcôve en forme de champignon), le grand salon éclairé par une longue baie vitrée moderne (avec son système de contrepoids pour faciliter l'ouverture), la salle à manger, au plafond orné d'étranges bulbes, par laquelle on accède au patio décoré de céramiques. Puis on pénètre dans une curieuse cage d'escalier, et on monte d'étage en étage, autour d'un puits de lumière tapissé de carrelages en céramique bleue. Bleue comme la mer ! L'ascenseur rétro fonctionne encore. Aucune ligne droite ne vient rompre l'ondulation infinie des lignes. Jeu de courbes et de voûtes « chaînette », arcades en forme de gouttes d'eau, spirales végétales, portes et fenêtres dessinées avec des contours d'algues sous-marines. Tout le génie de Gaudí a été de récupérer au maximum la lumière, même dans les parties basses. « Tout est fait pour toucher autant que pour voir. » On notera le superbe travail de menuiserie. Au dernier étage, accès au toit de l'immeuble, occupé par une terrasse où se dressent des cheminées aux formes torsadées et tarabiscotées, surplombant l'avenue. Une merveille, et également un prodige d'intelligence.

🍴🍴 *Casa Amatller* (centre détachable F3) : *passeig de Gràcia, 41.* ☎ *93-461-74-60.* ● *amatller.org* ● Ⓜ *Passeig-de-Gràcia. Tlj 11h-19h. Visite guidée obligatoire, en petits groupes (parfois possible en français, voir horaires et langues sur leur site) ; durée 1h. Résa sur Internet conseillée. Fermé 1er et 6 janv, et 25 déc. Entrée : 15 € ou 12 € pour les visites express de 30 mn ; réduc ; gratuit - de 5 ans. Attention, talons aiguilles interdits.* Coincée entre l'illustre casa Batlló et la casa Lleó i Morera, la casa Amatller a ouvert à la visite en 2015 après d'importants travaux de rénovation. Encore une brillante déclinaison du modernisme catalan, réalisée en 2 petites années par Josep Puig i Cadafalch (1898-1900) pour le compte d'Antoni Amatller. Maître chocolatier, précurseur en matière de marketing et de publicité (la marque Amatller était célèbre dans le monde entier), il était aussi amateur d'art éclairé, photographe et grand voyageur. Commencez par observer la façade, avec ses fenêtres gothiques, son toit à redents de style flamand et cet étonnant bestiaire fantasmagorique. L'architecte s'est amusé à y représenter de nombreux détails symbolisant la vie et les goûts du propriétaire : ici, des rats prenant des photos, là, des cochons tenant des céramiques (clin d'œil à sa collection d'art). Contrairement à ses voisines, l'intérieur de la casa Amatller a eu la chance de conserver in situ son mobilier d'époque, dessiné de A à Z par l'architecte. Autre différence, ici, c'est le style néogothique qui domine, même si toujours mâtiné de touches modernistes. L'atmosphère est plus sombre, plus austère et masculine (Amatller y vivait seul avec sa fille) qu'à Batlló ou à la casa Lleó i Morera. La chambre de Teresa fait exception, baignée de lumière et tout en bois clairs, avec les quatre âges de la femme sculptés sur un chapiteau : naissance, enfance, maturité et vieillesse. Réminiscence des travaux de décoration réalisés en 1934 dans la maison, le dressing-room attenant a été conservé dans son pur style Art déco. La visite, qui se limite au 1er étage, occupé à l'époque par Antoni Amatller (le reste était loué), passionnera les amateurs de modernisme et d'architecture en général.

🐾🐾🐾 *Casa Lleó i Morera* (centre détachable F3) : passeig de Gràcia, 35. ☎ 93-676-27-33. • casalleomorera.com • Ⓜ Passeig-de-Gràcia. Visite guidée obligatoire, sur résa slt (via leur site ou au guichet du palau de la Virreina, la Rambla, 99). Visites d'1h en catalan mar-dim 12h et 18h, en espagnol mar-dim 17h, en anglais mar-dim 11h. Tours en français en projet. Tarif : 15 € ; réduc (gratuit - de 12 ans, max 1 enfant/adulte payant). Aussi des visites express (30 mn, 12 € ; réduc) ttes les 30 mn mar-dim 10h-13h, 15h30-18h30. Talons aiguilles interdits.

POMME DE DISCORDE

Au début du XXe s, quelques notables demandent à des architectes modernistes de transformer les façades classiques du passeig de Gràcia en palais extraordinaires. Gaudí, Domènech i Montaner et Puig i Cadafalch rivalisent d'ingéniosité et d'audace pour livrer trois interprétations du modernisme sur un même pâté de maisons. L'îlot urbain est surnommé « La Manzana de la Discordia », clin d'œil à la mythologie grecque et jeu de mots sur la manzana *en espagnol (« pomme » mais aussi « pâté de maisons »). Les trois édifices, la casa Batlló, la casa Lleó i Morera et la casa Amatller, se visitent.*

Entre les délires marins de la casa Batlló et l'austérité néogothique d'Amatller, voici une variation florale de cet inépuisable modernisme catalan, signée Lluís Domènech i Montaner (1902-1905), l'architecte du palau de la Musica et de l'hospital de Sant Pau. Ce petit bijou se visite depuis peu, profitez-en d'autant qu'il y a beaucoup moins de monde qu'à la Batlló ! Sur les balcons en façade, des sculptures symbolisent le XXe s : des femmes brandissant un gramophone, un téléphone ou encore un appareil photo... Certaines ornementations ont été détruites lors de la guerre civile et de l'aménagement de la boutique *Loewe*, mais Dalí en récupéra une partie pour le patio de son théâtre-musée à Figueres ! La visite guidée se concentre sur l'appartement du 1er étage, de toute beauté. Il faut dire que Domènech i Montaner s'était entouré des meilleurs artistes, maîtres verriers et sculpteurs de l'époque moderniste. Comme à Batlló, le splendide salon de réception plonge vue sur le passeig de Gràcia par d'impressionnantes baies vitrées (il fallait voir et être vu). Les motifs floraux sont partout (notamment la fleur de mûrier, ou morera, allusion au nom de la famille propriétaire) : sur les extraordinaires parquets, aux plafonds tout en marqueterie, sur les vitraux, les céramiques, les sgraffites... Plus de 20 essences différentes de bois ont été recensées dans la maison. Le mobilier d'origine, signé par l'ébéniste Gaspar Homar, n'est plus dans les murs mais vous le verrez au MNAC. Dans la salle à manger, notez ces originales scènes champêtres en mosaïques *(trencadís),* avec les visages et les mains sculptés en porcelaine par le peintre et céramiste Antoni Serra. Mais le clou de la visite, c'est l'incroyable rotonde en vitrail côté jardin, festival de couleurs sur le thème naturaliste. La terrasse offre d'ailleurs une perspective sur les quatre niveaux de vitraux au sommet desquels trône un oranger.

Casa Milà – La Pedrera (centre détachable F2) : c/ Provença, 261 (angle avec le passeig de Gràcia). ☎ 902-202-138. • lapedrera.com • ♿ Ⓜ Diagonal, Provença ou Passeig-de-Gràcia. *Mars-oct et 26 déc-3 janv, tlj 9h-20h30 (dernière entrée à 20h) ; nov-fév, tlj 9h-18h30 (dernière entrée à 18h). Fermé 11-17 janv et 25 déc. Entrée (accès au toit et audioguide inclus) chère : 20,50 € ; réduc ; gratuit - de 7 ans.* La maison de Gaudí la plus célèbre. D'ailleurs, dans *Profession reporter*, d'Antonioni, Jack Nicholson, le personnage principal de l'histoire, habite la Pedrera, que l'on voit bien dans le film. Construite entre 1906 et 1912 pour le richissime dandy Pere Milà, la Pedrera est désignée par beaucoup de critiques d'art comme une œuvre abstraite, une folie structurelle. Gaudí, qui avait pour l'occasion un budget illimité, a poussé au maximum la rupture du plan de façade et les possibilités plastiques des volumes. Il en résulte une sorte d'immense falaise, aux courbes extraordinaires (d'où son surnom de la Pedrera, la « carrière »). Une prouesse technique rendue possible par le fait que les blocs de pierre ne supportent pas le poids du bâtiment, mais sont maintenus par une résille en acier, formant ainsi une seconde peau. Notez aussi le formidable travail en fer forgé des balcons. Sur le toit-terrasse, on découvre les cheminées (ressemblant étrangement à des casques de guerriers...), les cages d'escalier et les tours d'aération aux formes audacieuses, revêtues de *trencadis* (fragments de céramique). Vue remarquable sur la ville et la Sagrada Família.

La maison accueille dans ses combles aux fantastiques voûtes paraboliques l'***Espai Gaudí,*** une exposition retraçant la vie de l'artiste et expliquant l'évolution de son œuvre, on ne peut plus didactique (brochure en français en vente à l'entrée de l'exposition). Audiovisuel, plans et photos des différentes réalisations de l'architecte, maquettes et explications techniques très précises. Également un diaporama qui, de 1852 à 1926 (dates de naissance et de mort de Gaudí), présente année par année des événements

LA NATURE COMME SOURCE D'INSPIRATION

À l'Espai Gaudí, plusieurs vitrines illustrent les sources d'inspiration de l'architecte, et parmi elles, la nature occupant une place non négligeable. On découvre alors les rapprochements entre l'intérieur d'un coquillage et les formes sensuelles des chaises conçues par Gaudí, ou encore des fruits du caroubier repensés en voluptueux bancs de bois.

majeurs, souvent liés à l'architecture. L'étage au-dessous abrite un appartement aménagé avec des meubles et des objets de l'époque pour reconstituer le cadre de vie du début du XXe s : chambres, salon, cuisine, et même un débarras bourré d'objets amusants. Tout le 1er étage du bâtiment est occupé par des expos temporaires remarquables *(accès par le 92, passeig de Gràcia ; env 4/an ; 3 €).*
– ***Les Nuits de la Pedrera :*** deux options possibles. ***Les visites nocturnes (Gaudí's Pedrera : The Origins) :*** *de mi-mai à oct, tlj 21h-23h (22h-23h les ven et sam de mi-juin à mi-sept) ; nov-fév, tlj 19h-21h ; départ ttes les 30 mn, visites en catalan, espagnol ou anglais. Prix : 34 € ; réduc ; gratuit - de 6 ans.* Une visite différente, véritable son et lumière dans la Pedrera illuminée (verre de *cava* inclus en fin de visite). ***Concerts jazz :*** *de mi-juin à mi-sept, ven-sam à partir de 20h30, sur la terrasse du toit de la casa Milà. Résa en avance conseillée au* ☎ *902-202-138 ou sur Internet. Billet : 28 €. De mi-juin à mi-sept, possibilité de combiner concert + The Origins : 49 €.* Une autre manière toute particulière d'apprécier l'œuvre de Gaudí, en plein air et en nocturne, en écoutant un bon concert de jazz, un verre de *cava* à la main !

Fundació Antoni Tàpies (fondation Antoni-Tàpies ; centre détachable F3) : c/ Aragó, 255 (presque à l'angle du passeig de Gràcia). ☎ 93-487-03-15. • fundaciotapies.org • Ⓜ Passeig-de-Gràcia (lignes 3 et 4). ♿ *Tlj sf lun 10h-19h. Fermé 1er et 6 janv, et 25 déc. Entrée : 7 € ; réduc. Inclus dans l'Articket. Audioguide : 2 €.*

La muséographie bouge régulièrement et propose tout au long de l'année des expos temporaires de l'œuvre de Tàpies. Elles occupent un, deux ou trois étages selon l'ampleur des pièces. C'est une manière vivante de faire tourner le fonds de la collection.

Né à Barcelone en 1923, admirateur de Picasso et de Van Gogh, Antoni Tàpies devient l'ami de Joan Miró, crée une revue d'art et obtient du gouvernement français une bourse qui lui permet de se lancer à fond dans sa peinture, sans interruption. En quatre décennies, il aura exposé dans le monde entier et reçu une bonne vingtaine de prix, dont celui de la paix, décerné par l'ONU. Encensé par les connaisseurs, admiré par ses pairs, Tàpies n'a pourtant pas encore trouvé l'adhésion du grand public, tant son œuvre, avant tout cérébrale, peut paraître déroutante. Avec cette fondation, le nationaliste catalan, chef de file incontesté de la peinture espagnole des 30 dernières années, peut s'asseoir tranquillement sur sa chaise : peu d'artistes ont eu droit, de leur vivant, à leur propre musée ! L'immeuble et le quartier choisis ont également une signification très nette : après le modernisme architectural, Barcelone continue à produire des peintres symbolisant à eux seuls toute la modernité d'une ville pleine de génies créateurs...

Installée dans un splendide immeuble moderniste construit au siècle dernier par l'architecte Domènech i Montaner et inaugurée en 1990, la fondation se distingue de prime abord par son étonnant toit, œuvre de Tàpies intitulée *Nuage et Chaise*. C'est un assemblage de câbles d'aluminium tordus, sur lequel repose une chaise, symbole clé de l'œuvre de Tàpies ! L'intérieur est à l'avenant : marbre et mezzanine fin de siècle, froideur et dépouillement austère, conçu comme pour mieux faire jaillir des toiles du grand peintre catalan toute la chaleur des couleurs, toute la richesse des matériaux de récupération utilisés. Maître de l'*arte pobre,* l'art pauvre, Tàpies réinvente la vie quotidienne avec des morceaux de bois, une toile épaisse, une poignée de sable, beaucoup de peinture... Dommage que la visite soit aussi courte. Une quinzaine d'œuvres sont exposées, ce qui est un peu décevant même s'il s'agit de la plus importante collection au monde ouverte au public.

La fondation ne se limite cependant pas uniquement aux œuvres de Tàpies, et présente aussi le travail d'autres artistes contemporains (installations, performances expérimentales, photos, sculptures, peintures, etc.), à l'occasion d'expos temporaires. Les vastes volumes de l'édifice (conçu à l'origine pour abriter la maison d'édition et l'imprimerie de la famille Muntaner) permettent d'en accueillir deux ou trois en même temps. Elle renferme aussi une superbe bibliothèque d'art *(mar-ven 10h-15h, 16h-19h, slt sur rdv par tél),* spécialisée dans les civilisations orientales, qui inspirèrent en grande partie la philosophie du maître des lieux. Et une librairie d'art *(mar-dim 10h-19h, w-e fermé 14h30-15h30).*

🍴 ***Museu del Modernisme Català*** *(centre détachable F3, 511)* : *c/ Balmes, 48.* ☎ *93-272-28-96.* ● *mmcat.cat* ● Ⓜ *Passeig-de-Gràcia. Mar-sam 10h30-19h, dim 10h30-14h. Fermé lun, 1er et 6 janv, 1er mai, 25-26 déc. Entrée : 10 € ; réduc ; gratuit - de 6 ans.* Vous vous demandiez où pouvait bien être le mobilier des sites emblématiques, comme la casa Batlló ? Entre autres, ici même, dans ce petit musée privé, où une poignée de collectionneurs-antiquaires ont mis en commun leurs acquisitions. Installée dans une ancienne usine textile, l'exposition tourne au gré des achats. Voici une bonne manière de découvrir les fleurons de l'art décoratif moderniste catalan. 42 artistes, 350 œuvres, toutes plus belles les unes que les autres, signées Antoni Gaudí, Gaspar Homar, Josep Llimona, Enric Clarasó, Lluis Garner Arrufi, Modest Urgell Inglada... Un espace est entièrement consacré aux mobiliers (de la casa Batlló et Calvet) et objets divers réalisés par Gaudí. Les inconditionnels seront aux anges, les autres trouveront la visite un peu redondante s'ils ont déjà vu d'autres sites modernistes. L'entrée est surtout un peu chère et on reste sur sa faim !

🍴 ***Fundació MAPFRE – Casa Garriga i Nogués*** *(centre détachable F3)* : *c/ Diputació, 250.* ☎ *93-401-26-03.* ● *fundacionmapfre.org* ● Ⓜ *Passeig-de-Gràcia. Lun 14h-20h, mar-sam 10h-20h, dim 11h-19h. Entrée payante, selon expo.* Cette magnifique demeure (notez l'impressionnant escalier) abrite régulièrement des expos centrées sur l'art moderne (années 1850 à 1950). En général de bonne qualité, et à prix plutôt raisonnable.

LE NORD ET L'EST DE L'EIXAMPLE
(centre détachable F-G-H1-2 et plan d'ensemble)

🎯 ✱✱✱ **Basílica de la Sagrada Família** *(plan d'ensemble et centre détachable H2) :* c/ Mallorca, 401. ☎ 93-513-20-60. ● sagradafamilia.org ● Ⓜ Sagrada-Família. ♿ Tlj : avr-sept 9h-20h, oct et mars 9h-19h, nov-fév 9h-18h. Fermé l'ap-m 1er et 6 janv, et 25-26 déc. **Visites guidées** de 1h tlj : mai-oct, en anglais à 11h, 12h et 13h plus 15h le w-e et 17h en juil-août, en castillan à 10h30, 11h30, 12h30 et 16h ; nov-avr, en anglais à 11h, 13h et 15h, en castillan à 12h et 16h. **Visite en français,** mar et jeu à 17h en juil-août, sam à 13h sept-juin. Sinon, audioguide très bien fait. **Entrée :** 15 € *(chère !),* 19,50 € avec visite guidée ou audioguide ; réduc, notamment avec la Barcelona Card ; gratuit - de 10 ans. **Visite des tours** *(en ascenseur) :* 4,50 € *(achat des billets aux guichets lors de l'entrée) ;* attention, tours interdites aux - de 6 ans, et jusqu'à 16 ans, obligatoirement accompagnés d'un adulte. Si vous n'avez malheureusement pas réservé *(voir ci-après),* venez tôt *(surtout si vous voulez monter dans une des tours car le quota de billets est limité),* préparez-vous à faire la queue et à attendre parfois plusieurs heures.

> *Pour éviter les files d'attente* démentielles en haute saison, c'est-à-dire dès les premiers week-ends fériés et pendant les vacances scolaires, *réservez* vos entrées soit sur le site internet officiel (prévoir env 1,30 €/pers de plus), soit aux guichets de la Sagrada quelques jours plus tôt. Les billets en ligne fonctionnent par tranche horaire. Pas nécessaire de les imprimer : on peut présenter sur son téléphone ou sa tablette les billets téléchargés en ligne. En fin de journée, il y a souvent un peu moins de monde, mais la luminosité est moins belle à l'intérieur lorsque le jour décline...

Une partie de la Sagrada Família est inscrite sur la liste du Patrimoine mondial de l'Unesco : la façade de *La Nativité* et la crypte, toutes deux achevées (ou presque) du vivant de Gaudí. Commençons la visite par une citation attribuée à Gaudí : « Pour qu'une œuvre d'architecture soit belle, il faut que tous les éléments possèdent une justesse de situation, de dimensions, de formes et de couleurs. »
– **Financement :** le financement de ce chantier titanesque, selon le vœu de Gaudí, provient entièrement de dons privés (individuels, associations religieuses ou entreprises), donations charitables, héritages. On peut imaginer aussi que l'Opus Dei et le Vatican ne restent pas indifférents et suivent de près l'avancement des travaux pour un « Temple » somme toute dédié à la gloire de l'Église et de Dieu. Une chose est sûre : pas un euro ne provient du gouvernement de Catalogne, aucune subvention publique n'est accordée par l'État ou l'Union européenne. N'est-ce pas une garantie du sérieux du projet, qui respecte la laïcité et la séparation de l'Église et de l'État ?
– **Querelles d'esthètes :** elles n'empêchent pas de l'admirer en l'état, de rester pétrifié, délicieusement captivé par la créativité architecturale de la façade de *La Nativité* et par la profusion de formes géométriques. Sa richesse en symboles, évoquant les rêves les plus sublimes, annonce le surréalisme. On se demande parfois si Gaudí ne serait pas un revenant inspiré, tombé de la planète Moyen Âge, un génie nostalgique d'une autre époque égaré dans la modernité du XXe s, un

visionnaire introverti venu de l'âge des cathédrales pour poursuivre, dans un style très personnel, la grande œuvre exaltée de l'Europe chrétienne de saint Bernard. Les détails abondent, parfois insolites. Notez par exemple cette sculpture surprenante dans le cloître du Rosaire (à droite lorsqu'on franchit le portail de La Nativité), qui représente un diable... offrant une bombe à un anarchiste ! On aime ou pas. Picasso, par exemple, n'avait aucune affinité pour l'homme ni pour son œuvre : on dit même qu'il détestait le personnage.

L'édifice fut mis en chantier en 1882 sous la houlette d'un premier architecte, Francesc de Paula Villar. Remercié par le commanditaire 1 an et demi plus tard, il fut remplacé par Gaudí, qui reprit le projet initial... mais pour mieux le bouleverser et le transcender. La première tranche ne fut achevée qu'en 1926. Gaudí, décédé cette année-là, passe le flambeau, et les travaux continuent jusqu'aux débuts de la guerre civile (1936), au cours de laquelle la plupart des plans originaux de Gaudí brûlent lors d'un incendie. Pour ceux qu'étonnerait l'audace de l'architecture (compte tenu du conservatisme de la hiérarchie religieuse de l'époque), il faut y voir surtout une

UNE TECHNOLOGIE RÉVOLUTIONNAIRE

L'édifice de Gaudí est né d'un schéma gothique préexistant, transformé au travers d'une série d'inventions structurelles, colonnes inclinées, capables d'absorber les poids et les forces, sans avoir à recourir aux arcs-boutants, en utilisant des matériaux de construction différents en fonction de leur emplacement et du poids qu'elles doivent soutenir. Il a voulu que les colonnes se ramifient comme des arbres en arrivant à la voûte. Et si l'on demandait à Gaudí où il trouvait ses idées : « C'est lui », disait-il en pointant du doigt l'arbre situé devant son bureau !

riposte de celle-ci à la déchristianisation importante que connaissait la société industrielle naissante, et la volonté de l'Église de récupérer l'influence perdue. Une anecdote : l'abondance des dons vers 1893 fut telle que les commanditaires de l'église exigèrent de Gaudí un caractère plus hardi et plus grandiose de l'architecture. Ce qui explique la démesure de la façade de La Nativité, la **façade principale,** devenue l'un des symboles de Barcelone.

Le projet final, outre cette façade, comprenait l'édification de deux autres, La Passion et la Mort et La Gloire du Christ, plus quatre tours par façade symbolisant les apôtres, un arc-boutant central comme un pont suspendu et, pour finir, une grande tour dominant l'ensemble représentant le Sauveur. À partir de 1915, les fonds manquant, Gaudí renonça à son salaire et se lança jusqu'à sa mort dans une véritable fuite en avant. Dès 1940, les travaux reprennent, et l'Église y voit à nouveau, en plein national-catholicisme franquiste triomphant, l'occasion de s'affirmer. Grâce aux maquettes sauvées du conflit, les architectes peuvent reconstituer les plans qui avaient brûlé.

Au début des années 1960, un mouvement contre la prolongation des travaux vit le jour (conduit par Le Corbusier et Miró, entre autres), arguant de l'absence de plans suffisants et des risques de dénaturer l'œuvre existante, voire de la trahir. Les travaux continuèrent cependant et, aujourd'hui, la **façade de La Passion et la Mort** (œuvre assez controversée de Josep María Subirachs), avec ses quatre clochers, est virtuellement terminée, fermant ainsi l'espace intérieur. La polémique n'est cependant pas finie : beaucoup estiment que cette nouvelle façade n'apparaît effectivement que comme une caricature de mauvais goût de l'ancienne et qu'elle lui a fait perdre son identité ! On attend votre avis. Notez au passage la présence sur cette façade d'un carré magique à 16 chiffres, dont les sommes horizontales, verticales et diagonales sont toujours de 33... l'âge du Christ quand il fut crucifié...

Les travaux continuent aujourd'hui à bon rythme. Outre l'audace et le génie architectural du lieu, le plus surprenant est d'accomplir une visite touristique dans un édifice en construction. Du jamais-vu dans le monde des monuments ! Imaginez-vous dans la peau d'un touriste du XIIe s visitant le chantier de Notre-Dame de Paris ou celui du temple d'Angkor, tandis que des centaines d'ouvriers et de maçons travaillent comme des fourmis à l'intérieur. La Sagrada Família est un **chantier permanent** rempli d'échafaudages, de grues, de blocs de pierre (porphyre, basalte, granit gris et pierre de Montjuïc). Les plus optimistes espèrent que l'ensemble du Temple sera achevé en 2026, mais les autres parient pour 2030. Bon, on n'est plus à 4 ans près… D'ailleurs Gaudí lui-même avait

> ### UN ASCÈTE DÉSARGENTÉ ET GÉNIAL
>
> *Gaudí passa les 12 dernières années de sa vie dans le Temple, dormant au sous-sol, se nourrissant frugalement de fruits secs. Habillé de vêtements élimés, il demandait l'aumône dans la rue, tant pour son besoin personnel que pour celui de la construction de la Sagrada Família. Le 7 juin 1926, il fut renversé par un tramway. Pris pour un mendiant, personne ne se soucia de lui et il fut transféré trop tard à l'hôpital. Toutefois, une foule immense vint lui rendre un dernier hommage. Dans le musée-crypte, on aperçoit le tombeau où le génial architecte repose au cœur de son admirable projet.*

estimé que, selon les techniques de son temps, il faudrait 2 siècles pour finir l'œuvre…

En attendant, l'édifice a été ouvert au culte et consacré par le pape Benoît XVI en 2010, lui donnant ainsi une véritable valeur religieuse et le statut de basilique, alors même que certains craignaient qu'elle ne finisse par devenir « un parc d'attractions ». Si l'intérieur est désormais achevé (cinq nefs longitudinales et trois nefs transversales d'où s'élève une véritable forêt de colonnes arborescentes) ainsi que l'une des deux sacristies donnant accès au cloître extérieur, il reste à construire encore quatre clochers sur un total de 12, ainsi que la tour lanterne centrale de 170 m, la tour Notre-Dame (125 m) et celles des Quatre Évangélistes, sans compter la façade principale, encore inachevée.

– **Accès aux tours du Temple :** par la façade de la Nativité ou par celle de la Passion (c'est fromage ou dessert, pas les deux). Dans chaque cas, on monte obligatoirement par l'ascenseur (pour rappel, payant, et les billets doivent s'acheter dès la billetterie principale), pour redescendre on peut le faire en ascenseur ou à pied, par un escalier en colimaçon bien exigu qui ménage quelques échappées visuelles sur des détails architecturaux intéressants. Du haut des tours, on découvre toute la ville, mais on ne peut malheureusement plus passer d'une tour à l'autre par les étroites passerelles géantes, inaccessibles à cause des travaux.

– **Le musée-crypte :** *au sous-sol du Temple.* Très intéressant et même indispensable pour se représenter le projet final. Nombreux plans, maquettes (certaines sont même en cours de réalisation pour venir en aide aux architectes actuels) et photos des différentes étapes de la construction, ainsi que des films et autres explications sur l'œuvre et l'inspiration de Gaudí.

À travers une vitre, on aperçoit le **tombeau de Gaudí** dans la crypte (accessible également par l'extérieur de l'édifice).

– À côté du portail de la Passion, les **escoles** construites en 1909 par Gaudí à la demande de l'Association des dévots de sant Josep et qui étaient destinées à l'enseignement des enfants. Par leur simplicité et leur rigueur, tant sur le plan des matériaux utilisés que sur le plan esthétique, les *escoles* suscitèrent l'intérêt de nombreux architectes (dont Le Corbusier). Après plusieurs campagnes de restauration (et même de reconstruction), elles abritent aujourd'hui une exposition permanente sur les techniques architecturales de Gaudí et sur la fonction de la géométrie dans l'élaboration de la cathédrale.

Hospital de Sant Pau (plan d'ensemble) : avda Sant A. M. Claret, 167. ☎ 93-553-78-01 ou 93-268-24-44. • visit santpau.com • Ⓜ Sant-Pau-Dos-de-Maig. Visites tlj sf 1ᵉʳ et 6 janv, et 25-26 déc et dim ap-m : 10h-16h30 nov-mars ; 10h-18h30 avr-oct. Visites guidées tlj : en français à 11h ; en anglais à 12h et 13h ; en catalan à 10h30 et 12h30 ; en castillan à 11h30 (et 13h30 dim). Entrée : 8 €, visite guidée 14 € ; réduc ; gratuit - de 16 ans et pour ts le 1ᵉʳ dim du mois (mais sans visites guidées).

LA 3D AU SECOURS DE LA SAGRADA

Depuis 2001, le processus de construction de la Sagrada Familia s'appuie sur des imprimantes en 3D. Ces machines, utilisant de la poudre semblable à du plâtre, créent des modèles réduits qui servent de base aux artisans pour les retravailler puis les reproduire. La plupart des maquettes et plans ayant brûlé pendant la guerre civile, les fragments qui ont survécu sont ainsi numérisés avec des scanners 3D. Une technologie qui facilite l'avancée des travaux.

L'enceinte moderniste de l'hôpital Sant Pau a retrouvé son lustre d'antan après 4 années de travaux de restauration très réussis de ses 12 pavillons. Un premier espace d'exposition donne des explications architecturales sur l'ensemble. La visite guidée en français dresse un panorama historique et architectural du complexe. Même si tous les pavillons ne sont pas encore ouverts à la visite, les conférenciers mettent un point d'honneur à faire vivre le lieu au travers d'anecdotes.

Érigé au rang de Patrimoine de l'humanité par l'Unesco, ce vaste site est d'ailleurs l'ensemble moderniste le plus important d'Europe ! L'hospital de Sant Pau est construit sur les fondements d'une institution hospitalière et religieuse datant de 1401. À l'époque, cet emplacement, largement excentré, avait été choisi pour sa bonne « ventilation », car légèrement en surplomb et suffisamment éloigné de la ville pour éviter la propagation d'éventuelles épidémies. Au XIXᵉ s, quand Barcelone devient le moteur industriel de la Catalogne et accueille nombre d'immigrés venus de toute l'Espagne, la ville se dote d'un établissement moderne répondant aux critères hygiénistes de l'époque. Paul Gil, banquier de la reine, légua à sa mort l'ensemble de sa considérable fortune pour réaliser ce nouvel hôpital, et c'est à Lluís Domènech i Montaner (à qui l'on doit également le *palau de la Música catalana*) que fut confié le projet. La première pierre fut posée en 1905, mais l'hôpital ne fut inauguré qu'en 1930. Aujourd'hui, quelques malades y sont encore en convalescence mais d'ici peu, ils seront redirigés vers le nouvel hôpital, non loin de là.

C'est une véritable ville dans la ville, une cité moderniste idéale, avec ses rues, ses pavillons, son église, et son couvent pour loger les religieuses qui s'occupaient des soins. Le projet définitif, faute de moyens financiers et de querelle avec l'évêque, ne vit jamais le jour. Parmi les 48 pavillons prévus, seuls 27 ont été construits. D'un autre point de vue, le lieu pourrait parfaitement convenir pour un remake de la série *Le Prisonnier*.

Œuvre éclectique d'influence néogothique mâtinée de néomudéjar, c'est un très bel ensemble de briques et de tuiles vernissées, d'une grande richesse ornementale. D'ailleurs, la beauté du bâtiment était, à l'époque, considérée comme thérapeutique... afin de guérir l'âme. Le grandiose pavillon principal, avec ses deux bâtiments en V comme deux grands bras, semble embrasser de sa bienveillance les malades entrant dans l'hôpital. Faut-il y voir le symbole du Christ en gloire ? Car n'oublions pas que l'édifice a été construit en coopération avec les autorités religieuses de l'époque. Grâce à des châteaux d'eau indépendants, chacun des pavillons était autonome en eau, élément indispensable à l'entretien et à la salubrité des lieux. C'est d'ailleurs dans le même souci hygiéniste que les murs intérieurs sont carrelés de céramiques (différentes en fonction des pavillons). La symétrie est le dénominateur commun de l'enceinte. Les pavillons sont distribués autour de deux rues nord-sud et est-ouest. Isolés les uns des autres (pour éviter les contagions), assortis de deux jardins plantés d'essences censées purifier l'air

et capter les bactéries, ils sont destinés à des spécialités médicales différentes. Ils communiquent entre eux par des galeries souterraines, que l'on emprunte en partie pour la visite, ce qui facilitait la mobilité des malades, du personnel, de l'intendance et des urgences, sans avoir à passer par les jardins. Pour privilégier l'harmonie visuelle de l'ensemble, les pavillons possèdent un ou deux étages en sous-sol ou en demi-sous-sol. Pour la petite histoire, Lluís Domènech i Montaner, obsédé par la beauté et l'idée de l'art pour l'art, a quelque peu esquivé la question structurelle, et nombre de bâtiments ont dû être repris et consolidés. Une visite enrichissante qui mérite grandement un détour.
– En sortant du hall, incroyable **perspective sur la Sagrada Família,** que l'on peut rejoindre à pied en descendant par l'avinguda Gaudí.

Casa Vicens (plan d'ensemble) : Carolines, 22. Lesseps. Dans Gràcia. Coup d'œil intéressant de l'extérieur pour le moment (mais devrait s'ouvrir prochainement à la visite), car c'est l'une des premières œuvres de Gaudí, construite entre 1883 et 1888. Il recourut ici à de nombreux éléments décoratifs arabes. Le jeune Gaudí avait déjà trouvé son style.

Park Güell (plan d'ensemble) : c/ Olot. ☎ 902-200-302. Lesseps. Au nord de l'Eixample. De la station de métro Lesseps, suivre le fléchage : quelques pentes à gravir, puis un escalator jusqu'à l'entrée, moins empruntée que l'entrée principale ; on arrive alors par l'entrée sud. On peut aussi descendre à la station Vallcarca, mais moins bien indiqué. Plus pratique : bus n° 24 depuis la pl. de Catalunya (trottoir côté Corte Inglés), mais attention à vos affaires ! Porte principale c/ Olot. Tlj : avr et début sept à oct 8h-20h, mai-début sept 8h-21h30, nov-mars 8h30-18h15. Fermé certains j. fériés. Une partie du parc est en accès libre, mais tte la zone qui regroupe les édifices de Gaudí (sf la casa-museu Gaudí) est payante et en accès limité. Entrée 8 € (7 € en réservant sur ● parkguell.cat ●) ; 5,60 € 7-12 ans et + de 65 ans ; gratuit jusqu'à 6 ans. Si on achète son billet aux guichets ou distributeurs automatiques, situés dans le parc et aux stations de métro Lesseps et Vallcarca, le nombre d'entrées disponibles par ½ heure dépend du nombre de visiteurs sur le site (pas plus de 400 à la fois), donc prévoir un peu d'attente avt de pouvoir entrer. **Résa en ligne préférable.**

Sur les 60 habitations prévues par l'ambitieux projet de ville-jardin, seules deux virent le jour. Dès l'entrée principale, des pavillons surprennent avec leurs cheminées champignonesques. Destinées à l'origine à la conciergerie de la résidence, ces bâtisses aux lignes pleines de fantaisie inspirées du conte d'Hänsel et Gretel... évoquent plutôt l'univers ondulant d'une B.D. des *Schtroumpfs* ! Ne raconte-t-on pas que Gaudí avait dû, de temps à autre, recourir à certaines productions mycologiques (des champignons hallucinogènes, pour être clairs) plus réputées pour leur capacité à procurer des visions colorées de l'existence que pour leur valeur nutritive ?

PLUS D'ARGENT ? TANT MIEUX !

Voici l'une des étapes obligatoires de votre itinéraire pour découvrir Gaudí. À l'origine de ce parc, on trouve dans les années 1900 le projet ambitieux d'une ville-jardin modèle, commandité par l'industriel Güell et confié à Gaudí. L'argent ayant manqué, l'entreprise resta inachevée et le terrain (avec ce qui avait déjà été réalisé) fut converti en parc municipal... pour le bonheur de tous.

Plus surprenant encore est le double escalier, enserrant la fameuse fontaine au dragon polychrome, et menant à ce qui devait être initialement le marché de la ville-jardin. Forêt de 86 **colonnes doriques,** dont le gigantisme, le mystère pesant, le vide oppressant entre elles créent une atmosphère étrange et envoûtante. Au niveau supérieur, une grande esplanade se termine par une **balustrade-banquette** en pierre et béton, sinueusement folle, décorée exclusivement d'incrustations de *trencadis* de céramiques, carrelages, vaisselles cassées, matériaux utilisés en combinaisons chromatiques fascinantes. De là, vue superbe et étendue sur Barcelone.

Pour finir, point d'orgue et illustration des capacités géniales de Gaudí à remodeler le paysage : ses galeries préhistoriques, étranges hallucinations de pierre et de terre. Enfin, les plus courageux ne manqueront pas l'ascension de la colline des croix, qui conduit (après une pente ardue) à un point de vue formidable sur la ville.

– **Casa-museu Gaudí :** *sur la droite, un peu en hauteur, en entrant dans le parc (hors de la zone d'accès restreint).* ☎ *93-219-38-11.* ● *casamuseugaudi.org* ● *Tlj 10h (9h avr-sept)-20h (18h oct-mars), dernière entrée 15 mn avt fermeture. Fermé les ap-m des 1er et 6 janv et 25-26 déc. Entrée : 5,50 € ; réduc, notamment avec la Barcelona Card ; gratuit jusqu'à 10 ans.* Cette charmante petite maison est l'œuvre d'un disciple de l'artiste, Francesc Berenguer. Gaudí y résida pendant 20 ans. Au départ, c'était la maison témoin du projet immobilier ! À voir : quelques superbes meubles provenant des casas Batlló, Calvet et de la Pedrera, ainsi que des portraits, plans et maquettes de projets. Une visite intéressante mais un peu courte.

🍴 **Gaudí Experiència** *(plan d'ensemble) :* c/ de Larrard, 41. ☎ *93-285-44-40.* ● *gaudiexperiencia.com* ● ♿ *Un peu avt l'entrée du parc Güell, sur la gauche (même accès). Tlj 10h-19h (18h oct-mars), 10h-15h les 24 et 31 déc. Fermé 6 janv et 25 déc. Entrée : 9 € ; réduc. La séance n'est pas recommandée aux pers fragiles du cœur, aux femmes enceintes et aux - de 6 ans. Toutefois, une zone d'écrans interactifs adaptés aux plus jeunes est disponible.* Gaudí Experiència est un espace d'exposition, le seul du genre, qui présente, à travers la technologie audio-visuelle en 4D, toute la vie et l'œuvre d'Antonio Gaudí. Après le film, des écrans interactifs très bien faits permettent d'accéder à toutes sortes d'informations sur l'œuvre du génie. Une façon intéressante, ludique et amusante, de découvrir les mystères et les énigmes qui se cachent derrière le langage de l'architecte génial, et de comprendre comment Gaudí s'est inspiré du cycle de la vie et de la nature. Panneaux interactifs où les enfants pourront mesurer leurs talents en coloriant les céramiques de Gaudí.

LE QUARTIER DE GRÀCIA
(centre détachable F-H1-2 et plan d'ensemble)

Pour ceux qui disposent d'un peu de temps, ce petit quartier est un de nos coups de cœur à Barcelone. Descendre à la station de métro Diagonal pour découvrir cet ancien village absorbé par Barcelone au moment de la réalisation de l'Eixample. Axe principal : Gran de Gràcia jusqu'au métro Lesseps. Les places villageoises et ruelles sont bordées de petits immeubles et de maisons qui n'ont rien perdu de leur charme.

Dans les années 1920, Gràcia était anarchiste. Aujourd'hui, le quartier véhicule toujours une image un peu libertaire. Les rues se nomment ici Fraternité, Liberté ou Progrès, et un marché s'appelle même « Revolución » (Franco ne l'a jamais digéré !). Quatre petites places sympas : de la Vila de Gràcia (avec ses façades de couleur), del Sol, del Diamant et de la Virreina, à rallier en zigzaguant le nez en l'air, l'humeur vagabonde. Là vit une classe moyenne, héritière du monde ouvrier des années 1930, à laquelle viennent se joindre des jeunes, des étudiants, ainsi que des profs, des intellectuels, des artistes, des écrivains. Bienvenue chez les bobos barcelonais ! Oh, vous ne découvrirez rien d'extraordinaire : juste une atmosphère de quartier, des p'tits bistrots, des bars recyclés, des boutiques vintage, des vieux disquaires, brocantes, librairies...

Tout au long de la **carrer Gran de Gràcia** *(centre détachable F1),* attardez-vous sur les façades Belle Époque de certains immeubles bourgeois. Entrez dans leurs halls, admirez les luxueuses cages d'escalier, les ascenseurs rétro, les rampes en fer forgé, etc. Au n° 77, puis au n° 81, notez les balcons, les bow-windows avec vitraux, le vieil ascenseur. Superbe édifice encore au n° 15, avec bow-windows miroitants. Ne pas rater, en outre, la fête du quartier aux alentours du 15 août ! Grand moment de liesse authentiquement populaire pendant plusieurs jours.

LE POBLENOU (plan d'ensemble)

Il fut un temps pas si lointain où le Poblenou faisait partie des mal-aimés. Si les industriels se réjouissaient du rendement de leurs innombrables usines, les élégantes se pinçaient le nez à la simple évocation de ses exhalaisons pestilentielles ! Mais le Poblenou tient enfin sa revanche : d'abord, parce que les fabriques ont fermé progressivement, ensuite, parce que la flambée de l'immobilier a incité de nombreux Barcelonais à migrer vers ce nouvel eldorado. Certains entrepôts ont cédé la place à de beaux espaces verts, d'autres ont été reconvertis en lofts et ateliers d'artistes. Quant au littoral, il a profité de l'incroyable processus de rénovation initié par les Jeux olympiques de 1992. Chaque week-end, c'est la foule des grands jours qui arpente ses plages, avant d'aller se perdre dans les rues pittoresques de cet ancien quartier populaire de plus en plus branché.

Ce n'est d'ailleurs pas un hasard si on a choisi de construire à sa lisière l'incontournable **torre Agbar** *(plan d'ensemble),* conçue par l'architecte français Jean Nouvel, située à l'angle de Diagonal et de la carrer de Badajoz, presque sur la plaça de les Glòries Catalanes. Descendez donc métro Glòries pour en admirer la façade car, malheureusement pour l'amateur d'architecture, l'endroit ne se visite pas ! Un projet d'hôtel de luxe est cependant en cours. Le bâtiment, organisé autour d'un noyau central qui abrite ascenseurs et autres gaines techniques, se veut écolo, édifié, par exemple, au moyen de matériaux biodégradables. Ses 142 m de haut de forme oblongue, en obus, sont un écho aux flèches de la Sagrada Família (dont les tours, quand elles seront terminées, dépasseront largement la torre Agbar) et au sanctuaire de Montserrat (dans les proches environs de la ville). Vue de près, ses dégradés de bleus et de rouges sont censés rappeler les céramiques de Gaudí. De loin, ce sont ses beaux reflets mordorés qui l'emportent, dus aux innombrables facettes de cristal qui la recouvrent. Surnommée « le suppositoire » par les Barcelonais, la torre Agbar s'inscrit aujourd'hui dans un ambitieux projet d'urbanisme qui englobe aussi le nouveau museu del Disseny, dont la silhouette est comparée à une agrafeuse... décidément ! En poursuivant l'avinguda Diagonal (en tournant le dos à la station de métro Glòries-Catalanes), à 10 mn à pied environ, s'étend le récent **parc central del Poblenou** : un vaste triangle de plus de 5 ha, compris entre l'avinguda Diagonal, la carrer del Marroc et la carrer Bac de Ronda... conçu également par Jean Nouvel. Encadré par une enceinte percée de hublots et croulant sous la végétation, c'est un espace de « lumières et d'ombres », selon l'architecte, où alternent de larges étendues dégagées et des espaces plus intimistes.

Mais le véritable cœur du Poblenou palpite tout du long de la **rambla del Poblenou,** plus précisément dans la partie sud, à partir de la carrer de Pere IV. Bordée de bars authentiques dont les terrasses débordent largement sur le terre-plein central, c'est un axe vivant, pittoresque, qui ne manque pas de points d'intérêt insolites (au n° 71, un immeuble surmonté d'un intrigant visage de pierre, au n° 74 bis, le vieux *Club Monopol* qui rappelle le passé associatif du quartier, ou encore la façade caractéristique du Casino...).

Enfin, si l'on rejoint la **carrer de Maria Aguiló** (aussitôt parallèle à la Rambla), on a carrément l'impression d'être en province, avec ses petits immeubles bas, son marché (une grosse halle située au bout de carrer de Pons i Subirà) et ses placettes de charme comme l'adorable **plaça de Prim.** Avec ses maisonnettes blanches et ses arbres aux troncs torturés, on en oublierait presque qu'on est à Barcelone !

Enfin, après un détour par le surprenant **cimetière du Poblenou** (le premier construit hors la ville, il est surtout célèbre pour ses sépultures modernistes), on parvient à des plages irrésistibles, car nettement plus tranquilles qu'à la Barceloneta.

🕺🕺 *Museu del Disseny (DHUB ; plan d'ensemble) : pl. de les Glòries Catalanes, 37-38.* ☎ *93-256-67-00.* ● *museudeldisseny.cat* ● *Mar-dim 10h-20h. Fermé lun (sf j. fériés), 1er janv, 1er mai, 24 juin, 24 sept, 25 déc. Entrée (valable 2 j. pdt 6 mois) : 5 € ; réduc ; gratuit - de 16 ans et pour ts le dim 15h-20h et tte la journée le 1er dim du mois.* L'une des ambitions de la Ville de Barcelone, reconnue dans le monde entier pour ses designers de talent, était de réunir en un seul et même lieu son patrimoine lié au design. C'est chose faite, avec ces 25 000 m² qui regroupent plus de 70 000 pièces, provenant en fait de quatre musées différents : le museu de les Arts decoratives, le museu du Design, le museu de Ceràmica et le Museu tèxtil i d'indumentària. L'architecture du bâtiment, signé par le cabinet MBM, vaut déjà le coup d'œil. Ses lignes géométriques et asymétriques, sa couleur gris mat (la façade est couverte de plaques de zinc) et son aspect brut industriel tranchent radicalement avec les courbes scintillantes de la Torre Agbar en arrière-plan. Au pied de l'édifice s'étire une vaste esplanade qui offre justement une intéressante perspective sur ce quartier en pleine mutation. Il a d'ailleurs été pensé pour s'insérer aussi dans la vie du quartier, puisque son grand hall central traversant et ses escalators, en libre accès, se veulent une véritable rue, qui permet de traverser le bâtiment et d'accéder directement au Poblenou en contre-bas. De même accueille-t-il aussi une bibliothèque municipale. Conçu comme un véritable centre de recherche et des ressources autour du design, il compte aussi plusieurs bibliothèques spécialisées, des centres de recherche sur les matériaux et des studios de design, tournés à la fois vers la conservation et vers les créations à venir. Passerelle architecturale, mais aussi passerelle vers l'industrie et l'économie.

À travers quatre sections permanentes, correspondant chacune à un étage du bâtiment (les expos temporaires sont au rez-de-chaussée), le musée del Disseny rend hommage à l'objet au sens noble, de sa conception à son utilisation dans le temps. Muséographie claire et aérée, notices explicatives bien ficelées, bref, un musée à la lecture facile.

1er étage : le design d'objets
Sélection d'objets de déco et de meubles désignés au XXe s par des Catalans, devenus les icônes d'une époque. Parmi les pièces emblématiques, le fauteuil en cuir et armatures tubulaires « BKF » ou « Butterfly » (1938) dessiné par le trio argentin-catalan Antoni Bonet-Juan Kurchan-Jorge Ferrari Hardoy et inspiré d'une chaise utilisée par les officiers de l'armée britannique au XIXe s. Un des plus copiés de l'histoire du design ! Au rayon des objets les plus populaires et plébiscités pour leur bon rapport qualité-prix, on retrouve la Seat Ibiza 2e génération et... les w-c Roca. Même les ustensiles pratiques de la vie quotidienne ont leur place au musée, comme la *fregona* (balai-serpillière) avec son seau cloisonné pour séparer les eaux sales de celle de rinçage. Il fallait y penser !

2e étage : les arts décoratifs du IIIe au XXe s
Parcours chronologique d'une grande richesse, où les amateurs du genre se régaleront devant l'abondance de pièces : céramiques, textiles, dentelles, éventails, mobilier (coffres, écritoires...), mini-autels de maison (nommés « Lits de Olot » du nom du village de fabrication), verre, vitraux, miniatures, montres et pendules, papiers peints... Parmi les pièces les plus monumentales : un carrosse (berline) mayorquin de 1750, un lit de style français évoquant un char romain. À partir du XXe s, les œuvres exposées sont principalement signées par des artistes catalans.

3e étage : la mode de 1550 à 2015
Muséographie très réussie, à la fois didactique, ludique et intelligente, mettant en scène les courants vestimentaires de façon originale et théâtrale. Le parcours est chronologique, avec une série de vitrines thématiques présentant une sélection de vêtements de toute beauté, et dans un état de conservation exceptionnel.

Petite touche décalée, la présence d'une création contemporaine inspirée de cette tendance (un faux-cul en denim par exemple), glissée au milieu des mannequins en costumes d'époque ! Sur les murs, tout autour des vitrines, court une frise chronologique ponctuée d'anecdotes savoureuses et de petits commentaires sur la mode masculine et son évolution à elle aussi (y'a pas de raison !). On suit l'évolution des silhouettes selon le contexte moral et social, par exemple comment le corps se libère après la Révolution. Et aussi toutes les techniques, les artifices pour amplifier, élargir, allonger ou au contraire réduire certaines parties du corps selon les modes.

4e étage : le graphisme de 1940 à nos jours
Les pionniers de la conception graphique, puis la professionnalisation du graphisme à partir des années 1950, avec l'explosion des affiches publicitaires et toutes les techniques mises en œuvre pour attirer l'œil.
– Le DHUB gère aussi, à quelques stations de métro, les visites de la **Casa Bloc**, un des seuls exemples d'architecture à la fois populaire et moderne de la ville, datant des années 1930 et s'inscrivant dans la mouvance de l'époque mi-idéaliste mi-hygiéniste. C'est aux architectes Josep Lluís Sert, Josep Torres Clavé et Joan Baptista Subirana que la Generalitat avait confié le projet. De l'immeuble de 207 appartements, destinés à l'origine à la population ouvrière du quartier, l'un a été racheté et restauré entièrement à l'identique, avec un soin extrême, dans les matériaux et les couleurs... *Visite guidée slt le sam sur résa préalable, en anglais, espagnol ou catalan, compter 4 €/pers.* Passionnant !

LE MONASTÈRE DE PEDRALBES (plan d'ensemble)

Finca Güell (ou **pabellones Güell**) : avda de Pedralbes, 7. ☎ 93-317-76-52. • rutadelmodernisme.com • Ⓜ Palau-Reial. Du métro, prendre à droite l'avda Diagonal, puis monter l'avda de Pedralbes sur env 150 m. Fermé 1er et 6 janv, et 25-26 déc. Tlj 10h-16h. Entrée : 4 €. Ces pavillons, construits de 1884 à 1887 par un Gaudí visionnaire, méritent un détour pour leur magnifique et impressionnant portail, véritable chef-d'œuvre de ferronnerie moderniste : un dragon ailé, squelettique mais non moins menaçant avec sa gueule béante et ses dents acérées, joue les gardiens. La *finca* abrite aujourd'hui une bibliothèque de recherche et n'est accessible au public que dans le cadre des visites. Cela dit, il n'y a pas grand-chose à voir de plus à l'intérieur de la propriété.

Plus haut, sur l'avenida de Pedralbes (donne dans l'avenida Diagonal), on découvre le **Reial Monestir de Pedralbes** : baixada del Monestir, 9. ☎ 93-256-34-34. • monestirpedralbes.bcn.cat • Pour s'y rendre : FGC : ligne L6 (équivalent de notre RER) ; arrêt Reina-Elisenda, puis 10 mn à pied. Sinon, bus nos 63, 22, 64, 75, qui partent, pour certains, de la pl. Universitat ; descendre à l'arrêt Monastir-de-Pedralbes, ou alors 20 mn de marche depuis la station de métro Palau-Reial. Mar-dim : oct-mars, 10h-14h (17h w-e) ; avr-sept, 10h-17h (19h sam, 20h dim) ; j. fériés 10h-14h tte l'année ; dernière entrée 30 mn avt fermeture. Fermé 1er janv, Vendredi saint, 1er mai, 24 juin et 25 déc. Entrée : 5 € ; réduc - de 30 ans et + de 65 ans ; inclus dans la Barcelona Card ; gratuit - de 16 ans et pour ts le dim après 15h et le 1er dim du mois. Audioguide en français compris.
Fondé en 1327 par la reine Elisenda de Montcada, quatrième femme de Jacques II d'Aragon, le monastère présente une architecture typique du gothique catalan. Sobre tour octogonale et armoiries sur la façade. À l'intérieur de l'église *(ouv 11h-13h)*, vitraux du XIVe s et tombeau en albâtre de la reine. On retrouve son exact pendant, également en albâtre, de l'autre côté du mur, dans le monastère. On remarque tout de même que la reine est, cette fois-ci, représentée en nonne. Le cloître, charmant, possède trois rangées de fines arcades superposées, et dessert de façon classique les différentes parties du monastère : cellules (bien conservées), infirmerie, réfectoire... Les religieuses ont vécu ici jusqu'en 1983.

Dans la salle du chapitre, beau vitrail du XVe s, et dans la chapelle Saint-Michel, superbes peintures murales du XIVe s de Ferrer Bassa (influencé par Giotto et l'école siennoise), représentant des scènes de la vie de la Vierge. Très belles cuisines également, recouvertes d'azulejos, et tout confort. Les autres salles conventuelles abritent généralement des expositions temporaires, ainsi que le trésor (orfèvrerie religieuse, statues, peintures, très beau retable...). Une belle visite, dans un environnement paisible aux allures de village (la place pavée devant le monastère est vraiment pittoresque).

LE TIBIDABO (hors plan d'ensemble)

Culminant à plus de 500 m au-dessus de Barcelone, cette montagne couverte de pins et de cyprès est l'une des réserves d'oxygène de la ville, qu'elle protège des vents du nord. Panorama absolument éblouissant depuis les terrasses. Par beau temps, possibilité d'apercevoir Majorque et les Pyrénées. Quant au parc d'attractions du même nom qui occupe l'essentiel du site, c'est la récompense des petits... et des grands qui sont fans du genre ! Car on n'est pas obligé d'acheter un forfait à la journée : une partie des manèges sont accessibles en direct et se paient à l'unité. Sympa pour un tour de grande roue ébouriffant ! *Compter env 2 €/activité. On peut aussi envisager un forfait intermédiaire pas trop cher (env 13 € adulte ; 8 € enfant) permettant un accès illimité aux attractions du 1er niveau. Pour l'ensemble du parc, prévoir env 28,50 € adulte et 10,50 € enfant. Bref, c'est un peu à la carte et une sortie sympa pour les familles (● tibidabo.cat ●).* En revanche, l'église du Sacré-Cœur qui coiffe la colline ne vaut pas le déplacement. Sauf peut-être pour l'ascenseur payant qui vous emporte encore plus haut, pour une vue grandiose. On découvre ainsi toutes les collines avoisinantes et, par temps clair, Montserrat. Petite laine conseillée, il y a souvent du vent.

I●I Y Sur place, café et snack pour la pause. Voir également plus haut le chapitre « Où manger ? Restos. Sur la colline du Tibidabo ».

Pour s'y rendre

➢ *Par la route,* délicieuse et sinueuse, qui s'élève doucement. En taxi, du centre : 13-20 €.

➢ *En transports en commun :* ça dépend de la saison !

– Lorsque le parc d'attractions est ouv (les w-e sf janv-fév et en été pour l'ensemble du parc ; horaires élargis pour l'espace appelé Cami del Cel), pdt les vac de Navidad (Noël, quoi !), la Semaine sainte et ts les w-e de l'année, descendre à la station de ferrocarril Tibidabo et, sur la pl. Kennedy, en face de la station de métro, prendre le *Tramvia Blau* (« tramway bleu ») ; il vous mène jusqu'à la pl. del Doctor Andreu, d'où un funiculaire vous hisse au sommet du Tibidabo. **Tramvia Blau :** ttes les 15-30 mn (10h-18h en hiver ; 10h-19h30 fin juin-fin sept) ; 5,50 €/trajet. **Funiculaire :** ttes les 30 mn, en service le w-e en fév et tlj mars-déc, sf 25, 26 et 31 déc (horaires très variables : env 10h-17h ou 18h l'hiver ; jusqu'à env 19h30 ou 21h l'été, voire 23h15 certains soirs) ; 4,10 € l'A/R si on achète aussi l'entrée du parc ; sinon 7,70 € l'A/R. Plus économique, plus rapide et moins compliqué, le *Tibibús T2A (● sarfa. com ● ; fonctionne slt lorsque le parc est ouv ; à partir de 10h15, ttes les 30 mn en été ; 2,95 €/trajet),* au départ de la pl. de Catalunya (angle Rambla de Catalunya).

– Hors saison, en sem, le moyen le plus simple consiste à descendre à la station de métro Tibidabo pour prendre le bus n° 196 (en face, Avinguda-del-Tibidabo) qui dessert la pl. del Doctor Andreu et son funiculaire (voir ci-avant). En route, n'oubliez pas de siroter un verre au *Mirablau* (voir plus haut « La tournée des boîtes »).

À voir dans le secteur du Tibidabo

🏃 **Cosmo Caixa** *(musée de la Science) :* c/ Isaac Newton, 26. ☎ 93-212-60-50 *(disque automatique).* ● obrasocial.lacaixa.es ● Ⓜ *Avingunda-del-Tibidabo. Accès : par la ronda de Dalt, entre la c/ Cister et l'avda del Tibidabo. Bus n° 196 depuis le métro. Mar-dim 10h-20h (ouv aussi lun en été). Fermé 1er et 6 janv, et 25 déc. Entrée : 4 € (gratuit - de 16 ans) ; activité : env 2-4 € ; réduc ; gratuit - de 6 ans. Cafétéria : buffet libre-service env 15 €.*

Fidèles à leur réputation de créativité, les architectes catalans ont fait preuve d'audace pour concevoir cet espace ultramoderne au service de la connaissance. Ils ont creusé six niveaux sous la colline de Collserola afin d'y aménager une surface de 50 000 m², tout en respectant l'ancien bâtiment. À l'extérieur, une vaste esplanade lumineuse débouche sur un belvédère surplombant la ville de Barcelone. Dès l'entrée, le ton est donné : les mannequins hyper réalistes de Darwin et Einstein accueillent les visiteurs au comptoir d'info ! On accède ensuite aux niveaux inférieurs par une large rampe hélicoïdale symbolisant le temps (et donc l'évolution), qui s'enroule autour d'un immense tronc d'arbre d'Amazonie, un acariquara haut de 21 m et vieux de 300 ans. Puis c'est le choc visuel provoqué par une muséographie d'avant-garde destinée à captiver le visiteur, à lui donner la plus belle leçon de sciences naturelles sans jamais l'ennuyer. Car, bien plus qu'un musée, c'est un « palais de la Découverte ». Les (petits et grands) gamins peuvent toucher à tout, tester, explorer, appliquer en jouant des tas de phénomènes physiques, optiques, sonores, rêver devant les machines sophistiquées... Vraiment ludique ! Quant à la deuxième partie, tout aussi géniale, elle s'intéresse au monde vivant : on s'émerveille devant différents aquariums, on découvre une fourmilière en pleine activité... Et, comme le musée a fait du développement durable et de la protection de la forêt un objectif pédagogique, il a reconstitué un vaste morceau grandeur nature de la **jungle amazonienne.** Tout est là, de la touffeur aux sons caractéristiques, en passant par les arbres aux racines puissantes plongeant dans un immense bassin où évoluent des poissons tropicaux et autres bébêtes curieuses. Génial ! Enfin, on ne manquera pas le **« mur géologique »,** une section étonnante composée de différents types de formations montrant le curieux phénomène des strates rocheuses. On se sent tout petit...

LE CAMP NOU

🏃 **Museu FC Barcelona** *(plan d'ensemble) :* au stade Camp Nou ; avda Arístides Maillol, 7-9. ☎ 902-189-900. ● fcbarcelona.com ● Ⓜ *Palau-Reial ou Collblanc. Lun-sam 9h30-19h30 (10h-18h30 de mi-oct à mi-mars) ; dim et j. fériés 9h30-19h30 (14h30 de mi-oct à mars). Fermé les jours de match, 1er et 6 janv, et 25 déc. Entrée (hyper chère) : 23 € ; 17 € 6-13 ans et + de 70 ans ; gratuit - de 6 ans. Audioguide inclus.* Pas donné, mais pour ce tarif, les fans pourront descendre les gradins jusqu'à la pelouse (sans la fouler : interdit !), puis découvrir les loges présidentielles (et même boire un coup au bar VIP... moyennant un petit supplément), et enfin jeter un coup d'œil à l'impressionnante tribune des commentateurs sportifs (un vrai nid d'aigle tout en baie vitrée, suspendu au-dessus du vide). Si cette partie est très sympa, le musée se révèle pour sa part bien décevant : n'espérez ni reliques ni souvenirs émouvants, vous n'aurez droit qu'à une succession high-tech de vidéos, commentaires audio et autres tables interactives. Intéressant, mais ce n'est pas exactement ce qu'on attendait. Boutique immense en fin de parcours. *Business is business...*

LES PLAGES

🏖 Pour commencer : ôtez-vous de la tête l'idée de vouloir y dormir ! Après le Port olympique *(plan d'ensemble et centre détachable H7),* les plages de Barcelone

s'étendent sur plusieurs kilomètres, le long d'un large trottoir de bois (les plus proches ne sont qu'à 10 mn à pied du bas de la Rambla) ; plages de la Nova Icaria, de Bogatell, de la Mar Bella (probablement la plus belle) et de la Nova Mar Bella (assurément la plus tranquille). La plus proche, celle de la Barceloneta, est aussi la plus animée. Toutes surveillées et bien équipées en douches et sanitaires. Même s'il y a beaucoup de monde, on ne se marche pas trop dessus. Tout le long, on trouve d'honnêtes petits restos servant paellas et tapas à toute heure, à tous les prix. Il y en a même de plus chic, spécialisés en fruits de mer, sur la jetée du port, le moll de Carles I. Côté surf, les vagues sont courtes et désordonnées, impossible de faire un déroulé complet sans risque de carambolage. La crête des vagues est peuplée de joyeux surfeurs qui ne maîtrisent pas toujours leurs planches, elles leur glissent des pieds comme des savonnettes...
– Des trains desservent chaque jour, au départ de la plaça de Catalunya, les *plages du Sud et du Nord* : Castelldefels, Sitges... Une des plages les plus agréables au sud est celle de **Castelldefels.** Très longue. Bus de la plaça d'Espanya (Ⓜ Espanya). Au nord, le meilleur rapport distance-qualité est **Badalona**, à 25 mn, direction Mataró : longue et large plage derrière un petit bourg rigolo.

LES ENVIRONS DE BARCELONE

COLÒNIA GÜELL

Située au nord de Barcelone, à **Santa Coloma de Cervelló,** cette cité ouvrière voulue par l'industriel Güell est tout à fait remarquable, en particulier pour son église construite par Gaudí. Elle est malheureusement inachevée, mais elle représente pour les fans de l'architecte une possibilité de mieux comprendre ses règles architectoniques. Un monument petit par sa taille mais grand pour son génie et son innovation. Et pour Gaudí, l'église de la Colònia Güell sert en quelque sorte de brouillon à la Sagrada Família. « La structure qui sera celle de la Sagrada Família, je l'ai essayée d'abord pour l'église de la Colonie Güell. Sans cet essai préalable, je n'aurais jamais osé l'adopter pour le Temple », disait-il lui-même.

Comment y aller de Barcelone ?

En voiture, très mal indiqué ; le plus simple reste le train.
➤ *En train :* depuis Plaça-Espanya, prendre un train de la FGC (lignes S4, S8 et S33) ; direction Barcelona-Martorell/Igualda/Manresa, arrêt à la station Colònia-Güell, puis suivre le marquage bleu au sol (c'est à 5 mn à pied). Trains ttes les 15 mn (ttes les heures dim) ; durée : 22 mn.
➤ *En voiture :* autoroute C-32 (direction Sitges) jusqu'à la sortie 53, et suivre « Sant Boi » puis « Colònia de Güell ».

Adresse et infos utiles

🅘 **Centre d'interpretació :** c/ de Claudi Güell, 6. ☎ 93-630-58-07. ● gaudicoloniaguell.org ● Dans la Colònia Güell. Mêmes horaires que la Colònia : lun-ven 10h-19h (17h nov-avr), w-e et j. fériés 10h-15h. Fermé 1er et 6 janv, 25 et 26 déc. Entrée pour l'église de la Colònia Güell : 7 €, 9 € avec audioguide. Aussi un forfait train + visite à 15,30 €, achat à la station Plaça-Espanya. Visite guidée crypte ou Colònia (entrée incluse) : 9,50 €, en français ou anglais pour les groupes slt et sur résa, en castillan sam à 12h, en catalan dim à 12h. Réduc ; gratuit - de 11 ans. Le billet pour visiter l'église s'achète à l'office de tourisme ; la cité ouvrière, elle, se visite gratuitement. Ils organisent aussi des ateliers de sensibilisation pour les enfants (résa à l'avance sur Internet).

Où manger ? Où boire un verre ?

El Capritx : *c/ Reixach, 16. ☎ 93-630-76-52. • rcapritx@gmail.com • À gauche en sortant de l'église, dans la Colònia. Mar-dim 13h-16h, 21h-23h (ouv aussi dim soir et lun tte la journée si j. fériés). Fermé 15 j. en août. Menus midi en sem 13-22 €.* Pour prolonger le plaisir de la visite de la Colònia Güell, ce petit resto propose un bon menu du jour, servi dans une salle fraîche à la déco 1900. Seul bémol, le supplément à presque tous les plats !

Ateneu Unió : *pl. Joan Güell. Tlj 7h-23h.* C'est l'antique café du village, installé sur la grand-place, jadis le lieu de rendez-vous des villageois. À l'intérieur, la déco de l'immense salle avec ses beaux carreaux de ciment au sol est probablement d'origine, avec peut-être quelques petites retouches, de-ci de-là, au gré des années. Une pause agréable, pendant ou à la fin de la visite, en terrasse si le temps le permet.

À voir

Colònia Güell : construite à partir de 1890 par Eusebi Güell i Bacigalupi, ce n'est rien d'autre que la cité ouvrière d'une usine textile, aujourd'hui intégrée au village de Santa Coloma de Cervelló et toujours habitée. L'usine fabriquait principalement du velours, et l'industriel Güell espérait limiter les conflits sociaux en regroupant tous ses employés dans un cadre agréable, doté de tous les services d'une ville classique. Ce type d'organisation se retrouve souvent en Catalogne (et aussi en France, à l'époque de la révolution industrielle), mais la particularité, ici, est que Güell a continué à jouer son rôle de mécène de la culture en dotant sa cité industrielle d'équipements culturels et religieux. L'ensemble cessera de fonctionner en 1973, crise générale de l'industrie oblige. Comme souvent, Güell a fait appel à *son architecte favori, Gaudí,* pour construire sa cité et en particulier l'église. Il a également engagé *d'autres grands architectes catalans, Rubió Bellver et Berenguer i Mestres,* pour bâtir les grosses maisons de maîtres, les logements des ouvriers et tous les bâtiments administratifs et collectifs (école, caves...). Les matériaux sont caractéristiques du mouvement moderniste, mâtiné de beaucoup de brique et de fer, typiques de l'architecture catalane populaire. La Colònia se partage en deux zones, chacune en forme de L : la zone industrielle et la zone résidentielle avec, à l'extrémité de chaque L, deux bâtiments symboliques, la crypte et l'école. Toute la cité se parcourt à pied au fil des grosses bâtisses modernistes : le couvent, les caves, l'école, les logements populaires et l'église, mais les maisons sont toujours habitées et les infrastructures toujours en fonction (l'école, par exemple). Du coup, seule l'église se visite, intérieur comme extérieur.
– **L'église (crypte) :** ce petit bijou moderniste planté au milieu des pins vaut vraiment une visite, et, pour bien en comprendre la complexité, le mieux est de suivre une des visites guidées qui permettent de saisir tout l'enjeu technique et architectural de cet endroit hors du commun. La première pierre est posée en 1908, mais tout comme son « Temple », cette église reste inachevée : Gaudí abandonne les travaux en 1914 pour des raisons méconnues (probablement pour se concentrer sur le chantier de la Sagrada Família), n'ayant construit que le porche et la nef. La crypte offre une sensation très particulière de déséquilibre, le sentiment troublant d'une architecture en mouvement qui pourrait, à tout instant, vriller et s'écrouler. Alors qu'il n'en est rien, bien au contraire : chez Gaudí, la structure prime toujours, et la répartition des forces est absolument parfaite. On sent ici tout son génie et sa grande observation de la nature, comme à la Sagrada. L'intérieur est intéressant pour les nombreux vitraux mais aussi pour son mobilier, notamment ses bancs.

Une occasion unique de s'asseoir sur du mobilier original et inestimable. Les plans initiaux de Gaudí prévoyaient des tours de 40 m de haut et plusieurs étages. Les architectes qui prirent la relève sur le chantier se contentèrent de couvrir la nef et de consolider les constructions existantes afin qu'on puisse l'ouvrir au culte, mais aucun n'eut le courage ou l'audace de l'achever...

MONTSERRAT (08699)

À une cinquantaine de kilomètres à l'ouest de Barcelone, tel un nid d'aigle perché à 700 m d'altitude, le monastère de Montserrat constitue un des lieux les plus visités de la Catalogne. Son nom provient de l'aspect « scié » que la montagne prend quand on la regarde d'un certain point de vue. D'un périmètre de 25 km, la masse de roche fièrement dressée culmine à 1 235 m au pic de Saint-Jérôme. Ce curieux massif rocheux se caractérise par de longs monolithes verticaux collés les uns aux autres, conglomérats de galets énormes et érodés, qui prennent des formes animales ou humaines mais toujours fantastiques.

La rudesse de ce paysage est pourtant adoucie par une exubérante végétation qui s'accroche à la roche avec une étonnante vivacité. Un pareil site ne pouvait pas laisser indifférents les hommes désireux de fuir le vacarme du monde : mystiques et moines en firent leur demeure. Et aujourd'hui, les alpinistes chevronnés en ont fait un de leurs rendez-vous préférés.

Une montagne inspirée

De tout temps, le Montserrat a enflammé l'imaginaire des artistes, et nombre de ses masses rocheuses portent le nom de formes évocatrices (le Moine, la Sentinelle, la Cloche). Les poètes allemands **Schiller** et **Goethe** étaient de fervents admirateurs de ce site. Ce dernier n'a-t-il pas déclaré que « l'homme ne trouvera le bonheur nulle part, si ce n'est dans son propre Montserrat » ? Le musicien **Wagner** s'inspira de ce lieu tourmenté qu'il évoque dans *Parsifal* et *Lohengrin*. L'Autrichien **Stefan Zweig** s'y rendit en 1905 : il qualifia Montserrat de « montagne sacrée », et impressionné, il jugea le paysage « digne de Zarathoustra et non d'un Parsifal ».

Le Graal et la Vierge noire

Montserrat, c'est aussi un pèlerinage célèbre vers le monastère, construit aux XIe et XIIIe s. Dès le VIIIe s, de nombreux ermitages cernaient la montagne. Selon une légende très connue au Moyen Âge, mentionnée souvent dans le cycle des romans arthuriens, le **Saint-Graal** (calice supposé contenir le sang du Christ) aurait été rapporté de Terre sainte au XIe ou XIIe s, par des chevaliers revenus des croisades, qui l'auraient mis « en dépôt » à Montserrat. Qu'est-il devenu, ce célèbre calice qui enflamma l'imagination de tant d'auteurs médiévaux ? La quête du Graal continue ! Avis aux amateurs.

> **NAZISME ET INCULTURE CRASSE**
>
> *Himmler était fou d'ésotérisme. Ancien éleveur de poulets, il avait une vision très bornée de l'histoire. Il vint à Montserrat, en 1940, avec une escouade de nazis pour récupérer le légendaire... Saint-Graal. Boire le sang du Christ contenu dans le vase sacré lui aurait permis de gagner la guerre, pensait-il. Dans* Indiana Jones et la dernière croisade, *Spielberg évoque cette incroyable quête du Saint-Graal avec des nazis allumés.*

Au cours du XIIe s, une Vierge miraculeuse fut trouvée dans une grotte de la montagne. Dès lors, la renommée du monastère s'étendit loin hors des frontières. Au XVIe s, on développa l'infrastructure pour permettre à un nombre croissant de

pèlerins d'y séjourner. C'était sans compter avec le délicat passage des troupes napoléoniennes qui rasèrent le tout en 1811.
Les bâtiments que l'on peut voir aujourd'hui datent du XIXe s et ne présentent guère d'intérêt. La guerre civile fut une des périodes les plus noires du monastère. La paix revenue, la vie religieuse a repris avec une grande vivacité, au point de retrouver toute son intégrité en étant l'un des plus virulents foyers de protestation lors de la période franquiste.

Qu'y trouve-t-on ?

Un monastère et une basilique, un musée, un magnifique point de vue, de belles balades (superbes spots pour les fanas d'alpinisme), et une ambiance follement pieuse (ou pieusement folle, au choix) pendant le pèlerinage.

Comment y aller de Barcelone ?

En voiture

L'accès en voiture est payant (prix du parking : env 5 €/j.). Vous pouvez aussi laisser votre voiture à Monistrol-Vila et prendre le train à crémaillère (voir ci-après).

En train

➤ De la pl. d'Espanya. ☎ *93-205-15-15.* ● *fgc.cat* ● *La bouche d'entrée pour le train se trouve sur la droite de la place en regardant les 2 grandes colonnes.* Prendre le train *Ferrocarril FGC* (ligne R5, direction Manresa). En gros, 1 train ttes les heures autour de la demie à partir de 5h15 (retour de Monistrol de Montserrat 6h21-21h41). Durée : env 1h10. Descendre soit à la station Aeri de Montserrat pour prendre le téléphérique, soit à la station suivante, Monistrol-de-Montserrat, pour prendre le train à crémaillère.

■ *Téléphérique (aeri de Montserrat) :* ☎ *93-835-00-05* ou *04-81.* ● *aeridemontserrat.com* ● Sur la ligne *Ferrocaril R5*, descendre à Aeri de Montserrat, puis prendre le téléphérique qui mène au monastère. Fonctionne tte l'année (slt w-e 2de quinzaine de janv) : mars-oct, départs env ttes les 15 mn 9h40-14h, 14h35-19h ; hors saison, moins de départs 10h10-14h, 14h35-17h45 (9h40 et 18h15 j. fériés) ; env 10 € l'A/R (7 € le trajet simple, mieux vaut acheter l'A/R donc). Ce téléphérique relie le fond de la vallée de Monistrol au monastère de Montserrat. Il gravit en 5 mn une hauteur de 544 m sur une distance de 1 350 m.

■ *Train à crémaillère :* ● *cremallerademontserrat.cat* ● Permet d'accéder directement à l'esplanade du monastère. On le prend à la gare de Monistrol de Montserrat (si on arrive en train depuis Barcelone par la ligne *Ferrocaril R5*) ou à la station de Monistrol-Vila (2e arrêt du train à crémaillère, slt valable pour ceux qui arriveraient en parking car on y trouve un vaste parking gratuit). De Monistrol-Vila : nov-mars, départs ttes les 20-40 mn (ttes les 20 mn le w-e) 8h35-18h15 (19h15 le w-e) ; avr-oct, ttes les 20 mn 8h35-19h15 (20h15 le w-e et en juil-août). De Monistrol de Montserrat : 1 départ ttes les heures tte l'année ; nov-mars, 8h48-17h48 (18h48 le w-e) ; avr-oct, 8h48-18h48 (19h48 les w-e et tlj de mi-juin à mi-sept). Billet : 8,80-10 € l'A/R selon saison ; réduc (notamment pour les lève-tôt sur les 2 premiers départs). La ligne, longue de plus de 5 200 m, permet de gravir une pente de 548 m en 15-20 mn. Train en très bon état.
– Des *billets « combi »* sont en vente exclusivement à la gare de Monistrol-Vila : par exemple, le « combi » à env 19,50 €, incluant le billet (A/R) avec le train à crémaillère, plus les funiculaires (de Sant Joan et de Santa Cova) et l'accès à l'espace audiovisuel, ou celui à env 38 €, qui propose en plus le musée et le déj au self du monastère.
– Ou, beaucoup plus pratique, le *forfait Trans Montserrat* à 29,30 €. Vous pouvez vous le procurer à Barcelone au point de vente *FGC* de la pl. d'Espanya, ou tout simplement à l'office de tourisme de la pl. de Catalunya. Il inclut un billet de métro A/R de Barcelone, un

billet de train A/R Barcelone-Monistrol de Montserrat, un billet A/R avec le train à crémaillère jusqu'à Montserrat, plus les funiculaires. Également la version à 46,20 €, qui comprend, en plus, l'entrée au musée de Montserrat et un repas au self du monastère.

Adresse utile

Informations touristiques : pl. de la Creu. ☎ 93-877-77-77. • mont serratvisita.com • En arrivant au pied du monastère, sur la droite. En été, tlj 9h-20h ; en hiver, tlj 9h-18h45 ; en demi-saison, lun-ven 9h-19h, le w-e 9h-20h. Audioguides multilingues : 6 € ; ou billet combiné audioguide + musée + espace audiovisuel : 14 €.

Où camper ? Où manger ? Où boire un verre ?

– Pendant les pèlerinages, foule énorme. Renseignez-vous à l'office de tourisme pour les hébergements (☎ 93-877-77-77 ; demandez le central de résas). Ils vous proposeront, entre autres :

Aire de camping de Sant Miguel : accessible slt à pied. Ouv Semaine sainte-1er nov. Réception : 8h-14h, 17h-21h. Env 10,50 € pour 2 pers et 1 tente. Site exceptionnel en terrasses. Confort basique, mais douches avec eau chaude.

|●| Restaurant Abat Cisneros : sur l'esplanade. Tlj 12h-16h côté self-service (fermé en hiver) ; midi et soir côté resto. Menus env 21-28 €. Le seul endroit pour manger sur place (prix moyens).

Bar del Mirador : tlj 9h-17h (fermé en hiver).

À voir

La basilique : tlj 7h30-20h.
Construite au milieu du XVIe s, elle profite d'un beau panorama sur la vallée. À l'intérieur, on découvre une élégante nef bordée par deux étages de chapelles. Pour accéder à la Vierge noire (tlj 8h-10h30, 12h-18h30, et aussi 19h30-20h de mi-juil à sept) qui trône au-dessus de l'autel, sortir de l'église et emprunter la porte de droite. Préparez-vous à faire une queue délirante ! On traverse patiemment une série de chapelles avant de gravir un escalier monumental, composé de hauts-reliefs sculptés. Mosaïques intéressantes représentant des saints. L'escalier étroit mène au chœur où siège la Moreneta (Vierge noire), sculpture romane en bois polychrome du XIIe s, posée sur un socle d'argent. Les pèlerins défilent à pas cadencés pour baiser le globe que tient la sainte patronne de la Catalogne. Son visage semble presque triste à force d'être serein. On parvient ensuite à la crypte.
– Ne loupez pas le chœur d'enfants de l'Escolania : il s'agit d'une école de musique qui forme de jeunes choristes. On peut les entendre chanter le Salve Regina : lun-ven à 13h et dim à 12h, ainsi que dim-jeu à 18h45 (sf à Pâques, fin juin-fin août et à Noël, les jeunes sont en vac). Durée : env 10 mn. Messe célébrée en grégorien par des moines tlj à 11h.
– Le cloître gothique (datant de 1460) est le seul élément rescapé de l'ancienne abbaye.

Le musée de Montserrat : pl. del Monestir. ☎ 93-877-77-77. Tlj 10h-17h45 (17h30 janv-fév, 18h45 juil-août et ts les w-e et j. fériés). Entrée : 7 € ; réduc. La première partie du musée s'intéresse principalement à la peinture espagnole ainsi qu'aux écoles napolitaine et vénitienne... Œuvres de Bartolomeo Manfredi, superbe Saint Jérôme du Caravage, un Greco, un Zurbarán, quelques compositions de Picasso... et une petite section inattendue qui rassemble Pissarro, Sisley,

Degas ou encore Monet. Une salle est évidemment réservée à la Vierge de Montserrat, comme il se doit (tableaux, statues...). La deuxième partie propose une collection archéologique éclectique (poteries chypriotes, objets rapportés de Terre sainte, une impressionnante momie de jeune fille...), avant de céder la place à une belle série d'icônes byzantines. Intéressant. Également des expos temporaires.

🏃 *Montserrat Portes Endins :* *en été, tlj 9h-20h ; en hiver, tlj 9h-18h45 ; ts les w-e 9h-20h. Entrée : 5 € ; réduc.* Un petit espace audiovisuel interactif qui présente les activités quotidiennes des moines.

Balades dans les environs

Un grand nombre de balades conduisent aux ermitages disséminés sur les pitons rocheux. Le *Guide officiel de Montserrat,* opuscule payant fort bien fait et disponible sur place dans toutes les boutiques, indique tous les itinéraires, leur durée et leur point de départ.

➢ *Le funiculaire de Sant Joan :* *un téléphérique monte depuis le monastère jusqu'au sommet de la montagne. Fermé 3 sem de mi-janv à début fév. En gros : avr-oct, ttes les 20 mn 10h-17h30 ou 17h50 (18h50 de mi-juil à mi-sept) ; nov-mars, même fréquence mais slt jusqu'à 16h50 ou 17h50 selon mois. Durée : 7 mn. Billet : 10 € A/R ; réduc.* Pente de 248 m sur une longueur de 503 m. Du sommet, vue magnifique sur toute la région, jusqu'aux petites collines qui ondulent vers la mer. C'est également le point de départ de l'*itinéraire de Sant Joan.*

➢ *L'ermitage de Saint-Jérôme* (Sant Jeroni) *: accès par le funiculaire de Sant Joan, au bord de la grande place. Durée : 1h aller.* Au sommet, un sentier mène au pic de Sant Jeroni. Panorama extraordinaire.

➢ *L'itinéraire de Santa Cova* est moins fatigant. Les fainéants couperont le fromage en utilisant le funiculaire de Santa Cova, qui raccourcit la balade. *Fin mars-oct, ttes les 20 mn 10h-17h30 (ou 18h50 l'été) ; le reste de l'année, 1er départ vers 11h, dernier 16h30-17h selon saison ; env 3,70 € l'A/R.*

➢ *Le chemin des Gouttières :* *4 km. A/R : 1h sans arrêt.*
Départ du parking du monastère de Montserrat et du monument situé en dessous, dédié à Ramon Lull, penseur catalan, par le sculpteur Subirachs. Le haut lieu de Montserrat en Catalogne garde l'empreinte de son mysticisme sur le moindre de ses chemins. Et les Catalans sont très fiers, à juste titre, de leurs artistes. Cette balade est une façon de rendre hommage à la Vierge noire de tous les Catalans en suivant un chemin sur l'art catalan, si présent dans ce pays.
Sur la terrasse du parking de Montserrat, plaça dels Apòstols, la vue panoramique est superbe vers les Pyrénées au nord, la mer et le Tibidabo sur Barcelone à l'est – évidemment par beau temps ! Après avoir quitté le monument de l'Échelle de la Raison *(Escala de l'Enteniment),* quelques mètres plus loin sur la route permettent de rejoindre l'indication d'*Els Degotalls,* ou Les Gouttières. Il faut suivre cette direction durant 25 mn pour découvrir de très belles vues panoramiques et plusieurs monuments qui font référence à la vie culturelle et folklorique de la Catalogne. Le chemin aboutit au site du *Magnificat,* décoré de céramiques aux sujets symboliques. À la fin de l'itinéraire se profile la formation rocheuse d'*Els Degotalls* en forme de gouttières, d'où jaillissait une source autrefois.

– L'été, de nombreux alpinistes « s'essaient » sur les parois de Montserrat. ATTENTION, la roche sédimentaire comporte un mélange de matière dure et de matière friable. Plusieurs sauts de l'ange sont à déplorer.

TERRASSA | 211

TERRASSA (08221 ; 173 800 hab.)

À 28 km au nord-ouest de Barcelone, sur la route du monastère de Montserrat, cette grande ville, effervescente et animée, est la deuxième ville universitaire de Catalogne avec ses 15 000 étudiants. Plusieurs bâtiments industriels ont été reconvertis en salles d'exposition, en édifices publics ou en musées. C'est le cas du *Vapor Aymerich, Amat i Jover,* véritable chef-d'œuvre de l'architecture industrielle moderniste, qui abrite aujourd'hui un passionnant musée de la Science. Ne manquez pas non plus ses superbes églises romanes !

Un peu d'histoire

Terrassa occupa une place importante lors de la révolution industrielle de la fin du XIXe s. Ses usines textiles furent le principal moteur de la vie économique de la ville pendant près d'un siècle. La riche bourgeoisie industrielle laissa le champ libre aux architectes modernistes qui s'en donnèrent à cœur joie, construisant usines et fabriques, mais aussi magasins, logements ouvriers, édifices publics et espaces verts.
Vers 1970, la crise économique obligea la plupart des entreprises textiles à fermer leurs portes.

Comment y aller de Barcelone ?

➢ **En train RENFE :** depuis la gare de Sants ou la pl. de Catalunya, ligne R4 direction Manrésa. Trains ttes les 15 mn env, 50 mn de trajet.

➢ **En métro-train Metro del Vallès** (FGC, *ligne S1) :* de la pl. de Catalunya. Plusieurs/h, env 45 mn de trajet. *Infos :* ☎ *93-205-15-15.*

Adresse utile

🛈 Oficina de turismo : *parcs de Sant Jordi, pl. Josep Freixa i Argemi, 11.* ☎ *93-739-74-21.* • *visitaterrassa. cat* • *Lun-ven 9h-14h, 17h-19h ; w-e et j. fériés 10h-14h. En août : tlj 9h (10h w-e)-14h.*

À voir

🍴 🚶 *Museu de la Ciència i de la Tècnica de Catalunya* (musée national de la Science et de la Technique de Catalogne) : *rambla d'Ègara, 270.* ☎ *93-736-89-66.* • *mnactec.cat* • ♿ *Mar-ven 10h-19h ; w-e, j. fériés et juil-août 10h-14h30. Entrée : 4,50 € ; réduc ; gratuit - de 8 ans, + de 65 ans, et pour ts le 1er dim du mois oct-juin.*
Le musée occupe les superbes bâtiments d'une usine considérée par certains comme l'une des plus belles d'Europe. C'est au début du XXe s que trois industriels de Terrassa (Aymerich, Amat et Jover) décident de s'associer pour monter une fabrique de textile. Ils confient la construction à l'architecte Lluís Muncunill i Parellada. À partir de 1908, jusqu'à 400 personnes y travaillent à la fabrication de tissus en laine, de la filature à la finition, et ce jusqu'à la fermeture en 1978. Le bâtiment est un chef-d'œuvre. La grande nef centrale s'étend sur environ 11 000 m², elle est couverte d'arcs et de voûtes en brique soutenus par des piliers en fer. On peut voir aussi les anciennes caves à charbon et la machine à vapeur, le patio et la superbe cheminée haute de 41 m.
Le musée présente des expositions permanentes sur l'énergie (charbon et vapeur, énergies propres, énergie de la planète), l'industrie textile et les transports. Vraiment très bien conçu, vivant et original (infos en castillan et anglais, parfois français). Des jeunes gens sont là pour répondre à vos questions et faire des

LES ENVIRONS DE BARCELONE

animations, par exemple dans le secteur consacré à la chimie. La visite est aussi intéressante pour les enfants, car très interactive (jeux et CD-Rom).
Avant de quitter les lieux, monter au 2ᵉ étage (ascenseur à l'entrée) : on a de là-haut une vue superbe sur les toits et l'ensemble de l'usine.

🎥🎥 *Conjunt monumental de les esglésies de Sant Pere* (ensemble monumental des églises de Sant Pere) : *dans le parc Vallparadís.* ☎ *93-783-37-02.* ● *terrassa.cat/museu* ● *En arrivant en train, traverser le centre-ville pour accéder au parc Vallparadis (très agréable). Mar-sam 10h-13h30, 16h-19h ; dim 11h-14h. Fermé j. fériés. Entrée : 4 € (ou 7 € avec le* castell *inclus) ; réduc. Audioguide : 2 €.*
Non seulement le parc Vallparadís, en plein centre-ville, offre d'agréables balades (et un lac navigable), mais en plus, il est bien pourvu en sites culturels : des restes archéologiques datés du Paléolithique, un château *(castell Cartoixa)* du XIIᵉ s *(☎ 93-785-71-44 ; mer-sam 10h-13h30, 16h-19h ; dim 11h-14h ; 3 €, réduc),* mais surtout les trois églises Sant Pere, Sant Miquel et Santa Maria. L'ensemble est toujours en cours de fouilles et de rénovation mais les trois édifices, tous d'architecture médiévale, se visitent. Certaines peintures à l'intérieur datent du haut Moyen Âge, mais on y trouve aussi des œuvres gothiques et romanes. L'église de Sant Pere est renommée pour son très beau retable gothique en pierre. Celle de Sant Miquel est en fait un ancien baptistère du IXᵉ s. Quant à Santa Maria, complètement romane et certainement la plus jolie, elle abrite des fresques murales et un très beau retable du XVᵉ s, ainsi qu'un superbe pavement en mosaïque à l'entrée. Dernière remise en état, la Seu d'Ègara, une basilique du VIIIᵉ s.

LE LITTORAL BARCELONAIS (Costa Barcelona)

Bien que largement « touristisé », il réserve quelques bonnes surprises.

SITGES   (08870)   23 000 hab.

À 40 km au sud de Barcelone, Sitges n'est pas une énième station balnéaire bétonnée, à l'image de certaines consœurs de la Costa Daurada plus au sud, vers Tarragone. Une vieille église sur un promontoire rocheux marque le début d'une longue plage bordée par une agréable promenade. À l'arrière, le centre historique se découvre aisément à pied, au fil de rues
et ruelles bordées de nombreuses « *casas de los Americanos* », de belles maisons souvent modernistes.
Grâce à un maire visionnaire qui avait prévu les méfaits du boom immobilier sur le littoral, la ville se prolonge le long de la mer par un quartier verdoyant composé de nombreuses villas ne dépassant pas trois étages, tandis qu'en arrière-plan, la douce ligne des collines n'est pas complètement ravagée.
Baignées de soleil plus de 300 jours par an, les 17 plages de la région de Sitges attirent la jeunesse dorée de Barcelone et une importante communauté homosexuelle, plutôt masculine.

UN PEU D'HISTOIRE

Longtemps tournée vers la mer et l'agriculture, notamment la viticulture grâce aux proches vignobles du Penedès, la ville devient une sorte d'enclave commerçant essentiellement avec les Amériques, suite à un décret de Charles III, en 1778, qui encourage les liaisons maritimes directes. De nombreux natifs en profitent pour tenter leur chance outre-mer, à une époque où la terre ne permet plus de vivre. Fortune faite, certains reviennent entre 1830 et 1850. Affublés du surnom d'*Indianos* ou *Americanos*, ils se font bâtir de splendides demeures (lire la rubrique « À voir ») et donnent un nouvel élan à la ville, qui sera bientôt mise à la mode par le peintre moderniste Santiago Rusiñol. Dans les années 1960, Sitges rebondira grâce aux mannequins et night-clubbers.

Arriver – Quitter

En train

🚋 *Gare ferroviaire* (plan B1) : *pl. E. Maristany. Rens :* ☎ *902-320-320.*

● renfe.com ●
➤ *Barcelona-Sants et Barcelona-Passeig de Gràcia* (ligne R2 Sud) : env 4h45-22h25 depuis Sitges,

5h45-minuit depuis Barcelone, départs ttes les 20-30 mn. Compter 30-45 mn de trajet.

En bus

Station de bus (plan A1) : *au nord de la ville, juste après la voie ferrée.* Compagnie Mon-Bus. ☎ 93-893-70-60. • monbus.cat •
➢ **Barcelone** (pl. Universitat, via pl. d'Espanya) : depuis Barcelone, en sem 7 liaisons directes, 7h30-19h50 ; le w-e 8h20-22h20, 1 départ/h. 40-55 mn de trajet. Depuis Sitges, mêmes fréquences, mais départs env 1h plus tôt.
➢ **Barcelone aéroport :** 1 départ/h ; en sem 5h55-21h55 ; le w-e 7h25-21h25. Depuis l'aéroport, mêmes fréquences, mais départs env 1h45 plus tard en sem, 1h15 plus tard le w-e. Compter 30-35 mn de trajet.

Adresses et infos utiles

Oficina d'informació turística (office de tourisme ; plan B1, **1**) : *pl. Eduard Maristany, 2.* ☎ 93-894-42-51. • sitgesturisme.cat • *Devant la gare ferroviaire. Lun-sam 10h-14h, 16h-18h30 (20h en été ; 19h sam en hiver) ; dim 10h-14h.*
■ **Agisitges :** *Lope de Vega, 9.* 619-79-31-99. • agisitges.com • Tours guidés, sur l'architecture des maisons des *Americanos* par exemple, possibles en français.
✉ **Poste** (plan A1-2) : *pl. d'Espanya.*
■ **Banques, change :** *quelques banques pl. Cap de la Vila (plan A2).*

🚖 **Taxis :** ☎ 93-894-13-29.
🅿 **Stationnement :** ATTENTION ! Gare aux PV, la chasse à l'infraction est une affaire qui tourne à Sitges. *Parcmètres en service 10h-14h et 16h-20h, env 1,30 €/h. Dans les parkings municipaux, compter 27 €/j., mais certains hôtels proposent des tarifs négociés, autour de 20 €/j.* Tuyau : filer vers les rues parallèles à la mer, au sud de l'agglomération *(hors plan par A1-2)*, pour trouver des places gratuites (sans lignes bleues) évidemment très convoitées...

Où dormir ?

Comme nous le disait un hôtelier : « Sitges, c'est pas une ville de cure ! » Dans le centre piéton, avec bars et restos à foison, ne pas escompter de calme avant 3h du mat'.

Campings

⛺ **Camping El Garrofer** (hors plan par A1, **10**) : *ctra 246A, km 39.* ☎ 93-894-17-80. • info@garroferpark.com • garroferpark.com • *À 2 km au sud de Sitges et à 1 km de la plage. Avec Barcelone, env 1 liaison/h en bus (ttes les 30 mn en sem), dans les 2 sens (trajet 1h), arrêt Rocamar à 100 m. Fermé de mi-déc à fin fév. Selon saison et type, env 25-38 € pour 2 pers avec voiture et tente, bungalows 2-5 pers 55-137 €.* 📶 *(payant). Réduc de 10 % sur les bungalows et les parcelles en basse et moyenne saisons sur présentation de ce guide.* Sur un grand terrain ombragé, un camping bien équipé à défaut d'être joli et bien vert, même si l'ensemencement progresse. Resto, piscine, aire de jeux et animations diverses. Bungalows avec terrasses plutôt plaisants et entièrement équipés. Animaux « non dangereux » acceptés... ouf !

⛺ **Camping Sitges** (hors plan par A1, **11**) : *ctra 246A, km 38.* ☎ 93-894-10-80. • info@campingsitges.com • campingsitges.com • *À env 1 km au sud de Sitges, entrée (fléchée) au niveau du rond-point. Arrêt de bus « Camping Sitges ». Ouv mi-mars à mi-oct. En été, résa indispensable à l'avance. Selon saison, 21-30 € pour 2 pers avec tente et voiture, bungalows 2-4 pers 43-144 €.* 💻 *(payant).* 📶 *Réduc de 10 % sur présentation de ce guide en basse et moyenne saisons.* Sur un grand terrain plat et herbu,

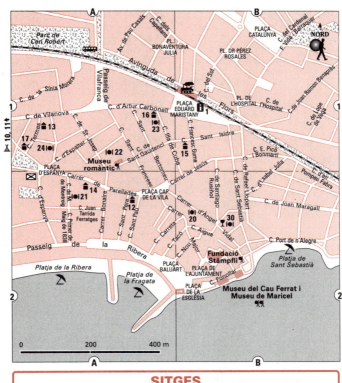

SITGES

- ■ **Adresse utile**
  - 🛈 **1** Oficina d'informació turística

- 🛆 🏠 **Où dormir ?**
  - **10** Camping El Garrofer
  - **11** Camping Sitges
  - **12** Hostal Parellades
  - **13** Hostal Termes
  - **14** Hotel Madison Bahía
  - **15** Hotel Romàntic
  - **16** Hotel Liberty
  - **17** Hotel Alexandra

- 🍴 **Où manger ?**
  - **20** Galicia
  - **21** El Pescadito
  - **22** El Celler Vell
  - **23** Casa Raimundo
  - **24** Incognito

- 🍷🍴 **Où boire un verre ?**
  - **30** El Cable

160 emplacements à l'ombre des pins. Bungalows avec cuisine équipée et draps fournis (pas les serviettes), les plus récents profitant d'une petite terrasse. Équipements classiques et propres : piscine, resto, supérette, aire de jeux... Accueil sympa et (souvent) francophone.

Prix moyens (45-80 €)

🏠 ***Hostal Parellades*** *(plan A2, 12) : c/ de les Parellades, 11.* ☎ *93-894-08-01.* ● *hostalparellades@hotmail.com* ● *Doubles avec sdb 55-65 € ; pas de petit déj (nombreux bars à proximité).* 📶 Dans le centre piéton et commerçant, on aime bien cette maison ancienne, haute de plafond, avec son petit salon frais en été et sa terrasse ombragée surplombant une ruelle. Chambres très simples mais impeccables. Excellent rapport qualité-prix-accueil.

🛏 *Hostal Termes (plan A1, 13) : c/ Rafael Termes, 9. ☎ 93-894-23-43. ● info@hostaltermes.com ● hostaltermes.com ● Selon saison, doubles avec sdb 40-75 € ; familiale 60-90 €. Appart 4-5 pers 75-120 €. Parking : 15 €. 📶 Réduc de 10 % sur les doubles en hte et moyenne saisons sur présentation de ce guide.* Accueillant, au calme sans être à perpète. Une douzaine de chambres doubles et un *apartement* (n° 401) au dernier étage, sans cuisine toutefois. Salles de bains agréables, pour la plupart avec baignoire. Ameublement et déco simples mais pimpants, on se croit parfois à la *casa*. Clim et balcons pour certaines comme la n° 301. Pas de petit déj, ni cuisine pour les hôtes, juste un micro-ondes et un distributeur de boissons à la réception.

🛏 *Hotel Madison Bahía (plan A2, 14) : c/ de les Parellades, 31-33. ☎ 93-894-00-12. ● info@hotelmadisonbahia.com ● Doubles avec sdb 30-90 € selon saison ; resto : menu 10 €, carte 12 €.* 📶 Petit hôtel installé dans une ancienne demeure de l'axe piéton du vieux quartier. Il vieillit doucement mais sûrement mais ce côté un peu décati pourra plaire à certains, surtout quand les tarifs sont au plus bas. Chambres très simples avec ou sans balcon, donnant sur la rue (animée mais pas ultra-bruyante) ou à l'arrière. Clim, TV et téléphone. Bon accueil (en français souvent). Bar-resto au rez-de-chaussée.

De chic à plus chic (plus de 80 €)

🛏 *Hotel Romàntic (plan B1, 15) : c/ Sant Isidre, 33. ☎ 93-894-83-75. ● romantic@hotelromantic.com ● hotelromantic.com ● Mars-oct. Résa conseillée. Selon saison et type, doubles 105-125 €, petit déj inclus.* 📶 Dans une paisible rue du centre historique, cet hôtel composé de 2 villas construites au XIXe s par un *Americano* est irrésistible de charme. Les chambres, toutes différentes, sont parfois assez petites mais toujours joliment décorées de bibelots, gravures et meubles anciens. Les plus chères jouissent d'un balcon donnant sur le superbe jardin arboré, à l'arrière. Les parties communes sont tout aussi agréables (faïences colorées, sculptures et tableaux) et le bar américain est un petit bijou d'élégance rétro. Excellent accueil, pour parfaire le tout. Mêmes proprios, mêmes prix et pratiquement même ambiance à l'autre côté de la rue pour l'*Hotel de la Renaixença*.

🛏 *Hotel Liberty (plan A1, 16) : c/ de l'Illa de Cuba, 45. ☎ 93-811-08-72. ● info@libertyhotelsitges.com ● libertyhotelsitges.com ● ♿ Fermé janv. Doubles 80-160 € selon confort et saison, suite 170 € ; petit déj 7,50 €. Min 2 nuits en été.* 📶 *Petit déj offert sur présentation de ce guide si séjour min 3 nuits.* Savant mélange de raffinement (expositions temporaires au bar) et d'esprit cocooning, ce petit hôtel géré par de charmants Anglais est une vraie réussite. Dans toutes les chambres : frigo, TV dernier cri et lecteur DVD, téléphone, set pour le thé. Les plus prisées bénéficient (comme la vaste suite) d'un balcon surplombant le ravissant jardin où le petit déj est servi en été.

🛏 *Hotel Alexandra (plan A1, 17) : c/ Rafael Termes, 20. ☎ 93-894-15-58. ● info@hotelalexandrasitges.com ● hotelalexandrasitges.com ● Selon confort (balcon ou non), doubles 75-110 € ; nettement moins cher hors saison. Pas de petit déj mais on peut s'en préparer un dans chaque chambre.* 📶 Petit immeuble de 3 niveaux plus combles, situé à l'angle d'une rue à l'écart du gros cirque estival (mais à 5 mn à pied). La chambre du 3e, avec terrasse et un aperçu lointain sur la mer (2 chaises longues, treille de jasmin...), est la plus séduisante. Parmi les autres, préférer les deux avec balcon.

Où manger ?

Bon marché (max 16 €)

Galicia (plan B2, **20**) : c/ Ángel Vidal, 20. ☎ 93-894-00-91. Tlj 13h-16h, 19h30-minuit (sf mar : fermé midi tte l'année et tte la journée en hiver). Fermé nov. Menus 10-12 €, pizzas et tourtes 8-10 €, carte 15-20 €. Minuscule et pittoresque cantine à la déco nourrie de tout un bric-à-brac hispanique (et un peu kitsch !). Les claustrophobes préféreront la poignée de tables à l'extérieur. Honorable cuisine familiale (comme l'ambiance !) rôdée par les années de métier. Touristes comme habitués apprécient particulièrement les pizzas maison et les menus très économiques. Pas toujours facile donc d'y dégotter une place...

Incognito (plan A1, **24**) : c/ Europa, 16. Pas de tél ! ● incognitositges@yahoo.es ● Tlj 10h-tard ! Formule 11 € et menu 13 € le midi ; tapas le soir 3,50-5 €. 📶 Incognito, ce bar-resto ne devrait pas rester longtemps, même dans sa rue peu passante. Parce que c'est une excellente petite adresse (et déjà un passage obligé du circuit gay, notamment pour l'apéro). Pour le midi, cuisine méditerranéenne (au sens large), riche de bonnes idées et à prix d'amis. Service aussi efficace que chaleureux (et un des deux patrons est français). Pas beaucoup de place malgré la petite terrasse sur la rue et pas de téléphone : il est prudent d'y passer réserver une table...

El Pescadito (plan A2, **21**) : c/ de Marqués de Montroig, 4. ☎ 93-894-74-79. Tlj 12h-minuit. Tapas 5-10 €, plats 7-15 €. Dans la rue la plus animée de la ville balnéaire, le resto populaire dans toute sa splendeur avec, derrière une miniterrasse, une salle toute en profondeur, où le son de l'immanquable téléviseur est largement couvert par le brouhaha ambiant. Service efficace et cuisine espagnole classique avec (normal vu son nom !) pas mal de plats de poissons et autres fruits de mer qui tiennent (pour le prix) bon la barre.

De prix moyens à plus chic (min 16 €)

El Celler Vell (plan A1, **22**) : c/ Sant Bonaventura, 21. ☎ 93-811-19-61. ● restaurant@elcellervell.com ● Tlj sf mer 13h-15h30, 20h15-23h. Congés : janv. Menu le midi 15 €, sinon « versions gourmandes » 21-26 € ; carte 20-30 €. « Le Vieux Cellier » garantit la fraîcheur d'une salle rustique, décorée dans des tons solaires et célestes. Cuisine principalement catalane, fine et légère. Ce sans-faute rappelle qu'une station touristique peut compter de bons restos pratiquant des prix justes. Accueil chaleureux.

Casa Raimundo (plan A1, **23**) : c/ de l'Illa de Cuba, 39-41. ☎ 93-894-35-16. ● sitgescasaraimundo@gmail.com ● ♿ Tlj sf dim soir et lun. Menus 12 € midi en sem puis 16-30 € ; carte 20-38 €. 📶 Deux salles classiques, avec poutres et tableaux aux murs. Ici, la cuisine, goûteuse et bien tournée, vient de Galice. Au menu, quelques viandes, mais ce sont les produits de la mer qui tiennent la vedette. La *parrillada de pescado y marisco* n'est pas donnée mais délicieuse. Belle carte des vins : c'est le dada du patron.

Où boire un verre ?

🍷 **El Cable** (plan B2, **30**) : c/ Barcelona, 1. ☎ 93-894-87-61. ● bar@elcable.cat ● Lun-ven 9h-15h30 et tlj 19h-23h30. Tapas 2-5 €. Ouvert dans les années 1950, ce bistrot a gardé toute sa patine vintage. Au fond de la salle tapissée de tableaux, les vieux frigos en bois et les alignements de tonnelets de vin sont toujours là. Ça rassure les anciens et séduit les plus jeunes, à croire l'affluence à l'heure des tapas. La maison excelle en la matière et ne lésine pas sur la variété : chauds ou froids, la carte en compte une trentaine. Chouette ambiance à la fois populo et branchouille.

🍷 Le soir, les bars de la **carrer del Primer de Maig** *(plan A2 ; rebaptisée calle Pecado, « rue du Péché »… tout un programme !)* et de la **carrer de l'Illa de Cuba** *(plan A-B1)* font le plein jusqu'à pas d'heure. Les hommes qui préfèrent les hommes apprécieront l'ambiance des **bars de la carrer de Sant Bonaventura** et de la **carrer Bonaire**.

À voir. À faire

🎬 **Museu del Cau Ferrat i Museu de Maricel** *(musée du Fer forgé et musée de Maricel, plan B2)* : *c/ de Fonollar, 8.* ☎ *93-894-03-64.* ● *museusdesitges.cat* ● *Tlj sf lun 10h-19h (20h juil-sept, 17h nov-fév). Entrée : 10 € ; réduc ; gratuit pour ts le 1ᵉʳ mer du mois.*

Le *museu del Cau Ferrat* est l'ancienne résidence du peintre et écrivain Santiago Rusiñol (1861-1932), qui l'avait transformée en musée en 1933. En fait, l'étonnant rez-de-chaussée de cette maison de pêcheur relookée par un architecte médiéviste évoque plus un cabinet de curiosités qu'un « vrai » musée : piano sur lequel a joué Manuel de Falla, fonts baptismaux du XVIᵉ s, verreries romaines ou casque allemand de la Première Guerre mondiale ! Les murs, d'un bleu éclatant, sont encombrés de céramiques anciennes et d'une foule de toiles et autres dessins. Les plans fournis dans chaque pièce sont donc bien utiles pour dénicher les œuvres du Greco, de Ramon Casa, Picasso, Miguel Utrillo ou Miró.

À l'étage, sous un superbe plafond néogothique, est installée la collection de fer forgé (*cau ferrat* en catalan) : croix de processions des XIVᵉ-XVᵉ s comme serrures et autres heurtoirs de portes (parfois de vraies œuvres d'art).

On gagne ensuite le 3ᵉ étage du *museu de Maricel*, installé lui dans plusieurs maisons du quartier réunies, de 1910 à 1918, par le millionnaire américain Charles Deering (des tracteurs John Deere !) qui l'offrira ensuite au peintre Ramon Casas. Devenu musée dans les années 1970, entièrement repensé en 2014, ce vaste ensemble néoclassique offre un panorama artistique plutôt complet, du Moyen Âge à l'art moderne. On remonte les siècles en descendant les étages : statuaire médiévale, retables, puis toiles baroques, école luministe de Sitges (XIXᵉ s), modernisme et noucentisme… Au rez-de-chaussée, fresques allégoriques autour de la Première Guerre mondiale dans une ancienne chapelle et des sculptures de nus joliment présentées dans une longue pièce vitrée ouvrant sur la mer.

🚶 **Museu romàntic** *(plan A1)* : *c/ Sant Gaudenci, 1.* ☎ *93-894-29-69.* ● *museusdesitges.cat* ● **Actuellement fermé pour travaux (se renseigner à l'office de tourisme).** Le 1ᵉʳ étage de cette demeure néoclassique de la fin du XVIIIᵉ s, construite par les Can Llopis, une riche famille de commerçants de malvoisie (un vin liquoreux), a été laissé tel quel. L'aménagement des pièces, aux luminaires d'origine, allant du chandelier à la lampe à gaz, les fresques enfantines, le jeu de *bis-bis* (sorte de marelle) de la galerie extérieure donnent un attrait supplémentaire à la visite. En 1950, le dernier héritier légua la maison à la municipalité en échange de l'établissement d'un musée et du transfert de l'exploitation d'un vignoble de malvoisie au profit de l'hôpital local, ce qui est toujours le cas. Au 2ᵉ étage, la *collection Lola-Anglada* rassemble environ 400 poupées des XVIIᵉ, XVIIIᵉ et XIXᵉ s en cuir, carton ou porcelaine, venant principalement de France et d'Allemagne. Les plus grandes sont en fait des mannequins. À l'entresol, de fascinants dioramas retracent la vie quotidienne des différentes classes sociales, des plus populaires aux plus aisées, entre 1825 et 1950.

🎬 **Les « casas de los Americanos »** : itinéraire à faire en solo à l'aide du plan (très succinct mais gratuit) disponible à l'office de tourisme, ou lors de visites guidées (voir *Agisitges* dans « Adresses et infos utiles »). Pas de visite de l'intérieur des maisons, on admire de l'extérieur ! Il s'agit de demeures privées édifiées

VILAFRANCA DEL PENEDÈS | 219

par des Catalans partis aux Amériques, à Cuba notamment, et revenus au pays fortune faite. La ville en compte environ 80, dont le style va du néoclassicisme au modernisme, en passant par le romantisme et l'éclectisme.

🗽 *Fundació Stämpfli* (plan B2) : *pl. de l'Ajuntament, 13.* ☎ *93-894-03-64.* ● *fundacio-stampfli.org* ● *Juil-sept mar-dim 10h-20h, oct-juin ven-dim 10h-19h (17h nov-fév). Entrée : 5 € ; réduc.* Fondée par l'artiste suisse Peter Stämpfli, cette galerie de dimension modeste expose sa collection par roulement, en organisant des expos temporaires centrées sur le travail d'un artiste en particulier. La majorité des œuvres s'inscrivent dans le courant de la figuration narrative, né dans les années 1960 à Paris.

🏖 *Les plages :* une dizaine de petites plages, délimitées par des digues, s'étirent sur les 3 km du front de mer. Environ à 15 mn vers l'est, après l'église, la plage *dels Balmins* accueille les naturistes (majoritairement gays).

Fêtes

– *Carnaval de Sitges :* *pdt une bonne semaine, début fév.* Parades (gays pour certaines) pleines d'exubérance. Celles des dimanche et mardi sont les plus intéressantes.
– *Rallye de Cotxes d'Època :* *1 w-e début mars.* ● *rallyesitges.com* ● Rassemblement de voitures d'époque.
– *Corpus Christi :* *juin.* Magnifiques tapis de fleurs dans les rues et procession de géants.
– *Gay Pride :* *juin ou juil en principe, pdt 3 j. (16-20 juin 2016).* ● *gaysitgespride.com* ●
– *Festival internacional de Cinema fantàstic de Catalunya :* *10 j. début oct.* ● *sitgesfilmfestival.com* ● Rendez-vous des amoureux de fantastique et d'horreur au cinéma.

VILAFRANCA DEL PENEDÈS

(08720)   38 900 hab.

À 24 km au nord de Sitges et à 55 km au sud-ouest de Barcelone, dans une vaste plaine fertile traversée à l'époque romaine par la via Augusta, Vilafranca del Penedès est aujourd'hui encore un nœud de communications. Elle est surtout réputée pour être la capitale du Haut Penedès *(Alt Penedès),* premier terroir viticole de Catalogne, qui produit notamment 90 % du *cava* régional.
De taille moyenne, la ville compte quelques monuments anciens dans son centre historique, autour de la basilique Sainte-Marie, comme le palais du Roi *(palau Reial),* qui abrite un petit musée du Vin.

Comment y aller ?

➢ *En voiture :* de Sitges, suivre la jolie petite route C-15B, qui traverse la ligne des collines de l'arrière-pays. De Barcelone, suivre l'autoroute A 7 Barcelone-Tarragone, puis emprunter la sortie 28 ou 30.

➢ *En train :* liaisons avec Barcelone (pl. de Catalunya ou Sants), avec la ligne R4. En sem, 2-4 trains/h ; w-e, 1-2 trains/h. Env 55 mn de trajet et 9 € l'A/R. Mais pour atteindre les caves Torres, il vous restera encore 4 km...

Adresse utile

🛈 Office de tourisme : c/ de la Cort, 14, sur la pl. de la Vila, à côté de la mairie (ajuntament), à env 10 mn à pied de la gare. ☎ 93-818-12-54. ● turismevilafranca.com ● 🚶 *Lun ap-m à sam 9h30-13h30, 15h-18h ; dim et j. fériés 10h-13h.*

À voir dans le coin

🍇 Les caves Torres : finca El Masel, 08739 **Pacs del Penedès.** ☎ 93-817-74-87 ou 73-03. ● clubtorres.com ● *À 4 km à l'ouest de Vilafranca del Penedès, sur la route de Sant Martí Sarroca, panneau sur la gauche. Visite guidée lun-sam 9h15-16h30 (16h nov-mar), dim et j. fériés 9h15-12h30. Entrée : env 7,80 € (avec dégustation de 2 vins) ; réduc. Durée : env 1h. Autres forfaits visites, cours et dégustations (détails sur le site internet). Commentaires en français.* La visite débute avec un film de 15 mn, narrant la success-story de la famille Torres. Produisant du vin depuis 1870, elle est aujourd'hui à la tête d'une des plus grandes et des plus modernes maisons d'Espagne, primée à maintes reprises. On entre ensuite dans le *tunel de las Estaciones,* où le cycle des saisons et son influence sur la vigne animent un mur-écran pendant qu'une foule d'arômes embaument l'air (bois brûlé, fleur d'oranger, etc.). Et hop ! On embarque dans un petit train qui sillonne le domaine avant d'entrer dans l'obscure cave Josefa, où sont entreposés des milliers de tonneaux faits de chênes français et hongrois. Passage par les chaînes de mises en bouteilles et retour au point de départ pour une dégustation un peu chiche et sans véritable option. Les amateurs regretteront le côté aseptisé de la visite, tout en reconnaissant aux Torres un sens aigu du marketing.

SANT SADURNÍ D'ANOIA *(9 850 hab.)*

Située au bord de l'autoroute AP 7-E 15 Barcelone-Tarragone, à 15 km à l'est de Vilafranca del Penedès et 45 km à l'ouest de Barcelone, Sant Sadurní d'Anoia est LA ville du *cava*. Le coin assure en effet près de 75 % de la production nationale de ce vin pétillant (voir la rubrique « Boissons » dans « Catalogne-Valence : hommes, culture, environnement » en début de guide). Venir ici sera l'occasion d'aller visiter les belles caves de *Codorníu,* une compagnie qui produit plus de 40 millions de bouteilles par an.

Comment y aller ?

➤ **En train :** liaisons régulières avec Barcelona-Sants et Vilafranca del Penedès par la ligne R4 des *Rodalies*.

Adresse utile

🛈 Oficina de turismo : c/ Hospital, 23, à 150 m de la pl. del Ayuntamiento, soit 10-15 mn à pied de la gare ferroviaire. ☎ 93-891-31-88. ● turismesantsadurni.com ● *Mar-ven 9h15-14h45, 16h-18h30 ; w-e sf dim ap-m 10h-14h, 16h30-19h.*

Où manger ?

🍴 Can Quetu : c/ de Tarragona, 25. ☎ 93-891-02-57. *Tlj sf lun et sam 13h-16h. Menu en sem env 10 €.* Une cantine ouvrière où l'on se restaure de plats simples et bons. Ici, on ne se moque pas de la clientèle, la qualité et la quantité sont au rendez-vous. Bon accueil. Vente du *cava* de la maison dans la cave en face.

À voir

🐾 **Les caves Codorníu :** *avda J. Codorníu.* ☎ *93-891-33-42 ou 93-818-32-32.* ● *codorniu.es* ● *Lun-ven 9h-17h, w-e et fêtes 9h-15h ; dernière entrée 1h30 avt fermeture. Visite guidée d'env 1h30 en castillan, catalan ou anglais selon les horaires, suivie d'une dégustation de 2 types de* cava *: 9 € ; réduc ; gratuit - de 7 ans. Résa obligatoire ; en profiter pour demander, si possible, une visite en français (slt en sem).*

Née en 1551, la maison *Codorníu* est la première de Catalogne à adopter la méthode champenoise, en 1872. Elle est donc l'inventrice du *cava* et y consacre rapidement la totalité de sa production. En 1915, après 20 ans de chantier, les merveilleuses caves imaginées par l'architecte moderniste Josep Puig i Cadafalch sont inaugurées. Considérées comme un monument national,c'est le petit plus de ces caves, qui intéresseront, du coup, même les plus sobres. Explications de qualité sur le *cava* fournies par les guides.

Après une vidéo retraçant l'histoire de la maison et la traversée de la belle propriété dominée par la demeure familiale, on rejoint l'ancienne salle de pressage, transformée en un petit musée réunissant quantité d'objets et machines viticoles. Puis c'est la plongée dans les gigantesques caves (200 000 m² au total !). Étagées sur cinq niveaux, elles peuvent contenir jusqu'à 100 millions de bouteilles. On en découvre une partie à bord d'un amusant petit train.

- Sagrada del familia à réserver
- Montjuïc – y aller à l'aventure
  Téléphérique
- Parc Gëll
- Plage
- Musée Picasso ?
- La Rambla
- La Boqueria (marché)
- Tibidabo ?

NOTES PERSONNELLES

NOTES PERSONNELLES

les ROUTARDS sur la FRANCE 2016-2017

(dates de parution sur • *routard.com* •)

Découpage de la FRANCE par le ROUTARD

Autres guides nationaux

- La Loire à Vélo
- La Vélodyssée (Roscoff-Hendaye ; avril 2016)
- Nos meilleurs campings en France
- Nos meilleures chambres d'hôtes en France
- Nos meilleurs restos en France
- Nos meilleurs sites pour observer les oiseaux en France
- Tourisme responsable

Autres guides sur Paris

- Paris
- Paris à vélo
- Paris balades
- Restos et bistrots de Paris
- Le Routard des amoureux à Paris
- Week-ends autour de Paris

les ROUTARDS sur l'ÉTRANGER 2016-2017

(dates de parution sur • routard.com •)

Découpage de l'ESPAGNE par le ROUTARD

Découpage de l'ITALIE par le ROUTARD

Autres pays européens

- Allemagne
- Angleterre, Pays de Galles
- Autriche
- Belgique
- Budapest, Hongrie

- Crète
- Croatie
- Danemark, Suède
- Écosse
- Finlande
- Grèce continentale
- Îles grecques et Athènes
- Irlande
- Islande

- Madère
- Malte
- Norvège
- Pologne
- Portugal
- République tchèque, Slovaquie
- Roumanie, Bulgarie
- Suisse

Villes européennes

- Amsterdam et ses environs

- Berlin
- Bruxelles
- Copenhague
- Dublin
- Lisbonne
- Londres

- Moscou
- Prague
- Saint-Pétersbourg
- Stockholm
- Vienne

les ROUTARDS sur l'ÉTRANGER 2016-2017

(dates de parution sur • routard.com •)

Découpage des ÉTATS-UNIS par le ROUTARD

Autres pays d'Amérique

- Argentine
- Brésil
- Canada Ouest
- Chili et île de Pâques
- Équateur et les îles Galápagos
- Guatemala, Yucatán et Chiapas
- Mexique
- Montréal
- Pérou, Bolivie
- Québec, Ontario et Provinces maritimes

Asie et Océanie

- Australie côte est + Ayers Rock (mai 2016)
- Bali, Lombok
- Bangkok
- Birmanie (Myanmar)
- Cambodge, Laos
- Chine
- Hong-Kong, Macao, Canton
- Inde du Nord
- Inde du Sud
- Israël et Palestine
- Istanbul
- Jordanie
- Malaisie, Singapour
- Népal
- Shanghai
- Sri Lanka (Ceylan)
- Thaïlande
- Tokyo, Kyoto et environs
- Turquie
- Vietnam

Afrique

- Afrique de l'Ouest
- Afrique du Sud
- Égypte
- Kenya, Tanzanie et Zanzibar
- Maroc
- Marrakech
- Sénégal
- Tunisie

Îles Caraïbes et océan Indien

- Cuba
- Guadeloupe, Saint-Martin, Saint-Barth
- Île Maurice, Rodrigues
- Madagascar
- Martinique
- République dominicaine (Saint-Domingue)
- Réunion

Guides de conversation

- Allemand
- Anglais
- Arabe du Maghreb
- Arabe du Proche-Orient
- Chinois
- Croate
- Espagnol
- Grec
- Italien
- Japonais
- Portugais
- Russe
- G'palémo (conversation par l'image)

Les Routards Express

Amsterdam, Barcelone, Berlin, Bruxelles, Budapest (nouveauté), Dublin (nouveauté), Florence, Istanbul, Lisbonne, Londres, Madrid, Marrakech, New York, Prague, Rome, Venise.

Nos coups de cœur

- Nos 52 week-ends dans les plus belles villes d'Europe (nouveauté)
- France
- Monde

routard assurance
Selon votre voyage :

ROUTARD ASSURANCE COURTE DURÉE
pour un voyage de moins de 8 semaines

> **FORMULES**

Individuel / Famille** / Séniors

OPTIONS :
Avec ou sans franchise

Consultez le détail des garanties

> Lieu de couverture : tout pays en dehors du pays de résidence habituelle.
> Durée de la couverture : 8 semaines maximum.

Souscrivez en ligne sur www.avi-international.com

ROUTARD ASSURANCE LONGUE DURÉE
« MARCO POLO »
pour un voyage de plus de 2 mois

> **FORMULES**
Individuel / Famille** / Séniors

> **SANS FRANCHISE**

> **NOUVEAUTÉS 2015**
Tarifs Jeunes 2015 - Bagages inclus
À partir de 40 € par mois

Consultez le détail des garanties

> Lieu de couverture : tout pays en dehors du pays de résidence habituelle.
> Durée de la couverture : 2 mois minimum à 1 an (renouvelable).

Souscrivez en ligne sur www.avi-international.com

* Nous vous invitons à prendre connaissance préalablement de l'ensemble des Conditions générales sur www.avi-international.com ou par téléphone au 01 44 63 51 00 (coût d'un appel local).
** Une famille est constituée de 2 conjoints de droit ou de fait ou toutes autres personnes liées par un Pacs, leurs enfants célibataires âgés de moins de 25 ans vivant à leur domicile et fiscalement à leur charge. Par ailleurs, sont également considérés comme bénéficiaires de l'option Famille, les enfants de couples divorcés s'ils sont fiscalement à charge de l'autre parent.

SOUSCRIVEZ EN LIGNE ET RECEVEZ IMMÉDIATEMENT TOUS VOS DOCUMENTS D'ASSURANCE PAR E-MAIL :

- votre carte personnelle d'assurance avec votre numéro d'identification
- les numéros d'appel d'urgence d'AVI Assistance
- votre attestation d'assurance si vous en avez besoin pour l'obtention de votre visa.

Toutes les assurances Routard sont reconnues par les Consulats étrangers en France comme par les Consulats français à l'étranger.

Souscrivez en ligne
sur www.avi-international.com
ou appelez le 01 44 63 51 00*

AVI International (SPB Groupe) - S.A.S. de courtage d'assurances au capital de 100 000 euros - Siège social : 40-44, rue Washington (entrée principale au 42-44), 75008 Paris - RCS Paris 323 234 575 - N° ORIAS 07 000 002 (www.orias.fr). Les Assurances Routard Courte Durée et Routard Longue Durée ont été souscrites auprès d'AIG Europe Limited, société de droit anglais au capital de 197 118 478 livres sterling, ayant son siège social The AIG Building, 58 Fenchurch Street, London EC3M 4AB, Royaume-Uni, enregistrée au registre des sociétés d'Angleterre et du Pays de Galles sous le n°01486260, autorisée et contrôlée par la Prudential Regulation Authority, 20 Moorgate London, EC2R 6DA Royaume-Uni (PRA registration number 202628) - Succursale pour la France : Tour CB21 - 16 place de l'Iris - 92400 Courbevoie.

routard assurance
Voyages de moins de 8 semaines

RÉSUMÉ DES GARANTIES*	MONTANT MAXIMUM DES GARANTIES
FRAIS MÉDICAUX (pharmacie, médecin, hôpital)	100 000 € U.E. / 300 000 € Monde entier
Agression (déposer une plainte à la police dans les 24 h)	Inclus dans les frais médicaux
Rééducation / kinésithérapie / chiropractie	Prescrite par un médecin suite à un accident
Frais dentaires d'urgence	75 €
Frais de prothèse dentaire	500 € par dent en cas d'accident caractérisé
Frais d'optique	400 € en cas d'accident caractérisé
RAPATRIEMENT MÉDICAL	Frais illimités
Rapatriement médical et transport du corps	Frais illimités
Visite d'un parent si l'assuré est hospitalisé plus de 5 jours	2 000 €
CAPITAL DÉCÈS	15 000 €
CAPITAL INVALIDITÉ À LA SUITE D'UN ACCIDENT**	
Permanente totale	75 000 €
Permanente partielle (application directe du %)	De 1 % à 99 %
RETOUR ANTICIPÉ	
En cas de décès accidentel ou risque de décès d'un parent proche (conjoint, enfant, père, mère, frère, sœur)	Billet de retour
PRÉJUDICE MORAL ESTHÉTIQUE (inclus dans le capital invalidité)	15 000 €
ASSURANCE RESPONSABILITÉ CIVILE VIE PRIVÉE	
Dommages corporels garantis à 100 % y compris honoraires d'avocats et assistance juridique accidents	750 000 €
Dommages matériels garantis à 100 % y compris honoraires d'avocats et assistance juridique accidents	450 000 €
Dommages aux biens confiés	1 500 €
FRAIS DE RECHERCHE ET DE SAUVETAGE	2 000 €
AVANCE D'ARGENT (en cas de vol de vos moyens de paiement)	1 000 €
CAUTION PÉNALE	7 500 €
ASSURANCE BAGAGES	2 000 € (limite par article de 300 €)***

* Nous vous invitons à prendre connaissance préalablement de l'ensemble des Conditions générales sur www.avi-international.com ou par téléphone au 01 44 63 51 00 (coût d'un appel local).
** 15 000 euros pour les plus de 60 ans.
*** Les objets de valeur, bijoux, appareils électroniques, photo, ciné, radio, mp3, tablette, ordinateur, instruments de musique, jeux et matériel de sport, embarcations sont assurés ensemble jusqu'à 300 €.

PRINCIPALES EXCLUSIONS* (communes à tous les contrats d'assurance voyage)
- Les conséquences d'événements catastrophiques et d'actes de guerre,
- Les conséquences de faits volontaires d'une personne assurée,
- Les conséquences d'événements antérieurs à l'assurance,
- Les dommages matériels causés par une activité professionnelle,
- Les dommages causés ou subis par les véhicules que vous utilisez,
- Les accidents de travail manuel et de stages en entreprise (sauf avec les Options Sports et Loisirs, Sports et Loisirs Plus),
- L'usage d'un véhicule à moteur à deux roues et les sports dangereux : surf, rafting, escalade, plongée sous-marine (sauf avec les Options Sports et Loisirs, Sports et Loisirs Plus).

Souscrivez en ligne sur www.avi-international.com ou appelez le 01 44 63 51 00*

AVI International (SPB Groupe) - S.A.S. de courtage d'assurances au capital de 100 000 euros - Siège social : 40-44, rue Washington (entrée principale au 42-44), 75008 Paris - RCS Paris 323 234 575 - N° ORIAS 07 000 002 (www.orias.fr). Les Assurances Routard Courte Durée et Routard Longue Durée ont été souscrites auprès d'AIG Europe Limited, société de droit anglais au capital de 197 118 478 livres sterling, ayant son siège social The AIG Building, 58 Fenchurch Street, London EC3M 4AB, Royaume-Uni, enregistrée au registre des sociétés d'Angleterre et du Pays de Galles sous le n°01486260, autorisée et contrôlée par la Prudential Regulation Authority, 20 Moorgate London, EC2R 6DA Royaume-Uni (PRA registration number 202628) - Succursale pour la France : Tour CB21 - 16 place de l'Iris - 92400 Courbevoie.

INDEX GÉNÉRAL

2 (La) ♪ 151	33/45 Bar 🍸 143
5 Rooms (The) 🏠 111	41° 🍴 🍸 118
7 Portes 🍴 ♿ 125	360 Hostel 🏠 100

A

ABC de Barcelone 23
Absenta 🍸 143
ACC – Associació
   Ceramistes de Catalunya .. 154
Achats 27
AGBAR (torre) 200
Agut 🍴 122
Aire ♪ 149
AJUNTAMENT 158, 164
Albergue de la juventud
   Kabul 🏠 ♿ 97
Albergue New York 🏠 ♿ 98
Alberguinn Youth Hostel 🏠 ... 100
Alternative Creative
   Youth Hostel 🏠 99
AMATLLER (casa) .. 188, 190
AMERICANOS (casas de los ;
   Sitges) 218
AMPLE (carrer) 160
Ana's Guest House 🏠 109
Andreu 🍴 123
ÁNGEL (plaça de l') 160
Antic Forn 🍴 129
Antic Teatre (L') 🍸 142
ANTIGA CASA
   FIGUERAS 179, 188
Antilla BCN Latin Club ♪ 149
ANTONI TÀPIES
   (fundació) 188, 192

Apartaments Unió 🏠 101
Aparteasy 🏠 101
AQUÀRIUM 172
Aram (L') 🍴 130
ARC DELS TAMBORETS
   (carrer de l') 169
Architecture et design 56
Arco Youth Hostel 🏠 99
ARDIACA (casa de l') 158
Arena ♪ 149
ARÈNES (les) 186
Argent, banques, change 26
ART CONTEMPORANI
   DE BARCELONA (museu
   d' ; MACBA) 175
ART DE CATALUNYA
   (museu nacional d' ;
   MNAC) 182
ART MODERN (museu
   europeu d' ; MEAM) 167
ART RELIGIEUX
   (musée d' ; museu
   Frédéric-Marès) .. 160, 161
ASES (carrer des) 169
ATAÜLF (carrer) 160
Atril (El) 🍴 124
Auditorium 152
Avant le départ 23
AVINYÓ (carrer d') 160

B

Backpackers
   BCN Casanova 🏠 ♿ 100

BADALONA (plage) 205
Baluard 136

BANYS NOUS (carrer)	163
Bar Cañete IOI Y	117
Bar Central IOI	129
Bar del Convent Y ♿	142
Bar del Pi Y	139
Bar du W (Le) Y ♪	143
Bar Jardí Y	139
Bar Lobo IOI Y	117
Bar Mariatchi Y ♪	140
Bar Olimpia Y	145
Bar Pasajes IOI Y	115
Bar Pinotxo IOI ♿	129
Bar Velódromo IOI Y	119
Barcelona Mar Youth Hostel ⌂ ♿	98
Barcelona Pipa Club Y ♪	141
Barcelone gratuit	28
BARCELONETA (la)	172
BARCELONETA (plage de la)	173
BARÓ DE QUADRAS (palau)	188
BARRI GÒTIC (Barrio Gótico)	156
BARRI SANT ANTONI	179
BATLLÓ (casa) ⊘ ♿ 188,	189
BERENGUER EL GRAN (plaça)	160
Bilbao (Le) IOI ♿	132
Blanc Guesthouse, chez Beatriz Planet ⌂	112
BISBE IRURITA (carrer del)	158
Bliss ⌂ Y	139
Bodega de la Palma IOI Y	114
Bodega E. Marin Y	146
Bodegueta (La) IOI Y	119
Boissons	58
Bombeta (La) IOI	126
Bon Mercat Y	138
Bon Moustache Hostel ⌂	98
Bonic Barcelona ⌂	104
BOQUERÍA (carrer de la)	163
BOQUERÍA (la ; mercado San Josep) ♿ 174,	188
Boquería (la ; mercado San Josep) IOI ⊛ 136,	152
BORN (El)	166
BORN (passeig del)	169
BORN CENTRE CULTURAL (El) ♿	169
Bosc de les Fades (El) Y	140
Botafumeiro IOI	133
Botifarrería de Santa María (La) ⊛	152
Botiga Barça ⊛	155
Bubò Bar ⌂ IOI	135
Bubò Born ⌂ IOI	135
Budget	28

C-D

Cachitos IOI	132
Caelum ⌂ ⊛ 135,	153
Café Babel Y	139
Café d'Estiu ⌂ Y 135,	138
Cafè de l'Academia IOI	121
Cafè de l'Òpera Y	140
Café del Sol Y ♪	146
Café Pastis Y ♪	144
Cafetería Palau Música Y	167
CAIXA FORUM ♿	185
Caj Chai Y	139
Cal Chusco IOI Y	116
Cal Papi IOI	127
Cal Pep IOI	125
Cal Pinxo IOI	127
CALL MAYOR (le) 158,	165
CALVET (casa)	188
Camping El Vedado ⛺ ♿	112
Camping Masnou ⛺ ⌂	112
Camping 3 Estrellas ⛺	113
Can Lluis IOI	128
Can Maño IOI	126
Can Paixano IOI Y	116
Can Punyetes IOI	133
Cangrejo (El) ♪ Y	148
CANONGES (cases dels)	158
Caracoles (Los) IOI ♿	123
Carballeira IOI	125
Carmelitas Vermuteria Y	143
Carmesi IOI	130
Casa Almirall Y	144
Casa Beethoven ⊛	155
Casa Camper ⌂	108
Casa Colomina ⊛	153

Casa de Marcelo (La)	105
Casa Leopoldo	129
Casa Lolea	115
CASTELLDEFELS (plage de)	205
Castellers	59
CATEDRAL	156
CAU FERRAT (museu ; Sitges)	218
CCCB (Centre de Cultura contemporània de Barcelona)	175
CDLC	150
CENTRE DE CULTURA CONTEMPORÀNIA DE BARCELONA (CCCB)	175
CENTRE DE LA ITMAGE	174
Centric	116
MUHBA EL CALL	165
Cera 23	128
Cervantes	120
Cervecería Catalana	119
Cervecería Moritz	118
Châtelet (Le)	146
Cherpi	134
Chiringuitos de la plage del Bogatell (Los)	147
Christian Escribà	136
Cinc Sentits	131
Ciudad Condal	119
CIUTADELLA (parc de la)	170
CIUTAT (carrer de la)	159
Ciutat de Barcelona	106
Climat	30
Club Danzatoria	150
Cocoon Barcelona	102
CODORNÍU (caves ; Sant Sadurní d'Anoia)	221
COLOM (mirador de)	174
COLÒNIA GÜELL	205, 206
COLONNES ROMAINES	164
COMALAT (casa)	189
Comerç 24	125
Concha (La)	144
Confitería (La)	143
Copetín (El)	142
COSMO CAIXA	204
Cova Fumada (La)	116
Cremería Toscana Muntaner	137
Cuines Santa Caterina	124
Cuisine	60
Cúpula Hispanos Siete Suiza (La)	131
Custo	155
Daily Flats	101
Dangers et enquiquinements	30
DelaCrem	137
Denit	104
Desigual	155
DHUB (museu del Disseny)	201
DIAGONAL	188
Dietrich Cafe	146
DIOCESÀ – GAUDÍ EXHIBITION CENTER (museu)	162
Disques d'occasion	155
DISSENY (museu del)	201
DOCTOR GÉNOVÉ (casa)	187
Duo by Somnio	109

E-F

Économie	65
EIXAMPLE (l' ; l'Ensanche)	189
EIXAMPLE (le nord et l'est de l')	194
EL BORN	166
EL BORN CENTRE CULTURAL	169
El Foro	124
EL INDIO	188
EL RAVAL	173, 176
Encants (Els ; puces)	154
Enfants	32
Enrique Tomas	133, 137
ENSANCHE (l' ; l'Eixample)	189
Envalira	133
Environnement	67
Equity Point – Centric	99
Equity Point – Gothic	98
Equity Point Sea – Youth Hostel	100

Eric Vökel d'En Grassot ♠	101
Eric Vökel Gran Vía de les Corts Catalanes ♠	101
Eric Vökel Indústria ♠	101
ERÒTICA (museu de l') ✳ ♿	175
Escriba (Xiringuito) |●|	134
Espai Sucre |●|	126
ESPAÑA (hotel)	187
Etapes |●|	131
Euskal Etxea |●| ♟	115
FC BARCELONA (museu) ✳	204
Fêtes et jours fériés	33
Fianna (La) ♟ ♪	141
FIGUERAS (Antiga Casa) ✳ 179,	188
Fira (La) ♪ ♟	148
Foire aux antiquités ⊛	154
Foire aux livres ⊛	154
Fonda (La) |●|	121
Fonts de Montjuïc (Las) ∞ ..	180
Formatgeria La Seu |●| ♟	114
Foro (El) |●|	124
FRÉDÉRIC-MARÈS (museu) ✳✳ ♿ 160,	161
FUNDACIÓ MAPFRE ✳	193

G

Ganiveteria Roca ⊛	154
Generator Barcelona ♠	99
GAUDÍ (casa-museu)	199
GAUDÍ EXHIBITION CENTER ✳✳ ✳	162
GAUDÍ EXPERIÈNCIA ✳ ♿ ..	199
Gavina (La ; Gràcia) |●|	133
Gavina (La ; sur le port) |●| ♿	126
Gelataria ♥	137
GENERALITAT (palau de la) ✳ 158,	163
Generator Barcelona ♠	99
Géographie urbaine	35
Gispert ⊛	153
Glaciar ♟ ♪	141
Gocce di Latte ♥	136
Golfo de Bizkaia |●| ♟	116
GOLONDRINAS (Las) 🚢	171
GOTHIQUE (itinéraire)	158
GOUTTIÈRES (chemin des) ...	210
GRÀCIA (quartier de)	199
Gran Bodega Saltó |●| ♟	117
Gran Café (El) |●|	122
GRAN DE GRÀCIA (carrer)	200
Grand Théâtre Liceu ∞	151
Granja (La) ☕	135
Granja Dulcinea ☕	135
Granja M. Viader ☕	136
GÜELL (colònia) ⊕ ✳✳ .. 205,	206
GÜELL (finca ; pabellones Güell) ✳	202
GÜELL (palau) ⊕ ✳✳✳ 177,	186
GÜELL (park) ⊕ ✳✳✳ ✳	198
Gut |●|	133

H

H10 Urquinaona Plaza ♠	111
Hamburgueseria Kiosko |●| ..	123
Harlem Jazz Club ♟ ♪	147
Hébergement	35
Herboristería del Rei ⊛	153
HÈRCULES (carrer)	159
Hipstel (The) ♠	98
Histoire	68
HISTÒRIA DE CATALUNYA (museu d') ✳✳ ✳✳ ♿	171
HISTÒRIA DE LA CIUTAT (museu d' ; MUHBA) ✳✳ ♿	161
Horaires	38
HOSPITAL (carrer)	177
Hostal BCN Port ♠ ♿	108
Hostal Benidorm ♠	106
Hostal & Albergue Fernando ♠ ♿	103
Hostal Eixample ♠	109
Hostal Girona ♠	109
Hostal Layetana ♠	104

INDEX GÉNÉRAL | 235

Hostal Oliva 🏠	109
Hostal Sol y K 🏠	103
Hotel Andante 🏠 ♿	108
Hotel Banys Orientals 🏠 ♿	106
Hotel Barcelona Catedral 🏠	104
Hotel California 🏠	104
Hotel Cantón 🏠 ♿	103
Hotel Chic & Basic Born 🏠	106
Hotel 54 Barceloneta 🏠	106
Hotel Ciutat Vella 🏠	107
Hotel Curious 🏠	107
Hotel Granvía 🏠	110
Hotel Jardí 🏠	104
Hotel Marvi 🏠	107
Hotel Peninsular 🏠	107
Hotel Praktik Bakery 🏠	110
Hotel Praktik Garden 🏠	110
Hotel Praktik Rambla 🏠	110
Hotel Praktik Vinoteca 🏠	110
Hotel Vueling By HC 🏠	111

I-J-K-L

Ice Bar 🎵	150
IDEES I INVENTS DE BARCELONA (museu d' ; MIBA)	164
Imagine B & B 🏠	109
INDIO (El)	188
Inside Barcelona 🏠	101
Iposa	117
Irati	114
ITINÉRAIRE GOTHIQUE	158
ITINÉRAIRE MODERNISTE	186
Jai-Ca	116
Jamboree-Tarantos	141, 148
Jardí (El)	143
Jazz Hotel 🏠	107
Jonny Aldana	145
Journal (Le)	147
Kasparo	117
Ké	142
LACAPELLA	179
Lagunak	120
Laie	145
Langue	38
Lenin Hostel 🏠	108
Lilipep	123
LITTORAL BARCELONAIS (le ; Costa Barcelona)	213
Livres de route	43
LLEDÓ (carrer de)	160
LLEÓ I MORERA (casa)	188, 191
Llibreria Altaïr	95
Llibreria Jaimes	95
Llibreria Selvaggio	154
LLIBRETERIA (carrer)	160
Lolita Taperia	118
London Bar	144
Luz de Gas	148

M-N

MACAYA (casa)	189
MACBA (museu d'Art contemporani de Barcelona)	175
Madame Jasmine	144
Magnífico (El)	153
Manga Rosa	117
Mannà Gelats	135
Manual Alpargatera (La)	155
MANZANA DE LA DISCORDIA	188
MAPFRE (Fundació ; casa Garriga i Nogués)	193
Marché aux timbres et pièces de monnaie	154
MARE DE DÉU (església)	163
MARÈS (museu Frédéric-)	160, 161
Margarita Blue	140
Margot House 🏠	111
MARIA AGUILÓ (carrer de)	200
MARICEL (museu ; Sitges)	218
Marula Café	148
Match Barcelone-Madrid	76
Mauri 1929	154

INDEX GÉNÉRAL

MEAM (museu europeu d'Art modern) 167
Médias 76
Mediterranean Youth Hostel 100
Menja Futur 127
Mercat Princesa 123
MERCÈ (església de la) 160
Mercè Vins 121
Merendero de la Mari 126
Métro Disco 149
Mia Gelateria (La) 137
MIBA (museu d'Idees i Invents de Barcelona) 164
MIES VAN DER ROHE (pavelló) 185
MILÀ (casa ; la Pedrera) 188, 192
MILANS (carrer de) 160
Mirablau 151
Miramelindo 142
Mirilla 121
MIRÓ (fundació) 181
MMB (Museu marítim) 179
MNAC (museu nacional d'Art de Catalunya) 182
MODERNISME CATALÀ (museu del) 193
MODERNISTE (itinéraire) 186
MONTCADA (carrer de) 168
MONTJUÏC 180
MONTJUÏC (castell de) 185
MONTJUÏC DEL BISBE (carrer) 158
MONTSERRAT 207
MONTSERRAT (basilique de) 209
MONTSERRAT (musée de) 209
MONTSERRAT PORTES ENDINS 210
Moog 151
Morryssom 130
MUHBA (museu d'Història de la Ciutat 161
MUHBA EL CALL 165
Mundial Bar 124
MUSÉE D'ART RELIGIEUX (museu Frédéric-Marès) 160, 161

Musées et sites 44
MUSEU CAU FERRAT (Sitges) 218
MUSEU D'ART CONTEMPORANI DE BARCELONA (MACBA) 175
MUSEU D'HISTÒRIA DE CATALUNYA 171
MUSEU D'HISTÒRIA DE LA CIUTAT (MUHBA) 161
MUSEU D'IDEES I INVENTS DE BARCELONA (MIBA) 164
MUSEU DE CULTURES DEL MÓN 167
MUSEU DE L'ERÒTICA 175
MUSEU DE LA CIÈNCIA I DE LA TÈCNICA DE CATALUNYA (Terrassa) 211
MUSEU DE LA XOCOLATA 135, 170
MUSEU DEL DISSENY 201
MUSEU DEL MODERNISME CATALÀ 193
MUSEU DIOCESÀ – GAUDÍ EXHIBITION CENTER 162
MUSEU EUROPEU D'ART MODERN (MEAM) 167
MUSEU FC BARCELONA 204
MUSEU FRÉDÉRIC-MARÈS 160, 161
MUSEU MARICEL (Sitges) 218
MUSEU MARÍTIM (MMB) 179
MUSEU NACIONAL D'ART DE CATALUNYA (MNAC) 182
MUSEU PICASSO 167
MUSEU ROMÀNTIC (Sitges) 218
MUSEU SENTIMENTAL 162
MÚSICA CATALANA (palau de la) 166, 188
Nacional (El) 145
Neri Restaurant 122

Nevermind ▼ ♪ 144	Nou Candanchú |●| ▼ 132
Nitsa Club ♪ 151	NOVA (plaça) 158, 162

O-P

Ocaña |●| ▼ 140	Pescadors (Els) |●| 134
Oleum |●| 185	PESCADORS (moll dels) 172
Olivé (L') |●| 131	PETRITXOL (carrer de) 163
Opium Mar ♪ 150	PI (plaça del) 163
Organic |●| 128	PICASSO (museu) 167
Orxateria el Tío Ché 137	Pim Pam Burger |●| 123
Orxateria Torroneria	Pineda (La) |●| ▼ 114
Sirvent ▼ 137	Pitin Bar ▼ ♪ 142
Otto Zutz Club ♪ 149	Pizzeria San Marino |●| 121
Oviso ▼ 139	Pla de la Garsa |●| 124
Paco Meralgo |●| ▼ 119	PLAGES (les) 204
PACS DEL PENEDÈS 220	PLAGES (les ; Sitges) 219
Palau Dalmases ▼ ♪ ... 142, 152	Plass Ohla (La) |●| 122
Palau de la Música	POBLE ESPANYOL 185
catalana ∞ 151	POBLE SEC
PALAU EPISCOPAL 158	(quartier) 108, 117, 129, 136
Panier (Le) 136	POBLENOU
Paradeta Born (La) |●| 125	(cimetière du) 201
PARADIS (carrer) 163	POBLENOU (le) 200
PARAL-LEL (la) 180	POBLENOU
PEDRALBES (Reial	(parc central del) 200
Monestir de) 202	POBLENOU (rambla del) 200
PEDRERA (la ;	Polaroid ▼ 140
casa Milà) ⊗ 188, 192	PONS I PASCUAL (casa) 188
Pensió Alamar ⌂ 103	Population 81
Pensión Aris ⌂ 103	PORT (le) 171
Pensión Canadiense ⌂ 103	PORTA ROMANA 158
Pensión Francia ⌂ 105	Poste 46
Pensión Lourdes ⌂ 105	Premier ▼ 145
Pensión Mari-Luz ⌂ 102	PRIM (plaça de) 200
Pepa Tomate |●| 132	Puerto Madero |●| 132
Pepita (La) |●| ▼ 120	PUNXES (les ;
Personnages 78	casa Terrades) 189

Q-R

Quatre Gats ▼ 139, 188	RAVAL
Quimet & Quimet |●| ▼ ... 117	(rambla del) 177
Rabipelao (El) ▼ 140	Razzmatazz ▼ ♪ 147
Raïm ▼ 146	Refresca Tea 136
RAMBLA (la) 173	REI (plaça del) 160, 161
RAMBLA	REIAL (plaça) 176
(quartier de la) 173	Rekons |●| 130, 137
RAVAL (El) 173, 176	Religions et croyances 82

Restaurante La Venta 🍴	134
Restaurante Tovar 🍴	133
Restaurant Petra 🍴	124
RIBERA (quartier de la)	165
ROCAMORA (casa)	188

S

Sagardi 🍴 🍷 ♿	115
SAGRADA FAMÍLIA (basílica de la) 🔑 ⛪ ♿	194
SAINT-JÉRÔME (ermitage de)	210
Sala Montjuïc 🎬	180
Salón (El) 🍴	122
SALVADOR DALÍ ESCULTOR ⛪ ♿	163
SAN JOSEP (mercado ; la Boquería) ⛪	152
Sans & Sans ☕	153
SANT ANTONI (Barri)	179
SANT FELIP NERI (plaça)	158
SANT JAUME (plaça) 158,	164
SANT JOAN (funiculaire de) ..	210
Sant Jordi Hostel Rock Palace 🏨	97
SANT JUST (plaça)	159
SANT PAU (hospital de) 🔑 ⛪	197
SANT PAU DEL CAMP (església) ⛪	177
SANT PERE (conjunt monumental de les esglésies de ; Terrassa) ⛪	211
SANT SADURNÍ D'ANOIA	220
SANTA CATERINA (mercat de) ⛪	167
SANTA COLOMA DE CERVELLÓ	205
SANTA COVA (itinéraire de) ...	210
SANTA CREU (ancien hospital de la) ⛪	178
SANTA EULÀLIA (goélette) ⛪ 🚣	180
SANTA LLÚCIA (església)	158
SANTA MARÍA DEL MAR (basílica) ⛪	169
Santa Marta 🍴	127
Santé	46
SANTS 112,	120
SANTS JUST I PASTOR (església de) ⛪ 159,	164
Sardane	83
Savoir-vivre et coutumes	84
SAYRACH (casa)	188
SCULPTURES (jardin de)	182
Semproniana 🍴	131
Sensi Bistro 🍴 🍷	115
Sensi Tapas 🍴 🍷	114
Senyor Parellada 🍴	126
SETBA-ZONA D'ART ⛪	176
Shanti Gelato 🍦	136
Shôko 🎵	150
Sidecar 🍷 🎵 🎶 141,	148
Sites inscrits au Patrimoine mondial de l'Unesco	85
Sites internet	47
SITGES	213
Sleep Green Eco Youth Hostel Barcelona 🏨	99
Sports et loisirs	85
STÄMPFLI (fundació ; Sitges) ⛪	219
Suculent (Casa de Menjars) 🍴	129
Suquet de l'Almirall (El) 🍴	127
Sweet Dreams 🛏	135
SYNAGOGA ⛪	165

T

Tabac	48
Tapas, 24 🍴 🍷	119
TÀPIES (fundació Antoni) ⛪ ♿ 188,	192
TAPINERÍA (carrer de la)	160
Taverna Can Margarit 🍴 ♿	130
Taverna La Llesca 🍴	132
Télécommunications, téléphone	48

TEMPLERS (carrer dels)	160
Teresa Carles 🍴	128
TERRASSA	211
Terrassa (La) 🏨	107
Terrrazza (La) 🎵	150
Tete (La) 🍷	139
The 5 rooms	111
TIBIDABO (le)	203
Tickets Bar 🍴 🍷	118
TIMÓ (carrer del)	160
TORRES (caves ; Pacs del Penedès) 🚶	220
TRAGINERS (plaça dels)	160
Transports	50
Trini (La) 🍴 🍷	120
Txapela 🍴 🍷	120

U-V-W-X-Z

Ultramarinos 🍷 🎵	144
Unesco (sites inscrits au Patrimoine mondial de l')	85
Universal (L') 🎵 🍷	149
Urban Suites (The) 🏨	125
Urbany Hostel 🏨	100
Urgences	55
Venus Delicatessen 🍴 ☕	121, 135
VICENS (casa) 🚶	198
VIDUA MARFÀ (casa)	188
VIEILLE VILLE (la)	176
Vila Viniteca (La) 🛍	153
VILADECOLS (baixada de)	160
VILAFRANCA DEL PENEDÈS	219
Vinateria del Call 🍴 ♿	121
Vinçon 🛍	154
Vinya del Senyor (La) 🍴 🍷	115
Virreina 🍷	146
VIRREINA (palau de la) 🚶	174
Wah-Wah 🛍	155
Watatsumi 🍴	131
Woki Organic Market 🍴 🛍	128, 153
Xaica 🍴	128
Xampanyet (El) 🍴 🍷	115
Xemei 🍴	130
Xixbar 🍷	145
XOCOLATA (museu de la) 🚶 👨‍👩‍👧 ♿	135, 170
Xup-Xup 🍴	127
Xurrería ☕	135
Yurbban Trafalgar Hotel 🏨	105
ZOO (le) 🚶 👨‍👩‍👧	171

OÙ TROUVER LES CARTES ET LES PLANS ?

- Barcelone – centre, *plan détachable* .... recto
- Barcelone – plan d'ensemble 88-89
- Barcelone – plan des transports en commun, *plan détachable* .... verso
- Barcelone – zoom, *plan détachable* .... verso
- Itinéraire gothique 159
- Itinéraire moderniste 187
- Sitges 215

IMPORTANT : DERNIÈRE MINUTE

Sauf rare exception, le *Routard* bénéficie d'une parution annuelle à date fixe. Entre deux dates, des événements fortuits (formalités, taux de change, catastrophes naturelles, conditions d'accès aux sites, fermetures inopinées, etc.) peuvent intervenir et modifier vos projets de voyage. Pour éviter les déconvenues, nous vous recommandons de consulter la rubrique « Guide » par pays de notre site • *routard.com* • et plus particulièrement les dernières *Actus voyageurs.*

Les **Routards** *parlent aux* **Routards**

Faites-nous part de vos expériences, de vos découvertes, de vos tuyaux. Indiquez-nous les renseignements périmés. Aidez-nous à remettre l'ouvrage à jour. Faites profiter les autres de vos adresses nouvelles, combines géniales... On adresse un exemplaire gratuit de la prochaine édition à ceux qui nous envoient les lettres les meilleures, pour la qualité et la pertinence des informations. Quelques conseils cependant :
– Envoyez-nous votre courrier le plus tôt possible afin que l'on puisse insérer vos tuyaux sur la prochaine édition.
– N'oubliez pas de préciser l'ouvrage que vous désirez recevoir.
– Vérifiez que vos remarques concernent l'édition en cours et notez les pages du guide concernées par vos observations.
– Quand vous indiquez des hôtels ou des restaurants, pensez à signaler leur adresse précise et, pour les grandes villes, les moyens de transport pour y aller. Si vous le pouvez, joignez la carte de visite de l'hôtel ou du resto décrit.
– N'écrivez si possible que d'un côté de la lettre (et non recto verso).
– Bien sûr, on s'arrache moins les yeux sur les lettres dactylographiées ou correctement écrites !
En tout état de cause, merci pour vos nombreuses lettres.

Les Routards parlent aux Routards :
122, rue du Moulin-des-Prés, 75013 Paris

e-mail : • *guide@routard.com* •
Internet : • *routard.com* •

Routard Assurance *2016*

Née du partenariat entre *AVI International* et le *Routard, Routard Assurance* est une assurance voyage complète qui offre toutes les prestations d'assistance indispensables à l'étranger : dépenses médicales, pharmacie, frais d'hôpital, rapatriement médical, caution et défense pénale, responsabilité civile vie privée et bagages. Présent dans le monde entier, le plateau d'assistance d'*AVI International* donne accès à un vaste réseau de médecins et d'hôpitaux. Pas besoin d'avancer les frais d'hospitalisation ou de rapatriement. Numéro d'appel gratuit, disponible 24h/24. *AVI International* dispose par ailleurs d'une filiale aux États-Unis qui permet d'intervenir plus rapidement auprès des hôpitaux locaux. À noter, *Routard Assurance Famille* couvre jusqu'à 7 personnes, et *Routard Assurance Longue Durée Marco Polo* couvre les voyages de plus de 2 mois dans le monde entier. *AVI International* est une équipe d'experts qui répondra à toutes vos questions par téléphone : ☎ 01-44-63-51-00 ou par mail • *routard@avi-international.com* •
Conditions et souscription sur • *avi-international.com* •

Édité par Hachette Livre (58, rue Jean-Bleuzen, CS 70007, 92178 Vanves Cedex, France)
Photocomposé par Jouve (45770 Saran, France)
Imprimé par Jouve 2 (Quai n° 2, 733, rue Saint-Léonard, BP 3, 53101 Mayenne Cedex, France)
Achevé d'imprimer le 11 janvier 2016
Collection n° 13 - Édition n° 01
89/1837/2
I.S.B.N. 978-2-01-912430-4
Dépôt légal : janvier 2016

PAPIER À BASE DE FIBRES CERTIFIÉES

hachette s'engage pour l'empreinte carbone de ses livres. Celle de cet exemplaire est de :
350 g éq. CO_2
Rendez-vous sur
www.hachette-durable.fr